"十四五"职业教育国家规划教材

"十四五"职业教育江苏省规划教材
"十三五"江苏省高等学校重点教材（编号：2020-2-087）

学前儿童发展

（第二版）

主　编　胡碧霞　刘　娟
副主编　张　瑜
参　编　乔　乐　刘亚玲　张书琴　黄　莹

南京大学出版社

图书在版编目(CIP)数据

学前儿童发展 / 胡碧霞，刘娟主编. —2 版. —南京：南京大学出版社，2023.11
ISBN 978-7-305-26755-0

Ⅰ.①学… Ⅱ.①胡… ②胡… Ⅲ.①学前儿童—教育理论—教材 Ⅳ.①G610

中国国家版本馆 CIP 数据核字(2023)第 027389 号

出版发行	南京大学出版社		
社　　址	南京市汉口路 22 号	邮　编	210093

书　　名 学前儿童发展
Xueqianertong Fazhan
主　　编　胡碧霞　刘娟
责任编辑　丁　群　　　　　　　　编辑热线　025-83597482
照　　排　南京开卷文化传媒有限公司
印　　刷　南京人民印刷厂有限责任公司
开　　本　787 mm×1092 mm　1/16　印张 19.25　字数 445 千
版　　次　2023 年 11 月第 2 版　2023 年 11 月第 1 次印刷
ISBN　978-7-305-26755-0
定　　价　55.00 元

网　　址：http://www.njupco.com
官方微博：http://weibo.com/njupco
微信服务号：NJUyuexue
销售咨询热线：(025)83594756

＊ 版权所有，侵权必究
＊ 凡购买南大版图书，如有印装质量问题，请与所购
　图书销售部门联系调换

再版说明

在使用本教材以及申报"十四五"职业教育国家规划教材的过程中,我们广泛收集、认真整理各院校师生的反馈建议与专家的指导意见,在保留原教材主体内容和编写特色的基础上,基于"持续改进"的理念,对教材做了全面而细致的修改,形成了第二版教材。具体修订工作如下:

一、调整教材结构,凸显职业教育课程改革的要求

以学习目标为导向,以实践情境中的问题为切入点,将专业知识学习与岗位能力培养紧密结合,对教材结构及内容做了如下调整与修改:

1. 改变"单元导学"的呈现方式,新增"教资考点"。将"单元导学"由文字描述改为思维导图,理清每个单元的基本概念、原理及其逻辑关系,促使学生形成关于儿童发展的良好认知结构。同时,增加"教资考点",列出每一单元涉及的幼儿园教师资格证考试要点,努力实现"课证融通"。

2. 将岗位能力与课程思政的要求融入"三维目标"之中。从知识、能力、情感价值观三个维度,修改各主题的学习目标,将岗位能力要求与课程思政要点融入学习目标之中。同时,用"＊"标注学习重点和学习难点,充分发挥学习目标的导向作用。

3. 以"情境导入"引出问题,用"问题解析"展示解题原型。精选学前儿童教育实践中的典型案例,呈现一线教师经常遇到的实践问题,引导学生带着问题进入学习情境,激发学生研读专业理论的积极性。同时,修改"问题解析"的内容,为学生提供运用专业理论解决实践问题的思维原型,并将"问题解析"调整到"情境导入"的旁边,用二维码呈现,方便学生查阅。

4. 用"对点案例"深化理论阐述,新增"微课视频",促进学生自主学习。在理论阐述部分,将原有的"实践案例"改为"对点案例",适当增加案例,力求使每一学习重点与难点均有相应的"对点案例",引导学生体会如何将理论与实践相结合。同时,为各单元的重要知识点增加"微课视频"并用二维码呈现,与"拓展阅读"相结合,为学生的自主学习提供便利条件。

5. 增强"实操训练"模块的实践性,通过"项目任务+真题连接+模拟自测"引导学生做中学。首先,修改"项目任务",尽可能紧扣幼儿园保教实践的训练任务,培养学生运用所学知识解决实际问题及反思改进的能力。其次,新建"模拟自测"题库,内容覆盖所有知识点,形式灵活多样,促使学生牢固掌握基本知识。第三,更新、充实"真题连接"的内容,引导学生将课程学习、考证准备与岗位能力提升有机融合。

6. 提供丰富的"延伸探究"资料,激发学生进一步学习的愿望。将"拓展延伸"改为"延伸探究",提供与每一主题内容相关的专业著作、期刊论文、经典心理实验视频、学前儿童活动视频等拓展性学习资料,使学生既能习得必要的理论知识,又能逐步形成分析问题、反思探究的专业能力。

二、强化课程思政,落实党的二十大报告精神

在教材修改过程中,恰逢党的二十大胜利召开。编写团队成员认真学习党的二十大报告,深刻领会其精神实质,梳理出可纳入本教材的内容要点,主要有:文化自信、传承中华优秀传统文化、科学的态度与求真精神、问题意识与问题解决、辩证思维与系统思维、立德树人与创新人才培养、社会主义核心价值观教育等。在此基础上精心修改教材,全面落实高校课程思政的要求。

1. 了解我国心理学家、教育家在儿童发展研究方面的成就与贡献,弘扬中华传统文化,增强学生的文化自信与民族自豪感。如:在单元八主题一"儿童观的演变"中,增加对点案例"喂鸡吃米的故事",介绍人民教育家陶行知对儿童和教育的看法,在拓展阅读中增加中国幼教之父陈鹤琴的儿童观,有利于学生了解我国学者在儿童观演进中的重大贡献,更深刻地理解科学儿童观的内涵。

2. 了解学前儿童发展研究的原则与方法,客观分析儿童的身心发展特征,形成实事求是、求真务实的科学态度。在各单元的学习目标及具体内容中,客观介绍学前儿童身心发展的特征,特别强调教育应遵守学前儿童身心发展规律及教育规律,强调对儿童发展研究要遵循科学性、教育性的原则。如:在单元九主题一的学习目标2中,增加"能运用相关知识客观、辩证地分析教育中的有关问题";单元二主题一中的学习目标3则是"用科学的态度看待学前儿童脑的发育"。

3. 掌握系统思维的方法,能从"完整儿童"的角度理解儿童的身心发展规律、特点及整体性。从单元二至单元六,基于研究的视角分析学前儿童身心发展各个方面的一般特点

与规律；在单元八"科学儿童观的内涵"中，从整合的视角引导学生形成对儿童的完整认识；单元九、单元十侧重阐述学前儿童身心发展的差异性，引导学生更全面系统地认识儿童、理解儿童。

4. 具有明确的问题意识，用辩证的观点看待儿童发展，能运用心理学理论分析儿童发展中的问题及产生原因，并能提出解决问题的方法。每个单元均从"情境导入"开始，引导学生带着问题进行理论知识的学习，同时，用二维码显示"问题解析"的内容，给学生提供运用理论解决实践问题的思维原型。在各个主题的学习目标及内容中，均要求学生运用辩证的观点看待儿童的发展。如：单元八主题一的学习目标 3 "能用一分为二的辩证观点分析几种常见儿童观的利弊"。

5. 正确认识学前儿童及幼儿园教育，逐步形成终身从教、服务社会的意愿，具有立德树人、创新创造的教育品质。如：在单元九主题二的学习目标 3 中增加"具有关爱特殊儿童的意识与愿望"，渗透立德树人、关爱儿童等教师职业道德教育；在单元八主题一的实操训练"项目任务"中，新增幼儿园优秀实践案例《相信"相信"的力量》，介绍当前幼儿园课程改革中的创新做法，向学生渗透锐意进行改革、不断进行教育创新的思想。

本次教材修订任务主要由胡碧霞、张瑜、刘亚玲、乔乐等人完成，其中，微课视频由胡碧霞、张瑜、刘亚玲三位老师录制。南京大学出版社编辑丁群及其团队给予我们大力支持与悉心指导，在此表示衷心的感谢！

我们努力使第二版教材更符合学前教育专业专科人才培养的需要与职业教育课程改革的新要求，努力在第二版教材中贯彻二十大精神、渗透课程思政的内容。但由于编者的能力所限，依然会出现不当之处，敬请大家批评指正。

胡碧霞
2023 年 10 月 29 日

前言

以学生为中心,坚持"实践取向、能力为重"的教育理念是国家对幼儿园教师培养的当代要求。本教材依据国家要求及幼儿园课程改革对学前教育专业毕业生的需要,结合专科院校课程与教学改革的新趋势,充分考虑专科生的认知特点与学习需要,适当精简理论知识,合理吸收学前儿童发展研究中的新成果,精心选编教材内容,将理论与实践融为一体。本教材具有如下特点:

1. 基于"完整儿童"的理念,精心选择教材内容

真实的儿童是身心统一的完整的人。学前儿童的发展包括生理发展与心理发展两方面,二者相互影响、相互制约。本教材精选关于学前儿童生理发展和心理发展的内容,用两个模块共五个单元介绍学前儿童身心发展特征与规律,引导学生逐步形成对"完整儿童"的全方位认识。

幼儿园教师应具有"育人为本"的科学儿童观。对在校学生而言,首先要了解儿童观是什么,然后才能逐步理解、认同、内化并形成科学的儿童观。但在已有的同类教材中,鲜见对"科学儿童观"的专门介绍。本教材在全面阐述学前儿童身心发展规律及儿童发展经典理论的基础上,专门设置了"科学儿童观的内涵"这一单元,引导学生深入了解儿童观及其演变、"育人为本"儿童观的内涵等理论知识,为学生形成科学的儿童观奠定基础。

2. 依据由浅入深的逻辑,合理编排教材内容

本教材分导论、生理发展、心理发展、发展的理论基础和发展的差异性五个模块十个单元。其中,生理发展、心理发展、发展的理论基础三个模块是主体部分。首先,从脑、身体发育及动作发展的角度分析学前儿童生理发展的特点与规律。然后,按照认知、情绪情感、个性、社会性发展的顺序全面阐述学前儿童心理发展的特点及规律。当学生对学前儿童有了整体认知之后,介绍关于学前儿童发展的经典理论及其观点,并延伸到科学儿童观的内涵。最后,从"有特殊需要的儿童""发展中常见问题及干预"这两个方面分析学前儿

童发展的差异性,渗透全纳教育的思想。这种编排方式体现了由具体到抽象、由知识经验到专业理论的思维逻辑,便于学生由浅入深、循序渐进地掌握本教材的重点内容,符合专科学生的学习规律。

3. 遵循"理实一体"的原则,立体呈现教材内容

本教材采用立体化方式呈现内容,将基本原理学习与实践能力培养相统一。首先,将课程目标分解、转化为每个主题的学习目标。然后,以学习目标为指引,在"情境导入"中提出问题,在基本原理中嵌入"实践案例""经典实验""拓展阅读""问题解析"等内容,最后通过"项目任务""真题连接""模拟自测"等实操训练方式,引导学生将基本理论与实践情境相结合,达到理实一体化的要求。同时,在网络平台中呈现真题连接、模拟自测的答案解析以及视频、著作、论文等拓展学习资料。学生可以扫描二维码,随时获取资料进行自主学习。

本教材主要供专科院校学前教育专业的学生使用,也可作为在职幼儿园教师自主研修的参考资料。在使用本教材时,教师可以根据本校学生特点及教学需要在内容上做适当调整。

本教材由胡碧霞、刘娟担任主编,编写人员分工如下:胡碧霞(单元八)、刘亚玲(单元一、二、七、八)、张瑜(单元三、九、十)、乔乐(单元四、五、六)、潘越(单元一),刘娟参与审稿,张书琴审阅实践案例,黄莹收集、整理案例,乔乐参与修改案例,胡碧霞全面负责统稿与修改工作。

编写本教材时参考、引用了大量国内外文献及资料,直接引用部分已标注出处,其他引用资料也在参考文献中注明来源。在此,向这些文献与资料的所有者表示感谢!教材中选用了连云港市蓓蕾幼儿园、东海第二幼儿园、和安幼儿园提供的鲜活案例,还选用了无锡市太湖新城金桥、南京市香山路幼儿园、连云港市钟声幼儿园及塔山幼儿园的幼儿活动照片;南京大学出版社编辑丁群及其团队为本教材的出版付出了辛勤的劳动,在此一并表示衷心的感谢!

我们力求编出满足人才培养需要的高质量教材并为此而努力。然而,由于编者的水平有限,教材中难免会有问题或疏漏,真诚希望得到各位同行及教材使用者的批评指正。我们将持续改进,不断提高教材编写水平。

胡碧霞

2021 年 4 月

目录

模块一　导　论

单元一　学前儿童发展概述 / 002

  主题一　学前儿童发展的内涵 / 003
  主题二　学前儿童发展的研究 / 012

模块二　生理发展

单元二　学前儿童的生理发展 / 022

  主题一　学前儿童脑的发育 / 023
  主题二　学前儿童身体的发育 / 029
  主题三　学前儿童动作的发展 / 033

模块三　心理发展

单元三　学前儿童认知的发展 / 040

  主题一　学前儿童注意的发展 / 041
  主题二　学前儿童感知的发展 / 055
  主题三　学前儿童记忆的发展 / 071
  主题四　学前儿童想象的发展 / 086
  主题五　学前儿童思维的发展 / 099
  主题六　学前儿童言语的发展 / 114

单元四　学前儿童情绪情感的发展 / 127

  主题一　情绪情感概述 / 128
  主题二　学前儿童情绪情感的发展特点 / 134
  主题三　学前儿童积极情绪的培养 / 145

✻ **单元五　学前儿童个性的发展 / 152**

　　主题一　个性的内涵 / 153
　　主题二　学前儿童气质的发展 / 156
　　主题三　学前儿童性格的发展 / 163
　　主题四　学前儿童能力的发展 / 168
　　主题五　学前儿童自我意识的发展 / 172

✻ **单元六　学前儿童社会性的发展 / 177**

　　主题一　学前儿童人际交往的发展 / 178
　　主题二　学前儿童性别角色行为的发展 / 191
　　主题三　学前儿童亲社会行为的发展 / 197
　　主题四　学前儿童攻击性行为的发展 / 202

模块四　发展的理论

✻ **单元七　学前儿童发展的理论流派 / 208**

　　主题一　格塞尔的成熟势力说 / 209
　　主题二　行为主义理论 / 212
　　主题三　精神分析理论 / 221
　　主题四　皮亚杰的认知发展理论 / 229
　　主题五　维果斯基的心理发展观 / 234

✻ **单元八　科学儿童观的内涵 / 238**

　　主题一　儿童观及其演变 / 239
　　主题二　育人为本的科学儿童观 / 250

模块五　发展的差异性

✻ **单元九　有特殊需要的儿童 / 256**

　　主题一　学前儿童发展的差异性 / 257
　　主题二　有特殊需要的儿童及其教育 / 270

✻ **单元十　学前儿童发展常见问题及干预 / 279**

　　主题一　学前儿童发展的常见问题 / 280
　　主题二　学前儿童行为矫正的方法 / 292

✻ **参考文献 / 296**

模块一

导 论

单元一 学前儿童发展概述

学前儿童发展概述
├── 学前儿童发展的内涵
│   ├── 学前儿童发展的含义
│   ├── 学前儿童发展的年龄阶段
│   ├── 学前儿童发展的一般规律
│   └── 学前儿童发展的影响因素
└── 学前儿童发展的研究
    ├── 学前儿童发展研究的历史回顾
    ├── 学前儿童发展研究的常用方法
    └── 学前儿童发展研究的基本原则

➤ 理解婴幼儿发展的含义、过程及影响因素等。

➤ 了解婴幼儿身心发展的年龄阶段特征、发展趋势,能运用相关知识分析教育的适宜性。

➤ 掌握观察、谈话、作品分析、实验等基本研究方法,能运用这些方法初步了解幼儿的发展状况和教育需求。

主题一　学前儿童发展的内涵

微课
学前儿童
发展的内涵

1. 理解学前儿童发展的含义，了解儿童发展不同阶段的起止年龄。
2. 掌握学前儿童发展的一般规律。*
3. 能结合具体案例分析影响学前儿童发展的因素，用辩证的观点看待学前儿童的发展。*

小爱这个月就3岁2个月了。小爱的妈妈最近有点发愁：马上就到幼儿园报名季了，要不要把小爱送到幼儿园呢？爷爷奶奶认为：小爱年龄还小，他们可以在家里帮忙照顾，如果小爱去了幼儿园，会不适应。爸爸认为：如果不送小爱去幼儿园，会影响她的发展。小爱的妈妈对此有些困惑，不知该如何做。

问题：小爱的妈妈是否该送孩子上幼儿园？为什么？

一、学前儿童发展的含义

问题解析

人类的发展包括种系发展与个体发展两个方面。达尔文的进化论及霍尔的复演说认为，人类个体的发展是对人类种系发展的浓缩复演。个体发展是指在一个人的整个生命历程中，其身体、生理、心理与行为等方面发育、成长、成熟直至消亡的变化过程。这一过程既包括儿童的成长成熟过程，也包括成人后的衰退消亡过程。儿童发展是个体发展的重要组成部分，主要指0—18岁儿童的身心从不成熟向逐渐成熟、由不完善到日趋完善变化的过程。其中，0—6岁是个体发展的最初阶段，发展迅速，变化极大，是为个体一生发展奠定基础的重要时期。

发展心理学是研究个体从受精卵开始到出生、成熟，直至衰亡的生命全程中心理发生发展特点和规律的科学。作为发展心理学的一个分支，学前儿童发展是以从出生到入小学之前的儿童为研究对象，探索学前儿童的生理、心理与行为发生发展规律的科学。

发展贯穿人的一生。为了研究与论述的方便，通常将人类个体的发展分为两大领域。一是生理发展，主要指人的身体随着年龄增长而不断发育、成熟的过程，大脑的发育成熟、动作技能的进步、身高体重的增加、青春期激素水平的变化等都是生理发展的体现。二是心理发展，是指个体的心理由低级到高级、由简单到复杂的变化过程，主要包括认知发展、情绪情感发展、个性发展和社会性发展等方面。个体的生理发展与心理发展相互影响、密不可分。

学前儿童发展研究要着重解决三个"W"的问题。一是What（是什么），探索学前儿童身心发展的共同特征与模式，描述学前儿童在身体动作、认知、语言、情绪、个性、社会性等方面的发展趋势、一般规律与年龄特征，揭示儿童发展变化的时间表；二是Why（什么原因），分析引起儿童身心变化的原因，构建关于儿童发展的理论，探索儿童发展变化的原因和机制；三是How（如何优化），有意识地运用儿童发展的规律，给予儿童适宜的引导，使其顺利度过每个发展阶段，以达到优化发展的目的。从事学前儿童教育工作的人，只有掌握了儿童发展的基本特征、普遍规律，并能依据相关理论分析儿童行为背后的原因，才能给予儿童适宜的支持与引导，促进儿童的健康成长。

拓展阅读

心理现象的分类

二、学前儿童发展的年龄阶段

联合国《儿童权利公约》第1条将"儿童"定义为年龄不大于18岁的人。从宽泛的角度而言，儿童期是指0—18岁的个体。参照我国的现行学制，将0—6岁上小学之前的孩子称为学龄前儿童（即学前儿童），将6—18岁的孩子称为学龄儿童。在这两大阶段中又分出一些具体阶段，目前得到大多数人认可的阶段划分见图1-1-1。

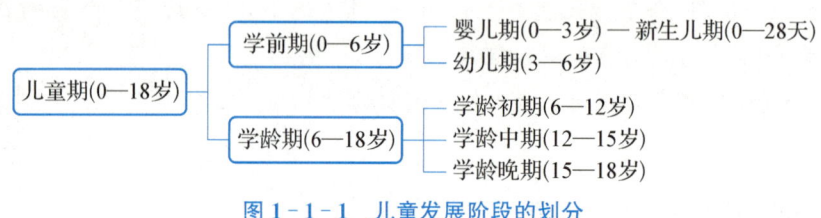

图1-1-1 儿童发展阶段的划分

婴儿期：从出生到3岁，其中0—28天是新生儿期。新生儿期是婴儿适应新环境的时期，这个时期的婴儿从生理上的寄居生活转为独立生活，发展速度非常快。从新生儿期到24个月，婴儿都极度依赖成人，许多能力刚刚开始形成，比如说话的能力、感知和动作协调的能力、社会交往的能力以及模仿学习的能力等。2岁左右，婴儿的自我意识开始萌芽，有了自己的意愿和想法，独立意识开始出现。从这个时候开始，婴儿不再像之前那么依赖成人。

幼儿期：从3岁到6岁。3—6岁幼儿的身体比例发生变化，粗大动作和精细动作也逐渐得到发展，他们的各种心理活动都已经齐全，思维、想象等高级心理过程以及个性均开始萌芽、发展。

三、学前儿童发展的一般规律

每个人都是独立的个体,发展过程中的大部分内容是相似的、可预测的。学前儿童的发展虽然具有差异性,但也表现出一些共同的特性。

(一)连续性与阶段性

1. 连续性与阶段性的关系

发展的连续性是指发展是一个循序渐进、不间断的过程,先前较低级的发展是后来高级发展的前提。这是一个渐进的量的积累过程,不存在突然的中断。比如孩子说出第一个单词,看上去似乎是突然发生的,实际上是日复一日成长和练习的结果。

发展的阶段性是指在发展的特定时期,儿童的思维、情绪、行为等方面都会发生质的变化,即发展的连续过程是由一个个具体的发展阶段组成的。比如孩子在某一个时刻出现抽象思维的萌芽,表明其发展产生了质的变化,登上了新的台阶。

学前儿童的发展是连续性和阶段性的辩证统一。随着年龄的增长,儿童时时刻刻都在发生量的变化。当量变达到一定程度就会产生质变,儿童的身心发展开始进入新的阶段。发展既是连续的,又是阶段的。前一阶段是后一阶段出现的基础,后一阶段又是前一阶段的延伸,前一阶段和后一阶段有着质的差异,但又存在交叉,紧密联结。

2. 发展的年龄特征与敏感期

发展的年龄特征是指在儿童发展的每个阶段中形成的普遍的、本质的、典型的特征。年龄特征是从众多个别儿童的生理和心理特征中概括出来的,代表同一年龄阶段的个体所表现出来的典型特征。如1岁半的力力特别喜欢翻柜子、拉抽屉,2岁的东东爱模仿大人说话,4岁的小花爱模仿妈妈抹化妆品等,这都表现出学前儿童活泼好动、好奇好问、好模仿的年龄特点。

敏感期是指在某个特定时期大脑对特定刺激特别敏感。例如,5岁是儿童掌握数概念的敏感期,若他在这个时期去学习,就可以更容易获得数概念。儿童在敏感期内习得某些知识或能力会事半功倍,在此期间应为儿童提供适宜的环境和学习条件,错过了这个时期就会事倍功半。表1-1-1描述了几种敏感期出现的年龄阶段与典型特点。

表1-1-1 学前儿童发展敏感期及特点

敏感期名称	年龄阶段	典型特点
语言敏感期	1.5—2.5岁	咿咿呀呀学语,模仿成人
自我意识敏感期	1.5—3岁	区分我的、你的;大声说"不"
社会规范敏感期	2.5—4岁	喜欢参与群体活动,帮助遵守社会规则
空间敏感期	3—4岁	喜欢垒高积木、钻箱子等
色彩敏感期	3—4岁	在生活中寻找不同的色彩
逻辑思维敏感期	3—4岁	喜欢提问"为什么"

拓展阅读

"狼孩"的故事

1920年,在印度加尔各答东北部的一座小城,人们常见到一种"神秘生物"出没于附近森林。一到晚上,就有两个用四肢走路的"像人的怪物"尾随在三只大狼后面。后来,人们打死了大狼,在狼窝里发现这两个"怪物"。原来是两名裸体女孩,一人约7岁,一人约2岁。这两名女孩被送到孤儿院抚养,大的叫卡玛拉,小的叫阿玛拉。

"狼孩"刚被发现时,生活习性与狼一样:用四肢行走;白天睡觉,晚上出来活动;怕火、光和水;只知道饿了找吃的,吃饱了就睡;不吃素食而要吃肉,吃饭不用手拿,而是放在地上用牙齿撕开吃;不会讲话,每到午夜后像狼似的引颈长嚎。卡玛拉经过7年的教育才掌握4—5个词,勉强学会了几句话,开始具备人的一些生活习性。她去世时估计已有16岁,但其智力只相当于3—4岁孩子的水平。

"狼孩"的事例说明:在童年早期错过发展的敏感期,对个体今后的成长具有非常重要的影响。由此可见,适宜的早期环境与教育对儿童发展的重要性。

(二)方向性与顺序性

正常情况下,儿童的发展具有一定方向性和顺序性,始终朝着从简单到复杂、从低级到高级、从具体到抽象、从被动到主动、从零乱到系统的方向发展,既不能逾越,也不会逆向发展。比如个体动作的发展,就遵循自上而下、由躯体中心向外围、从粗大动作到精细动作的发展规律。再比如每个儿童的思维发展都会经历直觉行动思维、具体形象思维、抽象逻辑思维这三个阶段,并且这三个阶段的先后顺序不能互换,是固定不变的。

(三)不均衡性与整体性

发展的不均衡性是指个体从出生到成熟并不总是等速发展的,表现出不均衡性。从生理发展来看,身体不同机能系统的发育在发展的起始时间、速度、达到的成熟水平等方面均不相同,而同一机能系统在发展的不同时期也有不同的发展速度。个体的心理发展更是表现出不均衡性。如婴幼儿的感知觉发展比语言发展要早;语言发展中的口头语言在1—3岁发展较快,而书面语言在3—5岁发展较快。

虽然学前儿童的发展存在不同方面,在速度上也不均衡,但是这些发展的不同方面并不是孤立的,而是彼此之间相互联系,逐渐构成一个有机整体。

(四)共性与个体差异

每一个正常儿童都要经历一些共同的发展阶段,遵循共同的发展规律,其发展会按照相同的方向和顺序进行,这就是共性。与此同时,发展的个体差异也非常明显。每个儿童的发展速度、发展的优势领域、最终达到的水平都是不同的,每个儿童都有自己的特色和风格,从而呈现出个体差异。比如有的孩子观察能力强,对于细节的分辨能力突出;有的孩子记忆力好,对于生活中的事件难以忘记;有的人善于理性思考,有的人善于形象思维。当代心理学强调:要尊重儿童发展的差异性,承认发展的多元化,承认不同发展条件、不同社会条件、不同文化对儿童发展的影响。

四、学前儿童发展的影响因素

学前儿童的发展是一个复杂的过程,受到诸多因素的影响。通常,将影响学前儿童发展的因素划分为外在的客观因素与内在的主观因素两大部分。

(一)影响学前儿童发展的客观因素

1. 遗传素质

遗传是将亲代的某些生物特征通过基因传递给子代的一种生物现象。遗传的生物特征也称遗传素质,主要指那些与生俱来的解剖生理特征,如机体的构造、形态、感官及神经系统的特征等。遗传素质对儿童发展的作用主要体现在以下两个方面。

首先,遗传素质为儿童的发展提供了生物前提与自然条件。没有这个前提与条件,儿童的发展将无从谈起。比如,无脑儿生来就没有正常的大脑,虽然可以存活一段时间,但只有一些饥、渴等最低级的内脏感觉,绝不可能产生思维、想象等高级认识活动。又如,在胚胎形成过程中,如果第 21 对染色体上多出一条染色体,就会患上唐氏综合征。这类患儿生来就存在躯体与智力上的缺陷,且难以像正常儿童一样成长。一般认为,遗传素质对不同年龄儿童的影响是不一样的。年龄越小,受遗传的影响越大,随着年龄的增长,遗传对儿童发展的作用会越来越小。

其次,遗传素质为儿童发展的个体差异奠定了最初的基础。通过遗传得来的解剖生理特征尤其是中枢神经系统特征,在学前儿童发展中具有一定的作用。比如,与生俱来的高级神经活动类型使刚出生的小婴儿就表现出差异,有的孩子比较安静、容易入睡,有的孩子大哭大喊、手脚乱动。又如,在音乐、美术等活动中表现优异的孩子,往往与其天赋异禀有关。每个儿童的遗传素质既有与别人相同的地方,也有与众不同之处。这种差异,使得每个儿童都是独一无二的人。

不可否认,遗传素质是学前儿童发展必不可少的客观因素,但绝不能片面夸大遗传素质的作用。遗传素质只是为学前儿童的发展奠定了物质基础,提供了长大成人的可能性,它不能预定或决定儿童的发展。一个生来健全的孩子,如果出生后脱离了人类的社会生活,失去了与人交流的机会,就不可能掌握人类的语言,甚至不可能形成人的心理。比如,"狼孩"虽然具备人的解剖生理特点,但从小在狼窝里长大,最终形成了狼的生活习性。回归人类社会之后,虽然人们对"狼孩"实施了特别的教育,由于错过了身心发展的敏感期,其最终的智力水平极低。大量研究表明,遗传素质只是学前儿童发展的必要条件,决定儿童向哪个方向发展、发展到什么程度的客观因素则是社会环境与教育。

2. 生理成熟

生理成熟是指身体生长发育的程度或水平。人类个体的生理成熟主要依赖于种系发展中遗传的成长程序,具有一定的规律性。通过遗传,个体获得发展的自然物质基础。在胎内发育成熟后来到人世的儿童,还要经过十多年的生理成熟过程,才能真正长大成人。生理成熟对儿童的心理发展具有一定的制约作用。

首先,生理成熟为学前儿童的心理发展提供物质前提。生理成熟对儿童发展的具体作用是使心理活动的出现或发展处于准备状态。若在生理达到一定成熟时,适时地给予适当的刺激,就会使相应的心理活动有效出现或发展;如果生理上尚未成熟,即使给予某种刺激也难以取得预期的效果。

其次,生理成熟的顺序制约着学前儿童心理发展的顺序。生理成熟对儿童身体生长发育顺序的影响是非常明显的。婴幼儿的生长发育顺序是:从头到脚,从中轴到边缘,即首尾方向和近远方向。动作发展的顺序是:先会抬头,后会翻身,再会坐、爬,最后才会走路。身体各大系统的发展顺序是:神经系统最早,运动系统次之,生殖系统最晚。儿童不同感觉系统的发展也是有顺序的,听觉系统在胎儿期就开始发展,视觉到出生后才发展。所有这些生理发育和成熟的顺序都影响着儿童心理发展的顺序。

3. 环境和教育

人的发展归根结底是一切社会关系的总和。研究表明,学前儿童的发展是遗传与环境相互作用的结果。遗传素质与生理成熟作为影响儿童发展的生物性因素,只为儿童的发展提供了可能性,而可能性能否变成现实性,主要是由环境与教育决定的。

从生态学角度看,环境就是生物栖息地,泛指生物有机体生存空间内各种状况与条件的总和。一切生物的生存与发展都离不开环境,人类也不例外。通常,将环境分为自然环境和社会环境。自然环境是人生活于其中的物理、地理环境及自然生物圈,它为人提供了生存所需的物质条件,如空气、阳光、水、营养等,对学前儿童的发展有一定影响。社会环境是指影响儿童发展的一切社会因素:经济的、政治的、文化的以及各种社会关系,其中,家庭、托幼教育机构、社区、现代传媒等对学前儿童发展的方向、速度及水平具有决定性的作用。

家庭是每个人接触最早、生活时间最长的社会环境,家庭教育是儿童接受最早、对儿童影响最为广泛的教育。家庭的结构、物质生活条件、成员之间的互动关系、儿童在家庭中的地位、父母对子女的教养方式等,都会对儿童产生潜移默化的影响。其中,父母的教养方式对儿童的影响深远而持久。教养方式是父母在养育孩子时表现出来的相对稳定的行为倾向,是父母的教育观念与教育行为的综合。通常将教养方式分为四种:一是权威型,父母尊重孩子的自主性,经常与孩子沟通,及时回应孩子的需求,同时设定明确的规则,适当控制孩子的行为。孩子犯错时,父母会先倾听孩子讲述原因,然后制定合理的规则规范子女的行为。在这种教养方式下长大的孩子比较独立、自信、友善,善于与他人合作,社交能力强,自我调控得当,学习成绩较好。二是专制型,父母不尊重孩子的自主性,较少与孩子沟通,给孩子制定规则和期望,要求孩子服从和遵守,对孩子的控制程度高,表现出严格、冷漠的特点。孩子犯错时，父母常不问缘由地直接打骂。在这种教养方式下长大的孩子自尊水平低，自卑退缩，社会交往能力弱，更加依赖他人。三是放纵型，父母很少对孩子的行为进行控制，孩子的自主性非常高。孩子犯错时，父母对孩子的错误经常视而不见，一味包容。这种教养方式下长大的孩子可能具有很强的创造性，比较主动和活跃，也可能表现出比较放纵、易于冲动、攻击性强、社交性弱等特点。四是忽视型，父母对孩子采取放任自流的态度。孩子犯错时，父母对孩子漠不关心。在这种教养方式下长大的孩子一旦受到刺激，则可能出现极具破坏性的行为或暴力冲动。

托幼机构是对学前儿童进行保育和教育的机构，是除了家庭之外儿童接触最多、对儿童影响最大的社会环境，是一种特殊的社会环境。托幼机构主要通过其教育质量影响儿童的发展，这种质量包括两方面：一是结构性质量，主要指师幼比、班级规模、教师专业水平及教育行政管理水平；二是过程性质量，主要包括师幼互动、学习环境、课程、家长参与等。高质量的托幼机构教育通常具有如下特点：第一，合理的师幼比。有利于教师关注儿童各方面的发展，保障儿童的安全，同时与每个儿童有更多的互动。第二，高水平的专业教师。对儿童的关注度更高，对儿童的需求更敏感，能更多激励并引导儿童主动参与活动，使儿童的认知、情感及社会性得到更好的发展。第三，高效的教育行政管理。直接影响到教师的教育理念与教育行为，进而影响学前儿童的全面发展。第四，高质量的师幼互动。这是儿童教育实践的核心因素，积极的师幼互动关系有利于儿童形成健康的自我概念，培养儿童的自信心，促进儿童的语言能力、认知能力及社交能力的发展。第五，适宜的学习环境。宽敞明亮的室内外空间、充足多样的游戏材料、安全卫生的设施设备等，都是影响教育质量与儿童发展的重要因素。第六，以儿童为本的课程。这是一组系统的、有利于儿童全面和谐发展的经验，是将教育理念转化为实践的中介与桥梁。第七，高程度的家长参与。可以促进托幼机构与家长的双向互动，形成教育合力，为学前儿童构建协同一致的成长环境。

社区是在一个区域范围内的人们所结成的社会区域共同体。社区对学前儿童发展的影响体现在社区环境与社区教育两方面。社区环境主要包括社区的经济状况、人文环境以及图书馆、少年宫、体育场等社区实体的文化；社区教育主要指依托社区教育委员会，因地制宜地建立儿童游戏组、家庭活动站、亲子活动中心、大带小游乐园等，面向学前儿童开展形式多样的非正规教育活动。社区是学前儿童生活的重要场所，与儿童所处的家庭紧密联系，与儿童所在的托幼机构相互补充，共同影响学前儿童的发展。

作为互联网时代的原住民，儿童生来就处于现代传媒无处不在的影响之下。电视、手机、电脑等现代传播媒介已成为学前儿童生活的重要组成部分，合理利用现代传媒，有利于学前儿童的发展。如直观形象的电视节目、生动丰富的网络学习资源，使儿童足不出户就可以去南极、探深海、登月球、看太空，使儿童在轻松愉悦之中拓宽视野，习得大量知识经验，获得丰富的审美体验，激发无穷的想象力与创造力。然而，互联网信息繁杂、良莠不齐，学前儿童分辨是非的能力不足，又喜欢模仿，如果成人对儿童看电视、使用电脑或手机的行为不加引导，很容易使儿童过度依赖电视、电脑，导致儿童出现视力下降、肥胖、注意

力不集中、语言表达能力弱、逻辑思维能力发展慢、沉迷于网络虚拟世界、不适应现实生活等问题。

在影响学前儿童发展的客观因素中,遗传素质与生理成熟提供了发展的物质基础与可能性,环境与教育则将发展的可能性变为现实性,是影响儿童发展的决定性条件。然而,我们不能片面夸大遗传、环境及教育对儿童发展的作用。因为,遗传素质、生理成熟、环境与教育只是影响学前儿童发展的外部原因,这些外因要起作用,必须通过学前儿童发展的内部原因才能实现。

(二)影响学前儿童发展的主观因素

影响学前儿童发展的主观因素指儿童自身的全部心理活动,主要包括需要、兴趣、能力、性格、自我意识等,其中最活跃的因素就是儿童的需要。

学前儿童的新需要与原有心理水平之间的矛盾是影响其身心发展的内部原因,这一内部矛盾是在儿童主体与客观世界相互作用的过程中产生的。学前儿童虽然年幼,但也是独立的个体,具有发展的主动性。从出生的那一刻起,儿童就不是消极地接受外界的影响,而是在积极活动中与周围的人、事、物相互作用,对客观现实做出反应,并将社会与教育的新要求转化为自己的新需要。如:刚出生的婴儿主要通过哭泣、喊叫等方式表达需求,与人沟通。在日常生活中,婴儿每天接受大量声音刺激,成人经常对着婴儿讲话,并引导婴儿辨别语音、理解词义、练习说话。久而久之,婴儿逐渐将特定的语音与特定的事物相关联,开始能听懂一些语词或语句,进而产生了自己说话的需要。"自己说话"的新需要与"不会说话"的原有水平之间的矛盾,就成为促进婴儿语言能力发展的内在动力。

在社会环境和教育的影响下,儿童的新需要与原有心理水平之间是不断变化的对立统一关系。首先,儿童的需要与原有心理水平之间相互依存。如:3岁儿童处于口语发展初期,他只需要掌握某些日常词汇,就能表达自己的愿望,与别人进行简单的交流,因此,他不会产生掌握书面语言的需要。进入小学的儿童,在学校教育的影响下,产生了掌握书面语言的需要,他开始努力学习阅读和书写,不断提高自己的书面言语水平。其次,儿童发展的新需要与原有心理水平之间相互否定。一方面,新的需要总是否定原有的心理水平。如:1—1.5岁儿童处于单词句阶段,常用"球球""帽帽"等单词表情达意。但这种以词代句的表达方式常常表意不清,当儿童对成人说"球球"时,并不能使人了解是"球丢了""球脏了"还是"我要玩球"。为了清楚表达自己的想法,儿童产生了学习语句的新需要。这种新需要驱使儿童由单词句阶段向双词句、简单句阶段发展。另一方面,一定心理水平的形成,意味着对原来需要的否定。如:学前儿童特别喜欢游戏、需要游戏,但进入小学后,儿童的心理发展水平不断提高,他们已不再将玩游戏作为自己的主导需要了。也就是说,心理水平提高了,原来的需要就被否定了,在心理水平不断发展的基础上,儿童会不断产生新的需要。新需要与原有心理水平之间循环往复的矛盾斗争,就是促进学前儿童发展的内在动力。

辩证唯物主义认为,外因是变化的条件,内因是变化的根据,外因要通过内因起作用。在学前儿童的发展过程中,儿童的新需要与原有心理水平之间的内部矛盾是发展的内因,社会环境与教育是影响发展的最主要外因,其中,教育是儿童发展的最主要条件。如果不通过儿童发展的内因,教育这个外部条件将无法产生作用;如果只有儿童发展的内因而没有适当的教育条件,儿童的发展则会受到限制。因此,儿童向哪个方向发展、如何发展,不是由外因机械决定的,也不是由内因孤立决定的,而是由适合于内因的一定外因决定的。也就是说,儿童的发展主要是由适合儿童心理内因的那些教育条件决定的。因此,父母及教师都要研究儿童,不仅要了解儿童发展的水平、特点与规律,而且要分析儿童的需要、能力与性格,这样才能充分发挥教育的主导作用,促进学前儿童的全面发展。

实操训练

【项目任务】

训练目的:熟悉《3—6岁儿童学习与发展指南》的主要内容,深入理解学前儿童发展的年龄差异。

训练内容:选取《3—6岁儿童学习与发展指南》语言发展领域中"认真听并能听懂常用语言"这一目标,请分析、比较各个年龄阶段发展目标的不同点。

3—4岁	4—5岁	5—6岁
1. 别人对自己说话时能注意听并做出回应。 2. 能听懂日常会话。	1. 在群体中能有意识地听与自己有关的信息。 2. 能结合情境感受到不同语气、语调所表达的不同意思。 3. 少数民族幼儿能基本听懂普通话。	1. 在集体中能注意听老师或其他人讲话。 2. 听不懂或有疑问时能主动提问。 3. 能结合情境理解一些表示因果、假设等相对复杂的句子。

【真题连接】

1. 导致"狼孩"心理发展滞后的主要因素是( )。(2022年上半年)

　　A. 遗传有缺陷　　　　　　　　　B. 生理成熟迟滞

　　C. 自然环境恶劣　　　　　　　　D. 社会环境缺乏

2. 下列针对幼儿个体差异的教育观点,不妥的是( )。(2018年下半年)

　　A. 应关注和尊重幼儿不同的学习方式和认知风格

　　B. 应支持幼儿富有个性和创造性的学习和探索

　　C. 应确保每位幼儿在同一时间达成同样目标

　　D. 应对有特殊需要幼儿给予特别关注

3. 生活在不同环境中的同卵双胞胎的智商测试分数很接近,这说明( )。(2017年上半年)

　　A. 遗传和后天环境对儿童的影响是平行的

答案与解析

B. 后天环境对智商影响较大

C. 遗传对智商的影响较大

D. 遗传和后天环境对智商的影响相当

【延伸探究】

1. 视频:《幼儿园》。

2. 视频:《锡坤闯世界》。

延伸探究

主题二　学前儿童发展的研究

1. 了解学前儿童发展研究的简要历史。
2. 能够根据教育实践需要选择不同的学前儿童发展研究方法。*
3. 理解在儿童研究实践中遵守研究原则的必要性。*

3岁3个月的明明刚入园1个月。午餐时,班上大部分孩子都能独立进餐,明明却一直将小勺含在嘴里,不去碗里舀饭菜吃。赵老师将小勺从他嘴里拿出来,放在他手里,把碗往他身边推了推,鼓励他自己端碗吃饭,但明明还是慢吞吞的,不想自己动。在老师的坚持与鼓励下,明明终于吃完一顿饭。针对明明的这种情况,赵老师觉得自己应该有所作为,持续关注明明的饮食问题。

问题:赵老师可以采用什么方法来解决明明的饮食问题? 为什么?

一、学前儿童发展研究的历史回顾

早在中国先秦时代与西方古希腊时期,人们就开始讨论关于儿童发展的一些基本问题。如"人之初,性本善""儿童生而有罪"等反映了人们对儿童本性的认识,"孟母三迁"说明人们重视环境对儿童发展的影响等。但是,将学前儿童作为科学研究的对象只有一百多年的历史。1882年,德国心理学家普莱尔出版的《儿童心理》是世界上第一部科学、系统的儿童心理学著作,标志着科学儿童心理学的诞生。此后,心理学家开始用观察和实验等方法来研究儿童的发展。

(一)西方国家对儿童发展的研究

科学儿童心理学的诞生与近代社会物质文明和精神文明的迅速发展、近代自然科学的发展及西方哲学思想和教育发展的要求均有很大关系。其中,达尔文的进化论思想、洛克的"白板说"及卢梭的自然主义教育思想都对儿童心理学理论的形成产生了深远影响。总体而言,西方国家对儿童发展的研究可分为三个时期。

一是20世纪早期。这一时期的研究始于美国儿童心理研究运动的创始人霍尔,他提出了个体心理发展"复演说",发明了问卷法这一儿童心理研究的新技术。这一时期,许多心理学家认可格塞尔的观点,将儿童心理的变化看作是成熟的结果,同时,精神分析、行为主义理论开始兴起。

二是第二次世界大战后到20世纪60年代。此时,精神分析理论与行为主义理论已成为美国儿童心理学的支柱。这一时期的儿童心理学家,不仅要描述儿童的行为,而且要预测儿童行为,解释儿童行为的原因。同时,心理学家更偏爱实验室研究,特别强调环境对儿童发展的影响。

三是20世纪60年代中期至现代。这一时期,皮亚杰的认知发展理论不仅日益受到重视,而且改变了人们对儿童的基本看法。皮亚杰认为,儿童是积极的建构者,儿童的发展是成熟和经验相互作用的结果,这一观点已基本成为当代儿童教育者的共识。这一时期,儿童心理学家重新研究遗传、成熟对行为的影响,从完整儿童的视角将儿童的认知发展与社会行为相联系,同时注重将儿童心理学理论应用于儿童教育等社会实践。

当代社会,随着研究技术与手段的不断更新,儿童发展研究也日益深入。如研究者运用眼动仪、脑电波成像仪等技术对儿童的认知发展进行精细研究,揭示脑发育与个体认知发展之间的关系。研究者还从不同视角研究儿童,如布朗芬布伦纳的生态环境理论就是从生态学角度分析影响儿童发展的因素,引发人们关注儿童成长的环境。

(二)中国对儿童发展的研究

中国古代不乏对儿童教育问题的真知灼见。如春秋战国时期的道家主张"道法自然",要尊重儿童的自然天性,对儿童行"不言之教";唐代柳宗元以树木成长为例,提出"顺木之天,以致其性"的教育主张;明代王守仁提出"明人伦""致良知""知行合一"等教育观点。但是,对儿童发展及教育问题的专门研究始于20世纪20年代。

当时,在"五四"新文化运动的影响下,追求科学与民主、提倡个人尊严与自由的思想广泛传播。许多思想家、教育家关注儿童、关注教育。如鲁迅、郭沫若、郑振铎等人批判封建教育,从儿童文学角度提出"儿童本位"的观点。陶行知、陈鹤琴等人在宣传西方先进教育思想的同时,致力于探索中国化、本土化的儿童教育体系。陶行知提出著名的"六大解放"口号,倡导解放儿童、尊重儿童。陈鹤琴于1923年在南京创办了我国第一所实验幼稚园,采用日记法对自己的儿子进行了长达三年的追踪研究,于1925年出版了《儿童心理之研究》一书,这是我国较早的儿童心理学教科书。随着行为主义、精神分析等学派的理论与研究陆续被介绍到国内，不少心理学家开展了进一步研究，如黄翼研究了儿童的语言、绘画、性格等，于1942年出版《儿童心理学》；肖孝嵘著有《实验儿童心理学》《儿童心理学》等书；孙国华著有《初生儿的行为研究》等。此外，他们在编制、修订儿童能力测量与教育测验量表方面做了不少工作。

新中国成立之后，与其他学科一样，我国的儿童发展研究有了很大发展。20世纪50年代主要向苏联学习，翻译了不少苏联的儿童心理学教材，还有研究者结合我国实际对巴甫洛夫的高级神经活动学说进行探索性研究，如关于儿童两种信号系统的实验研究、儿童方位知觉的研究等。

20世纪60年代是我国儿童心理学发展的第一个繁荣时期。学者们开展了数以百计的儿童心理发展研究。对儿童发展的生理机制、儿童的思维发展、儿童心理发展的动力、教育与发展的关系等问题均有探讨。1962年，由儿童心理学家朱智贤主编的《儿童心理学》出版，这是以马克思主义思想为指导，批判吸收国内外研究成果，密切联系我国儿童教育实际编写教材的最初尝试。该教材目前已出版至第六版，对推动我国的儿童发展研究做出了突出贡献。

20世纪80年代，随着改革开放的全面推进，我国的儿童发展研究表现出新特点：第一，改变了过去偏重认知研究的倾向，重视社会性发展与社会化的研究，如父母教养类型与儿童性格发展关系、自我意识发展、同伴关系等研究。第二，结合社会需要的应用性研究增强，如对独生子女及其家庭教育心理学研究等。

21世纪以来，信息科学、基因技术、脑科学技术被应用于儿童发展研究。如由全国许多研究机构联合，从基因、脑、行为、环境等多层面研究我国儿童青少年心理发展的特征。通过对近10万名儿童青少年的调查数据进行分析，建立了我国儿童青少年心理发育指标体系。

二、学前儿童发展研究的常用方法

研究方法是为达到研究目的而使用的手段。研究方法运用是否得当，关系到数据收集的难易程度，影响到所获资料的准确性，最终影响研究者对儿童发展的认识和判断。学前儿童发展研究中常用的方法有观察法、实验法、问卷法、访谈法、测验法、临床法、作品分析法等。这些方法各有优劣，研究者可根据研究问题的性质与研究对象的特点，恰当选用。

（一）观察法

观察法是指通过感官或辅助仪器，有目的、有计划地对学前儿童的行为进行系统、连续的考察、记录与分析，从而获取事实材料的研究方法。作为研究学前儿童发展的最基本方法，观察法具有显著优势，如所得观察资料比较客观、真实，特别适合对学前儿童的行为进行研究，且操作简单、易于实施。但观察法也有不足：首先，受时间、地点、人力、经费等条件限制，不可能进行大范围、大场面的观察，且样本较少。其次，受观察者认识能力等方面的限制，所得观察结果往往是表面的、感性的，难以深入探究学前儿童外在行为的深层原因。

根据不同的标准,可以将观察法分出不同的类型。按观察的情境条件分为自然观察与实验室观察,按是否借助仪器和技术手段可分为直接观察和间接观察,根据观察者是否直接参与儿童的活动可分为参与观察和非参与观察,根据观察过程的性质可分为结构观察和非结构观察。

拓展阅读

教师观察幼儿行为的意义

观察是有目的、有计划、比较持久的知觉活动。通过对幼儿言语、表情和行为的观察可以分析幼儿心理发展的规律和特征。通过对幼儿的观察,教师可以了解幼儿身体发育、动作发展、认知发展等各方面信息,发现幼儿的兴趣、需要和人际交往能力等,还可以评估幼儿的学习能力,从而更好地因材施教,促进幼儿全面发展。

对幼儿的观察通常在自然状态下进行,可以较真实地得到幼儿心理活动的资料。通过观察幼儿,教师能够增强自我反思,更新自己的教育观念和方法,从而更好地成为幼儿学习活动的支持者、合作者和引导者。

观察幼儿,还可以使教师以幼儿视角去理解幼儿,真正做到尊重幼儿,促进每个幼儿富有个性、健康成长。

(二)实验法

实验法是根据研究假设,运用一定的人为手段,主动干预或控制儿童心理与行为的发生、发展过程,然后通过观察、测量、比较等方式探索、验证因果关系的研究方法。实验法是一种较严格、客观的研究方法。其主要优点是能排除无关因素的干扰,可以重复进行,且有严密的组织系统,有一套必须遵守的程序规则,逻辑清晰明确,应用范围较广,尤其适用于因果关系的研究。研究学前儿童发展的实验法有两种,分别是实验室实验法和自然实验法。

对点案例

延迟满足实验

延迟满足意指甘愿为更有价值的长远结果而放弃即时满足的抉择取向以及在等待过程中展示出来的自我控制能力。延迟满足能力是自我控制的核心成分,是儿童早期自我控制能力最典型的表现。

延迟满足实验是由美国斯坦福大学心理学教授沃尔特·米歇尔于20世纪60年代设计的。研究者精心设计了实验场景,让参加实验的幼儿每个人单独留在实验室内,然后观察、记录、分析、比较幼儿的行为表现(扫描二维码观看实验过程),由此研究幼儿的延迟满足能力及其发展情况。

视频
延迟满足实验

> 追踪研究表明：幼年时表现出较强延迟满足能力的儿童，在追求自己的目标时，更容易抵制即刻满足的诱惑，实现更有价值的目标，他们长大后会更自信，学习与工作的效率更高，社会竞争力也更强。延迟满足能力弱的儿童，长大后更容易出现一些行为问题，如注意力不集中、贪玩不爱学习、性格急躁缺乏耐心、遇到挫折心烦意乱、遇到压力退缩不前等。

（三）问卷法

问卷法是将一系列事先设计好的问题组合起来，以书面形式征询被调查者的意见，通过对问题答案的回收、整理、分析，获取有关信息的研究方法。研究者根据一定的目的编制问卷，并将调查问题标准化。

问卷法的优点是标准化程度一般较高，问卷内容客观统一，处理分析比较方便，且能够在较短时间内收集到大量的资料，样本量大，节省人力、物力和财力。问卷法的缺点是编制问卷不太容易，且一般只能研究一些比较简单、表面的问题，难以对复杂的问题进行深入的研究，同时，问卷法得到结果的真实性受问卷效度影响较大。

（四）访谈法

访谈法是指通过与研究对象的直接交谈来收集所需资料的调查方法。访谈法通常用在研究比较复杂的问题时，或需要向不同类型的人了解不同类型的材料时。访谈一般是面对面的个别访谈，也可采用小型座谈会的形式进行团体访谈。

访谈法的优点是比较灵活，有利于获得深层次的信息。访谈方式简单易行，适用面较广，获得资料真实可靠。且对于年龄较小、缺乏书面语言能力的调查对象，具有独特的优越性。然而，在实际操作中，访谈耗时费力，不适合大范围的调查。另外，访谈资料的有效性和科学性往往取决于访谈者的研究素质和访谈技能，容易受主观性影响。且访谈结构的处理和分析比较复杂，由于标准化程度低，难以做定量分析。

根据是否有访谈提纲，访谈可分为结构式访谈、非结构式访谈、半结构式访谈三种。

（五）测验法

测验法是通过测验量表来研究学前儿童发展水平的研究方法。测验法与问卷法类似，测验法也是通过事先设计好的问题来研究被试，不同的是，测验法所运用的工具是标准化程度很高的量表，且它不再局限于文字形式，可以采用非文字形式，即操作形式来进行测量。

测验法的优点是量表编制十分严谨，施测也比较容易控制，结果处理方便。另外，测验法一般有现成的常模，可以直接进行对比研究。测验法是一种非常有效的方法，在短时间内可以粗略了解儿童的发展状况。但是，测验法也有弊端，尤其是对学前儿童而言。测验法往往都只是被试完成任务的结果，不能说明过程，测验只是量的分析，缺乏质的研究，而且测验的题目也难以适应不同生活背景下的儿童。

测验法有多种分类形式:根据测验的方式可分为个别测验和团体测验;根据测验材料的性质可分为文字测验和非文字测验;根据测验的目的可分为成就测验、性向测验、智力测验、人格测验、心理健康测验等。目前国际上已有一些较成熟的婴幼儿发展量表,比如格塞尔成熟量表、贝利婴儿发展量表、韦氏幼儿智力量表等。

主试要求 3 岁的 Kate 进行匹配活动。第一次,将 4 个碟子和 4 个杯子进行匹配。Kate 很容易就完成了。第二次,将 5 个杯子和 6 个碟子进行匹配。主试说:"这儿有一些杯子和碟子,请你为每个杯子准备一个碟子。"Kate 在每个碟子上放一个杯子,结果多了一个碟子。她就把这个碟子随便放到已经配过碟子的杯子下(这个杯子底下有两个碟子)。Kate 开心地笑了。

Kate 完成对应的测试有点难。第一次 Kate 完成得很顺利。第二次,主试发现 Kate 在看到有一个碟子多出来时,表现出不舒服的表情。Kate 的解决办法是:在一个杯子底下放两个碟子。她明白对应的规则,但却没办法解决多一个碟子的问题。只有当主试看到了这个过程,才能理解 Kate 在杯子底下放两个碟子的原因。所以,单独测试不但可以看到结果,还可以弄清部分原因。[①]

(六) 临床法

临床法是皮亚杰为研究儿童认知能力而独创的一种研究方法。临床法将观察、访谈、测验、实验等方法有机地糅合在一起,通过灵活多样的口头交谈和对儿童的实物操作的观察来探究儿童的认知发展和思维过程。皮亚杰在研究儿童思维发展时采用了这种方法,他更注重儿童在回答问题时的错误回答。

临床法的优点是集众家之长,既有实验法的科学严谨,又有访谈法的自由灵活性,还有观察法的具体直观性;既可以观测儿童外显的操作行为表现,又可推断儿童内隐的思维发展过程。临床法是研究儿童思维水平、认知结构发展的一种有效方法。但是临床法也有它的局限性,如谈话提问在临床法中占有很大比例,但谈话不是标准化的,具有很大的随意性,这给临床法涂上主观色彩。另外,临床法的使用仅限于少数领域,实验操作形式单一,取样较小,研究结果缺乏有效的验证。

---

① 王烨芳.学前儿童行为观察与分析[M].南京:江苏教育出版社,2012:83.

儿童对撒谎的理解

研究者:"你知道什么是撒谎吗?"

儿童:"就是说的话不对。"

研究者:"说2+2等于5是说谎吗?"

儿童:"是说谎。"

研究者:"为什么?"

儿童:"因为它不对。"

研究者:"这个说2+2等于5的小男孩知道它不对吗?还是只是算错了?"

儿童:"他算错了。"

研究者:"那么如果他算错了,他有没有说谎?"

儿童:"他是在说谎。"

上述对话是皮亚杰使用临床法进行儿童道德发展研究中的一段记录,从中可以看到儿童对撒谎的理解与成人不同。使用临床法时,要求研究者具有灵活性。研究者对每个儿童提出相同问题,但可以针对每个儿童的回答做出灵活反应,以便深入了解儿童回答的含义。

(七)作品分析法

作品分析法是通过分析学前儿童的作品以了解其心理发展或某一方面能力发展的方法。学前儿童的作品包括绘画、手工、作业、日记等。研究者可以通过学前儿童的作品,分析他们的个性特点,如兴趣、性格以及能力等。

三、学前儿童发展研究的基本原则

学前儿童发展研究的对象是0—6岁的婴幼儿。在研究中,既要保证研究的科学性和有效性,也要考虑研究的伦理性和道德性。因此,在进行学前儿童发展研究时,必须以促进儿童健康成长为出发点,遵循客观性、系统性、发展性、教育性和保护性等基本原则。

(一)客观性原则

客观性原则是任何科学研究都必须遵循的一个基本原则。所谓客观性,也就是实事求是。客观性原则主要包含两方面含义:第一,学前儿童发展研究必须考虑儿童生活的客观条件。对学前儿童发展的研究不能脱离儿童周围的社会生活条件和教育条件,应当在儿童的活动中进行研究。第二,任何结论都要以充分的事实材料作为依据。例如,在运用观察法的过程中,观察者应当对观察数据进行客观记录,不应当掺杂个人感情色彩，更不能弄虚作假。另外，对研究结果的分析和解释也要切实准确，不能随意发挥或夸大其词。

（二）系统性原则

人的心理和生理都是由多个成分组成的复杂的系统结构。在研究学前儿童发展时，我们既要考虑儿童心理和生理各个成分之间的相互关系，也应当考虑外在的教育和社会环境对其发展的影响，不能孤立地看待问题。换言之，既要考虑个体本身的整体性，也要考虑其心理与各因素之间的相互关系。

（三）发展性原则

客观世界处于永恒的变化之中。学前儿童作为发展中的人，其心理与行为也在不断变化。因此，必须用发展的眼光研究学前儿童。不仅要注意儿童已经形成的心理特点，还要考虑儿童身心发展的历史，更应注意那些新出现的特征和品质，这对于预测儿童发展的趋势和前景具有独特的重要意义。

（四）教育性原则

教育性原则是指一切关于儿童发展的研究都必须符合教育的要求，研究者必须遵守职业道德，不允许进行损害儿童身心健康的研究。学前儿童处于身心迅速成长时期，也是受教育时期，对学前儿童的研究要对其身心发展负责。在研究过程中，所使用的研究方法和手段要经过仔细甄选，研究者也要注意自己的举止行为，也就是说，从设计研究方案到实施研究，都必须考虑研究对儿童身心发展的影响。

（五）保护性原则

学前儿童发展研究必须遵循社会的伦理道德。因为学前儿童发展研究的对象是人，并且是生理和心理发展都不成熟的儿童，在研究过程中要做到尊重儿童、保护儿童。具体措施如下：

第一，避免伤害。研究者不应该使用可能对儿童身心造成伤害的研究操作。如果可能存在伤害，那么研究者应当寻找其他方式获取所需信息或放弃研究。

第二，知情同意。当儿童作为被试时，应当获得其父母以及能够代表儿童利益的其他人的知情同意，而且最好是书面同意。儿童和代表其利益的成人有权利在任何时候中止参加研究。

第三，保护隐私。在研究过程中，儿童有权隐瞒所有能鉴别他们身份的信息，他们的这一权利同样适用于书面报告和任何对研究的非正式讨论。

第四，告知结果。研究者要以适合被试儿童理解水平的语言来告知儿童研究的结果，而且在报告结果时，要谨慎小心，避免给父母和儿童带来紧张感。

第五，有益处理。儿童参加研究时，研究者所使用的刺激必须是适当的，研究者有责任保护儿童的安全和自由。同时，如果在研究过程中，实验处理被确信是有益的，那么控制组的儿童有权得到其他可行的有益处理。

 实操训练

【项目任务】

训练目的：了解小、中、大班幼儿几种生活自理能力的具体表现。

训练内容：

1. 在幼儿园见习时，以小组为单位，每组选择一个班级，每班选择20名幼儿，观察幼儿在"独立上厕所、洗手、扣纽扣、穿鞋、系鞋带"等方面的行为表现，判断幼儿是否能独立完成上述行为，将观察结果记在下面的观察记录表中（能独立完成打"√"，不能独立完成打"×"）。

2. 分别汇总小、中、大班幼儿生活自理能力观察记录数据，然后分析幼儿这几种生活自理能力是否存在年龄差异与性别差异。

班幼儿生活自理能力观察记录表

观察地点：_____ 观察时间：_____ 记录者：_____

姓名	性别	年龄（周岁）	生活自理能力的具体表现				
			独立上厕所	洗手	扣纽扣	穿鞋	系鞋带
人次合计							
分析评价							

【真题链接】

1. 在儿童的日常生活、游戏等活动中，创设或改变某种条件，以引起儿童心理的变化，这种研究方法是（　　）。（2015年上半年）

A. 观察法　　　　　　　　　　B. 自然实验法

C. 测验法　　　　　　　　　　D. 实验室测验法

2. 教师根据幼儿的绘画作品来评价幼儿发展的方法属于（　　）。（2015年下半年）

A. 观察法　　　　　　　　　　B. 作品分析法

C. 档案袋评价法　　　　　　　D. 实验法

答案与解析

【延伸探究】

1. 视频：《阳光宝贝》。

2. 论文：程利，等：《两岁儿童延迟满足的实验研究》，《心理科学》，2009年。

延伸探究

模块二
生理发展

单元二 学前儿童的生理发展

```
                            ┌─ 脑的结构及其机能
              ┌─ 学前儿童脑的发育 ─┼─ 大脑的发育
              │                 └─ 神经系统的可塑性
学前儿童的生理发展 ─┼─ 学前儿童身体的发育 ─┬─ 学前儿童身体发育的特点
              │                 └─ 学前儿童身体发育的影响因素
              └─ 学前儿童动作的发展 ─┬─ 学前儿童动作发展的特征
                                └─ 学前儿童动作发展的影响因素
```

▶ 掌握幼儿身体发育、动作发展的基本规律和特点,并能够在教育活动中应用。

主题一　学前儿童脑的发育

1. 了解人脑的基本结构与机能。
2. 能运用关于大脑机能的知识阐述学前儿童神经系统可塑性的表现。*
3. 用科学的态度看待学前儿童脑的发育。

1岁2个月的欢欢能吃能睡、活泼可爱。有一天,妈妈无意间发现欢欢的前头盖骨上有一个小的"凹洞"。她摸摸自己的脑门,发现自己头上没有小洞。欢欢妈妈认为可能是孩子不小心磕着了。

问题:欢欢头上的小洞真是碰着了吗?如果不是,那又是什么呢?

问题解析

一、脑的结构及其机能

脑的发育对个体的身心发展具有重要影响。因此,了解脑的结构及机能就显得非常重要。

作为世界上最精密的活体结构,脑在个体生命的早期以惊人的速度生长,通常用脑重、头围的变化衡量人脑的发育程度(见图2-1-1)。刚出生婴儿的脑重约占成人脑重的25%,2岁时约占成人脑重的75%,6岁儿童的脑重已接近成人的水平。刚出生婴儿的头围约34厘米,1岁时增至46厘米,而成人的头围大约55厘米。新生儿的颅骨闭合不紧而形成的间隙称为囟门。位于头顶部的前囟出生时斜径大约有1.5—2.5厘米,通常在1—1.5岁闭合;位于头枕部的后囟出生时很小或已闭合,最迟于出生后6—8周闭合。通过观察囟门的变化,可以了解婴儿脑的发育状况。

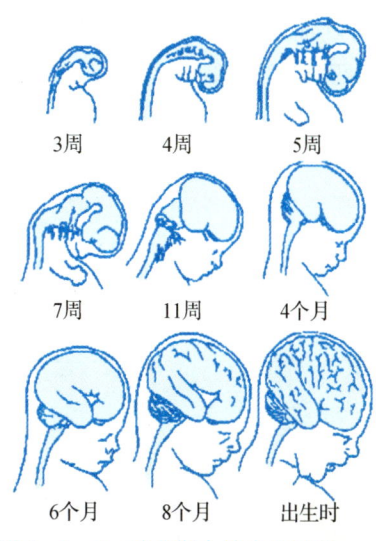

图2-1-1　胎儿期大脑发育过程

脑是中枢神经系统的高级部位,是心理活动最重要的物质载体。脑分为大脑、小脑、间脑和脑干四个部分,每个部分的机能各不相同,对儿童的身心发展具有不同的作用(见图2-1-2)。

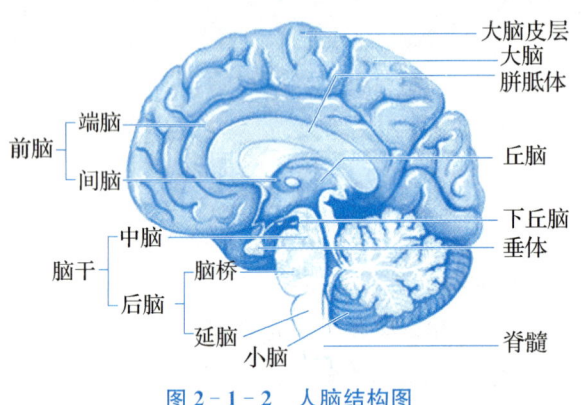

拓展阅读

胎儿脑部发育高峰期的营养补充

图2-1-2 人脑结构图

(一)大脑

大脑是人类个体进行思维和意识活动的器官,也是中枢神经系统最高级的部分。大脑分左、右两半球,表面凹凸不平,凹陷处称为"沟"(深的沟称为"裂"),隆起处称为"回","沟"与"回"大大增加了大脑的表面积。大脑中较大的沟裂有中央沟、大脑外侧裂和顶枕裂。这些沟、裂将大脑表面分成额叶、顶叶、颞叶和枕叶四个部分,上面分布着许多心理活动的高级中枢。学前儿童大脑各区域的成熟有一定的顺序,成熟最早的是枕叶,其次是颞叶、顶叶,额叶成熟最晚。

大脑表面集中了大量神经元细胞体,厚度约2—3毫米,称为大脑皮层。大脑皮层的神经元能接受刺激、整合、处理信息,并以记忆的形式贮存各种信息,大脑皮层是调节人体生理活动的最高级中枢。身体各部分的运动和感觉等功能,分别由大脑皮层的一定部位来管理,这些部位叫作功能区(神经中枢)(见图2-1-3)。

拓展阅读

大脑皮层中的神经中枢

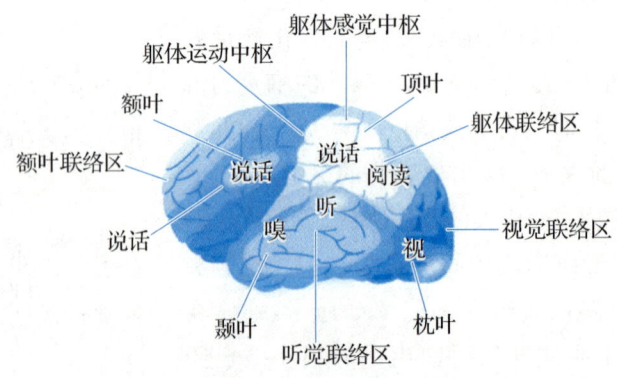

图2-1-3 神经中枢分布

（二）小脑

小脑位于大脑后下方，脑干背侧。小脑通过神经纤维与大脑、脊髓发生联系。小脑能处理大脑发向肌肉的信号，维持肌肉的紧张度，控制人体的活动，并保持身体随意运动的平衡与协调。

（三）脑干

脑干将脑与脊髓联结起来，它自下而上可分为延髓、脑桥和中脑。延髓中有调节呼吸、循环、吞咽等基本生理活动的神经中枢，延髓一旦损伤，便会危及生命。因此，脑干被称为"生命中枢"。

（四）间脑

间脑位于脑干的上方，大部分被大脑覆盖，主要由丘脑和下丘脑组成。

丘脑能将全身各部位传入的神经冲动进行简单的分析，更换神经元后，传递到大脑皮层的相应区域。全身传入的神经冲动在到达丘脑前交叉到对侧，一侧丘脑受伤时，对侧肢体的感觉将会丧失。

下丘脑位于丘脑前下方，体积很小但作用很大（见图2-1-4）。它有控制体温、食欲及干渴感觉的中枢，调节人体对环境刺激发生情绪性反应的中枢。下丘脑与垂体及中枢神经系统其他脑区联系密切，通过释放神经激素，垂体调节全身大多数内外泌腺的活动。

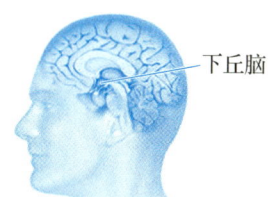

图2-1-4　下丘脑

二、大脑的发育

（一）大脑机能的发展

刚出生时，儿童的大脑两半球及其皮质尚不能正常发挥功能，皮质兴奋还处于弥散状态。因此，触碰儿童身体的任何部位，都会引起其头、手和脚等动作反应。随着大脑的发育成熟，儿童的大脑机能随之发展，儿童对外界刺激的反应也日益分化。

1. 皮质兴奋与抑制机能的增强

皮质是覆盖在大脑两半球表面的厚度为1—4毫米的灰质结构，主要由神经细胞组成，是高级神经活动的物质基础，也是产生心理活动最重要的器官。兴奋与抑制是大脑皮质细胞的基本机能。

学前儿童的皮质兴奋机能逐渐增强，明显表现在儿童的睡眠时间相对减少，清醒时间逐渐延长。这就使儿童有了更多时间去感知周围事物，接受各种刺激信息，获得经验，增长智慧。与此同时，学前儿童的皮质抑制机能也在增强，主要表现在儿童的自控力增强，尤其是能借助语言调节自己的行为，如：打针时反复念叨"我勇敢"，眼含泪花却没有哭出声来。皮质抑制机能的发展，一方面减少了儿童的冲动性行为，为养成良好的学习习惯及优良的个性品质奠定了基础，另一方面为儿童更清晰地反映客观世界、形成有意动作提供了可能性，促进了儿童心理活动和行为的发展。随着年龄的增长，儿童大脑皮质的兴奋与抑制机能都在发展,但两者之间是不平衡的。总体而言,兴奋机能强于抑制机能,年龄越小,越容易兴奋,出现"人来疯"现象。成人要注意把握儿童的活动量,既要防止儿童过度兴奋,也不宜对儿童提出过高的自控要求。

2. 条件反射的建立与巩固

条件反射是大脑皮质的高级神经活动,其实质是暂时神经联系的形成与巩固。条件反射的建立,可以使儿童获得经验、习得技能,更好地适应环境。随着皮质兴奋机能的增强,儿童更容易建立新的条件反射,已形成的条件反射也比较容易巩固。如:2—3岁儿童学习新儿歌需要反复十几次甚至几十次,如果不及时复习,学完之后很快就忘记了,而4—5岁儿童可能只学习几次就记住了,并且记得更加牢固。

3. 两种信号系统的发展

条件反射可分为两种信号系统。第一信号系统是由具体刺激物引起的条件反射,如:望梅止渴,年幼儿童看到穿白大褂的人就哭;第二信号系统是由语词引起的条件反射,如:谈虎色变,儿童听到自己的名字就回头。第二信号系统是在第一信号系统的基础上发展起来的,两种信号系统的协同发展,为学前儿童的心理发展奠定基础。

儿童习得语言的过程,就是两种信号系统协同发展的过程。在学会说话之前,儿童只有第一信号系统的活动,他们通过直接感知、实际操作的方式认识客观事物,其心理活动与行为随着外界事物或个体生理的变化而变化,表现出无意性与具体形象性的特点。随着生活经验的积累及言语能力的发展,儿童的第二信号系统开始形成,其心理活动的有意性水平及抽象概括性逐渐发展。他们不仅可以通过直接接触客观事物获得经验,而且能够通过语词的描述、讲解来获得间接经验,并能按照成人的言语指示和自己的言语来调节自己的行为。随着年龄的增长,第一信号系统的优势地位逐渐下降,第二信号系统的作用日益增强。

学前儿童的两种信号系统都在发展,但第二信号系统的概括与调节作用尚未成熟,第一信号系统的活动仍占绝对优势。因此,具体形象性成为学前儿童典型的思维形式。此外,学前儿童的两种信号系统存在脱节的现象。儿童虽然能复述成人讲过的某些词句,但不理解其含义。儿童嘴上说的与表现出来的行动不一致,如打针时嘴里说着"我不哭",针刚扎进去却大哭起来。成人在教育儿童时,要充分认识到这一特点,避免将这种言行不一的脱节行为稳定下来,成为儿童的不良品行。

(二)大脑的髓鞘化

不断增长的神经胶质细胞是脑重量迅速增加的主要原因。这种细胞为神经元提供养料,将神经元与外界隔开,以帮助它更好地传递信息。神经胶质细胞产生的髓磷脂在单个神经元周围形成一层髓鞘,这一过程称为髓鞘化(见图2-1-5)。髓鞘好比一层绝缘体,可以将神经元与其他细胞隔开,使神经兴奋沿着一定的道路迅速传导,从而提高神经冲动的传递效率。髓鞘化的形成是儿童大脑结构成熟的重要标志。

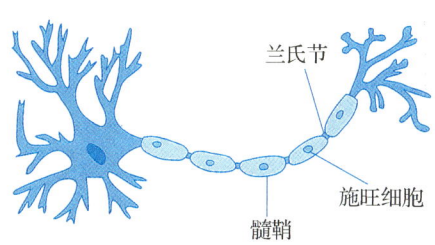

图 2-1-5 大脑髓鞘

（三）大脑的偏侧化

大脑由左、右两个半球组成，而两个半球间通过胼胝体连接在一起。两个大脑半球的功能分化称为大脑偏侧化。一般而言，大脑左半球控制身体右侧的行动，具有言语中枢、听觉中枢、动作记忆中枢、决策中枢、言语加工中枢和积极情感表达中枢。与之相对，大脑右半球控制身体左侧的行动，具有空间视觉中枢、非言语中枢（如音乐）、触觉中枢和消极情感表达中枢。

大脑的偏侧化在出生前已经良好运行，但由于出生时大脑未完全分化，个体在童年期会越来越依靠某个特定大脑半球去执行某些特定的功能，比如左利手和右利手的倾向在2岁时已经表现出来，这一倾向随着年龄的增长越来越明显。

三、神经系统的可塑性

神经系统是人体的司令部。以人脑为核心的神经系统是心理的物质基础。人们接受外界信息，加工外界信息，储存获得的知识，支配人的行为，形成人的意识经验，都是在神经系统之中，特别是在人脑之中实现的。

神经系统因神经元的分化和神经突触间联系的建立而具有极大的可塑性。一方面，神经元的功能并不是与生俱来的，而是随着神经元迁徙到大脑的不同位置而承担了不同的功能。另一方面，与成人相比，儿童有更多的神经元和神经连接。在儿童发育的过程中，有些神经元因为没有与其他神经元建立联系被淘汰，有些神经元因长久不能受到刺激而消亡。这就是为什么儿童比成人更能学习新鲜事物，因为儿童的脑神经元间更容易建立联系。

儿童早期学到的技能，如果未再受到持续的刺激也会逐渐遗忘，因为神经元没有受到刺激而消亡了。为儿童提供丰富的环境刺激能够帮助个体大脑神经元的分化，帮助神经元突触间建立联系，从而形成神经环路。因此，在大脑发育早期，丰富的教玩具材料，师幼间、亲子间、同伴间更多的户外游戏等都能够促进儿童的大脑发育，为他们未来的学习与生活奠定良好的生理基础。

 实操训练

【项目任务】

训练目标：通过测量不同年龄儿童的头围，了解学前儿童大脑发育的情况。

训练内容：以小组为单位，选择0—6岁儿童若干名，通过访谈家长、实际测量等方式，收集儿童的头围数据，分析不同年龄儿童头围的变化。

0—6岁儿童头围数值记录表

姓名	性别	出生年月	出生时头围数值	现在的头围数值
分析评价				

【真题连接】

从下图可以看出学前儿童神经系统发育有什么规律？（2022年上半年）

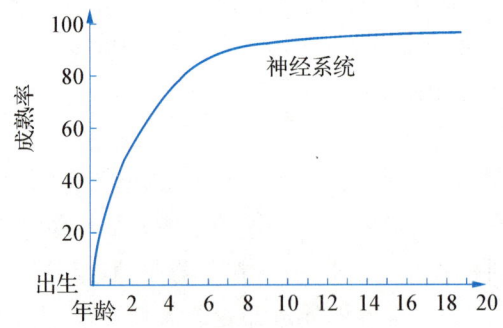

答案与解析

【延伸探究】

1. 视频：《Child Care Center》。
2. 视频：《婴幼儿脑发育的奥秘》。

延伸探究

主题二　学前儿童身体的发育

1. 了解学前儿童身体发育的一般特点。*
2. 结合具体案例,分析影响学前儿童身体发育的主要因素。*
3. 运用发展的观点看待学前儿童的身体发育。

在幼儿园体检中,3岁10个月的花花身高88厘米,体重13公斤。与半年前相比,没有明显变化。老师将此事告知花花的妈妈,妈妈认为没有太大的问题。

问题:花花妈妈的想法对吗?说明你的理由。

问题解析

一、学前儿童身体发育的特点

人的生长和发育是指从受精卵到成人的过程。儿童成长发育的速度在不同年龄阶段中呈现明显的差异。0—3岁是身体发育的第一个高峰,儿童的身高、体重、身体比例、骨骼等变化明显;3—6岁儿童的身体发育速度相对变慢;青春期再次加快,之后便趋于稳定。

(一) 身高、体重

在个体生命的初期,身体的发育情况主要表现在身高、体重的变化上(见图2-2-1)。

出生后的头28周,儿童的体重每天增加28克。到4—6个月,体重已是出生时的2倍,1岁末时达到3倍,2岁后达到4倍。儿童的身高则以每个月约2—5厘米的速度生长。到1岁末,身高比出生时高出50%,2岁时高出75%。2岁之后,儿童身高和体重的变化减慢。

3—6岁儿童每年身高增加约7厘米,体重增加2.5—3千克。

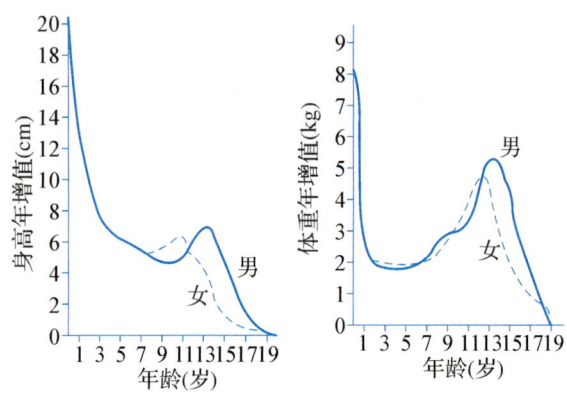

图 2-2-1 身高、体重增长趋势

（二）身体比例

新生儿的身体比例不同于成人，具有头大、躯干长、四肢短的特点（见图 2-2-2）。随着年龄增长，儿童的身体比例遵循由上到下、由近及远的规律不断变化。

从出生至 1 岁，躯干生长最为迅速；从 1 岁到青春期，腿的生长最为迅速。在胎儿期，胸腔和内部器官最先形成，然后是胳膊和腿，最后是手和脚。在整个童年期，胳膊和腿的生长速度远远超过手和脚的生长速度。

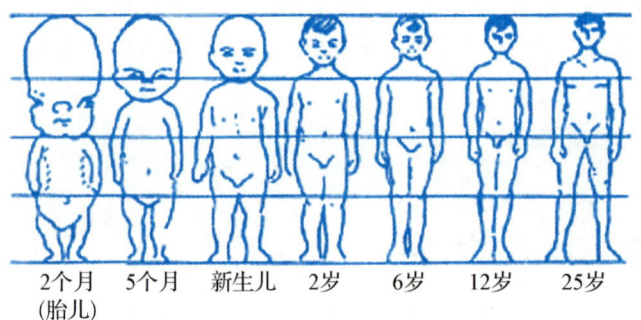

图 2-2-2 胎儿至成年身体比例的变化

（三）肌肉组织

肌肉组织占婴儿体重的 18%—24%。在整个婴儿期，肌肉的发展速度很慢。刚出生的婴儿，虽已拥有人的全部肌肉纤维，但 35% 的肌肉组织由水组成。随着蛋白质和盐分进入肌肉组织的细胞液，肌肉纤维才开始生长。

肌肉的发展遵循首尾律和近远律，即头部和颈部肌肉的发展早于躯干和四肢肌肉的发展，躯干部分的大肌肉先于四肢小肌肉而发展。因此，婴儿的运动发展从头部、颈部肌肉的抬头开始，然后再到翻身、坐、爬行。

（四）骨骼生长

骨骼的发育是软骨不断生长和硬化的过程。胎儿最初形成的骨骼结构由柔软的软骨构成，从孕期第6周开始硬化成骨质材料，这种硬化过程将一直持续到青春期。新生儿骨骼成分中的有机质含量高，骨骼小且柔软，不易站立、行走和保持平衡，同时也不易骨折。

新生儿的头骨被六个囟门分割开来，出生后囟门逐渐闭合，2岁时形成完整的头盖骨（见图2-2-3）。头盖骨之间留有接缝，以确保其随着大脑的生长不断扩展。随着年龄的增长，儿童身体其他部位（如手腕和手、脚踝和脚等）发育出更多的骨骼。另外，身体各部分骨骼的生长和骨化速度不等，通常头盖骨和手部骨骼会最先成熟，而腿骨的生长会持续到十五六岁。

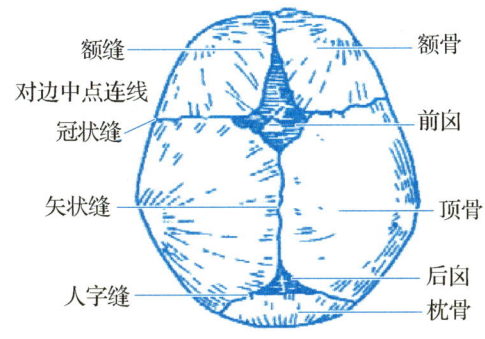

图2-2-3　婴儿大脑头盖骨结构

（五）牙齿

牙齿是人体最坚硬的器官，也是儿童生理发展的重要指标。出生后6—9月开始萌出乳牙，3—4岁时所有乳牙均已出齐，能够咀嚼任何要吃的东西；5—6岁左右，儿童开始换牙（见图2-2-4）。

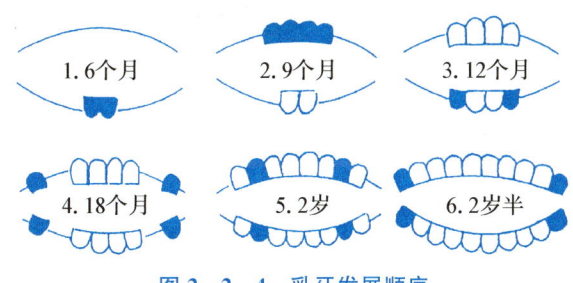

图2-2-4　乳牙发展顺序

幼儿期是乳牙和恒牙交错生长的时期。乳牙疾病会影响到恒牙的健康，乳牙的衰退是恒牙衰退的前兆。因此，儿童应从小养成早晚刷牙、少吃甜食的良好习惯。成人不能因为幼儿以后要更换恒牙，就对乳牙的健康掉以轻心。

二、学前儿童身体发育的影响因素

(一) 遗传因素

遗传基因决定了个体发育的可能性,受遗传因素影响最明显的身体特征是身高。部分儿童的身高较低并不是因为营养不良,而是因为家族中有矮个子的基因。研究表明:同卵双生子身高的差别很小,头围测量值也很接近。这说明骨骼系统的发育受遗传因素的影响较大;相反,体重却更易受到环境因素的影响。

(二) 环境因素

1. 营养状况

合理而充足的营养是学前儿童生长发育的物质基础。儿童的年龄越小,营养对其生长发育的影响越大。这种影响可能是暂时性的,也可能是永久性的。研究表明,妊娠后3个月至出生后6个月的营养状况对儿童大脑的发育具有决定性的影响。

营养不良包括营养缺乏和营养过剩两种类型。严重的营养缺乏不仅影响大脑的正常发育,还可能影响儿童的学习能力。营养过剩或不平衡会导致肥胖,不仅会增加儿童患糖尿病、高血压、心脏病的风险,也不利于儿童自尊心、自信心的发展。因此,成人应为儿童提供多样性的饮食选择,培养儿童不挑食、不偏食的良好饮食习惯。

2. 疾病

儿童的生长发育会受到各种疾病的直接影响,疾病的影响程度取决于病变涉及的部位、病程的长短和疾病的严重程度。有些疾病严重影响器官和系统的正常功能,如肺炎对呼吸能力有明显的干扰;有些传染病不仅威胁儿童的生命,还可能造成严重的后遗症,如流行性脑脊髓膜炎、流行性乙型脑炎等;严重的慢性病对儿童的生长发育也有明显的影响,如鼻炎对于幼儿呼吸系统的影响。积极预防和治疗疾病对保证儿童正常发育是十分重要的。

3. 体育锻炼

体育锻炼可以有效促进儿童的身体发育,增强体质。体育锻炼对于骨骼系统、血液系统、皮肤及感觉系统有明显的作用,也可改善大脑的控制和指挥能力,促进新陈代谢,使学前儿童长得更健壮。具体来讲,锻炼使学前儿童精神饱满、心情愉快、食欲增加,促进消化吸收;也可减少疾病,增强儿童体质。

4. 作息制度

有规律的生活能够促进儿童神经系统的发育,有利于儿童身心健康成长。民间关于"孩子在睡觉时长个儿"的说法是有道理的。在睡眠状态下,脑垂体分泌的生长激素最多,能够有效促进儿童的生长。因此,必须保证儿童每日有充足、高质量的睡眠。一般而言,儿童每天需要11—12小时的睡眠。除了睡眠,还要保障儿童有规律的生活作息和制度,保障儿童有足够的户外活动、适当的学习,以促进其生长发育。

5. 其他因素

除了上述因素以外,环境污染、气候、季节、药物等因素也会对儿童的生长发育产生影响。

各种环境污染会损害儿童的身心健康,如铅污染、铅中毒影响儿童的智力发育;噪声影响儿童的听觉功能。一般来说,春季儿童的身高增长较快,秋季体重增长较快。误食、过量使用抗生素药物损伤儿童的听力系统,如庆大霉素可造成听力的损害。

(三)情绪因素

情绪状态对儿童的身体发育也有重要影响。较少得到关爱、长期压抑紧张或压力过大的儿童,不仅身高、体重远远低于正常儿童,而且更容易患呼吸道、肠道等疾病。

【项目任务】

训练目标:了解《0—6岁儿童身高、体重参考值及评价标准(WHO)》的主要内容,并能对给定的案例进行分析,评价儿童的发育状况。

训练内容:

以小组为单位,查找《0—6岁儿童身高、体重参考值及评价标准(WHO)》,分析以下案例:茗茗刚过完5岁生日,妈妈量了茗茗的身高和体重:身高是103厘米,体重是28公斤。

结合以上信息,请完成以下任务:

1. 根据0—6岁儿童身高、体重参考值及评价标准,评价茗茗的身高、体重发育状况。

2. 结合茗茗的发育现状,给家长提出教育建议。

答案与解析

【延伸探究】

视频:《促进宝宝发育的运动训练抚触操》。

延伸探究

主题三 学前儿童动作的发展

1. 了解学前儿童动作发展的特点、阶段和规律。*
2. 能结合学前儿童动作发展的影响因素分析具体案例。*
3. 正确看待学前儿童动作发展的差异。

微课

学前儿童动作的发展

幼儿园户外活动区域最近新添了自行车和滑板车等游戏材料,小朋友们都争抢着玩。中班的飞飞特别喜欢玩滑板车,可是每次都滑不出去,也滑不远。看到远处的好朋友放放滑得非常好,飞飞心里变得很沮丧。

问题:结合飞飞与放放的游戏情况,分析产生这些差异的原因有哪些。

问题解析

动作是指具有一定动机和目的并指向一定对象的运动,动作是通过运动来实现的。通过反复练习,动作可以达到自动化程度,这种自动化的动作统称为动作技能。学前儿童动作的发展是其活动发展的直接前提,也是其心理发展的外在表现。学会控制自身运动、掌握动作技能是学前儿童发展中极为重要的内容。

一、学前儿童动作发展的特征

婴儿最先学会的是大肌肉动作,然后才逐渐学会小肌肉动作。他们首先发展起来的粗大动作有头部动作、躯体动作、双臂动作、腿部动作等,然后才是灵巧的手部肌肉动作以及准确的视觉动作等。

(一) 学前儿童动作发展的特点

在大肌肉动作方面,随着大脑和颈部肌肉的成熟,出生1个月的大多数婴儿可以在俯卧时抬起下巴,3个月时可以在成人帮助下翻身,6个月时能够独立坐着,8个月时能够爬行,12个月时可以独立行走。到2岁时,儿童的步伐开始流畅且富有节律性,起初是跑,后来是双脚跳、单脚跳、快跑(见图2-3-1)。随着儿童的成长,上下肢能够进行更加精细的动作。5—6岁的儿童能踏三轮车,能在投、接、跳等活动中灵活地移动全身。

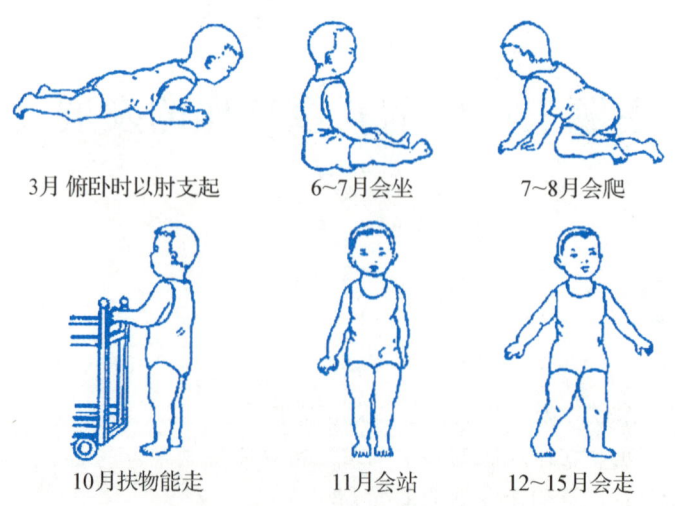

图2-3-1 大肌肉动作发展

单元二　学前儿童的生理发展

户外活动时间，大型玩具区。露露在玩吊环，她一手握住一个吊环，另一手快速地抓住下一个吊环，以此连续完成了一组(6个)。①

案例中的露露能上下肢配合平稳、有序地完成一系列动作。

在小肌肉动作方面，新生儿生来就具有抓握反射，并有伸手够物的倾向。儿童的手部动作从爪状抓握、钳状抓握发展到随意抓握动作，幼儿期的孩子抓握能力逐渐提高。5个月时，伸手够物成为婴儿非常熟练的动作；2岁儿童的手指依然较为粗笨，手指的末梢神经还没有完全髓鞘化；4岁儿童能够很容易地拿着蜡笔进行涂画，还能使用剪刀、堆摆积木等；5岁儿童能够系扣子、拉拉链，吃饭时能用汤匙、叉子或筷子，有些儿童甚至能够自己系鞋带。

区角游戏时间，艺术区。花花一只手拿着剪刀沿线剪圆，另一只手同时跟着转动纸，沿着粉色的线，剪下圆形纸片。②

案例中的花花能双手配合完成精准动作，并且两手动作相反或用力的方向相反。

(二) 学前儿童动作发展的规律

1. 从整体到局部

儿童最初的动作是全身性的、笼统的、不具体的，以后才逐步分化为局部的、准确的、专门化的动作。例如，把毛巾放在不同年龄段婴儿的脸上，婴儿会表现出不同的动作：2个月的婴儿会出现全身性的乱动，5个月的婴儿开始出现比较有定向性的动作，8个月的婴儿能毫不费力地拉下毛巾。

2. 从上到下

又称首尾规律。儿童最早发展的动作是头部动作，其次是躯干动作，最后才是脚的动作。如最先开始的是抬头和转头的动作，然后是俯撑、翻身、坐、爬、站立和行走等动作，即儿童头部、颈部等上肢的动作远远先于下肢的动作。

---

① 读懂儿童研究院.观察儿童 解读儿童[M].北京：天地出版社，2017：32.
② 读懂儿童研究院.观察儿童 解读儿童[M].北京：天地出版社，2017：20.

3. 从大到小

即大小规律。儿童动作的发展通常分为两类：大肌肉动作（粗大动作）和小肌肉动作（精细动作）。最先发展的是大肌肉动作，然后再发展小肌肉动作。粗大动作的发展是指牵动大肌肉和大部分身体的动作，如抬头、翻身、坐、爬、走、跑、跳、攀登等。精细动作的发展主要指手的使用，如抓握、用笔画画、使用各种工具等。研究表明，动作发展受遗传、环境、性别等多种因素的影响，具有个体差异性。

4. 由近及远

即近远规律。婴儿动作发展先从身体中部开始发展，越接近躯干的部分，动作发展越早，如头、上肢等；越远离身体中心，动作发展较迟，如肢端动作等。整体上来看，头、手臂的动作发展先于手腕、手指动作的发展。以上肢动作为例，上臂动作首先成熟，其次是手腕，手指动作发展最晚；下肢动作同样如此。

5. 从无意识到有意识

即无有规律。儿童的动作发展经历了从无意到有意的发展趋势。研究发现，满 2 个月的胎儿可利用头或臂的旋转，使身体弯曲，这是最早的胎动。胎儿在 5 个月后逐渐获得了吞咽反射、眨眼反射等对其生命有重要作用和价值的本能动作。由此可见，随着个体的发展，他们的动作发展越来越受到意识活动的支配和控制。

二、学前儿童动作发展的影响因素

动作技能的形成受许多因素的影响，有主观因素也有客观因素。主观因素有动机水平、儿童的知识经验等；客观因素有动作技能的性质、练习的方式、练习时间的分配、练习结果的反馈或强化。下面着重介绍几个主要的影响因素。

（一）认知经验

动作的发展不同于其他领域的习得，与认知、技能有重要的关系，而且认知与技能也存在一定的联系。认知的获得主要体现在知识方面，技能的获得主要体现在动作操作方面，而技能的习得需要认知的指导，因此儿童的经验越丰富，越有助于动作技能的获得。

（二）成人的示范

动作技能学习通常是从家长和教师的示范开始的。示范的方式可以是语言、动作，有时也可借助于动画片、电子媒体资源等进行。示范的目的是为了帮助儿童理解动作的基本要领。在家长、教师的示范中，首先应让儿童理解动作技能学习的目标及达成要求；其次，要讲解有关技能学习的步骤、动作顺序等；最后，还要告诉儿童什么时候最容易发生错误和危险，以及有关安全防范措施。家长和教师在示范的过程中要注意儿童对上下、前后、左右等方位概念的掌握。

（三）练习

有目的、多次执行某种动作以形成技能的过程，称为练习。练习虽然是多次执行某种动作，但并不是同一动作的机械重复，而是以改善动作方式为目的的重复。不断地练习使儿童的动作发生本质上的变化,这种变化不仅体现在"隐性"的心理结构上,而且也表现在儿童完成动作时的方式和质量,甚至体现在儿童分析完成动作时的思维、解决问题的方法等。而在有效练习的过程中,儿童动作目标的明确性、练习动作时的速度和准确性、时间比例的分配、练习的方式以及练习后家长和教师的反馈、儿童对于迁移的使用等都会影响练习的有效性和完成质量。

实操训练

【项目任务】

训练目标:通过实际操作,加深对学前儿童动作发展规律的认识。

训练任务:结合学前儿童动作发展规律,针对10—12月婴儿站立、行走动作发展的特点,检索相关资料,整理2—3个锻炼婴儿站立、行走动作的游戏活动。

【真题连接】

1. 婴儿动作发展的正确顺序是(　　)。(2022年上半年)

A. 翻身—坐—抬头—站—走

B. 抬头—翻身—坐—站—走

C. 翻身—抬头—坐—站—走

D. 抬头—坐—翻身—站—走

2. 请根据下图说明儿童动作发展的规律。(2021年下半年)

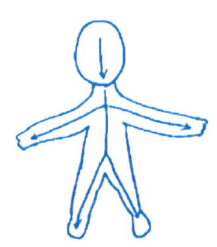

3. 幼儿园新入职的王老师,在第一次带大班小朋友做早操时,发现大家的动作有些混乱,有的胳膊向左伸,有的向右伸。"这是为什么呢?昨天老教师带操时,明明大家的动作都很整齐呀!"王老师有些不明白。(2021年下半年)

(1) 从幼儿左右概念发展水平的角度分析,幼儿动作混乱的原因。

(2) 针对问题,请提出建议。

4. 小班张老师观察发现,小明和甘甘上楼时都没有借助扶手,而是双脚交替上楼梯;下楼时小明扶着扶手双脚交替下楼梯,甘甘则没有借助扶手,每级台阶都是一只脚先下,另一只脚跟上慢慢下。(2019年下半年)

（1）请从幼儿身心发展角度，分析小班幼儿上下楼梯的动作发展特点。

（2）分析两名幼儿表现的差异及可能原因。

【延伸探究】

1. 视频：《婴儿日记》。

2. 微信公众号文章：《感统训练大全》。

答案与解析

延伸探究

模块三

心理发展

单元三 学前儿童认知的发展

学前儿童认知的发展
- 学前儿童注意的发展
  - 注意的概念
  - 注意的类型
  - 学前儿童注意的发展
  - 学前儿童注意的品质
  - 学前儿童注意力的培养
- 学前儿童感知的发展
  - 感知觉的内涵
  - 学前儿童感觉的发展
  - 学前儿童知觉的发展
  - 学前儿童观察力的发展
- 学前儿童记忆的发展
  - 记忆概述
  - 学前儿童记忆发展的特点
  - 学前儿童记忆发展的趋势
  - 学前儿童记忆能力的培养
- 学前儿童想象的发展
  - 想象概述
  - 学前儿童想象的发展
  - 学前儿童想象力的培养
- 学前儿童思维的发展
  - 思维概述
  - 思维的过程
  - 思维的基本形式
  - 学前儿童思维的发生发展
  - 学前儿童思维能力的培养
- 学前儿童言语的发展
  - 言语概述
  - 学前儿童言语的发生
  - 学前儿童言语的发展
  - 学前儿童言语能力的培养

> 掌握幼儿认知发展的基本规律和特点,并能够在教育活动中应用。

主题一　学前儿童注意的发展

学习目标

1. 了解无意注意、有意注意的含义及影响因素。
2. 理解学前儿童注意发展的一般特点，能根据实际情况分析学前儿童注意的特点。*
3. 能结合实例分析学前儿童注意分散的原因，掌握培养学前儿童注意力的方法。*

情境导入

实习教师第一次组织小班幼儿的诗歌欣赏活动，她既没有出示直观教具，也没有给幼儿动手操作的机会，总是一遍一遍地教幼儿朗诵诗歌。许多幼儿很快就坐不住了，有的打闹，有的表现出反感的情绪。

问题：为什么会出现这种情况？你认为教师应该怎么做？

问题解析

一、注意的概念

注意是心理活动对一定对象的指向和集中。指向性和集中性是注意的两个基本特征。

注意的指向性是指心理活动在某一时刻选定了一个对象而忽略了其他对象。例如当幼儿在听故事时，他的心理活动都指向故事，也就是说，老师讲到哪儿，他能跟到哪儿，别的事物他都不去注意。

注意的集中性是指心理活动不仅要聚焦于被指向的对象，还要维持一段时间。也就是说，个体在一段时间内只对某一特定对象保持专注，把所有的精神都集中在这个对象上。例如，科学家在做实验时，他的注意高度集中在实验材料的变化上，而与实验无关的事就被排除在他的意识中心之外。在某种意义上，注意的指向性和集中性是密不可分的，人在高度集中自己的注意时，对周围的一切可能"视而不见，听而不闻"。例如，当一个幼儿坐在电视机前观看动画片时，父母坐在旁边与其说话，孩子像没有听见，甚至拿来他最喜欢吃的水果，孩子也仿佛没有看见一样。

二、注意的类型

根据注意有无目的和是否需要意志努力,可以将注意分为无意注意和有意注意两种基本形式。

(一) 无意注意及其影响因素

无意注意也称不随意注意。它既没有预定目的,也不需要意志努力。无意注意是被动的、对环境变化的应答性反应。例如,几名儿童正在安静地画画,教室的门突然被人打开,一声门响,大家就不约而同地朝门的方向看去,这种不自觉的注意就是无意注意。引起无意注意的原因有两类:

1. 客观条件

即刺激物的物理特性,包括刺激物的新异性、刺激物的强度、刺激物之间的对比关系、刺激物的运动变化等。

(1) 刺激物的新异性。即异乎寻常性,是引起无意注意的最重要原因。例如,大街上行人怪异的装扮、动画片中夸张的人物造型,都很容易引起人们的注意。

(2) 刺激物的强度。一般可分为绝对强度和相对强度。绝对强度,比如巨大的打雷声,无论在嘈杂的白天还是在寂静的夜晚都很容易引起人们的注意。强光、巨响、奇味、艳色,都能说明刺激物的绝对强度导致无意注意的产生。此外,刺激物的相对强度也能引起人的注意。如在安静的教室里,能听到学生写字的声音。

(3) 刺激物之间的对比关系。刺激物在形状、大小、颜色和持续时间等方面与周围环境和其他刺激物对比强烈、差异显著时,很容易引起无意注意。例如,一株很茂盛的野草长在郁郁葱葱的田野里并不显得突出,而一株长势细弱的小草长在广袤的沙漠中会很显眼。此外,"万绿丛中一点红""鹤立鸡群"等也能说明刺激物之间的对比关系能引起无意注意。

(4) 刺激物的运动变化。在静止的背景中,各种运动着的物体很容易引起人们的无意注意。例如,夜空中的流星、课堂上的交头接耳、飞到教室里的鸟儿等都会成为无意注意的对象。

2. 主观条件

即人本身的状态,包括人对事物的需要和兴趣、个人的情绪状态和精神状态、个人的主观期待等。一般来说,符合学前儿童兴趣或能够满足他们需要的事物更容易引起他们的无意注意。例如,安安在和妈妈去超市购物时,最先注意到的就是货架上他最爱吃的糖果。当然,无意注意的出现也与个体的情绪和精神状态有关,人在心情愉悦的时候更容易产生无意注意;而对于一个闷闷不乐的人,任何事物都很难引起他的注意。例如,多多的玩具小飞机被强强抢走了,多多坐在小板凳上生闷气,连电视里播放的他最喜欢的动画音乐都没注意到。

蚕宝宝来到饲养角

老师在饲养角投放了几只结了茧的蚕宝宝。小朋友对蚕宝宝非常感兴趣,一会儿去看一看,一会儿去摸一摸。蚕宝宝破茧而出时,小朋友们更是兴奋不已,盯着蚕宝宝在盘里扑棱翅膀。

一天早上,明明到饲养区看蚕宝宝。突然叫起来:"蚕宝宝死啦。"小朋友都围了过来,七嘴八舌地讨论了起来。

直观、具体、形象、真实的蚕宝宝很容易引起幼儿的无意注意。教师充分利用了幼儿的这一特点,引导幼儿主动探索,在探索中学习。

(二)有意注意及其影响因素

有意注意也称随意注意,是指有预设目的并需要一定意志努力的注意,是注意的一种积极、主动的表现形式。例如,学前儿童要回答教师在教学活动中提出的问题,那他在教师提问时就需要集中注意,只有这样,他才能记住问题,进而回答教师的提问。引起和保持儿童有意注意有以下三个主要条件:

1. 明确活动的目的和任务

因为有意注意是一种有预定目的的注意,所以个体对活动的目的和任务的明确与否,对有意注意的发生和维持具有重大意义。一般来说,活动的目的任务越明确、越深刻,愿望越强烈,注意越持久。心理学实验表明,当被试对活动要求不明确、目的不清楚,常容易分神,不能长时间维持有意注意。因此,为了激发儿童的有意注意,教师在开展活动之前应该讲清活动的目的和任务,引起儿童的重视。例如,在进行看图说话活动时,教师一开始就跟儿童说:"你们看一看,图上都有什么?发生了一件什么事情?你能把看到的内容告诉大家吗?"这一系列问话使得儿童明白了活动的目的和任务,从而促使他们集中注意去观察图画。

2. 排除无关刺激的干扰

个体在进行有意注意时,有可能会出现各种无关因素的干扰,这些干扰可能是来自外界的无关刺激,也有可能是个体本身的某些状态,如饥饿、疲劳等。要想克服干扰,除了应该事先采取一些措施去除可能妨碍活动的因素之外,更应该有坚强的意志品质与一切干扰作斗争。有意注意是一种随意注意,需要用坚强的意志力来维持,它和人的意志品质有密切的关系。意志坚强的人能主动调节自己的注意,使之服从当前的活动目标和任务;意志薄弱的人则很难排除环境和自身的各种消极的干扰影响,因而也就不可能很好地保持自己的有意注意。

3. 培养对事物的间接兴趣

个体对事物或活动的兴趣可以分为两种：一种是对活动本身产生的兴趣，是直接兴趣；另一种是对活动的目的或者活动的最后结果产生兴趣，是间接兴趣。直接兴趣是引起个体无意注意的主要原因，而对于个体的有意注意来说，主要是间接兴趣在起作用。例如，儿童在学习英语的时候，往往不喜欢背诵英语单词，但是当他想到学好英语可以做翻译家时，就对英语学习有了兴趣。间接兴趣越稳定，有意注意保持的时间就越长。

三、学前儿童注意的发展

（一）新生儿注意的发生和发展

新生儿已经出现注意，这种注意基本上是先天的、无条件的定向反射，同时也表现出一定程度上的主动反应的性质。新生儿的注意发展主要表现在以下两个方面：

1. 定向反射的表现

注意，从它的发生来说，是一种定向反射。外来的新刺激或环境中特别明显的刺激会引起新生儿及婴儿的全身反应。这种反应是自主神经系统的活动，巴甫洛夫称之为"定向反射"（1927）。原始的定向反射是不学而能的生理反应，同时也是最初级的注意。外来的强烈刺激会引起新生儿暂时停止哭喊或把视线转向刺激物，这就是最初的定向性注意。定向反射表现为新刺激所引起的复合反应，包括：血流（如肢体血管收缩，血流量减少；头部血管舒张，血流量增加）、心率、汗腺分泌、胃的收缩和分泌、瞳孔扩大、脑电变化等。定向反射所表现出来的上述变化，是研究注意的重要指标。因为，第一，定向反射是婴儿心理活动的外部表现，而婴儿可测定的行为表现极小。第二，对这些生理指标可以直接测量，不需用语言报告，而婴儿是没有能力用语言报告自己的心理内部活动状态的。

2. 注意的选择性

新生儿已经对刺激物有了一定的选择性反应。注意的选择性表现在他们偏向于对一类刺激注意得多，而在同样情况下，对另一类刺激注意得少。黑斯用眼动仪记录到新生儿视觉搜索运动的轨迹，证明了新生儿已经具有对外部世界进行视觉扫视的能力，无论在黑暗或光亮环境中均以有组织的方式进行扫视。其他研究也表明，新生儿对不同的对象有不同的偏爱。

图 3-1-1　适合新生儿看的黑白卡

（1）对简单鲜明图案的偏好。美国心理学家范兹（R.L.Fatz)对新生儿视觉注意的选择性做了一系列的研究，发现新生儿对成形的图案比不成形的零乱的东西注视时间要长些。比如，出生3—4天的新生儿更多注视一个带点子的模式，而较少注视一个不规则的模式。他们偏好一个非常明确的模式多于一个灰暗而不明确的模式。范兹等人还发现，新生儿和较大的婴儿相比，较多偏好简单的、包含成分相对少些的图案，以及线条较粗的图案。原因在于受新生儿感知觉发展的局限，感知发展的低水平限制了他们注意较复杂的图案。

（2）对人脸的偏好。范兹（1963）的研究表明，新生儿对人脸的注意多于对其他物体的注意。原因在于，人脸有更多吸引和保持新生儿注意的特点，包括脸的轮廓、脸的成分、脸的活动等。

（二）1—12个月婴儿注意的发展

出生后第一年，婴儿清醒的时间不断延长，觉醒状态也较有规律，这一时期的注意迅速发展。1岁前儿童注意的发展，主要表现在注意选择性的发展。这一时期注意的最主要特点是注意受外界刺激影响，为外界刺激所引起，无意注意是占主导地位的注意形式。

1—3个月婴儿的神经系统迅速发展，使婴儿对外界事物的反应更加积极和主动。到了3个月，婴儿已能保持较长时间的清醒，搜索活动的机会增多，此时变成了一个积极的搜索者。20世纪六七十年代，人们采用感觉偏爱法广泛开展了婴儿注意选择性的研究，并总结出1—3个月婴儿注意选择性的主要规律与特点：一是偏好复杂的刺激物多于简单刺激物，二是偏好曲线多于直线，三是偏好不规则的图形多于规则的图形，四是偏好轮廓密度大的图形多于密度小的图形，五是偏好具有同一中心的刺激物多于无同心的刺激物，六是偏好对称的刺激物多于不对称刺激物，七是偏好熟悉的刺激物，八是偏好新奇的刺激物。

3—6个月的婴儿，对外界事物的探索活动更加主动积极。各种基本感知觉能力日趋成熟且在很多方面已达到成人水平。在身体运动技能的成熟方面，虽然受到限制，但已足以提供婴儿探索外部世界的进一步可能性。奥尔森（Olson，1981）和费尔德（Field，1976）等的研究表明：第一，婴儿头部运动自控能力加强，扫视环境更加容易，双手的触摸和抓取技能更加精细和稳定，从而扩展了获取信息的能力。第二，婴儿的视觉注意也进一步发展，视觉搜索平均时间变短，更加偏好复杂的和有意义的视觉图像。第三，婴儿增强了对他来说日益扩展的外部世界的好奇，探索和学习驱动力开始活跃。第四，对物体的观察和操作能力的发展，提高了注意的质量。第五，大量的新信息扩大了婴儿的知识基础，注意日益为婴儿对世界事物的认识所控制，尤其在社会性事件方面更为明显。

半岁以后，婴儿觉醒的时间增长。此时的婴儿有更长的时间去探索事物和获得更多的新信息的机会，推动他们的学习和记忆的发展。同时，婴儿有更多机会去玩耍和进行社会交往，他们经常处于警觉和积极探索状态。大动作的发展使婴儿能够独立坐、爬行、站立和试图行走，使得婴儿活动的范围和视野明显扩大，注意的对象更加广泛，他们获取信息的通道不仅仅来自视觉，而且从更多的感觉通道和更多活动方式中表现出来，他们通过抓取、吸吮、倾听、操作和运动等活动中更广泛地选择自己注意的对象，婴儿注意的选择性受经验的支配。6个月以后，婴儿对熟悉的事物更加注意，这在社会性方面更为突出，比如，婴儿对自己母亲特别注意。

(三) 1—3岁婴儿注意的发展

1岁以后,婴儿开始逐步掌握语言,表象开始发生,客体永久性概念日趋完善,记忆和模仿能力迅速发展,这一系列认知发展使婴儿的注意进一步发展,表现出如下特征。

拓展阅读

客体永久性的习得过程

1. 表象开始影响注意

1岁以后,表象开始发生,婴儿头脑中储存的表象会直接影响其对注意对象的选择。研究表明,当眼前的事物和已有表象出现矛盾或存在较大差距时,婴儿会产生最大的注意。例如:在一项实验中,看到幻灯片中一个动物把自己的头拿在手里时,有超过半数的2岁婴儿表现出明显的心率减速,此时,婴儿的注意力非常集中。

2. 语言开始支配注意

1—3岁的婴儿进入言语形成期,其言语能力飞速发展,为注意的发展奠定了基础。首先,语言能够支配婴儿注意的选择性。例如:当成人说出某个名词时,无论这一物体是不是新异刺激、是不是自己感兴趣的,婴儿都会将注意集中于该物体。其次,言语能力的发展扩展了婴儿的注意范围。例如:婴儿能集中注意参与听故事、看电视、念儿歌、看图书等活动,不仅获得了丰富而新鲜的信息和经验,而且促进了记忆和学习活动的发展。

3. 注意范围不断扩大,注意时间逐渐延长

1岁以后,婴儿逐渐能够独立行走,这就使他们的活动范围和视野明显扩大,注意的对象也变得更加广泛。随着婴儿接触事物的不断增加,周围生活中出现的各种事物都有可能会引起他们的无意注意。随着年龄的增长,儿童在活动中注意的时间有所延长。例如,他们对一些自己喜欢的动画片已经能坚持看完一集。

4. 以无意注意为主,有意注意开始萌芽

1—3岁婴儿的注意主要是无意注意。他们对一项活动保持注意的时间不长,常常会不自觉地将注意力从一项事物转移到另一项事物。据调查,对感兴趣的事物,1岁半婴儿只能集中注意5—8分钟,2岁能集中注意10—12分钟,2岁半婴儿的无意注意集中时间可达10—20分钟。

随着年龄的增长,婴儿的注意逐渐带有预期性,无意注意开始带有某种目的性的萌芽。婴儿在与成人的交往中对语言的掌握和使用,使他们的有意注意逐渐产生了。婴儿能听从成人的指令完成一些力所能及的事,也能借助出声的自言自语调节和控制自己的行为,例如:婴儿经常一边游戏一边说:"我要红红的积木。"有意注意是在无意注意的基础上产生的,与婴儿的人际交往及言语能力的发展密不可分。

(四) 3—6岁幼儿注意发展的特点

3—6岁幼儿注意的特点是无意注意占优势地位,有意注意逐渐发展。这一时期注意的特点是和幼儿心理活动和行为的无意性占优势、调节和控制自己的心理活动和行为的能力较差相联系的。

对点案例

当窗外飞来一只麻雀

曹老师正在给大班的幼儿讲故事,讲到一半的时候,窗外飞来了一只麻雀,站在窗台上叽叽喳喳地叫个不停,小朋友们看了看,又接着听老师讲故事。挨着窗户的小明,挥挥手把麻雀赶跑了。甚至有的小朋友沉浸在故事中没发现小麻雀的到来。这一现象反映了幼儿末期注意的特点。

1. 无意注意占优势

幼儿的无意注意发展得最迅速。鲜明、生动的刺激物和刺激物的突然的、显著的变化以及与他们的经验有关的、符合他们兴趣的事物,都能引起他们的无意注意。但由于各年龄段幼儿的生理、心理发展以及所受教育等方面的差异,因而,他们的注意也表现出不同的特点。

小班幼儿的无意注意明显占优势,新异、强烈以及活动多变的事物很容易引起他们的注意。对于他们喜爱的游戏和感兴趣的活动,可以聚精会神地进行,但周围一有风吹草动就会受干扰而分散注意。例如,小班幼儿正在兴致勃勃地倾听老师讲故事,但是如果有一群做游戏的儿童跑进来,他们的注意会马上离开故事,而转向游戏。

中班幼儿的兴趣变得广泛,什么都想看看摸摸,什么问题都想问,力求发现事物中那些不曾注意过的方面。他们对于自己感兴趣的活动能够较长时间保持注意,而且集中的程度很高,被一件事情吸引时甚至会对别的事情视而不见、听而不闻。

大班幼儿的无意注意进一步发展。他们对于感兴趣的活动能更长时间地集中注意,中途若无端中止或干扰他们的活动会引起他们的不满和反抗。而且,大班幼儿关注的已不仅仅是事物的表面特征,他们的注意开始指向事物的内在联系和因果关系。注意的这种变化与其认识的深化是密不可分的。

总之,幼儿期仍是无意注意占优势。无意注意的快速发展,突出地表现在长时间的游戏过程中。在游戏中,幼儿保持着强烈的兴趣和旺盛的精力,并从中获得了愉快和满足。因此,幼儿园教学利用游戏的方式进行,更适合幼儿注意的发展特点。

2. 有意注意逐渐发展

有意注意是由脑的高级部位特别是额叶控制的,额叶的发展比脑的其他部位慢,7岁左右才能达到成熟水平。幼儿额叶的发展为有意注意的发展提供了生理条件,幼儿园的教育环境、有规律的生活及成人对幼儿的要求,直接促进了幼儿有意注意的发展。

小班幼儿有意注意的水平很低,即使在良好的教育条件下,一般只能集中注意3—5分钟。中班幼儿在无干扰的情况下,有意注意的时间在10分钟左右。大班幼儿有意注意的稳定性与自觉性都有一定的发展，不仅能根据成人提出的比较概括的要求去组织自己的注意，有时也能自己确定任务，并用语言调节自己的心理活动和行为，他们的有意注意时间可达 15 分钟左右。

幼儿的有意注意是在外界环境的影响以及成人的要求下发展起来的。成人的作用体现在两方面：一是帮助幼儿明确注意的目的和任务，产生有意注意的动机；二是用语言组织幼儿的有意注意，如"小朋友注意看，什么东西浮起来了"等。

幼儿逐渐掌握一些保持有意注意的方法。例如：幼儿掌握语言之后，常常一边做事，一边自言自语："我得先找一块三角形积木当屋顶"，"可别忘了画小猫的胡子"……在这种情况下，幼儿已能自觉运用语言使注意集中在与当前任务有关的事物上。此外，幼儿的有意注意是在活动中实现的，他们无法像成人一样"只看不动"，必须让注意的对象成为幼儿直接行动的对象。

由于幼儿的额叶尚未发育成熟，其有意注意的发展水平不高，处于初步发展期。因此，在幼儿园的保教活动中，教师不仅要充分利用幼儿的无意注意，而且要重点培养他的有意注意。

拓展阅读

注意的外部表现

教师在组织活动的时候，能否知道幼儿是不是在认真听讲呢？他是可以做到的。这是因为人在注意状态下，常常伴随着特定的行为变化，有时通过观察就可以了解个体的注意状态。一般来说，注意的外部表现有以下三个方面。

一是适应性动作出现。人在注意状态下，感觉器官一般是朝向注意对象的。当我们注意一个物体，会"注目凝视"；注意一种声音，又会"侧耳细听"；在我们专注于回忆往事，思考问题时，又常会"眼神发呆，若有所思"。当然，最明显的适应性动作就是个体能够跟随组织者的思路，配合做各种运算或操作等，这也说明个体正处于积极的有意注意状态。

二是无关动作停止。当人们集中注意时，就会高度关注当前的活动对象，一些与活动本身无关或起干扰作用的动作会相应减少甚至停止。因此，一个认真听讲的幼儿不会总是东张西望，交头接耳，或者玩一些与活动不相干的东西。

三是呼吸运动变化。人在注意时，呼吸常常是轻缓而均匀，有一定的节律。但有时在紧张状态下高度注意时，常会"屏息静气"甚至牙关紧闭，双拳紧握。

四、学前儿童注意的品质

（一）注意的广度

注意的广度也叫注意的范围，是指在同一有限时间内所能注意到的对象的数量。例如,"一目十行""眼观六路""耳听八方"指的就是注意的范围。看到的数量越多,注意范围越大。扩大注意广度,可以提高工作和学习的效率。在生活中,排字工人、打字员、汽车驾驶员等职业都需要有较大的注意广度。

注意力训练游戏:舒尔特方格

舒尔特方格,画一张有 25 个小方格的表格,将 1—25 的数字顺序打乱,填在表格里面,然后以最快的速度从 1 数到 25,要边读边指出,一人指读一人帮忙计时。

11	20	5	14	9
16	23	7	17	19
10	4	15	12	3
22	1	25	18	21
8	24	6	13	2

运用这种方法的时候,可以自制几套卡片,绘制表格,任意填上数字。从 1 开始,边念边指出相应的数字,直到 25 为止。同时诵读出声,施测者一旁记录所用时间。数完 25 个数字所用时间越短,注意力水平越高。以 12—14 岁年龄组为例,能达到 16 秒以上为优秀,26 秒属于中等水平,36 秒则需要进行强化提高。

图 3-1-2 舒尔特方格

注意的广度有一定的生理制约性。成人在 1/20 秒的时间内,一般能注意 1—6 个相互之间没有联系的对象,而幼儿则只能把握 2—4 个。此外,注意广度还取决于注意对象的特点以及注意主体的知识经验。注意对象愈集中,排列愈有规则,愈具有内在的意义联系,注意者的知识经验愈丰富,注意的广度就越大。例如,10 个胡乱分布的圆点不易被把握,如果五个为一组排成两朵梅花形,就很容易被注意到,懂英语的人对英文字母的注意广度比不懂英文的人要大得多。

随着幼儿生理的发展和知识经验的丰富,注意广度逐渐增大。但总的来看,幼儿注意的广度还比较小,教师在指导幼儿活动或教学中应注意:

(1)要提出明确而具体的要求,在同一个短时间内不能要求幼儿注意更多的方面。

(2)在呈现挂图或其他直观教具时,同时出现的刺激物的数目不宜太多,而且排列应当规律有序,不可杂乱无章。

(3)要采用各种幼儿喜闻乐见的方式或方法,帮助幼儿获得丰富的知识经验,以逐渐扩大他们的注意范围。

(二)注意的稳定性

注意的稳定性是指注意集中于同一对象或同一活动中所能持续的时间。注意持续的时间越长,注意

图 3-1-3 幼儿正在专心玩雪花片

的稳定性越高。注意的稳定性对幼儿活动的完成具有重要意义,幼儿要听完一个故事、做完一件手工、玩一个完整的游戏、听教师讲解完一段完整的知识都离不开稳定的注意。可以说注意的定性是幼儿进行活动的重要保证。

幼儿注意的稳定性还比较差,尤其是有意注意更不稳定。但在良好的教育条件下,幼儿注意的稳定性随年龄增长而不断提高。因此,在幼儿园的教育教学活动中,必须做到以下几点:

(1) 教育教学内容难易适当,符合幼儿的心理发展水平。

(2) 教育教学方式方法要新颖多样,富于变化,动静交替。尤其是在内容较抽象的教学活动中,教学的方式方法更要生动有趣。

(3) 幼儿园各年龄班的活动时间应当长短有别。集中活动的时间不宜过长;活动的内容要多样化,不能要求幼儿长时间地从事一项枯燥无味的活动;活动强度适宜,避免幼儿由于疲劳而产生注意的分散。

(三) 注意的转移

注意的转移指有目的地、及时地把注意从一个对象或活动转移到另一个对象或活动上。注意转移有一个过程,正所谓"万事开头难"。转移的速度、难易有个别差异。3—6岁儿童还不能够很好地主动转移自己的注意力,这一点在小班儿童身上最为突出。随着年龄的增长,儿童逐渐能够根据要求比较灵活地转移自己的注意。

注意的稳定性之所以是动态的,与注意的转移有关。注意转移的快慢和难易,依赖于前后活动的性质、关系以及人们对它们的态度。如果前一种活动中注意的紧张度高,两种活动没有什么内在联系,或者主体对前种活动特别感兴趣,注意转移就困难而且缓慢,反之,就容易而且迅速。例如,幼儿刚玩过激烈的竞赛游戏,马上坐下来学计算,注意就很难转移过来。

注意的转移与分心不同。转移是主动的,是主体根据任务需要,自觉地将注意指向新的对象或新的活动;分心是被动的,是受到无关刺激的干扰而使注意离开活动任务。

幼儿注意转移能力差,年龄越小越明显。教师在组织活动时应注意:

(1) 活动开始时,运用猜谜、谈话、出示教具等多种方式引起幼儿的兴趣,将幼儿的注意转移到当前活动上来。

(2) 活动中,运用语言指导让幼儿明确活动的目的,主动转移注意。

(3) 引导幼儿从小养成良好的生活和学习习惯,有规律的作息制度有助于幼儿注意转移能力的发展。

(四) 注意的分配

注意的分配是指在同一时间内把注意指向或分配到两种或几种不同的对象和活动上的能力。如:眼观六路、耳听八方;幼儿一边唱歌,一边跳舞;学生一边记笔记,一边听老师讲课等都是注意的分配。

幼儿掌握的熟练技能较少,注意的分配比较困难,常常顾此失彼。但随着活动能力的增强,注意分配的能力也逐渐提高。大班儿童做操时,已能既注意做好动作,又注意保持体操队形的整齐;既能使舞姿正确优美,又能与歌唱配合一致,并配上适当的面部表情。

要培养幼儿注意分配的能力,教师可以从以下两个方面入手:

一方面,加强动作或活动练习,使幼儿对所进行的活动比较熟悉,至少对其中一种活动能够掌握得比较熟练,做起来不必花费太多注意力或精力。

图 3-1-4 幼儿一边拍鼓一边唱歌

另一方面,在活动中,运用多种感官协调活动,逐步培养幼儿的注意分配能力。

五、学前儿童注意力的培养

(一)学前儿童注意力分散的原因

在教育的影响下,学前儿童注意的品质随着年龄的增长而不断发展。主要表现在注意稳定性增长、注意范围扩大、注意的分配和注意的转移等品质有所提高。但是学前儿童的注意仍然容易分散,主要原因有如下几点:

第一,疲劳。儿童长时间处于单调的活动状态下,容易疲劳,出现"保护性抑制",起初表现为没精打采,随后注意力开始涣散。因此,教师在组织儿童活动时,不能太单调,形式要多样化,而且活动时间不能超过儿童各年龄阶段所适合的时间,如小班儿童集体活动的时间为 10—15 分钟,中班为 20—25 分钟,大班为 25—30 分钟。

第二,目的要求不明确。如果教师对儿童提出的要求不具体,或者活动的目的不能为儿童所理解,影响其积极从事相应活动,容易导致儿童注意涣散。

第三,无关刺激的干扰。新异、多变、强烈的刺激物容易引起儿童的无意注意,使儿童的注意离开当前的活动,出现注意力分散的现象。活动室的布置过于繁杂,嘈杂声、电话声、鸟叫声等都会成为儿童注意分散的外在无关刺激。所以在环境的布置上不宜过分繁杂花哨。另外,教室的温度也要适宜,过冷或过热都不利于儿童集中注意力。

第四,注意转移能力差。儿童注意的转移还不是很灵活,往往不能根据活动的需要及时将注意集中在当前应该注意的事物或活动上。因此,教师要善于组织儿童的活动,使儿童的注意保持在当前的活动上。

第五,无意注意和有意注意不能很好地转换。教师在活动中恰当地引导儿童进行两种注意的转换,不仅有助于儿童维持注意,防止注意分散,还可以使儿童在活动中减少疲劳,增强活动兴趣,产生愉快情绪,从而使儿童的活动顺利进行。

因此,在组织儿童活动时,教师应设法使活动的方式与内容适合儿童的特点,在可能的情况下增强活动的趣味性,以减少儿童的疲劳。同时,引导儿童集中注意坚持活动,培养儿童的有意注意。

（二）学前儿童注意力培养的策略

1. 激发学前儿童对活动的兴趣与需要

兴趣与需要是儿童活动的内在推动力,是直接影响儿童注意力的情感系统。为维持儿童对某一活动的持续兴趣,教师应当注意活动内容的难度要适合儿童的发展水平。既要让儿童体验到成功的快乐,同时又能感受到一定的挑战。如果活动内容与儿童的先前经验无关,儿童没有充分的经验准备和能力准备,活动任务超出了其驾驭的范围,即使形式再活泼有趣,也不能吸引他们的注意;如果任务难度过低,对儿童来说没有一点儿挑战,儿童也不会感兴趣,不能集中注意力。

2. 明确活动的目的和要求

注意是为任务服务的,任务越明确,完成任务的愿望越迫切,注意就越能集中和持久。要想使儿童的注意持久,成人不能强迫他们做什么,而要让他们知道为什么要这样做,激发他们做好这件事的愿望。

因此,在活动之前,教师应当帮助儿童明确活动的目的和要求。在活动过程中,教师应当及时提醒儿童,使其注意力始终指向某个方向。例如,教师和儿童种一颗豆放在窗台上,最初几天,儿童可能出于好奇而经常来看一看,但时间久了,兴趣趋于淡化,自然不会来光顾了。如果教师能在种豆之前对儿童说:"这颗豆不久会长出绿色的长长的叶子,你要是看到它发芽了,就赶紧来告诉老师。"这样就交给孩子一个任务,为了完成老师交给的任务,他就会经常注意它。

教师向儿童提出的活动目的和要求一定要具体,要有明确的指向性。笼统模糊的要求对于儿童维持注意并没有太多的积极作用,因为儿童并不明白应当如何去关注,什么时候去关注以及去关注什么。

3. 运用语言指导学前儿童的注意

从儿童能听懂语言开始,就可以用语言指导他们的注意。2岁儿童可以听懂简短的小故事、小民谣,并能理解其含义。可以训练儿童做一个认真的听讲者,可以从伴随着动作的小故事、小民谣开始,让儿童开始听讲故事,而后再现故事中讲到的某些动作。例如,表现一下小兔是怎样跳的,熊是怎样跑的。这样,通过听讲和看动作表演的交替结合,就可帮助儿童渐渐地养成习惯,把自己的注意集中在所讲故事的含义上,使之很快理解每个词的意义,并专注于这项活动。

到了幼儿期,儿童开始注意语言及其含义,儿童能很好地领会别人对他说的话,语言也能吸引他的注意。可以用语言把儿童的注意从游戏转移到看图书和听讲故事上来,或从画画转移到收拾玩具上来。

4. 为学前儿童营造安静、简洁的环境

学前儿童注意的稳定性差,容易因新异刺激而转移注意力。因此,应排除各种可能分散学前儿童注意的因素,为他们创造安静、简洁的物质环境。例如,儿童玩安静游戏或看图书的地方应远离过道,避免他人来回走动影响儿童的活动;墙饰的布置不应过于花哨;糖果、电视等可能吸引儿童注意力的物品也应摆放在较远的位置。

成人还应调整自己的言行举止,适时地对儿童提出适当的要求,与儿童形成良好的互动。例如,当儿童全神贯注地做某件事时,成人不应随意去打扰他们。我们经常会看到,儿童正聚精会神地搭积木,奶奶过来让儿童喝果汁,妈妈又叫儿童帮忙拿东西,短短几分钟的活动让成人打断数次,时间一长,儿童自然无法集中注意力。所以,在儿童专心做事时,成人最好坐下来做些安静的活动,切忌在旁边走来走去,打扰儿童。

5. 合理安排学前儿童的一日生活

儿童一日的生活节奏以及各种活动的时间长短都会影响他们的注意力。因此,教师应安排好儿童的生活作息,让儿童的生活动静交替,有张有弛。不同性质活动之间的转换要平和,给儿童一个过渡的准备。例如,儿童刚在室外做完剧烈运动,进入室内很难立刻进行安静的活动,有的教师却要求儿童立即安静下来,集中注意力,这种要求本身就是不合理的。教师在安排儿童活动时,应注意调整时间,切忌一天到晚强迫儿童一动不动,而且要求儿童注意力集中的时间不宜过长。

6. 培养学前儿童的自我约束力

儿童的自控能力较差是注意力容易分散的另一个重要原因。当有新异刺激出现时,成人可以约束自己不去关注它,但儿童却很难做到。因此,为培养儿童的注意力,教师可以有意识地创设情境,逐渐提高儿童的自我约束力。采用游戏的方式,将持久注意的要求变为游戏角色本身的行为规则。例如,教师可以与儿童一起玩"指挥交通"的游戏,让儿童扮演交通警察,事先约定每班交通警察要站3分钟的岗,时间到后才能换岗。在游戏中,对注意力持续时间的要求可以循序渐进地提高。通过不同的游戏活动,学前儿童可以慢慢地将外在的游戏规则内化为内在的自我约束。

另外,教师可以有意识地增加干扰因素来增强儿童的自我控制能力。例如,教师可以偶尔在儿童做事时,假装无意地把他们感兴趣的玩具、图书或糖果放在他们旁边。当儿童表现出要放弃当前的活动去选择新的诱惑时,教师应及时而明确地提出要求,让儿童集中注意力。

学前儿童注意的发展对其将来进入学校学习非常重要。实验研究表明,儿童的注意是可以通过培养、教化得到发展的。那么我们从一开始,在儿童的注意发展的最初就让其向着好的方向发展,将为其他认知过程的发展创造良好的条件。

实操训练

【项目任务】

训练目标:了解幼儿注意力的表现情况,尝试分析幼儿注意的个别差异。

训练内容:在幼儿园选择一个年龄班,观察该班幼儿在集体活动中的注意力表现情况,按下表内容进行记录,并分析幼儿注意的个别差异。

_____班幼儿注意情况记录表

姓名	性别	听他人讲	举手发言	围绕主题插话	交头接耳	做小动作	呆坐	东张西望	发出怪声	随意走动
次数统计										
分析										

【真题连接】

1. 幼儿期注意发展的特点是( )。(2021年下半年)

    A. 无意注意占优势,有意注意逐渐发展

    B. 有意注意占优势,无意注意逐渐发展

    C. 无意注意逐渐发展,有意注意未发现

    D. 有意注意逐渐发展,无意注意未出现

答案与解析

2. 幼儿认真完整地听完老师讲的故事,这一现象反映了幼儿注意的什么特征?( )(2019年上半年)

    A. 注意的选择性　　　　　　　B. 注意的广度

    C. 注意的稳定性　　　　　　　D. 注意的分配

【延伸探究】

1. 论文:李洁:《幼儿群体:谨防"电子瘾"影响专注力》,《人民政协报》,2020年8月5日。

2. 文章:《不打扰,就是对专注力最好的保护》。

延伸探究

主题二　学前儿童感知的发展

1. 了解感觉、知觉的概念及其关系,能区分不同类型的感觉和知觉。
2. 掌握学前儿童感知觉发展的一般特点,能结合具体案例分析学前儿童感知觉发展的水平。*
3. 理解观察力的概念,掌握学前儿童观察力发展的特点及培养策略。*

1. 芳芳3岁了,刚上幼儿园。老师告诉芳芳的妈妈,芳芳总是分不清黄色和蓝色。
2. 六一儿童节快到了,刘老师正在给中班的小朋友排节目,她面向幼儿一边做动作,一边讲解动作要领:"先伸出左手……再伸出右脚……",可是刘老师发现大多数孩子都伸出了和自己同方向的手或脚,分不清左右方向。
3. 佳佳3岁了,每天晚上喜欢看动画片。妈妈告诉她,只要时钟走到6点半就可以打开电视看《大耳朵图图》了。一天,佳佳等得不耐烦了,就要求妈妈把时钟拨到6点半。

问题:为什么幼儿园的小朋友会出现上面提到的现象呢?

问题解析

一、感知觉的内涵

感觉和知觉都属于认识活动的低级形式,是个体发展中最早发生,也是最早成熟的心理过程。感知觉是儿童认识世界的最初方式。通过感知觉活动,儿童将外界物质环境与自身的心理活动联系起来,从而为其他更高级心理活动的出现奠定基础。比如,刚出生的婴儿会因为饥饿或寒冷而啼哭,会因为感受到光的刺激而眨眼,会对声音做出反应。可以说,感觉和知觉让婴儿感受到自己和世界的存在,在此基础上,婴儿才得以发展出记忆、思维、想象和创造等能力。

(一) 感觉及其分类

感觉是人脑对直接作用于感官的客观事物个别属性的反映。如讲台具有色、形、凉、滑、硬等属性，这些个别属性在我们头脑中的反映，就是感觉。感觉是一切高级心理活动的基础，是个体认识世界的开端。

依据信息的来源，可以将感觉分为两类：一是外部感觉，接受外部刺激，反映事物的个别属性，包括视觉、听觉、嗅觉、味觉、肤觉；二是内部感觉，由机体内部变化引起，反映身体位置、运动和内脏器官状态及变化特征，包括运动觉、平衡觉、机体觉（见表3-2-1）。

表3-2-1 感觉分类一览表

种类		适宜刺激	感受器	反映属性
外部感觉	视觉	波长380—760纳米的可见光波	眼睛视网膜上的感光细胞	黑、白、彩色
	听觉	频率为20—20000赫兹的声波	内耳耳蜗的毛细胞	声音
	肤觉（温度觉、触压觉、痛觉）	物体机械的和温度的刺激物	皮肤、口黏膜、鼻黏膜、眼球角膜上的神经细胞	冷、温、痛、压、触
	味觉	溶解于水和唾液的化学物质	舌表面、咽后部和腭的味蕾细胞	甜、酸、苦、咸等味道
	嗅觉	有气味的物质微粒	鼻黏膜的嗅细胞	气味
内部感觉	运动觉	肌肉收缩、身体各部分位置的变化	肌腱、韧带、关节中的神经末梢	身体运动状态位置的变化
	平衡觉	身体位置、方向的变化	内耳、前庭和半规管的毛细胞	身体位置的变化
	机体觉	机体内部器官的活动和变化	内脏器官和组织深处的神经末梢	身体疲劳、饥渴和内脏器官活动不正常

(二) 知觉及其分类

知觉是人脑对直接作用于感受器官的客观事物的整体反映。其实质是回答作用于感觉器官的客观事物"是什么"的问题。比如，眼睛感觉到了光线的刺激，刺激信息传递到大脑皮层形成视觉，视觉信息经过加工后，我们便知觉到了发光的物体是"灯"。

依据知觉的对象，可以将知觉分为两类：以"物"为知觉对象的，是物体知觉；以"人"为知觉对象的，是社会知觉。根据不同的标准，又可以将物体知觉分为不同种类（见图3-2-2）；社会知觉中又包括对别人的知觉、对自己的知觉以及对人际关系的知觉。

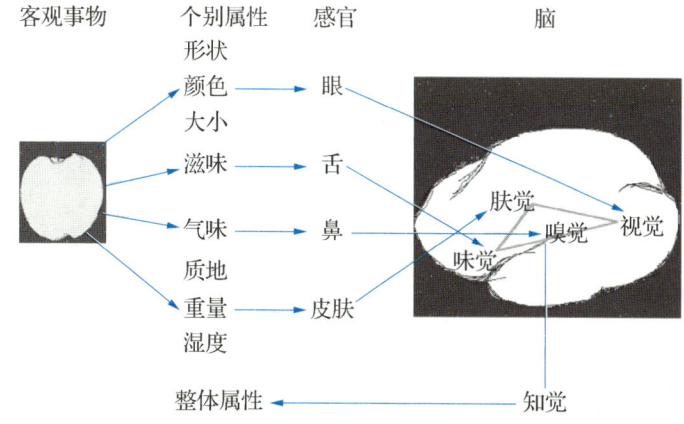

图 3-2-1 学前儿童知觉"苹果"的工作原理

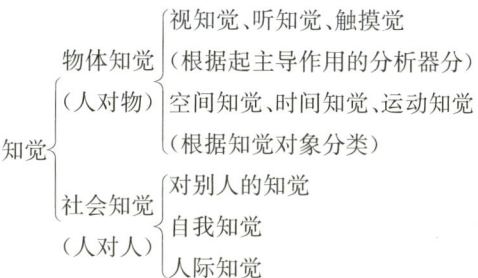

图 3-2-2 知觉的分类

（三）感觉与知觉的关系

知觉和感觉一样，都是对直接作用于脑的客观事物的反映，但又有区别，感觉是对事物的个别属性的反映，而知觉却是对事物的整体反映（见表3-2-2）。

知觉是在感觉的基础上形成的，各种感觉有机地发生联系，构成知觉。在实际生活中，纯粹的感觉几乎是不存在的。

表 3-2-2 感觉与知觉的关系

	感觉	知觉
区别	认识的低级阶段	认识的高级阶段
	反映事物的个别属性	反映事物的整体属性
联系	都属于认知过程的感性阶段	
	都是对事物的直接反映	
	感觉是知觉的基础 知觉是感觉的深入和发展，是对感觉信息的组织和解释过程	

二、学前儿童感觉的发展

视觉、听觉、皮肤觉、嗅觉、味觉是五种重要的外部感觉能力,是儿童感知世界的窗口,也是高级认识过程发展的基础。

(一) 视觉的发展

1. 视觉的发生

视觉是儿童重要的感知通道之一。当强光照射孕妇腹部时,4—5个月的胎儿会闭上眼睛,表明他们的视觉感受器(眼睛)已经能够感受到光的存在。婴儿一出生,就通过视觉认识外界环境,探索环境的变化。如:在出生后的第一分钟,婴儿就能发现亮光的变化,且能把眼睛转向慢慢移动的物体。

新生儿的视觉系统(包括眼睛和视神经系统)还没有完全发展和成熟。他们所看到的东西比较模糊,视神经和其他皮层细胞等传送信息的通路需要几年后才能发育到成人水平。不过,婴儿有些视力功能的发展是很快的,比如视敏度、颜色辨别,这些功能在很多方面已接近成人。

2. 视觉集中

视觉集中发生在婴儿出生后的第一年。视觉集中是指通过两眼肌肉的协调,能够把视线集中在适当的位置观察物体。由于新生儿的眼肌不能很好地协调运动,视觉难以集中,视觉定位能力比较差,往往不知道应该往哪里看。新生儿的最佳视距在20厘米左右,相当于母亲抱着孩子喂奶时,两人脸与脸之间的距离。另外,由于新生儿的眼肌不能很好地运动,出生后2—3周内常常表现为一只眼睛偏右,一只眼睛偏左,或者两眼对合在一起。遇到光线,眼睛就会眯成一条缝或完全闭合。所以,这个时期的婴儿不能长期放在光源的同一侧,避免眼肌的平衡失调,造成斜视。出生后3周的婴儿能将视线集中在物体上;到了6个月时,他们可以看街对面的风景;8—9个月时,他们的视觉距离更长。

3. 视敏度

视敏度是指眼睛精确辨别细致物体或具有一定距离的物体的能力,即发觉一定对象在体积和形状上最小差异的能力。视敏度又称视觉敏度,俗称视力。

由于新生儿的神经、肌肉和晶状体正处于发展之中,他们无法看到远处的物体。即使距离很近,他们看到的妈妈面孔也是模糊的。出生至6个月时,婴儿的视敏度有显著的提高(见图3-2-3),1周岁婴儿的视力已接近成人水平,但直到6岁时,才能和成人一样好。值得注意的是,出生后6个月以内是婴儿视力发展的敏感期,如果此时出现发育异常,会导致视力丧失。

研究表明,生命早期的视觉发展水平在人的各种感觉能力中最低。这一发展特点使得婴儿喜欢中等复杂程度的图案。因此,成人给婴儿提供玩具时,宜选择那些对比度高、不太复杂的图案。另外,还要注意保证房间的采光充足。

拓展阅读

儿童视力保健方法

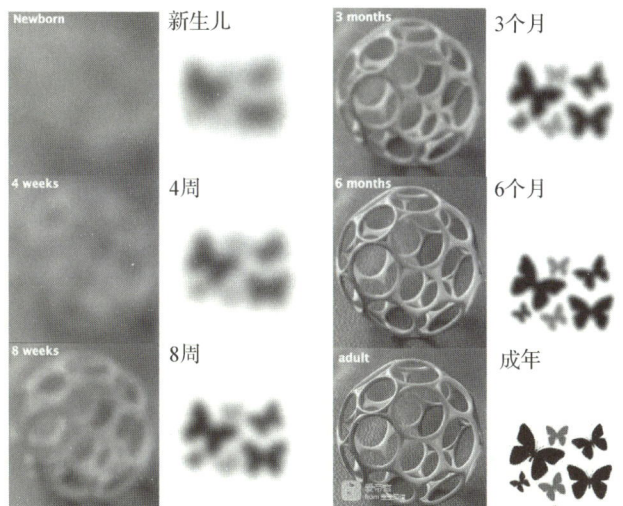

图 3-2-3 新生儿眼中的图案

4. 颜色视觉

颜色视觉是指区别颜色细致差异的能力,亦称辨色力。虽然婴儿看见的世界是彩色的,但新生儿只能辨别红色和绿色,要到2—3个月大时,婴儿才能分辨所有的基本色。

儿童颜色视觉的发展主要表现在区别颜色细微差别的能力在发展。同时,儿童的辨别颜色和掌握颜色名称的能力也继续发展。3—4岁儿童已能初步辨认红、黄、绿、蓝等基本色,但在辨认紫色等混合色和蓝与天蓝色等近似色时往往较困难,也难以说出颜色的正确名称。4—5岁儿童大多数能认识基本色、近似色,并能说出基本色的名称。5—6岁儿童不仅能认识颜色,而且在绘画时,能运用各种颜色调出需要用的颜色,并能正确说出黑、白、红、蓝、绿、黄、棕、灰、粉红、紫等颜色的名称。

(二) 听觉的发展

听觉是个体对声波刺激的感觉,在学前儿童心理发展中具有重要意义,是学前儿童探索、认识外界环境,获取信息的重要手段。学前儿童言语的发展、对音乐的感受以及与人的交往等都离不开听觉。比如,当儿童听见妈妈的说话声,就知道妈妈在附近,顿时产生了安全感。

1. 听觉的发生

(1) 胎儿对声音的反应。研究表明,胎儿的听觉感受器官在6—7个月时已基本成熟,对声音有反应。比如,强烈的声音刺激,如汽车喇叭声等,会引起胎儿的运动反应。研究发现,舒缓的音乐对胎儿有安抚作用,胎儿能听着舒缓音乐安静入睡;而强节奏的、突发的、低频打击乐的声音对胎儿有引发惊吓反射的作用(刘泽伦,2001)。因此,孕妇适宜聆听宁静悦耳的音乐,应避免过多的噪声刺激。

(2) 新生儿听觉的发生。儿童出生后,听觉系统已经起作用。新生儿对不同声调,以及对声音的不同纯度、强度、持续时间等都有不同的反应。

新生儿已经出现了听觉偏好,他们最爱听母亲的声音。有位医生曾做过一个实验:他让出生1—2天的新生儿,在高速度吸吮时听到母亲的声音,在低速度吸吮时则听到父亲的声音。实验结果是:在12个孩子中,有11个孩子会高速度吸吮。反过来实验,让新生儿低速度吸吮时听到母亲的声音,高速度吸吮时则听见父亲的声音。有意思的是,新生儿很快就学会了用低速度吸吮。他们为了能听到母亲的声音而加快或减慢吸吮的速度,这表明新生儿更喜欢听妈妈的声音。

2. 听觉的发展

出生后3个月内,婴儿的听觉主要是皮层下脑干各级听觉中枢的反射性听觉反应,3个月后,外周和中枢各级听觉系统迅速发育,有意义的听觉活动逐渐发展。6个月的婴儿能够敏感地识别母亲的声音。7个月以后,婴儿听觉的发展主要与言语发展相联系。随着年龄增长,特别是在学习语言、接触音乐环境和接受听觉训练的过程中,婴幼儿的听觉迅速发展起来。

(1)语言听觉。婴儿对人类的语声非常敏感,出生后,尤其是对母亲的高频率、语调夸张、似唱歌节律、缩短的音节和重复性用词等特殊的"婴声儿语"更为敏感。2个月的婴儿可以辨别不同人的说话声以及同一个人带有不同情感的语调。例如,同样一段文章由两个人读,婴儿有不同的反应,而同一个人用生硬的、愤怒的语调,或者用愉快的、柔和的语调读,婴儿的反应也会有变化。4个月的婴儿即显示出对成人的"儿语"注意倾听,并显得非常愉快,而对成人间的对话则无此反应。

到了幼儿阶段,儿童对语言的听觉能力继续发展,对语音听觉的敏感性和分辨能力不断提高。幼儿最初仅仅感知词的声音,还不能辨别语音,幼儿中期可以辨别语音的微小差别,到幼儿晚期,几乎可以毫无困难地辨明本族语言的各种语音。在辨别声音细微差别方面,由于小班儿童往往不能区别发音上的细微区别,因此在学会正确发音方面会产生困难;大班儿童比小班儿童强得多,5—6岁儿童平均能在55—65厘米距离外听到表的摆动声,6—8岁儿童则在100—110厘米之外就能听到,说明从6岁到8岁,听觉感受性可以提高一倍。

拓展阅读

"重听"现象

教师要注意幼儿听觉方面的缺陷,尤其注意"重听"现象。"重听"是指有些幼儿虽然对别人所说的话听得不清楚、不完全,但是他们常常能根据说话者的面部表情、嘴唇的动作及当时说话的情境,正确地猜到别人所说的内容。这种现象是幼儿听力缺陷的表现,对幼儿言语及智力的发展都会带来消极影响。

造成"重听"现象的原因主要有两个:一是幼儿的听觉器官(主要是耳)出现问题,导致幼儿听力上的缺陷;二是幼儿注意力不集中。成人对这两种情况应及时发现并加以解决:一是经常对幼儿进行听力检查,及时发现听力缺陷,做到早检查、早发现、早治疗;二是培养幼儿良好的注意力。对幼儿的听力进行认真训练,如采取老师讲故事、幼儿复述等方法,可逐步恢复幼儿的听力,"重听"现象也就可以纠正了。

（2）音乐听觉。婴儿对音乐的喜好表现得非常明显,尤其是曲调轻柔、旋律优美、节奏鲜明的音乐,容易引起婴儿积极的情绪反应。研究发现,0—4个月的婴儿对高频率的乐音敏感且感到安全,妇女和儿童的声音可以使婴儿镇静下来,但男人的声音却不行。婴儿开始微笑(6—10周)后,摇篮曲对婴儿就非常有效。从4个月开始,婴儿开始积极"倾听"音乐,并且伴有身体的反复运动,但运动和音乐还不同步、不协调。6个月以后,对欢快、优美的音乐声,表现出与音乐不同步但有一定的节奏感的身体动作。18个月时有10%的婴儿已能协调身体运动与音乐节奏之间的关系,2岁的婴儿已能静下来认真倾听音乐,而且出现合着音乐节拍的"舞蹈"或身体运动。

到了幼儿期,儿童对音乐的感受能力和表现能力进一步发展,能对不同的音乐做出相应的反应,能够有较好的音乐节奏感、音乐理解能力和表现能力。研究发现,早期的音乐训练可以提高儿童对音乐的敏感性,对成人后音乐能力的发展具有一定的作用。

(三) 皮肤觉的发展

学前儿童的皮肤觉主要包括温度觉、痛觉和触觉。新生儿对温暖、寒冷及温度的感觉非常敏感。比如,当奶瓶里的奶太热时,他们会拒绝吸奶嘴;当房间内温度骤降,他们会加强活动来保持身体的热量。婴儿一出生就有痛觉感受,如被针扎时会拼命大哭。随着年龄增长,儿童的痛觉阈限逐渐降低,痛觉感受性越来越高。年龄小的儿童不会用语言表达,常用啼哭、面部表情、身体移动和体态改变来表达痛觉感受,成人要注意仔细观察,防止儿童长时间遭受疼痛的伤害。此外,消极的情绪暗示会使儿童感到疼痛更加强烈,成人应给予儿童积极的鼓励与暗示。

触觉是皮肤受到机械刺激时产生的感觉,是婴儿认识世界的重要手段。婴儿的触觉探索主要有两种形式:其一,口腔探索。1岁前,尤其是手的活动形成之前,这是婴儿最重要的学习方式。其二,手的探索。这是婴儿最重要的触觉探索方式。5个月左右出现真正的手的探索活动,7个月左右能积极主动地进行手的探索活动。随着手眼协调动作的出现,婴儿能伸手抓住东西,手的探索活动变得更加准确。婴儿往往看见什么东西都想去摸一摸、碰一碰,有时越不让他动的东西他越想动。家长和教师应尊重儿童独特的学习方式,可在确保儿童安全的前提下,允许并鼓励儿童通过自己的方式认识世界。

(四) 嗅觉与味觉的发展

新生儿能够察觉出各种气味。对于不喜欢的气味(如醋味、臭鸡蛋味等),他们会把头扭开并露出厌恶的表情。出生4天左右的婴儿就表现出对奶味的偏爱,吃母乳的婴儿能通过气味认出自己的妈妈。

婴儿一出生就表现出明显的味觉偏好。与苦、酸、咸或者中性的味道相比,他们更喜欢甜味。不同的味道会引发新生儿不同的面部表情。例如,甜味能减少婴儿哭泣,使他们发笑和咂嘴;酸味会让婴儿皱鼻子;苦味则会让婴儿表现出厌恶的表情,嘴角向下撇,伸舌头,吐口水。

拓展阅读

感觉统合失调是怎么回事?

三、学前儿童知觉的发展

(一) 空间知觉的发展

微课
学前儿童
知觉的发展

空间知觉指对物体的空间关系的位置以及机体自身在空间所处位置的知觉,包括形状知觉、大小知觉、方位知觉和深度知觉。形状知觉和大小知觉是对物体属性的知觉,而方位知觉和深度知觉是对物体之间关系的知觉。

1. 形状知觉的发展

形状知觉体现在能够辨别不同的形状,并产生对一些形状的偏爱。实验证明,3个月大的婴儿已经具有了分辨简单形状的能力,在8—9个月以前就获得了形状知觉的恒常性。另外,对婴儿进行视觉偏好的研究发现,婴儿不仅已经能够识别不同图形,而且对一些特殊的图形表现出偏爱:喜欢轮廓清楚的图形;喜欢带有环形和条形的图形;喜欢同心圆的图形多于非同心圆的图形;喜欢较复杂的图形多于较简单的图形;喜欢人脸多于其他图形;喜欢正常的人脸,而不爱看眼、鼻、嘴位置歪曲的人脸。

3岁儿童已初步具备根据样本找到相同的几何图形的能力,5—6岁儿童根据样本找到相同的几何图形的正确率会大大提高。不同的几何图形对儿童存在不同的难度,辨别几何图形的先后顺序是:圆形、正方形、半圆形、长方形、三角形、八角形、五边形、梯形、菱形。

研究表明,当视觉、触觉、运动觉相结合时,儿童对几何图形感知的效果较好。在辨别几何图形的任务中,如果让儿童只依靠手摸,不让他看,这样就排除了视觉的参与,那么错误率比较高。如果让儿童既看又摸,即视觉、触觉和动觉都参与,那么即使以后不用看,只用手去摸,儿童也能较容易地完成任务。成人可以通过各种游戏提高儿童形状知觉的水平。比如,利用镶嵌板玩具让儿童认识不同形状。

儿童对形状的知觉会逐渐和掌握形状的名称结合起来。儿童在还不能准确说出图形或物体名称的时候,会在感知图形或物体过程中,自发地用语词来称呼它们。如3—4岁的儿童把圆形称为太阳、皮球等。

2. 大小知觉的发展

大小知觉是人们对物体大小的感知能力,反映物体长度、面积、体积等方面的变化。婴儿已经具有物体形状和大小知觉的恒常性。6个月前的婴儿能辨别大小,2岁半至3岁的儿童能够按语言指示拿出大皮球或小皮球,3岁以后的儿童判断大小的精确度有所提高。据研究,2岁半到3岁是儿童判别平面图形大小能力急剧发展的阶段。

判断图形大小的正确性与图形本身的形状有关。儿童判断圆形、正方形和等边三角形的大小较容易,而判断椭圆、长方形、菱形和五角形的大小有困难。

儿童判断大小的能力还表现在判断的策略上。4—5岁儿童在判别积木大小时,要用手逐块摸积木的边缘,或把积木叠在一起去比较。而6—7岁的儿童,由于经验的作用,已经可以单凭视觉直接从一堆积木中指出大小相同的两个。

3. 方位知觉的发展

方位知觉是个体对自身或物体所处位置和方位的反映,儿童方位知觉的发展主要表现在对上下、前后、左右方位的辨别方面。

（1）空间定位能力的发生

婴儿出生后就有听觉定位能力，对来自左边的声音已经能够向左侧看或转头，对来自右边的声音则向右侧看或转头。

（2）空间关系的掌握

1岁多刚刚会走路的儿童已能辨别室内的方位，知道某些用品或食品所在的位置，也知道出门的方向。研究表明，儿童对上下、前后、左右方位的认识经历了一个较长的发展过程。一般来说，3岁儿童能正确辨别上下方位，4岁能正确辨别前后，5岁开始能以自身为中心辨别左右，7岁后才能以他人为中心辨别左右，以及两个物体之间的左右方位。由于幼儿只能辨别以自身为中心的左右方位，因此，幼儿园教师在面向儿童做示范动作时，其动作要以儿童的左右为基准，做"镜面示范"，即要求儿童伸出左手，教师就要伸出右手来示范。

儿童方位知觉的发展早于对方位词的掌握。当儿童还不能很好地掌握左右方位的相对性和方位词的时候，幼儿园老师往往把左右方位词与实物结合起来。例如，在游戏活动中，如果老师说："请小朋友们举起右手"，小朋友们会不知所措；如果说："请小朋友们举起拿勺子的那只手"，小朋友们马上就做到了。

对点案例

根据大班幼儿的年龄特点，签到表最左边的序号也就是孩子的学号，紧靠着学号的一栏是让孩子书写自己的姓名，如果孩子不能够书写自己的名字就用学号替代，右边从周一到周五的地方让幼儿用入园时间来签到。我班的签到处给孩子提供了一个电子钟，电子钟上显示的数字是液晶体，孩子在模仿的时候，出现了"日"字形的8字。还有，大班的孩子刚入园一个月，不会书写名字。[1]

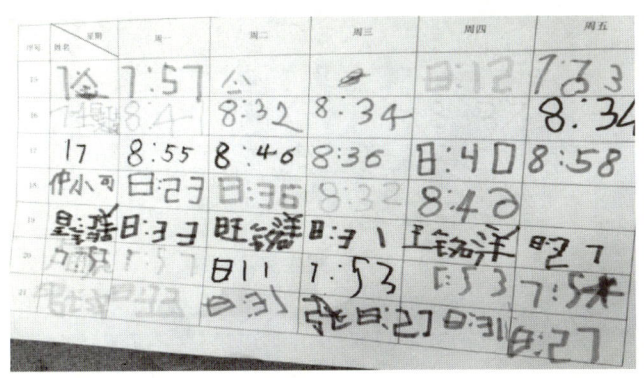

图3-2-4 大班幼儿自主签到表

---

[1] 资料来源：连云港市和安幼儿园。

4. 深度知觉的发展

深度知觉即立体知觉,是对同一物体的凹凸程度或不同物体的近远距离的知觉,深度知觉是距离知觉的一种。婴儿已经能在一定程度上区分物体和自己的距离,并能区分物体是朝向自己还是明显不会碰到自己。研究表明,6个月大的婴儿已有深度知觉。

> **经典实验**
>
> 视崖实验
>
> 人类深度知觉能力是天生的吗?为弄清这个问题,吉布森和沃克发明了"视崖"装置(见图3-2-5)。他们把婴儿放在视崖上,观察他们是否能知觉这种悬崖并进行进躲避。
>
> 视崖装置的组成:一张1.2米高的桌子,顶部是一块透明的厚玻璃,桌子的一半(浅滩)是用红白格图案组成的结实面。另一半是同样的图案,但它在桌面下面的地板上(深渊)。在浅滩边上,图案垂直降到地面,虽然从上面看是直落到地的,但实际上有玻璃贯穿整个面。在浅滩和深渊的中间是一块0.3米宽的中间板。这项研究的被试是36名年龄在1—6个月之间的婴儿。这些婴儿的母亲也参加了实验。每个婴儿都被放在视崖的中间板上,先让母亲在深的一侧呼唤自己的孩子,然后再在浅的一侧呼唤自己的孩子。结果:27位母亲在浅的一侧呼唤她们的孩子时,所有的孩子都爬下中央板并穿过玻璃。然而当母亲在深的一侧呼他们时,只有3名婴儿极为犹豫地爬过视崖的边缘。这说明婴儿已经意识到视崖深度的存在。
>
>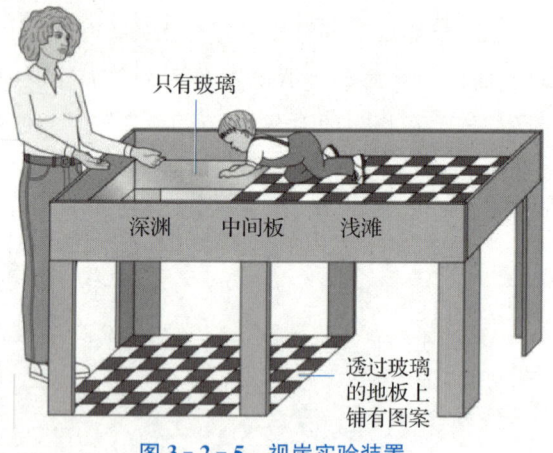
>
> 图3-2-5 视崖实验装置

(二)时间知觉的发展

时间知觉是对客观现象的延续性、顺序性和发生速度的反映,并没有专门的感觉器官。时间本身没有直观形象,人们也没有专门的时间分析器,所以我们无法直接感知时间,而只能通过一些中介来感知。这些中介可能是自然界的周期性现象,如太阳的升落、昼夜的交替、月亮的盈亏、季节的变化等;也可能是机体内部的一些有节奏的生理活动,如心跳的节律、有节奏的呼吸等。成人与婴幼儿借助的中介是不同的,成人用的是时钟、日历等专门的计时工具,而婴幼儿掌握这些工具则需要一些时间。

自主签到活动实施近2个月以来,孩子们已经养成了良好的签到习惯。我班然然小朋友,每天来幼儿园都要哭几声,对奶奶说"不想上幼儿"。一天早上入园后,他来到签到表前问:"奶奶,今天是星期几啊?"奶奶说:"今天是星期四,要在星期四这一格子里签到。"在奶奶的指导下,然然在星期四的签到处盖了一个印章。盖完后,他又在星期五这一天的格子里也盖上印章。我问他:"今天是星期四,你为什么把星期五的格子也签了呢?"然然说:"把这些格子都写满了,明天就不用来幼儿园了。"听了然然的话,我和他奶奶都哈哈大笑起来,然然也开心地笑了,跟奶奶说了声"再见"就去玩了。这是然然第一次入园时没有哭。第二天是星期五,他还是来幼儿园了,又在星期五的印章上贴上了一个贴画。

此后的连续两周,然然都在周三早上,将周四、周五两天一起预签。预签后,再没有出现哭闹现象。

自主签到对小班幼儿来说也具备了游戏功能。游戏是一种将自我为中心的个体转变成适应社会化需要的个体的途径。提前预签让然然用动作和语言表征表达了内心深处的潜意识的冲突,释放了积压在心里的焦虑感,游戏化的暂时逃避得到心理上的安慰,帮助然然治愈了入园焦虑。①

婴儿最初主要依靠生理上的变化来体验时间,如婴儿到了吃奶时间会自己醒来或开始哭喊,这就是婴儿对吃奶时间的条件反射。以后,逐渐学习借助于某种生活经验如作息制度、有规律的生活事件等,还可以借助自然界的变化等环境信息来体验时间。大班儿童开始借助计时工具或其他反映时间流程的媒介认识时间。但由于时间的抽象性和儿童认知水平的局限,儿童知觉时间比较困难,难以准确把握时间。

儿童时间知觉发展的方向是思维参与时间的知觉,即把时间知觉和时间概念联系起来。儿童时间知觉的发展呈现以下几个特点:

(1)时间知觉的精确性与年龄呈正相关,即年龄越大,精确性越高。7—8岁是时间知觉迅速发展的时期。

(2)时间知觉的发展水平与儿童的生活经验呈正相关。3—4岁儿童已有一些初步的时间概念,但这种时间概念往往和他们具体的生活活动相关。儿童往往以自身的作息制

---

① 资料来源:连云港市和安幼儿园。

度作为时间定向的依据。如"早上是去幼儿园的时间""上午是上课的时间""下午是爸爸妈妈接自己放学的时间""晚上是在家准备睡觉的时间"。严格执行作息制度,有规律地生活有助于发展孩子的时间知觉,培养时间观念。

(3) 儿童对时间单元的知觉和理解有一个由中间向两端、由近及远的发展趋势。大量研究表明,儿童先能理解的是"天"和"小时",然后是"周""月"或"分钟""秒"等更大或更小的时间单元。在"天"中,最先理解的是"今天",然后是"昨天""明天",接着才是"前天""后天""上周""下周"。对于"正在""已经""就要"三个与时间有关的常用副词的理解,同样也是以现在为起点,逐步向过去和未来延伸。

对一些带有相对性的时间概念,如昨天、今天、明天等,儿童难以正确掌握。一般来说,他们只懂得现在,不理解过去和将来。4—5岁的儿童可以正确理解昨天、今天和明天,也能运用早晨、晚上等词,但对较远的时间如前天、后天等还不能了解。5—6岁的儿童可以辨别昨天、今天、明天等一些时间观念,也开始能辨别大前天、前天、后天、大后天,能分清上午、下午,知道今天是星期几,知道春、夏、秋、冬,但对更短的或更远的时间概念就难以分清。

(4) 理解和利用时间标尺的能力与其年龄呈正相关。年龄小的儿童难以理解计时工具的意义,6岁儿童还不能真正了解1分钟、1小时或1个月的意义,大约到7岁,儿童才开始利用时间标尺估计时间。因此,在让儿童等待时最好不要用"等5分钟"之类的时间单位,最好利用沙漏、钟表指针等可视化的时间表达方式。另外,在儿童的言语中,常常会出现一些有关时间的语词,如"去年""星期天"等,但往往用错,不能反映出这些时间的实际含义。比如,儿童说"明天我到星海湖去玩",实际上是要表达"昨天"去玩。又如,儿童说"我过年的时候买的",实际上并没有正确反映时间。这时成人只需重复并纠正儿童的话,以供其模仿学习,不要因此批评儿童。

拓展阅读

巧用沙漏培养时间观念

很多家长在生活中都喜欢规定孩子的活动时间,如只看半个小时动画片,玩10分钟游戏等。但是,学前儿童并不懂得"时间"是什么,很多孩子不明白"10分钟""半个小时"是多久,家长们很是苦恼。

建议家长用计时沙漏控制孩子的活动时间。当沙漏里的沙子漏完了,孩子的活动时间也就结束了。比起具体的时间数字,用沙漏表示时间长短,孩子更容易理解,另外也能培养孩子的自觉性。

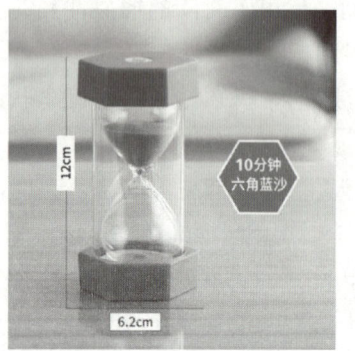

图 3-2-6 计时沙漏

四、学前儿童观察力的发展

观察是一种有目的、有计划的比较持久的知觉过程,是知觉的高级形态。观察力是智力中的重要部分,可以帮助儿童主动获得周围世界的有关知识和信息,是认识世界的基础。观察力的发展对于儿童适应社会生活、做好入学准备具有重要意义。

(一) 学前儿童观察力发展的特点

1. 目的性加强

随着年龄的增长,儿童观察的目的性逐渐加强。儿童常常不能自觉地去观察,观察中常常受事物突出的外部特征以及个人兴趣、情绪的支配。特别是小班儿童,在观察过程中常常会忘掉观察任务。比如,当教师要求在自然角观察萝卜的生长情况时,儿童的兴趣可能会被自然角中的其他生物如小乌龟、蜗牛等吸引,忘记一开始的观察目的。中、大班儿童观察的目的性有所提高,他们能够按照成人规定的观察任务进行观察。任务越具体,儿童观察的目的就越明确,观察的效果就越好。例如,让儿童找出两幅图画的不同之处,如果明确告诉他们有几处不同,观察的效果就会显著提高。

2. 持续性延长

观察持续的时间短,与儿童观察的目的性不强有关。对于喜欢的东西,儿童观察的时间就长些。例如,儿童观察金鱼,时间可达5—6分钟;观察盆景,则只能观察1—2分钟。因为前者是活动多变的,儿童较有兴趣。在一个实验里,3—4岁儿童观察图片的时间只有6分8秒,5岁增加到7分6秒,6岁可达12分3秒。可见,在学前儿童观察持续的时间随着年龄的增长有显著提高。

图3-2-7 儿童能持续观察自己感兴趣的内容

根据儿童观察力的这一特点,教师在设计活动时要考虑儿童观察持续时间的特点,一方面要选择儿童感兴趣的观察内容,另一方面要将活动控制在适当时间内。

3. 细致性提高

笼统、不细致是儿童观察的特点。小班儿童观察时,只看事物的表面和明显较大的部分,而不去看事物较隐蔽的、细致的特征;只看事物的轮廓,不看内在的关系。大班儿童的观察就较为细致,往往能从事物的形状、颜色、数量和空间等各个方面来观察,不再遗漏主要部分。随着年龄的增长,儿童观察的细致性能够有所提高。

4. 概括性提高

观察的概括性是指能够观察到事物之间的联系。据研究,儿童对图画的观察逐渐概括化,可以分为四个阶段:(1) 认识"个别对象"阶段。只能对图画中各个事物孤立零碎地知觉,不能把事物有机地联系起来。(2) 认识"空间关系"阶段。只能直接感知到各事物之间外表的、空间位置的联系,不能看到其中的内部联系。(3) 认识"因果关系"阶段。观察到各事物之间不能直接感知到的因果联系。(4)认识"对象总体"阶段。观察到图画中事物的整体内容,把握图画的主题。儿童对图画的观察主要处于"个别对象"和"空间关系"阶段。儿童的概括能力表现为从知觉的概括逐渐向思维概括发展。

5. 观察方法的形成

儿童的观察从依赖于外部动作向以视觉为主的内心活动发展。最初,儿童观察时常常要边看边用手指点,视知觉活动要以手的动作为指导。随着年龄增长,儿童有时用点头代替手的指点,有时用出声的自言自语来帮助。大班末期的儿童可以摆脱外部指导,借助内部言语来控制和调节自己的知觉。

另外,儿童的观察是从跳跃式、无序的,逐渐向有顺序性的观察发展。幼小儿童的观察是跳跃式的,东看一眼,西看一眼,不按顺序。经过教育,儿童能够学会有顺序地从左向右、从上到下或从外到里进行观察。

(二) 学前儿童观察力的培养

结合学前儿童观察力的发展特点,教师和家长可以有意识地使用多种策略培养他们的观察力。

1. 精选对象,激发学前儿童的观察兴趣

学前儿童对生活中的事物总是充满好奇。教师要善于观察儿童,及时发现儿童感兴趣的事物,抓住时机引导儿童主动观察并尝试表达观察的结果。儿童对动态、鲜艳、新颖、有声音的物体比较感兴趣,教师可以根据儿童的兴趣点,布置幼儿园的区角。例如:在自然角养一些小乌龟、小鱼、小蝌蚪、蚕等可爱的动物;在科学区提供一些生活中常用但儿童较少关注的物体,如用塑料管折出许多有趣的动物、植物造型;在手工区提供用废旧物品制作的有创意的物品,如用一次性纸杯做成的花、灯笼、笑脸娃娃等。教师还可以引导中、大班儿童用多种方式记录并表达自己观察的结果。

2. 加强示范,引导学前儿童掌握观察方法

学前儿童的接受与理解能力正在发展中。培养学前儿童的观察力时,教师要将观察目标分解为具体、可操作的任务,引导儿童从表面现象中探究事物的本质。在此过程中,教师要在观察方法、观察顺序等方面为儿童做出示范。首先,教师可以结合具体的观察对象,引导儿童掌握不同观察方法的要领。3—4岁儿童可侧重自然观察和重点观察,4—5岁儿童侧重直接观察、长期观察和全面观察,5—6岁儿童可以侧重定期观察和间接观察。其次,教师可以采用边观察边讲解示范的方式引导儿童掌握观察的顺序。

由于学前儿童注意力集中的时间不长,教师应该巧妙设计问题,引导儿童思考、观察,然后请他们说说观察的感受、结果,并找准时机帮助儿童总结观察方法。

3. 注重常规,促使学前儿童养成观察习惯

在日常生活中,学前儿童常常会接触到富有趣味的事情,如四季植物的变化、天空颜色的变化、汽车发出的声音变化等,但多数因为缺乏有意观察的习惯而没有留意。因此,教师应该抓住季节变化、天气变化等自然契机,鼓励儿童走出活动室,走向社会,走进大自

然,随时随地地观察,逐步培养观察意识,养成观察习惯。为了培养儿童良好的观察习惯,教师可引导他们开展每日观察活动,鼓励他们在观察或发现的基础上提出值得继续探究的问题,并把生活中自己认为有意义的、有趣的、感受深的事物,用绘画、照相、做标本等办法记录下来,并与教师、同伴分享。

对点案例

南瓜的秘密①

一日餐后散步,大班的孩子们在经过幼儿园的菜园子时,看到菜园子上方瓜架上结了几个南瓜,孩子们手指向南瓜,讨论着。

西贝:"看,上面有个大南瓜。"

焦子迅:"好几个南瓜呢。"

王若琳:"我看见一个黄色的,一个长的绿色的。"

陆泓博:"南瓜都不一样呢,那个是圆圆的,我在家还吃过南瓜的。"

孩子们讨论着南瓜,带着对南瓜的小疑问,开展了一场"南瓜的秘密之旅"。

把南瓜切开,里面有什么呢?

奔奔:"南瓜肚子里有种子,是南瓜籽。"

徐嘉忆:"南瓜皮颜色不一样,它的里面差不多颜色都是黄色的。"

小朋友们一起将南瓜的籽儿挖出来,又有了新的发现。

马亿琳:"咦,好黏呀,看我的手都黄了。"

赵睿轩:"老师,我发现南瓜种子长得不一样呢,也是有大有小。"

孩子们把南瓜籽取出分类后发现:个头较小的南瓜,它的籽儿较大;个头较大的南瓜,它的籽儿是小的。

老师:"南瓜可以做什么美食呢?"

康逸夫:"南瓜饼、南瓜蛋糕。"

小朋友们洗好小手,感受和面过程。

沐沐:"面粉黏黏的。"

苗苗:"面粉软软的像橡皮泥一样。"

面和好后进行揉面,把面分成均匀的大小,搓圆、压扁,孩子们说像是在玩黏土,不一会南瓜饼做好了。

总结:孩子首先对南瓜的颜色、形状等外形特征进

图3-2-8 "南瓜的秘密"

---

① 资料来源:连云港市六一幼儿园。

行观察,接着对南瓜的内部产生疑问,切开后观察,惊奇地发现,虽然南瓜的外形不一样,但它的里面长得都差不多,都是由黄黄的肉和一些种子组成,摸起来黏黏的,闻起来一股香香的味道。

【项目任务】

训练目标:了解培养幼儿观察能力的有效方法。

训练内容:分析下述案例中教师的做法,谈谈哪位教师组织的活动更有利于培养幼儿的观察能力,为什么?

中班的张老师在组织幼儿认识水果时,在黑板上挂上香蕉、苹果、橘子等图片,告诉小朋友它们的名称、味道、产地和形状等。

中班的李老师带领孩子们到附近的果园观察这些水果的生长状况,参观农民伯伯的工作,回来后在班级的自然角种上了西瓜、草莓等,要求幼儿每日观察并做好相应的记录。

【真题连接】

新入职的王老师第一次带大班小朋友做操时,发现大家的动作有些混乱,有的胳膊向左伸,有的向右伸,这是为什么呢?昨天老教师带操时,明明大家动作很整齐啊!(2021 年下半年)

问题:

(1)请从幼儿左右概念发展水平的角度分析,幼儿动作混乱的原因。

(2)针对问题,提出建议。

【延伸探究】

1. 视频:《感觉与知觉》。
2. 视频:《眼见为实,知觉为真》。
3. 文章:《学前儿童感知觉规律及其运用》。
4. 案例:《班级里的"最后一名"——幼儿时间体验的理解与回应》。

主题三　学前儿童记忆的发展

1. 了解记忆的概念、基本过程和种类。
2. 掌握学前儿童记忆的特点，能够根据实际情况分析学前儿童记忆的特点，并采取应对措施。*
3. 掌握培养学前儿童记忆力的方法。*

欣欣2岁半了。一首儿歌她虽然不懂什么意思，但她跟着家长念几遍就记住了，但是，过几个小时再问她，她就记不大清楚了。

6岁的宁宁在1分钟之内正确记住了17位数字：8172635453627189。原来他是经过思考抓住了这些数字之间的规律性联系进行记忆的。他发现，每两个数字之和都是9，去掉最后一个9字，其余的数字排列都是对称的。

问题：为什么欣欣和宁宁会出现这样的行为呢？在进行学前教育时可以应采取哪些对策、方法才能有效地培养学前儿童的记忆能力呢？

问题解析

一、记忆概述

（一）记忆的概念

记忆是人脑对过去经验的反映，是一种较为复杂的心理过程。记忆与感知觉不同，感知觉是对当前直接作用于感官的事物的一种反映，具有表面性和直观性；记忆是对经历过的事物的反映，具有内隐性和概括性。关于记忆，需要注意两个方面：

其一，过去经验包括人们感知过的事物、思考过的问题、体验过的情感以及操作过的动作等，这些过去的经验可以用形象或语词的形式存储在人脑中，并在一定条件下无须加以练习即可重新得到恢复。因此，记忆发生在感知之后，是人脑对过去经验的反映，是人脑积累知识经验的心理活动，也是心理过程在时间上的延续。例如，儿童能够讲述幼儿园中发生的趣事；能够表演之前学习过的舞蹈；唱过的歌曲，听到歌曲的旋律就会哼唱起来；起床后，能按妈妈教过的方法穿好衣服等。

其二，记忆不是一个瞬间的过程，而是一个从"记"到"忆"的过程，也就是说记忆是有阶段的，记忆包括三个阶段：识记、保持和回忆(再认和再现)。

识记是记忆的第一个环节，是把感知或体验过的事物记录下来的过程，它具有选择性的特点，只有那些引起人注意的刺激才会在感知觉基础上被识记。识记既是记忆的开端，又是保持和回忆的前提。比如，儿童想讲述《三只小猪》的故事给别人听，需要先听他人讲述这个故事或者自己看图画书，加深对故事情节的印象，这个过程就是识记。

保持则是将识记的材料或已经获得的经验在头脑中进一步加工处理，进行储存巩固的过程。但是，存储起来的材料会随着时间的推移而逐渐减少保持量，这就是人们常说的遗忘现象。因此，记忆的内容只有及时复习、回顾，才能够更好地保持在脑海中。

回忆是记忆的最后一步，也是记忆的目的，就是提取和输出信息的过程。回忆又分为再认和再现两种形式。再认是指当记忆过的事物再次出现时，人们能够识别它，比如看到许久不见的老同学能够叫出他的名字。再现则是指识记过的事物没有出现在眼前而在大脑中呈现的过程，比如背诵课文、诗歌等。再认和再现的最大区别在于记忆过的事物是否再次出现在眼前。

记忆的识记、保持和回忆三个阶段是密切联系、不可分割的，没有信息的输入，就谈不上保持，信息没有保持住就提取不出来，也就没有回忆，所以记忆也可以说是对信息的输入、存储和提取的过程。

拓展阅读

遗 忘

1. 遗忘的原因

(1) 记忆痕迹衰退说。遗忘是记忆痕迹得不到强化而逐渐衰退，以致最后消退的结果。

(2) 干扰抑制说。遗忘是因为在学习和回忆之间受到其他刺激的干扰所致。这种学说可以用前摄抑制和倒摄抑制来说明。其中，前摄抑制是指先前学习的材料对后来学习的材料的回忆或再认产生的干扰；后摄抑制是指后来学习的材料对先前学习的材料的回忆或再认产生的干扰。

(3) 动机说。遗忘是由情绪或动机的压抑作用引起的，如果这种压抑被解除，记忆也就能恢复。

2. 遗忘的规律

如果识记过的东西不能再认或回忆或是再认或回忆发生错误，就发生了遗忘。

心理学研究表明,遗忘是有规律的。德国心理学家艾宾浩斯(1850—1909)最早对遗忘现象做了比较系统的实验研究。为避免经验对学习和记忆的影响,他在实验中用无意义音节作为学习材料,用重学时所节省的时间或次数为指标测量了遗忘的进程。实验表明,在学习材料记熟后,间隔20分钟重新学习,可节省诵读时间58.2%左右;1天后再学习可节省时间33.7%左右;6天以后再学习节省时间缓慢下降到25.4%左右。依据这些数据绘制的曲线就是著名的"艾宾浩斯遗忘曲线"(见图3-3-1)。遗忘进程是不均衡的,即先快后慢。

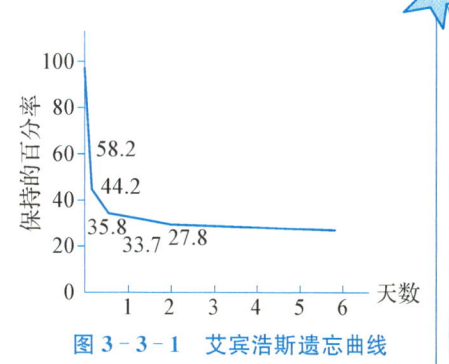

图3-3-1　艾宾浩斯遗忘曲线

(二) 记忆的类型

根据不同的划分标准,可以将记忆划分成不同的种类。下面对几种常见的划分类型进行介绍。

1. 根据记忆的目的性分类

根据记忆的目的,可以将记忆分为无意记忆和有意记忆两种类型。无意记忆是指没有预设的目的和任务,不需要特别的记忆策略,也不需要意志努力就能够完成的记忆。比如,幼儿园中经常播放《小手拍拍》这首歌,儿童并没有刻意去记,但一段时间后他们却能不自觉地哼唱出来。有意记忆是指事先有预设的目的和任务,需要使用特定的记忆策略,也需要依靠一定的意志力才能够完成的记忆。比如,儿童根据教师的要求复述听过的故事。

2. 根据记忆的内容分类

根据记忆的内容,可以将记忆分为形象记忆、情绪记忆、运动记忆和词语逻辑记忆。

形象记忆:以感知过的事物形象为识记内容的记忆。例如,儿童与父母去故宫参观后,脑海中有故宫的形象,这就属于形象记忆。形象记忆不仅包括视觉记忆,还包括听觉、味觉、嗅觉记忆等。因此,我们对听过的歌曲、闻过的气味、触摸到的事物的记忆也属于形象记忆。

情绪记忆:以体验过的情绪情感为识记内容的记忆。当某一情境或事件引起个体强烈或深刻的情绪情感体验时,这些情绪情感与态度体验就会在脑海中留下深刻印象。与其他内容的记忆相比,情绪记忆往往保持得更持久、更深刻,甚至会终身不忘,比如,儿童对被关进黑屋子时的恐惧,或玩游戏时的快乐情绪等;再如,收到理想学校录取通知书时激动的心情,第一次走上工作岗位兴奋和紧张的心情等,多年之后仍然会记忆犹新。

运动记忆:以过去做过的动作为识记内容的记忆。例如,对学过的游泳、体操、舞蹈、某种习惯动作等的记忆。运动记忆需要的识记时间相对较长,也就是说需要"记"的时间比较长,但记住之后容易保持、恢复,不易遗忘。

语词逻辑记忆:以语词、概念、原理等抽象思维为识记内容的记忆。例如,对学前儿童心理学相关概念的记忆、对数学公式和定理的记忆等都属于语词逻辑记忆。语词逻辑记忆的记忆内容都是借助语词符号表达的,因此这种记忆是在儿童掌握语言的过程中逐渐发展起来的,也是个体发展最晚的记忆。

3. 根据记忆保持的时间长短分类

根据记忆保持的时间长短,可以将记忆分为瞬时记忆、短时记忆和长时记忆(见图3-3-2)。

瞬时记忆:个体通过视觉、听觉、嗅觉和触觉等感觉器官感觉到刺激时所引起的短暂记忆。这种记忆一般不会立刻消失,而是会在脑海中保持0.25—2秒。然而,如果不对瞬时记忆所保持的信息进行进一步加工,信息就会很快消失。

拓展阅读

瞬时记忆的作用

短时记忆:外界刺激停止作用后,所获得的信息在头脑中保持不超过1分钟的记忆。例如,我们在电话簿中查到一个陌生的电话号码,立即就能够根据记忆去拨号,但是通话结束之后,往往会忘记刚刚拨过的号码。短时记忆是瞬时记忆和长时记忆的中间阶段。若瞬时记忆得到注意,就能够进入短时记忆中,而短时记忆也可以通过复述向长时记忆转移。

长时记忆:信息经过充分加工后,可以在头脑中长时间保留下来,信息储存的时间在1分钟以上甚至终身的记忆。长时记忆的信息大部分都来源于对短时记忆内容的加工和重复,但也有由于印象深刻而一次获得的。长时记忆的容量似乎没有限度,只要对信息进行有效的加工,就能把信息保持在长时记忆中。长时记忆存储的信息人们常常意识不到,只有人们需要借助已有的知识和经验时,长时记忆存储的信息会被提取到短时记忆中,才能被人们意识到。

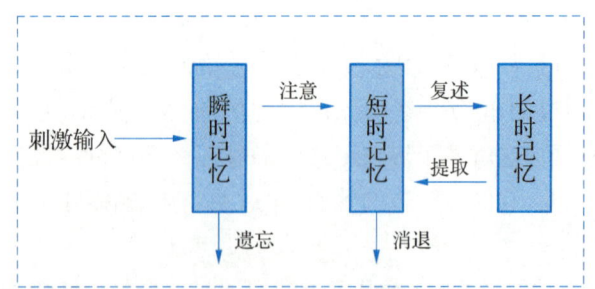

图3-3-2 瞬时记忆、短时记忆、长时记忆三者关系示意图

(三)记忆在学前儿童心理发展中的作用

学前儿童心理的发展离不开经验的支持,个人经验的积累很大程度上需要依靠记忆。因此,记忆在儿童心理发展中发挥着重要作用,对知觉、想象、思维、言语、情绪情感等其他心理活动的出现、发展都会产生重要影响。

1. 记忆影响学前儿童感知觉能力的发展

感知觉是记忆产生的基础,而感知觉的发展又离不开记忆的作用。实验证明,如果感觉信息不能够进入瞬时记忆系统,则人脑就不会感觉到其存在,产生不了相应的知觉。另外,感知能力的发展离不开个体知识经验的积累,而个体经验的积累和获得主要依赖于记忆。当儿童获得客体永久性后,自己喜爱的玩具虽然被挡住了,但是其表象仍留在儿童的大脑中,他们会继续寻找。

2. 记忆影响学前儿童想象、思维水平的发展

亚里士多德曾说:"记忆力是智力的拐杖,记忆力是智慧之母。"记忆对学前儿童思维、想象等心理活动有着重要影响,这种影响主要表现在两个方面。第一,记忆为想象、思维提供加工的对象。想象、思维的发展都是在记忆表象为原型的基础上进行的,失去了记忆,想象、思维就没有了工作的对象。第二,记忆与想象、思维密切联系。2岁左右儿童的想象与思维基本上是对已记忆内容的简单加工,是记忆在新的情境下的一种再现活动。如图3-3-3中的2岁儿童在看到妈妈做饭的画面后,过了几天在幼儿园的角色游戏中也会出现做饭的内容。儿童的这一行为是对过去观察到的行为的再现,这种延迟模仿体现了记忆与想象之间的密切联系。

图3-3-3 儿童"做饭"

3. 记忆影响学前儿童言语能力的发展

学前儿童依靠记忆学习语言并进行言语交流。首先,学前儿童语言的学习必须先要熟悉语音,这就需要儿童记住每个语词的正确发音及其对应的语义,然后加以模仿练习。其次,在语言交际过程中,儿童要记住并准确理解他人的话语,自己才会有相应的回答。像老年痴呆症患者常常答非所问,其原因之一就是忘记了别人的问题。最后,儿童要想很好地表达自己的想法,必须先将自己准备表述的词语记下来,这样才能保持前后连贯。在日常生活中,我们会发现有些儿童前言不搭后语,说了前面的话,忘了后面的,这种言语不连贯的现象表明,他们的言语活动与记忆的联系不足。

4. 记忆影响学前儿童情绪情感的发展

学前儿童通过记忆对经历过的事物会产生一定的情绪情感体验。例如,儿童在打针以后害怕再次打针、被开水烫伤以后害怕开水等,这些消极的情感体验是与一些具体的经验联系在一起的。一些积极美好的情绪体验,如美感、道德观念等也是如此,它们的形成都离不开记忆的作用。因而,记忆会影响学前儿童情绪情感的发展,进而影响儿童个性特征的形成和发展。

总而言之,学前期是儿童的各种心理现象和心理过程形成和初步发展的重要时期。此时,各种心理过程正逐渐联系成为系统,在这个过程中,记忆发挥着重要作用。

二、学前儿童记忆发展的特点

(一) 胎儿和新生儿的记忆

有研究发现,如果把记录母亲心脏跳动的声音放给儿童听,儿童会停止哭泣,这是因为儿童感到他们又回到了熟悉的胎内环境。由此认为,胎儿已经有了听觉记忆。关于七八个月胎儿音乐听觉的研究,也得出类似结论。可见,胎儿末期,听觉记忆确已出现。还有研究认为,音乐是母亲和胎儿"语言交流"的最好方式。胎儿能听到外界的声音,是以脑和听觉发育为基础的,大致上要到 7 个月后才能"自己"听。胎儿不仅能熟悉母亲的心音、血流声,还能熟悉母亲的说话声、母亲的语调和母亲的歌声。

拓展阅读

宝宝为什么不哭了?

新生儿的记忆方式和成人不同,他记不起视野以外的东西。这就是为什么在新生儿时期,只要宝宝的需要得到满足,他就乐于和任何人待在一起。新生儿的记忆主要表现在以下两个方面:

1. 条件反射的建立

新生儿记忆的主要表现之一是对条件刺激物形成某种稳定的行为反应(即建立条件反射)。比如,母亲喂孩子时往往先把他抱成某种姿势,然后再开始喂。不久,婴儿便对这种喂奶的姿势形成了条件反射:每当被抱成这种姿势时,奶头还未触及嘴唇就已开始了吸吮动作。这种情况表明,婴儿已经"记住"了吸奶的"信号"——姿势。再如,晚上当妈妈哄孩子睡觉时伴随着关灯,久而久之,关灯就会引起孩子的睡意。

2. 对熟悉的事物产生"习惯化"

新生儿记忆的另一表现是对熟悉的事物产生"习惯化"。一个新异刺激出现时,人(包括新生儿)都会产生定向反射——注意它一段时间。如果同样的刺激反复出现,对它注意的时间就会逐渐减少甚至完全消失。随着刺激物出现频率的增加而对它的注意时间逐渐减少甚至消失的现象,心理学上称为"习惯化"。习惯化可以作为一种方法和指标来了解新生儿的感知能力——看他能否发现刺激物的差别;也可以用来调查其记忆能力——看他对刺激物的熟悉程度。许多研究表明,即使出生几天的孩子,也能对多次出现的图形产生"习惯化",似乎因"熟悉"而丧失了兴趣。

总之,胎儿和新生儿的记忆,从其恢复形式上看都属于再认。

(二) 1 岁前婴儿记忆的发展

1. 记忆保持时间较短

与新生儿相比,1 岁前婴儿的记忆能力有了较大提高,但是,这一时期婴儿记忆的保持时间仍然较短,他们的记忆最多只能保持几天。例如,母亲因病住院 2 周,回家后宝宝不认识自己的妈妈。

2. 再认能力的出现

1 岁前的婴儿已经能够对记忆过的事物进行再认,"认生"现象就是一个重要表现。一般来说,3—4 个月的婴儿已经能对父母做出反应。例如,妈妈在屋内做事,婴儿的目光会追随妈妈的身影,一旦妈妈不在屋内就会哭喊。6个月的婴儿已经能够区分熟悉的人和陌生人,他们会对熟悉的人表现出好感,对生疏的人表现出陌生感。这就说明1岁之前的婴儿已经具备再认能力。

拓展阅读

1岁小宝宝记忆力的训练方法

(三) 1—3 岁儿童记忆的发展

1岁之后,儿童的生理机能不断发育,语言能力迅速提高,这使儿童的记忆水平也有所发展。主要表现为以下几个特征:

1. 记忆保持时间增长

1—3岁儿童记忆发展最为明显的特征就是记忆保持的时间延长,这一时期的记忆甚至可以保持几个月。比如,1岁半左右的儿童能够回忆起自己数月前去过的地方,知道家中某些物品经常摆放的位置,等等。

2. 有意记忆开始萌芽

到3岁左右,儿童可以根据成人提出的简单要求进行识记,有意记忆开始萌芽。在一项实验中,研究者让儿童帮助实验者记忆哪一只杯子里藏有玩具熊,实验者在布置完实验任务后离开实验室。研究结果发现,3岁的儿童会想出一些办法来帮助自己记忆,例如:一直指着有小熊的杯子或者把那只杯子抽出来等;而2岁儿童则东张西望,不会有意识记。

3. 再现能力的形成与发展

1—3岁儿童的记忆提取仍然以再认为主,但再现(回忆)的形式也已经开始萌芽。1岁以前,儿童记忆提取的主要形式是再认,1—2岁时,再现这一形式开始出现。随着儿童言语的发展,再现的形式逐渐确定,并得到一定程度的发展。

在此阶段,儿童再现能力的一个重要表现就是出现了延迟模仿,这标志着儿童表象记忆和回忆能力的初步成熟。延时模仿是指经过一段时间以后突然模仿曾经看到过的事物和行为动作。例如,一个1岁多的儿童第一次看到另一个儿童挠痒痒的样子,非常新奇,等他2小时以后回到家,在家中一边笑一边学着另外一个儿童挠来挠去的样子。儿童的这种延迟模仿行为是对过去观察到的行为的再现。

(四) 3—6 岁儿童记忆的发展

1. 无意记忆占优势,有意记忆逐渐发展

(1) 无意记忆占优势。其一,无意记忆的效果优于有意记忆。3岁以前的儿童基本上只有无意记忆,他们不会进行有意记忆。而在整个幼儿期,无意记忆的效果都优于有意记忆。在一项实验中,研究者在实验桌上画一些假设的地点,如厨房、花园、卧室等,并为儿童提供15张图片,图片上都是儿童熟悉的东西(如水壶、苹果等),研究者要求儿童把图片上画的东西放到实验桌上相应的位置。游戏结束后,要求儿童回忆所有玩过的东西,即对其无意记忆进行检查。另外,在同样的实验条件下,要求儿童进行有意记忆,记住15张图片的内容。实验结果表明,在学前中期和后期,无意记忆的效果都要优于有意记忆。其二,无意记忆是积极认知活动的副产物。儿童的无意记忆不是由儿童直接接受记忆任务和完成记忆任务产生的,而是儿童在完成感知和思维任务过程中附带产生的结果,是一种副产物。事实证明,儿童的认知活动越积极,其无意记忆效果越好。直观、形象、具体、鲜

明的事物容易引起儿童的无意注意，也容易被儿童在无意中记住。同时，对儿童生活具有重要意义的事物，符合儿童兴趣的、能激起儿童强烈情绪体验的事物都比较容易成为儿童注意和感知的对象，也容易成为儿童无意记忆的内容；多种感官的参与有助于提高无意记忆的效果；儿童在竞赛性的游戏活动中的积极性较高，无意记忆的效果比较好。

（2）有意记忆逐渐发展。儿童的有意记忆在3岁之前就已经开始萌芽，而到了4—5岁，儿童才真正表现出有意记忆。一方面，3—6岁儿童的有意记忆主要是在成人的教育下逐渐产生的。在日常生活中，成人经常会对儿童提出一些识记任务，如在讲故事之前向儿童提出复述故事的要求，朗诵儿歌时会要求他们尽快记住，这些都促进了儿童有意记忆的发展。另一方面，儿童对记忆任务的意识和活动动机也会影响到有意记忆的效果。例如，儿童在角色扮演游戏中担任"收银员"，"收银员"就必须记住商品的价格、名称。角色本身使儿童意识到识记任务，因而他会用心识记，使得有意记忆发生，记忆效果也会有所提高。

有意记忆的出现使得儿童记忆的发展有了质的飞跃。研究表明，无意记忆和有意记忆都会随着儿童年龄的增长而增长，但有意记忆的发展速度更快。在3—6岁这一阶段，儿童无意记忆的效果往往会好于有意记忆；而到了小学阶段，有意记忆的效果会逐渐赶上并最终超过无意记忆。

> **经典实验**
>
> ### 有意记忆实验
>
> 有人曾做过这样的实验，要求儿童到商店去买皮球、牛奶、铅笔、娃娃和糖果五样东西。结果发现：3—4岁的儿童认为走到商店就算完成了任务，既没有记住要买什么东西，也没有回忆起到商店应该做什么事；4—5岁的儿童走到商店，能迅速复述要买什么东西，有时候可能会出现遗忘，但是遗忘之后不会再设法回忆；5—6岁的儿童在接受任务时，会要求成人把任务交代得慢点，并且边听边重复，如果出现遗忘还会寻求成人的帮助。

2. 机械记忆用得多，意义记忆效果较好

根据儿童对记忆材料是否理解，可以将记忆分为机械记忆和意义记忆。机械记忆是指对所记材料的意义和逻辑关系不理解，采用简单、机械、重复的方法进行识记。意义记忆是指针对所记材料的内容、意义及其逻辑关系的理解进行的识记，也称为理解记忆或逻辑记忆。学前期是意义记忆迅速发展的时期，呈现出如下特点：

（1）机械记忆用得多。与成人相比，儿童更多地使用机械记忆。例如，儿童在背诵古诗、成语故事时，往往逐字逐句地死记硬背，可能根本不理解古诗或成语故事的含义。既然意义记忆的效果好，为什么幼儿不用意义记忆而是大量使用机械记忆呢？可能出于两个原因：一是幼儿大脑皮质的反应性较强，感知一些不理解的事物也能够留下痕迹；二是幼儿对事物的理解能力较差,对许多记忆材料不理解,不会进行加工,只能死记硬背,进行机械记忆。

(2)意义记忆效果要优于机械记忆。儿童使用机械记忆较为频繁,这并不意味着他们不使用意义记忆。相反,学前期意义记忆迅速发展,儿童在记忆过程中越来越依赖于理解,而且意义记忆的效果要比机械记忆的效果好得多。例如,儿童学习儿歌要比古诗词记得快,且保持时间更长。

在一项实验中,研究者让儿童识记两类图片,一类图片上画着儿童熟悉的物体图形(如小旗、西瓜等),另一类图片上则画着一些叫不出名称的不规则图形。结果发现,儿童对第一类图片的正确再现率明显高于第二类。[①] 从表3-3-1中可以发现,儿童对于已经理解的材料,识记效果要更好。

表3-3-1 儿童意义记忆与机械记忆效果对比

年龄		4岁	5岁	6岁	7岁
正确再现率(%)	Ⅰ物体图形	47	64	72	77
	Ⅱ不规则图形	4	12	26	48

在整个幼儿期,无论是机械记忆还是意义记忆,其效果都随着年龄的增长而有所提高。与此同时,年龄较小的儿童意义记忆的效果比机械记忆要好得多,而随着年龄增长,两种记忆效果的差距逐渐缩小,意义记忆的优越性似乎降低了。这种现象并不表明机械记忆的发展越来越迅速,而是由于年龄增长后,意义记忆和机械记忆效果的差异减少,机械记忆中加入了越来越多的理解成分,机械记忆中的理解成分使机械记忆的效果有所提高。可见,两种记忆效果差距缩小的原因是两种记忆相互渗透,特别是意义记忆越来越多地渗透到机械记忆中,使得两种记忆的区别越来越小。

3. 形象记忆占优势,语词逻辑记忆逐渐发展

(1)形象记忆的效果优于语词记忆。形象记忆是根据具体的形象来识记各种材料。在儿童语言发生之前,其记忆内容只有事物的形象,即只有形象记忆。整个幼儿期,形象记忆占主要地位,形象记忆的效果好于语词记忆的效果。

在一项实验研究中,研究者让3—7岁的儿童识记三种材料,第一种是儿童熟悉的物体,第二种是标志儿童熟悉的物体的词语,第三种是标志儿童不熟悉物体的词语,结果见表3-3-2。不难发现,无论是哪个年龄阶段的儿童,形象记忆的效果都比语词记忆要好。具体而言,儿童对熟悉的物体的记忆效果优于熟悉的词,而对生疏的词的记忆效果显著低于熟悉的物体和熟悉的词。对熟悉物体的记忆依靠的是形象记忆。形象记忆所借助的形象带有直观性、鲜明性,所以效果最好。熟悉的词在儿童头脑中与具体的形象相结合,因而效果也较好。至于生疏的词,在幼儿头脑中完全没有形象,因此效果最差。

---

① 陈帼眉,冯晓霞,庞丽娟.学前儿童发展心理学[M].北京:北京师范大学出版社,2013:131.

表 3-3-2　幼儿形象记忆和语词记忆效果比较

年龄（岁）	熟悉的物体（个）	熟悉的词（个）	生疏的词（个）
3—4	3.9	1.8	0
4—5	4.4	3.6	0.3
5—6	5.1	4.6	0.4
6—7	5.6	4.8	1.2

因此，在幼儿园中教师也可以根据儿童形象记忆占优势的这个特点进行教学或环境布置。例如，将儿童区域活动中需要遵守的规则以图画形式呈现出来，使儿童更好地记住（见图3-3-5）。

图 3-3-5　幼儿园区域活动规则

（2）形象记忆和语词记忆都随着年龄的增长而发展。研究表明，3—4岁幼儿无论是形象记忆还是语词记忆，其水平都相对较低。其后，两种记忆的效果都随年龄的增长而提高。

（3）形象记忆和语词记忆的差别逐渐缩小。各种研究显示，形象记忆和语词记忆的差距日益缩小。两种记忆效果之所以逐渐缩小，是因为随着年龄的增长，形象和语词都不是单独在儿童头脑中起作用，而是有越来越密切的联系。一方面，幼儿对熟悉的物体能够叫出名称，那么物体的形象和相应的词就紧密联系在一起。另一方面，幼儿熟悉的词，也必然建立在具体形象的基础上，词和物体的形象是不可分割的。

形象记忆和语词记忆的区别只是相对的。在形象记忆中，物体或图形起主要作用，语词在其中也起着标志和组织记忆形象的作用。在语词记忆中，主要记忆内容是语言材料，但是记忆过程要求语词所代表的事物的形象做支柱。随着儿童语言的发展，形象和语词的相互联系越来越密切，两种记忆的差别也相对缩小。

识字，还是识图？[①]

李衣明的爸爸非常得意，因为他早早地就教儿子识字，小明才两岁多就会认自己的名字了。有次伯伯到家中做客，想考一考小明，指着小明的名字问："这个念什么呀？""李衣明。"小明毫不犹豫地答道。"真厉害！"伯伯夸道，接着指着"明"字问道："这个念什么？""李。"小明答。"那这个呢？"伯伯又指着"李"字问道。"衣。"小明答。伯伯又指着"衣"字问，小明答：

[①] 曹中平，邓祎. 学前儿童发展心理学[M]. 长沙：湖南大学出版社，2015：78.

"明。"请你想一想,小明真的记住自己名字了吗?为什么会出现这种情况?

其实小明是以形象记忆为主,对他来说,他的名字不是字,而是一张图,他将"李衣明"三个单字当成一幅图来记忆了。

三、学前儿童记忆发展的趋势

(一)记忆保持时间逐渐延长

记忆保持时间是指从识记材料开始到能对材料正确提取之间的间隔时间,也称为记忆的潜伏期。学前儿童受记忆的生理基础(如大脑等)成熟较晚等原因的影响,其最初出现的是短时记忆,信息在头脑中能够存储的时间很短。随着年龄的增长,学前儿童的生理机制日渐成熟,其认知水平逐步提高,记忆的保持时间也会逐渐延长。研究表明,人们很少能够回忆起3—4岁之前发生的事,而3—4岁以后出现的记忆则有可能保持终生,这种现象被称为"幼儿期遗忘"。

(二)记忆容量增加

1. 记忆广度的增加

记忆广度是指在单位时间内能够记忆的材料数量。衡量记忆广度的单位是信息单位,又称组块,是指彼此之间没有明确联系的独立信息。一个信息单位可以是一个数字、两个词或一个句子。一般来说,成人的短时记忆广度为 7 ± 2 个信息单位。随着大脑的成熟,儿童在单位时间内能记住的材料数量不断增加。国内外研究发现,学前儿童的记忆广度在2岁半左右达到2个组块,3岁左右增至3—4个组块,4岁时为4—5个组块,5—6岁时发展到6个组块。

2. 记忆范围的扩大

记忆范围是指识记材料种类的多少和内容的丰富程度,记忆范围的扩大体现为记忆材料种类的增多与内容的丰富。婴儿期时,由于接触到的事物数量和内容都有限,儿童记忆的范围极小。随着儿童动作的发展、活动能力的增强、与外界交往范围的扩大,儿童的活动也更多样化,因而其记忆的范围也随之扩大。

3. 工作记忆的出现

工作记忆是指人们在完成认知任务的过程中将新输入的信息和记忆中原有的知识经验联系起来的记忆。新旧知识相联系,可使储存的新信息内容或成分增加。随着年龄的增长,儿童工作记忆的能力也不断提高。

需要注意的是,记忆广度对记忆容量有一定的影响,但是记忆广度并不能决定记忆容量的大小,而主要取决于个体对识记材料的进一步加工,即将识记材料与已有知识经验联系和组织起来的能力——工作记忆的出现与发展水平。通过工作记忆的系统化加工,每个组块内所包含的容量是不同的,因而信息容量就会增大。例如,同一年龄的两个儿童,张天的记忆广度为9,李伟只有5,但李伟的学习成绩和各方面的发展水平更高。为何会出现这种情况?不谈其他因素的影响,单就工作记忆来说,这可能是因为李伟的工作记忆发展水平更高,他能把识记材料与已有的知识经验更好地联系和组织起来。正是这种能力,使李伟能够识记并保持更多、更广的知识经验,学习成绩和其他方面的发展水平更高。

拓展阅读

儿童能记住多少[①]

列昂(Pascual-Leone)认为,随着年龄增长,儿童的工作记忆中持有信息的能力也在增长,这种能力被他称为记忆空间。

他用实验检验了记忆空间随年龄而发展的假设。在实验中,他要求不同年龄儿童学习对不同的视觉刺激做出不同的动作反应。例如,看到红色就拍手,看到杯子就张嘴。一旦儿童学会了这些简单联想,就向他们同时呈现两种或更多的视觉刺激,要他们做出适当的反应。实验发现,一个儿童的正确反应数与他在记忆空间中能综合的图式的最大数是一致的,而能正确完成的动作数,在幼儿和学龄儿童中是随年龄的增长而增加。

从实验中可以看出,随着年龄的增长,儿童工作记忆中处理信息的能力越来越好,这种工作记忆的不断发展使得儿童短时记忆容量逐渐增加。

(三) 记忆内容丰富化

根据记忆内容的不同,记忆可分为运动记忆、情绪记忆、形象记忆、语词逻辑记忆等。随着年龄的逐渐增长,学前儿童的记忆内容也变得丰富。

婴儿最早出现的记忆是运动记忆。出生后2周左右,婴儿就能够对母亲喂奶姿势产生条件反射,这表明婴儿已经对喂奶的动作感到熟悉。6个月左右,儿童会出现情绪记忆。例如,这一时期的儿童见到之前吓过自己的成人,会害怕得哇哇大哭。6个月到12个月时,儿童的形象记忆逐渐发展。例如,这一年龄段的儿童能够认识奶瓶、从人群中辨认母亲等。到1岁左右,儿童的语词逻辑记忆开始出现并逐渐发展,这种以语言材料为主要内容的记忆是在儿童掌握语言的过程中逐渐发展起来的。由于语词与其他材料相比,概括性、抽象性更强,它的发展需要以大脑中语言中枢的发展为生理基础,因此语词逻辑记忆出现得最晚。

(四) 记忆提取方式的发展

记忆的提取方式有两种:再认和再现。儿童进行再认需要依赖于感知,而再现依赖的是头脑中的表象。感知是儿童自出生以后就已经具有或开始发展的,而表象的形成则开始于1岁以后。因此,儿童最初的记忆提取都是再认性质的,2岁左右再现性质的记忆才开始出现。在整个学前期,再现都落后于再认,但两者之间的差距会随着年龄的增长而逐渐减小。

[①] 边玉芳.儿童能记住多少——儿童短时记忆容量发展实验[J].中小学心理健康教育,2013,14:36-37.

(五)记忆策略的形成与发展

记忆策略是指学习者为了有效记忆而采取的有助于记忆的手段和方法。学前儿童使用记忆策略经历一个从无到有的过程。一般来说,5 岁是一个转折期,5 岁以前,儿童在记忆过程中不会主动使用记忆策略,也不会在他人指导下使用;5 岁左右,儿童开始出现记忆策略,但只会在他人的指导下使用部分记忆策略。大约 10 岁以后,儿童才能够主动自觉地使用记忆策略。

学前儿童正处于从不会使用记忆策略到部分使用记忆策略的过渡发展阶段,在这一阶段中,学前儿童常使用的记忆策略有视觉复述、特征定位、复述和组块四种。

1. 视觉复述策略

视觉复述是指儿童将自己的注意力主要集中在记忆对象上,以增强记忆效果的方法。这是学前儿童在记忆过程中最常用,也是最简单的一种记忆策略。例如,在日常生活中,为了使儿童记住一个动物,我们会给他们提供该动物的图片,让他们通过观察图片记住动物。

儿童很早就表现出使用视觉复述策略的倾向。在一项研究中,研究者向 18—24 个月的儿童出示一只玩具大鸟,接着把大鸟藏在枕头下,并要求儿童记住大鸟的位置,以便以后找到大鸟。随后研究者宣布自由活动 3 分钟,并在活动中用其他玩具设法使他们分心。但是,研究者发现儿童在自由活动中经常会中断活动而谈论大鸟的位置,注视着这一位置,并用手指着它,或者在这个位置周围徘徊或企图掀开枕头。儿童显然是在短期记忆中采用视觉复述策略力求保持大鸟位置的信息。

2. 特征定位策略

特征定位是指给记忆对象的某种突出特征贴上特定的标签,以便有效记忆的一种记忆策略。在一项研究中,主试让儿童将一个小物品藏在一个有 196 个格子的棋盘中,并要求儿童尽可能记住物品所藏的位置。结果发现,5 岁以上的儿童倾向于选择那些较有特点的位置去藏物品(如棋盘的某个角落),而 3 岁儿童就不会使用这种策略。可见,5 岁以上的儿童就已经具有了运用特征定位策略的能力。

3. 复述策略

复述是指注意不断指向输入信息、不断重复记忆材料的过程,它也是一个常用且有效的记忆策略。例如,儿童在准备去商店帮妈妈买东西的路上,会不断地重复,以免忘记要买什么。学前儿童还不能自觉、有效地使用复述策略,但随着儿童年龄的增长,用复述策略的能力和复述的质量都会提高。

4. 组块策略

组块是指把识记材料所包含的项目,按照各自的

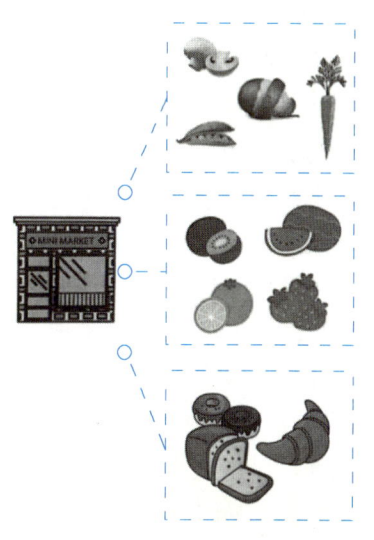

图 3-3-4 组块策略

意义联系归类成系统,使得记忆条理化,以提高记忆效果。例如,小红的妈妈要去超市买东西,要买的东西很多很杂,难免丢三落四,但如果她将这些具体的事物归入主食、蔬菜、肉类、水果、饮料之中,这些东西就会变得有条理,容易记住(见图3-3-4)。组块策略是一个对个体认知能力要求较高的记忆策略,而学前儿童自身的知识经验还不够丰富,抽象逻辑思维也刚开始发展。因此,学前儿童在记忆过程中使用组块策略的能力较差,质量不高。

拓展阅读

通过组块策略提高记忆效果

四、学前儿童记忆能力的培养

(一)使儿童明确记忆的任务

在儿童记忆的发展过程中,还存在一种偶发记忆的现象。这种现象是指要求儿童记住某样东西时,他往往记住的是和这件东西一起出现的其他东西。在幼儿园里我们常常看到,教师出示小鸭子图片,问儿童有几只鸭子,有的儿童却回答鸭子是黄色的。这是由于儿童对客体选择的注意力、目的性不明确,把没必要的偶发记忆客体也记住了,结果使中心记忆客体完成效果不佳。

因此,在日常生活中应经常向儿童提出具体、明确的识记任务,对记忆的结果给予正确评价,激发儿童有意识记的积极性。如在给儿童讲故事时,应提醒其注意听什么,听完之后要回答哪些问题;带儿童外出的时候,让儿童注意观察周围的一切,回来后说说都看到了什么,自己都做了哪些事情等。值得注意的是,在向儿童提出明确、恰当的识记要求后,对儿童完成识记任务的情况要给予及时的肯定和赞扬,提高儿童记忆的积极性。

(二)在活动中提高儿童记忆的效果

首先,教师应尽量出示新颖、直观和具有可操作性的学习材料,使儿童感兴趣,从而化难为易。如讲加法的时候,如果单纯地去教:"大家数数手指头,1+3等于几?"儿童很快就会失去兴趣。不如说:"草地上有1只小白兔,又走来了3只小白兔,一共有几只小白兔呢?"如果有实物,最好让他们自己去操作。

其次,教师尽量要让儿童从事的活动与儿童的兴趣、爱好、情感结合在一起。喜闻乐见的事物儿童才记得牢。例如,在一次小班记忆实验中,要求儿童记住一则内容不太吸引人的故事。当教师讲完故事内容,正准备重复一遍时,大部分儿童都不想再听了,有的孩子干脆说:"老师,这个故事不好听,我妈妈给我讲的故事好听。"接着高兴地说起他爱听(记忆)的故事来了,根本不理会教师要求他"记住"的任务。儿童听儿歌、故事时,往往容易记住最有感情的那些句子。比如:3岁左右的儿童对《小鸭子游泳》这首诗相当熟悉,要他再现时,首先记住的是"小鸭子摇啊摇,扑通一声跳下河"。诗中的"摇啊摇""扑通一声"等措辞,引起儿童情绪上的反映最稳定,所以保持的时间长。

再次,引导儿童运用多种感觉器官参与活动。实验研究表明,如果让儿童把眼、耳、口、鼻、手等多种感官调动起来,使大脑皮层留下很多"同一意义"的痕迹,并在大脑皮层的视觉区、听觉区、嗅觉区、运动区、语言区等建立起多通道的联系,就一定能提高记忆效果。

因此，应指导儿童运用多种感官参加记忆活动。如让儿童感受春天，应尽量带儿童多看一看、摸一摸、闻一闻、尝一尝，通过眼、耳、手、鼻、口等多种感官从多方面获得感性认识，实验证明，这样会使儿童记得又快又好。

（三）教会儿童运用记忆的方法

记忆方法的运用是提高记忆水平的关键之一，是否运用记忆方法、运用是否得当会直接影响儿童的记忆效果。

为了提高记忆的效果，教师可以教给儿童一些记忆的方法。对于年龄小的儿童，教给他们行动记忆的方法。例如，拿一个玩具狗给3岁的儿童看，然后再拿出4个不透明的碗把玩具狗倒扣在下面。然后说："狗狗回家了，回到它的窝里去了。"说完之后，再拿出一些玩具，对儿童说："你应该好好记住，狗钻到哪个窝里去了。"这时大人离开一会儿，儿童会目不转睛地盯着扣着玩具狗的那个碗，甚至用手摸那个碗。用这种道具进行训练，根据行动进行记忆，能不断提高儿童的记忆能力。而对于年龄大一些的儿童来说，可以教他们通过将物体归类等方法进行记忆。例如，在记忆多种事物的名称时，把老虎、熊、豹子等归类为野生动物，把公共汽车、火车、轮船、飞机等归类为公共交通工具，这样可以把记忆材料组织成有一定联系的、系统的材料，不仅有利于减轻儿童的记忆负担，也可以帮助儿童记得更加牢固。实验证明，这种方法能够提高儿童的记忆能力。

（四）帮助儿童进行合理复习

儿童记忆的特点是记得快、忘得快、不易持久。因此，在引导儿童识记时，一定的重复和复习是非常必要的，这不仅是提高儿童记忆效果的重要措施，也是巩固儿童记忆、提高儿童记忆能力的最佳方法。一般来讲，让儿童复习巩固所学的内容时，不宜采用单调、长时间的反复刺激，应该在儿童情绪稳定时，采用多种有趣的方法进行，如利用讲故事、念儿歌、猜谜语、表演活动、做游戏、进行比赛、散步郊游活动和日常生活活动等。实验证明，这样不仅可以使儿童在轻松愉快的情绪状况下，很快地巩固掌握所学的知识与技能，而且可以激发儿童的记忆兴趣，提高儿童学习的积极性。

【项目任务】

训练目标：了解培养幼儿记忆能力的有效方法。

训练内容：分析下述案例中教师的做法，谈谈为什么这位老师能使幼儿快速记忆。

一位有经验的老师在教幼儿背诵古诗《春晓》前，先把诗的内容绘成美丽的图画，再用故事形式向幼儿讲述诗歌的内容，进而引导幼儿对诗中提及的"眠""晓""啼鸟"等词进行讨论，结合幼儿的生活经验帮助他们理解。结果只用一次集体教学活动的时间幼儿便顺利记住了这首诗，而且经久不忘。

【真题连接】

幼儿时期占优势的记忆类型是（　　）。（2021年下半年）

A. 意义记忆　　　　　　　　B. 形象记忆

C. 词语逻辑记忆　　　　　　D. 动作记忆

答案与解析

【延伸探究】

1. 论文：刘文，聂春晖，等．《平板电脑教学对3—4岁幼儿工作记忆的影响》，《内蒙古师范大学学报（教育科学版）》，2019年。

2. 文章：《记忆从何而来？》。

延伸探究

主题四　学前儿童想象的发展

1. 了解想象的概念、特点和分类。*
2. 理解学前儿童想象发展的基本特点，正确对待儿童的"说谎"行为。*
3. 能结合案例提出培养学前儿童想象力的有效措施。

　　5岁的小智特别喜欢汽车。有一天妈妈发现小智的书包里有一个特别精致的汽车模型，小智说是小朋友送给他的。后来证实是小智趁小朋友不注意时拿的。

　　跃跃4岁了，他常常自言自语。成人问他，他说有朋友正在和他玩儿，更让人不可理解的是，他还说这个朋友有自己的名字、自己的性格和自己的故事。遇到任何事情，跃跃都要和他的"朋友"商量，听取他的意见，寻求他的帮助。跃跃的行为令父母感到非常担心。

　　问题：为什么小朋友们会有这样的举动呢？我们该如何看待幼儿期出现的这些现象？

问题解析

一、想象概述

(一) 想象的概念

想象是人脑对已有表象进行加工改造而形成新形象的心理过程。例如,我们没有坐过宇宙飞船去太空,但是当听到新闻关于登月的报道时,头脑里会出现浩瀚星空中太空人在凹凸不平的月球表面失重行走的画面。我们还可以通过小说对人物的描绘在头脑中勾勒出人物的形象。这种在头脑中出现的新形象就是想象的结果。在游戏中,幼儿一会想象自己是解放军,一会又想象自己成了老师;一会把竹竿当马骑,一会又把它当成大刀去砍敌人,这些都是想象。

从形式上来讲,想象是人的一种主观活动。但是心理的产生离不开客观现实,想象的形象不是凭空产生的。如果人们从来没有感知过某类事物,那么他的头脑中就不会出现这类事物的形象。天生的聋人想象不到音乐的美妙,天生的盲人也想象不到世界的缤纷。因此,没有对客观现实的感知和表象为材料,就没有想象,想象也是人脑对客观现实的反映。

想象具有两个特点:第一,形象性。想象是在感知的基础上,改造旧表象,创造新形象的心理过程。它在人们大脑中呈现出的是直观的形象,而不是词或者符号。想象中出现的形象是新的,是在已有表象的基础上进行加工改造的结果,而不是表象的简单再现。例如,当我们读着马致远的《天净沙·秋思》时,大脑中出现一幅苍凉悠远的画面。虽然这样的场景我们并没有亲眼见到过,但是我们大脑里储存的有枯藤、老树、昏鸦、小桥、流水、夕阳、瘦马等表象,人脑就对这些表象加工组合而形成一幅这样的画面。第二,新颖性。想象的新颖性表现在想象不仅可以创造出人们未曾感知过的事物的形象,还可以创造出现实中根本不可能存在的形象。例如,《西游记》中的孙悟空、猪八戒以及妖魔鬼怪等,尽管这类形象离奇古怪,有时甚至荒诞无稽,但它们仍来自现实之中,来自对人脑中记忆表象的加工。例如,孙悟空是人的特征和猴子的习性、动作等结合在一起而创造出来的;猪八戒则是对人和猪的某些特征加工改造的结果。想象的形象在现实生活中都能找到其原型,它同其他心理活动一样,都是对客观现实的反映。

(二) 想象的种类

1. 根据想象的目的性、计划性分类

(1) 无意想象。又称不随意想象,是指没有预定目的,在一定刺激的影响下,不由自主地进行的想象,是一种最简单、初级形式的想象。如看着天上的白云,想象它是一匹马、一辆坦克或其他物体;听故事时,不知不觉地随着故事情节追踪下去。儿童的想象往往没有预定目的,因此,他们经常产生的是无意想象。

(2) 有意想象。又称随意想象,指根据预定目的,在一定意志努力下自觉进行的想象。例如,科学家提出的各种假设、文学艺术家在脑中构思的人物形象、学生完成某项学习任务获得的某些知识和经验、工程师的建筑物蓝图设计等,都是有意想象的结晶。

2. 根据有意想象的新颖性、独立性和创造性程度分类

（1）再造想象。是指根据语言的描述或图形符号的示意，在人脑中形成相应事物新形象的过程。例如，小朋友们听老师讲《龟兔赛跑》的故事，仿佛看见了沉稳而踏实的乌龟和灵活而骄傲的小兔子赛跑的情景。当然，再造想象不是他人想象的简单重现，而是依据个体以往的经验再造出来的，每个人由于知识经验、兴趣爱好的差异，再造出来的形象是有所不同的。比如，不同的儿童听成人讲述《卖火柴的小女孩》的故事时，根据自身已有的经验，头脑中形成有差异的小女孩形象。需要指出的是，再造想象所形成的新形象有一定的创造性，但其创造性水平较低。

再造想象虽然不是想象者自己独创出来的，但再造想象中含有创造的成分，想象者总是以各自的知识经验来形成相应的形象。由于个人所储备的表象、生活经验、情绪情感体验等的不同，对于同样的事物他们会以各不相同的方式创设新形象。

（2）创造想象。是指根据一定目的和任务，不依据现成的描述，在人脑中独立地创造出某种新形象的心理过程。例如，设计师在脑中构思新型宇宙飞船的形象、作家在头脑中塑造新的典型人物的形象等都属于创造想象。创造想象具有独立性、首创性、新颖性的特点，是人类创造性活动不可或缺的心理成分。它比再造想象更有难度，也更复杂。

图 3-4-1 胡晓舟作品《在月亮上荡秋千》

在良好的早期教育和训练下，儿童的创造想象可以达到很高的水平。在 1979 年国际儿童画展上，6 岁的中国儿童胡晓舟以一幅想象到月亮上荡秋千的绘画作品赢得了世界儿童画一等奖（见图 3-4-1）。她之所以能在所有参赛选手中脱颖而出，是因为评委认为："她是这里最具想象力的孩子！"她敢于把现实存在的月亮、星空、孩子、游戏等进行组合，形成新的形象，体现出其丰富的想象力，因而获此殊荣。

二、学前儿童想象的发展

想象的产生有两个基本的条件。其一，头脑中要有相当数量的、具有稳定性的表象储存作为想象的材料。其二，想象和大脑皮质的成熟有关，而且还要具有一定的思维能力，以便运用内部的智力活动对表象进行加工改造。这两点在儿童初生时皆不具备，1 岁半至 2 岁是儿童想象的萌芽阶段。进入幼儿期后，随着儿童脑部神经的成熟、知识经验的增多、言语能力和分析能力的提高，儿童的想象活动越来越丰富。然而儿童的想象水平处于初级阶段，主要表现为儿童以无意、再造想象为主，有意、创造想象刚刚开始发展，想象常常脱离现实或与现实混淆，具体分析如下。

（一）无意想象为主，有意想象开始发展

1. 以无意想象为主

无意想象是最简单、最初级的想象。它在儿童想象中占据主要地位，是儿童想象活动

的主要形式。学前儿童无意想象的特点主要包括：

（1）想象的目的不明确。无意想象往往是在学前儿童游戏的过程中随刺激的出现而发生的，没有预设目的。学前儿童一般是在活动中看到某个玩具或是由于自己的动作引发了某种结果，才产生了想象。例如，他（她）拿到什么东西，就想象可以用来干什么，拿起小竹竿，想象它是一匹小马，可以进行骑马活动。在幼儿园晨间活动中，我们看到小班儿童在玩胶粒插塑，你问他搭的是什么，他不吱声，等搭好了一个东西（在成人看来不一定像什么），他就告诉你，这是望远镜。可见，小班儿童往往不能在活动开始前想象活动的目标。教师在进行活动设计时，需要特别注意这一点，在儿童进行活动时予以适时指导。

（2）想象的主题不稳定。儿童的想象不能按一定的目的坚持下去，很容易从一个主题转换到另一个主题，想象的过程和方向经常随着外界刺激的变化而变化，想象的主题缺乏稳定性，易改变。比如：在绘画时，儿童说自己画的是火车，如果家长说："不太像啊，好像是汽车。"他就会说："对，是汽车。"又如，在游戏中，一位儿童本来是当售货员的，但看见同伴在玩打仗，他就跑去当上了解放军。

（3）想象的内容不系统。正因为学前儿童无意想象的发生和过程都容易受到外界刺激的影响，也没有预设目的，所以其无意想象的内容通常比较零散、不系统，想象内容或形象之间没有形成有机联系。比如，儿童经常会在一幅画中描绘多种不相关的形象。在图3-4-2中，儿童描绘的形象包括太阳、小鸟、交通灯、人物、房子、大树、兔子、棒棒糖等，更像是一串无系统的自由联想。

图3-4-2　儿童绘画作品

（4）满足于想象的过程。学前儿童在想象过程中能够获得满足感，他们不追求通过想象达成特定的目的，却很享受想象的过程。比如，儿童在给小伙伴讲故事时，看起来有声有色，既有动作，又有表情。实际上，故事内容十分杂乱，毫无系统性可言。然而，不论是讲故事的人还是听故事的人都乐在其中，满足于这个过程。儿童在游戏中的想象更是如此，游戏的特点是不要求创造任何成果，只满足于儿童活动的过程，这也是儿童想象活动的特点。

（5）想象易受情绪和兴趣影响。儿童的想象除了受外界刺激影响外，还会受到其自身情绪和兴趣的影响。想象能够唤起儿童的情绪，而情绪也能引发或改变想象的方向。比如，洋洋画了一条小鱼，他迫不及待地让教师看，可教师正在指导其他小朋友，等教师来欣赏洋洋的作品时，却发现画面上一团黑。教师让洋洋讲述画面，洋洋说小鱼被小猫吃掉了。没有及时得到教师的肯定影响了洋洋的情绪，进而影响了洋洋的想象。

另外，兴趣也影响儿童的想象。儿童对感兴趣的活动，就会长时间去想象，专注于这个活动；而对不感兴趣的活动，则缺乏想象，往往是消极地应付或远离这项活动。如大班孩子玩塑料插花，只能玩一会儿就是这个原因。因此，儿童想象过程的方向、想象的结果、想象的丰富程度受其情绪和兴趣的影响较大。

2. 有意想象开始发展

中班以后,儿童的想象已具有一定的有意性和目的性。儿童的绘画作品《中国长城》就有着明确的主题(见图 3-4-3)。再如,通过老师对故事前半部分的描述,儿童会续编故事的结尾。续编故事体现出儿童已有明确的想象目的,想象的有意性开始发展了,而且想象的内容也日益丰富。大班以后,儿童的想象还有了他们本身的独立性。如对神话故事的看法,有的儿童在听了神话故事后,会为主人公的命运担心,害怕不安全,而有的儿童则会说"不用怕,这故事是假的"。这表明他们对想象内容有了一定的评价。随着年龄的增长,受到教育的影响,儿童想象的有意性开始发展,并逐步丰富。

图 3-4-3 《中国长城》

学前儿童的有意想象是需要培养的。成人可以通过组织主题鲜明的想象活动,准备相关的活动材料,引导儿童明确活动目的和主题,以此来促进儿童有意想象的发展。成人及时的语言引导也对儿童有意想象的发展有很强的推动作用。

树叶创意活动:给个圈圈,变个形[①]

活动室里用剩的透明胶芯、卫生纸芯越积越多,"材料库"快装不下了。老师拿着一个纸芯问:"它可以和树叶玩什么游戏呢?"老师组织孩子们拿着材料来到大树下,开始了"变形"活动,孩子们纷纷展开想象。

柯宇:"我用颜料盖子当小朋友的脸。"

昊昊:"蛋挞吃完了,蛋挞盒子翻过来也可以做脸。"

乐乐:"透明胶的芯可以当太阳,树叶是它的光芒!"

柠檬:"毛线也可以变成圈圈,我做了一个太阳呢!"

(二) 再造想象占主导,创造想象开始发展

1. 以再造想象为主

(1) 想象通常需要以成人的语言描述为基础。儿童在听故事时,他们的想象随着成人的讲述而展开,如果单纯只看图像而缺乏语言描述,儿童的再造想象不能充分展开。在游戏中,儿童的想象往往也是根据成人的语言描述进行的,例如小班儿童抱着一个芭

[①] 陈慧方,张岚.树叶飘落,拾起创意[J].东方宝宝(保育与教育),2017(Z1):95-97.

比娃娃,只是静静地坐着,教师过来告诉儿童娃娃想去游乐场里玩,这时儿童才开始在教师的引导下进行积极的想象。在幼儿前期,儿童的想象常常是在外界刺激的直接影响下产生的,如儿童看见玩具小汽车就要开小汽车,看见玩具飞机就要坐飞机。

(2) 实际行动是进行再造想象的必要条件。这一特点在幼儿初期尤其明显。在实际行动的过程中,儿童通过摆弄材料或改变物体的状态而在头脑中形成了新的表象,这些表象基本上都是再造性的。游戏中可操作和可改变的材料尤其丰富,因此,儿童在游戏活动中更容易展开再造想象。比如:儿童可以把各种颜色的褶皱纸揉搓成茶叶的样子,在头脑中得到茶叶的形象,泡茶活动由此进行。

(3) 想象在很大程度上具有复制性和模仿性。如儿童看到布娃娃,随手抓起并做出喂其吃东西和哄其睡觉的动作。这实际上是模仿妈妈的动作,离不开她的生活经验。小班儿童甚至在玩玩具和游戏材料的使用上都缺乏灵活性。例如,喂娃娃吃饭,必须有玩具小勺子,洗手必须跑到自来水龙头下,否则就认为不像。到了中、大班,尽管儿童仍以再造想象为主,但较之小班儿童,想象的灵活性有所增加,可以不受具体事物的限制。例如,他们可以拿石块当成汽车,而不必非要有汽车玩具;洗手也不需要在水龙头下,只要在洗手的前后假装开关水龙头即可。

学者李山川等人把儿童的再造想象从内容上分成四种类型:一是经验性想象,即凭借个人的生活经验展开的想象。例如,娃娃家中的想象就是自己家平时的生活情景,对"六一"儿童节的想象就是自己在肯德基中玩的形象。二是情境性想象,即由当前的情境所激发的想象。例如,儿童看到浮云想到各种各样的小动物。三是愿望性想象,即在想象活动中表现自己的愿望。例如,小班的儿童想成为孙悟空、超人,大班的儿童想当解放军、警察。四是拟人化想象,也就是把物拟人化的想象。例如,儿童常说的太阳公公、树爷爷、风婆婆就属于这一种。

2. 创造想象开始发展

到了幼儿中期,在教育的影响下,再造想象中开始出现创造性的成分。儿童创造想象的发生,主要表现为能够独立的、从新的角度对头脑中已有表象进行加工。首先,这一加工必须是独立的,不是在外界指导下进行的,不是模仿的,受暗示少;其次,必须是新颖的,从新的角度对头脑中已有表象进行加工改造。例如,小飞想要做出带软管的睡衣,这样把软管接到厕所,晚上就不用担心尿床了,这样的想象无疑是新颖而独特的。

学前儿童的创造想象具有如下特点:

(1) 表露式创造。其实质为无意识的自由联想,是最初级的创造,严格意义上来说甚至不算创造。比如,下雪了,儿童说:"下雪真好,就像看到了大海呢,我要到大海里捉小鱼儿。"[1]

(2) 原型的简单改造。儿童的创造想象还处于萌芽阶段,因此,其创造想象只是在原

---

[1] 唐凡茹.2—6岁,有趣的幼儿心理学[M].北京:中国纺织出版社,2016:10.

有模型的基础上进行了简单的改造,新形象与原型只有少许不同。比如,儿童做了简单的房子,并给做好的房子做个裙子、加个轮子等,进行简单的原型改造。

(3) 情节和数量的发展。随着年龄的增长,儿童想象的情节内容逐渐丰富,新形象的数量和种类也不断增加。另外,儿童开始能够找到表象中非常规的相似性,如从三个套在一起的"品"字形圆圈中想象出三角形(见图3-4-4)。

学前儿童的创造想象有如下具体表现:

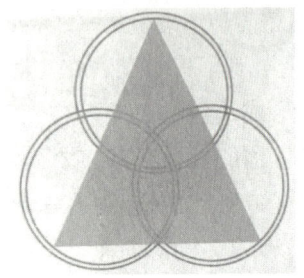

图3-4-4　由"品"字形圆圈想象三角形

(1) 提出"无稽"的问题。好奇好问是儿童的天性,当他能够提出不符合常理的问题时,说明他的创造想象正处于发展之中。比如,儿童会问"希望长什么样子",这是其独立地从新的角度想要深入了解"希望"这一抽象词汇的深刻内涵的过程,成人对此应给予积极的回应。

(2) 自编故事。随着创造想象的发展,学前儿童逐渐开始能够将其之前听过的故事、生活的经验以及其他各种事物进行加工和改造,重新整合为新的故事。另外,儿童在看图说话时也能表达出很多图画上没有呈现的情节。

幸福的生活[①]

每个童话的结束语都是"从此,王子和公主过上了幸福的生活"。那么,幸福生活会是什么样的呢?

孩子们七嘴八舌说道:"他们生了好多孩子,他们搬到了宫殿住。后来又遇到了一个女魔,她试图破坏王子和公主的生活。然后就来了一位法术师,像哈利·波特一样,会变魔术,救了王子和公主……再后来蜘蛛侠来了,带着王子和公主去了未来世界。"

(3) 创造性游戏。创造性游戏(如角色扮演、建筑游戏等)是最能表现学前儿童创造想象的活动。在创造性游戏中,学前儿童能重现生活中的场景和情节。随着儿童经验的增长,创造性游戏的内容更丰富,范围也更广。另外,年龄较大的学前儿童能够在游戏活动开始前,想象游戏的过程、规则和情节。这说明此时的儿童已经开始通过想象来控制活动的进程,体现了其创造想象的发展。

---

① 此木.打开想象的大门[J].家庭教育(幼儿家长),2010(Z1):86.

对点案例

排　队①

　　毛豆在床上给玩具排队,一边排队一边点名。还自问自答:"毛毛,到;枝枝,到;洋洋,到;蝴蝶,到;小汽车,到;拖拉机,到;毛豆,到……"还自言自语地说:"挖掘机呢?挖掘机藏猫猫了吗?"他拿着晾衣竿在角落里乱敲,大喊道:"挖掘机,不要藏了,快出来!"找了半天,发现挖掘机藏在窗帘背后。毛豆盛气凌人地鼓着腮帮,说:"举起手来!"同时自己弯腰帮助挖掘机举起长长的手臂。"你说大侠饶命!"然后模仿挖掘机的声音说:"大侠饶命!""好吧,这次就放过你,下次不准迟到啦!"毛豆放下晾衣竿,又爬到床上和他的"部下"讲话去了。

　　(4)创造性绘画。绘画是艺术的创造性活动。在图3-4-5中,儿童在大树上画了各种各样的玩具,以新颖而独特的想法创作出了一幅创造性的儿童绘画作品。

　　儿童的创造想象存在着明显的个别差异,这固然与其神经类型的灵活性有关,但更重要的是受其教育环境的影响。在良好的教育条件下,大班儿童的想象可以发展到较高水平,表现出明显的创造性。所以,教师和家长要努力营造一种宽松、民主的精神环境,采用一些有效的方法来激发儿童的创造想象。

图3-4-5　结满玩具的大树

(三)想象脱离现实,两者容易混淆

1.想象脱离现实

　　想象脱离现实主要表现为想象具有夸张性。夸张性想象是指在想象中夸大事物的个别特征,如"三头六臂""千手观音"就是这种想象的结果。儿童由于缺乏整体感,常常是只抓住事物的某些特征,如儿童画长颈鹿时总是把脖子画得特别长,把拿东西的手画得特别大,把房子的窗户或烟囱画得特别大等。儿童说话也喜欢夸张,比如,"我的坦克可厉害了!""我妈妈给我买的衣服可贵了!"等。儿童还喜欢内容夸张的动画片和童话故事,如《小猪佩奇》等动画片就为幼儿所喜欢。

　　儿童想象夸张的原因主要有两方面:(1)认知水平的限制。儿童观察事物不全面,常常只感知到其中某些突出的特点,而且往往不是本质特点。儿童思维的概括性不强,因而不能恰当地把握本质特征。思维的相对性差,片面性大,因而往往走极端。比如,儿童认

---

① 唐凡茹.2—6岁,有趣的幼儿心理学[M].北京:中国纺织出版社,2016:12.

为小猪有一个大鼻子,在绘画的时候,可能会把小猪的鼻子画得异常的大。(2)情绪的影响。儿童的想象容易受情绪影响,虽然知道想象与现实不符,仍然迷恋于想象的过程。如游戏中的想象,更多表现了儿童的情绪和愿望。

2. 想象容易和现实混淆

(1)把渴望得到的说成已经得到的。尤其是看到其他小朋友有而自己没有的东西,如看到别人玩变形金刚,他会说:"我家也有,比你的还大呢。"但实际上是不存在的。这时往往被成人理解成吹牛,但实际上是一种无意想象。

(2)把希望发生的事情当成已经发生的事情。例如,没有去成公园,但别的小朋友去了,第二天向其炫耀,他说自己也去了,他把美好的想象当成了现实。

(3)在参加游戏或欣赏文艺作品时,往往身临其境。例如,小班幼儿在看木偶剧时,看到大老虎出场会感到害怕,而中大班的幼儿则认识到这与真实的老虎不同,是假的,因而不会感到害怕。

儿童的想象与现实相混淆的原因:其一,儿童的感知分化能力不足,往往分辨不清事物之间的异同。其二,儿童的认识水平不高,有时把想象、表象和记忆表象相混淆,有些渴望的事情,经反复想象在头脑中留下深刻的印象,最终变成记忆中的事情。到了中大班,儿童将想象与现实混淆的情况开始减少。

拓展阅读

学前儿童的想象与"说谎"[①]

在幼儿想象发展中常常会把自己想象的事情当作真实的事情。如一个小班孩子回家对妈妈说,"幼儿园的围墙倒了……压了许多小朋友","送医院去了。"第二天,孩子的妈妈关切地向老师问起这件事,老师说,墙没有倒啊!那么到底是怎么回事呢?原来幼儿园要搞基建,为不影响幼儿出入大门,就在院子旁边拆了一截围墙,使工程车辆便于出入。该孩子看到这截缺口,产生想象,就说成是上面的"事实"。这种混淆想象和现实的情况,常被成人误认为孩子在说谎,其实是幼儿的想象。

类似"说谎"情况的出现,也可能与幼儿的认知特点有关,由于幼儿记忆得不精确,时间概念掌握不好,以及表达能力有限,也会出现类似"说谎"的情况。例如,昨天去动物园,没有看到孔雀开屏,他却说看到了(以前见过);准备做的事情,他却说成昨天我已经做过了。成人在理解了孩子的这些特点以后,应在实际生活中耐心指导幼儿,帮助幼儿分清什么是假想的,什么是真实的,进而促进幼儿想象的发展。

[①] 张永红.学前儿童发展心理学[M].北京:高等教育出版社,2014:106.

作为幼教工作者,不要把儿童谈话中所提出的一切与事实不符的话,都简单地归结为说谎,并予以严厉的责备。而要深入了解,弄清真相,假如是由于想象与现实的混淆,就要耐心指导儿童,分清想象和事实。

在整个幼儿期儿童的想象是非常丰富的,但是并不能说儿童比成人更富于想象。因为儿童的表象和言语都没有发展到一定程度,而这些恰恰是想象需要的原材料。可以说儿童天真无邪,想象出来的东西有时的确会超出成人的预料,但他们永远不会有怎样去发明飞机、电话等高级的创造性想象。

三、学前儿童想象力的培养

儿童天生具有丰富的想象力,成人要尊重儿童,正确引导,创设适宜的环境,促进学前儿童想象力的发展。

(一) 尊重儿童的想象

学前儿童最初的想象没有预设目的,主题也不稳定,易于变化,想象脱离现实且具有夸张性。尽管如此,成人也应尊重儿童的想象,理解儿童的心理需求,为想象力的发展创造良好的心理氛围,培养儿童敢想、爱想的性格和习惯,而不是一味地批评教育。比如,妈妈并没有给青青买爱莎公主裙,青青却对小伙伴说妈妈给自己买了,此时成人不能简单将其视为撒谎而进行批评教育,而是要理解儿童内心对公主裙的渴望。再如,很多儿童都会有一个自己假想的朋友,有的家长知道后会担心孩子这样会不会出问题,甚至直接告诉孩子那个朋友根本不存在。其实,这也是儿童想象力的体现,当儿童有了恐惧或担忧时,他会通过这种方式来缓解自己的情绪。成人要尊重儿童的想象,可以让儿童继续和他的"朋友"玩,当这个"朋友"让儿童出现不好的行为时,再对其进行纠正。

(二) 恰当的引导

学前儿童的想象在一定程度上依赖于成人的引导,成人的引导可以激发儿童已有的表象,并引发儿童的想象。因此,在儿童进行想象活动的时候,成人应为其创设环境,并适时提供言语引导或动作引导。

妈妈正在做包子,5岁的女儿看着,忽然提了一个问题:"星星是从哪儿来的?"妈妈没有急于回答,而是说:"你想想看。"女儿出神地注视着母亲揉面的动作。母亲揉面、团面、擀面皮、包包子……看了好一阵子,女儿突然说:"我知道星星是怎么做出来的了,是用做月亮剩下的东西做的。"妈妈听了先是愣了一下,然后特别激动地亲吻了自己的女儿:"宝贝,你的想象真奇特。"①

---

① 罗秋英.学前儿童心理学[M].上海:复旦大学出版社,2018:75.

当孩子提出这些千奇百怪的问题时,有不少父母置之不理、敷衍了事,甚至严厉批评。这样的态度,扼杀了孩子的想象力,不如像案例中的这位妈妈一样,尊重孩子的好奇心,为他们想象力提供肥沃、宽松的生长环境。父母应经常给孩子提一些"开放式"的问题,让孩子自己探究,寻找问题的答案。如爸爸陪儿子在看有关飞机的图书时,可以这样问孩子:"如果让你造一架飞机,会造出什么样的飞机呢?"孩子在思考和回答的过程中,定然会充分地发挥其想象力。

(三) 丰富儿童的经验

想象需要以头脑中已有的表象为加工材料。想象的内容是否新颖、想象的发展水平如何,都取决于原有记忆表象是否丰富,而记忆表象是否丰富又取决于儿童的感性知识和经验积累的程度。如果儿童从未见过自行车、向日葵、棒棒糖,就不可能通过想象用废旧光盘制作出这些东西;如果儿童从未感知过警察的形象,就不会想到扮演警察叔叔这一角色。因此,知识和经验的积累,是儿童想象力发展的基础。在日常生活中,成人要指导儿童去感知客观世界,使其置身于大自然中,多让他们去看、去听、去模仿、去观察,通过参观、旅游等活动开拓儿童的视野,积累感性知识,丰富生活经验,增加表象内容,为儿童的想象增添素材。除了直接经验的积累,成人也可以为儿童提供丰富的图片、视频资源,从而进一步丰富他们的表象,为其丰富的想象奠定良好的基础。

(四) 在活动中培养儿童的想象

学前儿童的想象力表现在各种活动中,同时也能够在各种活动中得到发展。相比而言,最有利于培养想象力的活动有语言活动、艺术活动和游戏活动。

1. 通过语言活动促进儿童想象力的发展

学前儿童想象力的发展离不开语言活动。儿童通过语言得到的间接知识可以丰富其想象的内容,同时儿童也可通过语言表达自己的想象。因此,成人要善于在语言活动中培养儿童的想象力。比如,可以向儿童提出开放性问题,要求他们续编或创编故事、扮演故事中的人物形象、表演故事情节等,为儿童创造有利于激发他们想象力的语言环境。

2. 通过艺术活动促进学前儿童想象力的发展

美术活动、音乐活动、舞蹈活动等艺术活动有助于促进儿童想象力的发展。

首先,开展丰富多样的美术活动。如带领儿童走进自然去感知万物,对于儿童不容易感知的事物则通过影像资料呈现给他们。在这个过程中,要注意引导儿童细心观察,从而为美术创作提供素材。又如,要求儿童根据想象自主作画,在提供线条和简单图形的基础上作画,利用一些废旧材料进行手工创作等。需要注意的是,应避免仅仅追求绘画技能的示范画教学,避免儿童画的模式化、概念化。成人应尊重儿童,为打开儿童想象的大门创造机会,提高其想象力与创造力。

其次,音乐和舞蹈活动是培养学前儿童想象力的重要途径。通过对音乐舞蹈的欣赏,儿童可以运用自己的想象去理解音乐和舞蹈,并且创造性地表达艺术形象。比如,在播放一段轻音乐的时候,儿童会想象自己是一只小鸟,在森林里自由地飞翔。

对点案例

美嘉、毛毛、铭铭和佩奇在美工区制作树叶粘贴画。看到桐桐和子怡在为故事插图,美嘉说:"我们可以用画编故事呀。"佩奇说:"好呀,可以让老师帮我们把字写上去。"毛毛说:"我们可以放在图书角。"他们有的拿着画仔细观察;有的左边添一笔,右边添一画。

美嘉先完成,跑到我身边:"老师,帮帮我们,帮我写字在上面。"我说:"很开心能帮忙。"

于是我们来到美工区,美嘉说:"这个故事的名字叫《花蝴蝶》,春天到了,小树发芽了,小花也开了,许多蝴蝶在花丛中飞来飞去,炫耀着它们美丽的新衣裳。"我说:"这个故事很有趣,我会好好写上去。"说完我就动笔记录下来。佩奇过来说:"老师,我的故事叫《分享》,放学回家后,母鸡妈妈带着小鸡哥哥和小鸡妹妹在院子里找好吃的,小鸡哥哥护着小鸡妹妹,把找到的虫子分给妹妹。"

图 3-4-7 树叶粘贴画

我记录结束后,他们各自拿着自己的小故事开心地跑到读写区轻轻地放在书架上,他们回来告诉我,他们要再做一本厚厚的绘本,一人一页,邀请别的伙伴加入。①

3. 通过游戏活动促进学前儿童想象力的发展

游戏是儿童最喜欢的活动。儿童可以通过扮演游戏角色、操作游戏材料反映自己周围的现实生活,积极、自由地进行想象。例如,在"医院"游戏中,儿童将自己当作医生,把娃娃当病人,边给娃娃打针边说:"别哭,不疼,一会儿就打完了。"这些游戏行为都是想象的结果,都会促进其智力的发展。

拓展阅读

借助表演游戏丰富幼儿的文学想象经验

在游戏中,教师要注重让儿童多进行角色扮演,分享角色的乐趣,在轻松愉快的气氛中接受教育。另外,尽量避免引起恐惧、害怕等情绪。尤其对胆小的儿童,要使他们知道游戏中的场景不是真实的,不要害怕。在玩具的选择上,教师也要注意选择那些有益于开发儿童想象力的玩具。

---

① 资料来源:连云港市海州湾中心幼儿园。

 实操训练

【项目任务】

1. 目的要求:运用作品分析法了解儿童想象力发展水平与特点。

2. 对象和材料:大、中、小班儿童各 20 名;画画用纸、彩笔每人一套。

3. 方法和步骤:

(1) 主试者布置绘画任务。

(2) 主试观察儿童的绘画过程,记录儿童看别人且照画的次数。

(3) 画画结束后,收集儿童的绘画作品,用作品分析法分析儿童的想象力水平。

4. 结果分析:按以下判断标准,以相应的分数,给儿童新作品打分。

(1) 独立性:完全独立 3 分,偶尔看小朋友的 2 分,多次照别人的画 1 分。

(2) 新异性:无人重复 5 分,两个相同给每个儿童 4 分,3 人相同 3 分,4 人相同 2 分,5 人相同 1 分,6 人以上不得分。

(3) 图案布局:有明显主题 5 分,无主题 1 分,中间级由老师酌情给分,分别为 2—4 分。

(4) 色彩搭配:色彩能体现主题的 5 分,色彩杂乱单调 1 分,中间级由老师酌情给分,分别为 2—4 分。

5. 分析讨论:

(1) 分析儿童想象发展的年龄特点。

(2) 讨论儿童想象发展的一般趋势。

【真题连接】

简述幼儿无意想象的主要表现。(2022 年下半年)

答案与解析

【延伸探究】

1. 文章:《想象到底有多重要?》。

2. 文章:《引领孩子从想象到动手创造》。

3. 案例:孙芬:《美丽的饰品店》,《陕西教育》,2017 年。

延伸探究

主题五 学前儿童思维的发展

1. 了解思维的概念、特征、种类以及思维的过程与形式。
2. 掌握学前儿童思维发展的一般特点,了解学前儿童思维过程与思维形式的发展特点。*
3. 掌握学前儿童思维能力的培养策略,能依据所学理论分析实践案例,并提出有针对性的支持策略。

蕾蕾看老师在倒水。老师把一个矮而宽的杯子里的水,倒入另一个高而窄的杯子中,蕾蕾就认为水变多了,因为水看起来"长"了。有一次,她想帮妈妈洗鞋子,就把满满一杯水倒进盆中,蕾蕾说,水变少了,只有一点点。

问题:请运用学前儿童思维的相关原理解释上述现象。

问题解析

一、思维概述

(一) 思维的概念

思维是人脑对客观事物间接的、概括的反映。它是借助言语、表象或动作实现的,能揭示事物本质特征及内部规律的认识过程。当我们碰到一些无法解决的问题时会"想一想"或"考虑一下",当儿童发现问题时会提出并思考"是什么"或"为什么",都是思维的表现。间接性和概括性是思维的基本特征。

思维的间接性是指人能凭借已有的知识经验或其他事物,理解和把握那些没有直接感知或根本不可能直接感知的事物、事物间的关系及事物发展的进程。例如,教师根据儿童的言语或表情分析其情绪特征和内心需要等。思维的概括性是指将同一类事物的共同的本质特征以及事物之间的联系和关系抽取出来加以概括,得出结论。例如,儿童将形状、颜色和大小各异而能写字画图的用具称为"笔";把轮船、汽车、火车、飞机、自行车等物体概括为"交通工具"。

思维与感知觉都是人脑对客观事物的反映,但它们是有差异的。感知觉是客观事物直接作用于感觉器官时所产生的反映,反映客观事物的个别属性以及事物之间的联系,属于认识过程的低级阶段。思维则是人脑对客观事物的间接反映,反映客观事物的本质属性和内部规律,属于认识过程的高级阶段。例如,儿童看到汽车时,能知道它的颜色和形状,这是感知觉,而当儿童知道汽车和火车、飞机、轮船一样,都是交通工具时,就是思维。

(二) 思维的种类

1. 根据解决问题的方式分类

根据解决问题的方式,可以将思维分成直觉行动思维、具体形象思维和抽象逻辑思维。

直觉行动思维是指通过实际操作解决直观具体问题的思维活动。面临的思维任务具有直观的形式,解决问题的方式依赖实际动作。3岁前的儿童只能在动作中思考,他们的思维基本上属于直觉行动思维。比如,皮球滚到床底下,用手拿不到,怎么办?他们会很快爬进去将球拿出来,而不会事先想一想,然后用一根长竿或别的什么东西将球拨出来。

具体形象思维是指人们利用头脑中的具体形象来解决问题。比如,中班儿童是根据头脑中两个苹果和三个苹果的具体形象计算出 $2+3=5$ 的。

抽象逻辑思维是指当人们面临理论性质的任务,并要运用概念、理论知识来解决问题的思维活动,它是人类思维的典型形式。例如,已知 $A>B$ 且 $B>C$,由此推出 $A>C$。

2. 根据思维的主动性和创造性分类

根据思维的主动性和创造性程度,可将思维分为常规思维和创造性思维。常规思维是指人们运用已有知识经验,按照现成的方案和程序直接解决问题。如根据数学公式、定理解答试题。创造性思维是指人们重组已有知识经验,提出新的方案或程序,并创造出新的思维成果的思维活动。比如,爱迪生发明电灯,作家创作一部新的小说,儿童画出一幅新颖而独特的作品。创造性思维是人类思维的高级形式,其核心是发散思维。

3. 根据探索问题的方向分类

根据探索问题的方向将思维分为聚合思维和发散思维。聚合思维是把问题所提供的各种信息聚合起来,得出一个正确或最好的解决问题的思维。当问题只存在一种答案或只有一种最好的解决方案时,通常要采取聚合思维。例如,甲>丙,甲<乙,乙>丙,乙<丁,其结果必然是丁>乙>甲>丙。发散思维是沿着不同途径去思考,寻求多种答案的思维。例如,儿童给同一个故事取不同的名字,或根据同一个故事的开头编出不同的结尾。

百变报纸[①]

在小班"报纸发声"活动中,教师要求小朋友玩一张报纸,看看孩子们能用多少种不同的方法使报纸发声。有的小朋友用手拍打报纸,有的小朋友把报纸揉成一个球,有的小朋友把报纸卷成筒拍打地面,有的小朋友把报纸撕开,有的小朋友用嘴用力地吹,有的小朋友拿着报纸等在水龙头下面,倾听水珠滴落在纸上的声音……小朋友们通过发散思维,体验到了报纸发声的多种可能性。

二、思维的过程

(一)分析与综合

分析是在头脑中把事物的整体分解为各个部分、方面或个别特征的思维过程。比如,把一株花分为根、茎、叶、花和果实。综合是在头脑中把事物的各个部分、方面及各种特征结合起来进行考虑的思维过程。例如,从一个人的穿着打扮、言行举止可以去判断他的职业。在思维活动中,分析与综合是密不可分的,它们相互依赖、互为条件。

(二)比较与分类

比较是在头脑中把各种事物或现象加以比对,以确定它们之间异同点的思维过程。例如,在购物时货比三家,最终选择物美价廉的物品。分类是在头脑中根据事物或现象的共同点和差异,把它们区分为不同种类的思维过程。比如,以性别为依据,把儿童分为男孩和女孩。

(三)抽象与概括

抽象是在头脑中把同类事物或现象的共同的、本质的特征抽取出来,并舍弃个别的非本质特征的思维过程。概括是在头脑中把抽象出来的事物的共同的、本质的特征综合起来,并推广到同类事物中去的思维过程。例如,我们对各种金属(如:铁、铜、锌)进行分析比较后,抽取出它们的共同本质属性是导电,舍弃其非本质属性(如:颜色、形态等),这就是抽象;根据铁能导电、铜能导电、锌能导电等得出凡金属都能导电的规律,这就是概括。

(四)具体化与系统化

具体化是指把概括出来的一般认识同具体事物联系起来的思维过程。例如,由抽象概括可知凡金属都能导电,铝是金属,所以铝可以导电。系统化是指把学到的知识分门别类地按一定结构组成层次分明的整体系统的过程,如根据所学知识构建知识网络图的过程。

---

① 季云飞.幼儿心理发展现象评析(三):从"报纸发声"探孩子的发散性思维[J].家庭教育,2004(3):30.

三、思维的基本形式

（一）概念

概念是人脑对客观事物的本质特征的反映。例如，"玩具"这个概念，它反映了娃娃、小汽车、积木、皮球等供游戏用的物品所具有的本质属性。概念都有一定的内涵和外延，内涵是指概念所反映的本质特征，外延是指属于这一概念的一切事物。例如，"家具"这一概念的内涵是在生活、工作或社会实践中供人们坐、卧或支撑与贮存物品的一类器具，外延是沙发、衣柜、餐桌、床等。概念的内涵和外延之间成反比关系，即内涵越大，外延越小；内涵越小，外延越大。

方 便 面

萌萌："爸爸，你知道它为什么叫方便面吗？"
爸爸："为什么呀？"
萌萌："因为它是方的，长得像辫子，所以它叫'方辫面'！"
萌萌显然未能掌握"方便面"的含义，这与儿童的思维特点和经验密切相关。

（二）判断

判断是对某种东西是否存在，或者指某种事物是否具有某种性质的肯定或否定的思维形式。例如，"今天是个大晴天"，"他是一名好教师"，这两句话是肯定判断。"这辆车的性能不可靠"，"今天路况不好"，这两句是否定判断。任何判断都是人们对事物的一种认识，都是对事物之间关系的反映。思维过程要借助判断去进行，思维的结果也是通过判断的形式表现出来的。判断是在概念的基础上形成的，例如"人是高级动物"这一判断，运用了人与动物这两个概念，并揭示了它们之间的关系。

（三）推理

推理是从已有的判断推出新的判断的思维形式。推理分为归纳推理、演绎推理和类比推理。

归纳推理是从个别到一般的推理，通过考察个别事物或现象具有的属性，进而推导出该类事物或现象所共同具有的属性。例如，由"正方形有四个角，长方形有四个角，平行四边形有四个角，梯形有四个角"可归纳出"四边形有四个角"。

演绎推理是一般到个别的推理，三段论是演绎推理的一般模式。它包含一个一般性的原则（大前提），一个附属于前面大前提的特殊化陈述（小前提）以及由此引申出的特殊化陈述符合一般性原则的结论。例如，"大班的小孩暑假后要上小学了"（大前提），"茜茜是大班的孩子"（小前提），"茜茜暑假后要上小学"（结论）。

类比推理是指根据两个或两类对象有部分属性相同，从而推出它们的其他属性也相同的推理，是从特殊到特殊的推理。比如，根据棉花和积雪都疏松多孔，能存贮空气，棉花有保温效果，从而推知积雪也有保温效果。人们仿照蜘蛛结网、桑蚕吐丝发明了人造丝，仿照蝇眼发明了复眼照相机，仿照蛋壳建造了北京工人体育馆。这些成果都离不开类比推理这种思维形式。

四、学前儿童思维的发生发展

儿童的思维处于人类思维发展的低级阶段，它具有思维的本质特点——反映的概括性、间接性，但是抽象概括水平很低，还不是典型的人类思维。儿童的思维发生在感知、记忆等过程之后，与言语真正发生的时间相同，即2岁左右。2岁之前，是思维发生的准备时期。

出现最初的用语词的概括，是儿童思维发生的标志。儿童概括地反映客观事物的能力，是逐渐发生发展的。儿童概括的发生发展可以分为三个阶段：直观的概括、动作的概括、语词的概括。直观的概括是感知水平的概括，动作的概括是表象水平的概括，而语词的概括才是思维水平的概括。

学前儿童思维的发展呈现出三种不同的形态，分别是直觉行动思维、具体形象思维和抽象逻辑思维。幼儿思维发展的一般规律为：幼儿早期的思维以直觉行动思维为主，幼儿中期的思维以具体形象思维为主，幼儿晚期抽象逻辑思维开始萌芽。

（一）学前儿童思维方式的变化

1. 直觉行动思维

直觉行动思维是最早发展的思维，这种思维的进行离不开儿童自身对物体的感知，也离不开儿童自身的动作。直觉行动思维活动的典型方式是尝试错误，其活动过程依靠具体动作展开，而且有许多无效的多余动作。

2岁前的婴儿头脑中几乎没有多少表象和经验，也不会进行推理，他们必须而且只能通过自己的动作才能发现事物间的内在联系。因此，幼儿早期的思维属于直观行动思维，这个年龄段的儿童离开了实物或不对实物进行动手操作就不能解决问题，离开了玩具就不会游戏。

这一阶段的儿童思维发展的最大成就之一就是获得了"客体永久性"的概念，即儿童明白了消失在眼前的物体仍将继续存在。

2. 具体形象思维

一般认为，2.5—3岁是儿童从直觉行动思维向具体形象思维转化的关键年龄。3—6岁儿童的思维主要就是具体形象思维。其特点是具体性、形象性、经验性、拟人性（泛灵论）、固定性和表面性，其中，经验性、拟人性（泛灵论）、固定性是自我中心性的体现。

（1）具体性。表现在儿童思维的内容是具体的。例如，儿童较容易掌握"花""草"和

"树"等概念,却难掌握抽象性较高的"植物"概念。儿童对具体的语言容易理解,对抽象的语言则不易理解,例如,老师说:"喝完水的小朋友把杯子放在柜子里去!"刚入园的儿童都没有反应。但如果老师说:"明明,把杯子放在柜子里去吧!"这时明明就理解老师说的意思。对刚入园的儿童来讲,"小朋友"这个词是不具体的,每个儿童的名字才是具体的。

(2) 形象性。表现在儿童依靠头脑中的形象来思维。例如,儿童的头脑中充满着各种各样的颜色和形状等事物的生动形象。比如,爷爷总是长着白胡子,奶奶总是头发花白,穿军装的才是解放军,兔子总是"小白兔"等。

需要注意的是,具体性和形象性是具体形象思维的两个最为突出的特点。

(3) 经验性。经验性是指儿童的思维常常根据自己的生活经验来思考问题。例如,儿童希望小鸡早日长大,就将它埋在土里,天天给它浇水。

(4) 拟人性。也称泛灵性,是指儿童将一切物体都赋予生命的色彩。他们赋予小动物或玩具以自己的行动经验和思想感情,和它们说话,把它们当作好朋友。例如,儿童会问:"春天来了,冬天到哪里去了?""树叶娃娃离开了,树叶妈妈一定很伤心吧?"

(5) 固定性。儿童思维的具体性使儿童的思维缺乏灵活性。在日常生活中,儿童常常"认死理"。比如,在美工活动中,小朋友都在等着教师发剪刀,可是发到中途剪刀发完了,教师又去拿。另一位老师给他们拿手工区的剪刀,他们说什么也不肯要。这时他们的老师回来说:"没有剪刀了,你们就用手工区的吧!"可是这几位儿童仍然不愿意用手工区的剪刀。

(6) 表面性。表面性是指儿童的思维只是根据具体接触到的表面现象来思考问题。例如,妈妈带孩子沿着石阶从山下往山顶爬,儿童很奇怪地问:"妈妈,这明明是爬楼梯,怎么是爬山?"此外,儿童难理解"反话"。一位老师用反话对一个儿童说:"你吃不吃饭?不吃饭就脱衣服睡觉去吧!"孩子果真放下饭碗到床上脱衣服去了,老师还得把他请回来接着吃饭。

3. 抽象逻辑思维

抽象逻辑思维是人类特有的思维方式。严格地说,学前儿童尚不具备这种思维方式。但在学前晚期,儿童开始出现抽象逻辑思维的萌芽。例如:在针对大班幼儿的液体守恒实验中,当着幼儿的面,将一杯水全部倒入另一个短且粗的杯子,然后请幼儿判断:哪个杯子里的水多?大部分幼儿看到水的形状变了,就认为它的体积也变了。但是,有的幼儿已能做出正确判断:"这还是原来那杯水。"思维水平稍高的幼儿会说:"这个杯子里的水矮了,但杯子粗了。"这些幼儿虽然讲不出更多的道理,但已开始从不同的角度考虑问题了。

随着抽象逻辑思维的萌芽,儿童以自我为中心的特点开始逐渐消除,进入"去自我中心化"阶段;儿童开始学会转换视角,从他人的角度看问题,开始形成"守恒"观念,开始理解事物的相对性了。但就总体而言,学前儿童的抽象逻辑思维仅仅处于萌芽状态,发展水平很低。

学前儿童思维发展的一般趋势是:直觉行动思维最早发展,具体形象思维紧随其后,抽象逻辑思维最后萌芽。这三种思维形式的发展顺序是固定不变的,具有不可逆性,但它们之间不是彼此对立、相互排斥的。这三种思维形式依次萌发、同时并存,在一定的条件下可以相互配合、相互补充。当遇到简单而熟悉的问题时,儿童可以运用抽象水平的逻辑思维,但遇到比较复杂、棘手的问题时,又会借助于直觉行动思维。研究表明,学前儿童运用这三种思维方式解决问题的能力都随着年龄的增长而提高。其中,具体形象思维占优势,发展最为迅速,4岁左右增长最快。

(二) 学前儿童思维过程的发展

1. 分析综合的发展

思维是通过分析综合而在头脑中获得对客观事物更全面、更本质的反映过程。在不同的认识阶段,儿童的分析和综合有不同的水平。最初,儿童对事物感知形象的分析综合,是感知水平的分析综合。随着言语能力的发展,儿童逐渐学会凭借语言在头脑中进行分析综合。

2. 比较的发展

比较是分类的前提,通过比较才能进行分类概括。学前儿童逐渐学会了找出物体的相应部分。小班幼儿通常根据物体的颜色进行比较,不善于找出物体的相应部分;中班幼儿逐渐能找出物体的相应部分,并进行比较,但只能找出2—3处。一般而言,学前儿童比较能力的发展趋势是:先学会找出物体的不同处,后学会找处物体的相同处,最后学会找处物体的相似处。

3. 分类的发展

分类能力的发展是逻辑思维发展的一个重要标志,分类活动体现了儿童的概括水平。儿童分类的情况可归纳为五种:(1) 不能分类。(2) 依据物体的颜色、形状、大小等感知特点分类。如:将桌子和椅子归为一类,因为都有四条腿。(3) 依据日常生活情境分类。如:书包是放在桌上的,就把书包和桌子归为一类。(4) 依据物体的功用分类。如:桌、椅是写字用的,碗筷是吃饭用的,车、船是运人用的等。此时,儿童只能说出物体的个别功能,而不能加以概括。(5) 依据概念分类。如:按交通工具、玩具、家具等分类,并能给这些概念下定义,说明分类原因。

随着年龄的增长,儿童的分类水平从第一类到第五类依次变化。3—4岁儿童开始具有简单的分类能力,其分类是按照物体的明显外部特征进行的,如形状、颜色、大小等。4—5岁儿童可以按物体的简单用途和数量特征进行分类,能对总类和子类做比较,能初步理解总类与子类的包含关系。5—6岁的儿童能够按照事物的两种特征进行分类。6岁以后的儿童才能够初步按照事物的本质特征进行分类。

一个由5岁儿童组成的小组在分类活动中创建自己的类别,他们使用了放在托盘里的一大堆纽扣和六个容器。有一个儿童开始分类,带头创建类别。"……有两个孔的,有四个孔的,黄色的、蓝色的、褐色的……"然后她拿起两个纽扣,一个是手的形状,一个是大象的形状。他把这两个纽扣放进第六个容器,说:"有趣的纽扣。"①

4. 概括的发展

一般来说,学前儿童概括能力的发展可分为三种水平:动作水平的概括、形象水平的概括和抽象水平的概括,它们分别与直觉行动思维、具体形象思维、抽象逻辑思维相对应。3—6岁儿童的概括能力主要属于动作水平和形象水平,后期出现抽象水平的萌芽。处于形象概括水平的儿童,主要对事物的个别或外部特征进行概括,对事物具体形象的特征进行概括。儿童的概括能力的发展主要有以下两个特点:

第一,概括的内容比较贫乏。儿童最初掌握的每一个词只代表一个或某一些具体事物的特征,而不是代表这一类事物的共同特征。例如,"猫"只代表自己家里的那只猫或少数他所见过的猫。到幼儿晚期,所概括的内容才逐步丰富起来。

第二,概括的特征很多是外部的、非本质的。例如,儿童对人、马、虎的概括是根据外表特征进行的,理由是都有头,有身子,有脚。从6岁起,特别是7岁以后,儿童逐渐从事物的本质特征进行概括,他们认为人、马、虎是有生命的、活的、能生长的。

(三) 学前儿童思维形式的发展

1. 概念的发展

(1) 掌握概念的特点

第一,概念的内涵不精确,外延不适当。学前儿童掌握的概念只反映事物外部的表面特征,而不能反映事物的本质特征。例如:儿童认为留长头发、穿花衣服的是阿姨,看到一位头发长、衣着花哨的叔叔会觉得很奇怪。另外,儿童掌握的概念外延可能过宽或过窄。例如:他们认为"儿子"只包括孩子,不会指大人。

第二,以掌握实物概念为主,向掌握抽象概念发展。实物概念的一般特征是以低层次概念为主,以概念的具体特征为主。学前儿童掌握的概念大部分是实物概念。小班幼儿掌握的实物概念主要是其熟悉的事物,例如:指着地上的玩具说"这是猫"。中班幼儿已能在概括的水平上指出实物的比较突出的特征,特别是功用上的特征,例如:看到猫就发出"喵喵喵"的声音。大班幼儿开始能指出某些实物若干特征的总和,但仅限于熟悉的实物的某些内外部特征,并不能很好地区分本质特征与非本质特征。例如:对"什么是马"的解释是"马有头、尾巴、四只脚,马会拉车"。学前儿童的思维以具体形象思维为主,他们更容易掌握指向具体事物的实物概念,对反映事物本质特征的抽象概念比较难以理解。

(2) 数概念的发展

数概念是反映事物数量和事物间序列的概念,掌握数概念是抽象逻辑思维发展的重

---

① Dorothy H. Cohen, Virginia stern, Nancy Balaban, Nancy Gropper.幼儿行为的观察与记录[M].马燕,马希武,译.北京:中国轻工业出版社,2017:131.

要方面。学前儿童掌握数概念相对较难,经历了从具体到抽象的发展过程。

3岁前的儿童,处于数概念的萌芽时期,一般会经历辨数、认数、点数三个阶段。3岁后,数概念开始形成。儿童掌握数概念,需要理解以下三方面的内容:

一是掌握数的顺序。儿童要知道1的后面是2,2的后面是3。一般情况下,3岁儿童已能完成从1到10的口头数数,但他们只是记住了数的顺序,并不会真正去数物体。二是理解数的实际意义。儿童要知道1的实质是1个物体,如1朵花、1块积木、1颗糖等。当儿童学会口头数数以后,逐渐学会口手一致地点数物体,即按物点数,然后学会说出物体总数。这时,可以说儿童掌握了数的实际意义,具备了初步的计数能力。但是,还没有形成数概念。三是掌握数的组成。儿童要知道"3个1合起来是3",还可以将3分成"1和2""2和1"。理解数的组成与分解,是儿童掌握数概念的关键。儿童在学会点数物体总数之后,逐渐能运用实物进行10以内数的加减。在此过程中,儿童知道两个或更多的数群可以合并成为一个更大的新数群;一个数群又可以分成两个或更多的子群,由此形成了数群可分可合的观念。儿童掌握了数的组成以后,就形成了数概念。

儿童数概念的形成,经历口头数数—给物说数—按数取物—掌握数概念四个阶段。儿童数概念的形成是从感知和动作开始的。一开始,儿童计数要用眼睛看,动手去数。以后儿童会逐渐减少用手点数的动作,主要靠视觉去把握物体的数量,用眼看实物,嘴里默默地数。当儿童可以脱离感知而进行口头计算时,他还需要依靠物体数量的表象。这表现在儿童能够正确回答10以内的应用题,而不能正确回答10以内的算式题。这是因为应用题描述了情景,能唤起儿童关于实物的表象,这些表象可以作为计算的支柱,帮助儿童从感知阶段向数概念过渡。幼儿后期才逐渐能够用数词进行计算,开始进入数概念阶段。

2. 判断、推理的发展

判断是概念与概念之间的联系,是事物之间或事物与他们的特征之间的联系的反映。推理是判断与判断之间的联系,是在已有的判断基础上推出新的判断。

(1) 判断的发展

其一,判断形式间接化。从判断形式看,学前儿童的判断从以直接判断为主,开始向间接判断发展。直接判断主要是感知形式的判断,不需要复杂的思维加工。间接判断通常需要推理,反映事物之间因果、时空、条件等联系,其中制约思维过程的基本关系是事物的因果关系。儿童在进行判断时,他们大量依靠直接判断,易受知觉线索的影响,把直接观察到的事物的表面现象或事物之间偶然的外部联系,当作事物之间内在的本质特征。例如,有的儿童认为"汽车比飞机跑得快"。对于成人而言,飞机的速度快于汽车,这是一个通过间接判断所形成的常识,但儿童"汽车比飞机跑得快"判断的形成,是因为这是他们从自己的直接经验中获得的。儿童坚持自己的观点,是因为他们坐在汽车里时,看到天上的飞机飞得很慢。但随着年龄的增长,学前儿童间接判断的能力会不断增长。研究表明,6—7岁是判断发展的显著时期,是两种判断变化的转折点。7岁以前的儿童大部分进行直接判断,7岁以后的儿童大部分进行间接判断。

其二,判断内容深入化。从判断的内容来看,儿童的判断首先反映事物的表面联系。在幼儿期开始向反映事物本质联系发展，也就是从直接判断向间接判断发展。幼儿初期往往把直接观察到的物体表面现象作为因果关系。例如，对斜板上皮球滚下来的原因，3—4岁儿童认为是"球站不稳，没有脚"。在发展过程中，儿童逐渐找出比较准确而有意义的原因。例如，"球从斜面上滚下来，因为这儿有小山，球是圆的，它就滚了。"

在这个过程中，儿童的判断从反映物体的个别联系逐渐向反映物体多方面的特征发展。比如，较小的儿童说："火柴浮起来，因为它小。"较大的儿童已经知道："钥匙沉下去，因为它小而且重，不轻。"由此可见，儿童能够把客体（或其特性）之间的联系（或关系）分解出来，并且概括出来，开始反映概括的规律，分解的深度和概括性也就逐渐提高。

其三，判断根据客观化。从判断根据看，儿童从以对待生活的态度为依据，开始向以客观逻辑为依据发展。幼儿初期常常不能按事物本身的客观逻辑进行判断和推理，而是按照"游戏的逻辑"或"生活的逻辑"进行。这种判断没有一般性原则，不符合客观规律，而是从自己对生活的态度出发，属于"前逻辑思维"。例如，3—4岁的儿童认为球会滚下来，是因为"它不想待在上面"；物体浮在水面上，是因为"它想洗澡"等。随着年龄的增长，儿童的判断依据会逐渐从生活逻辑过渡到客观逻辑上。

其四，判断论据明确化。从判断论据看，儿童起先没有意识到判断的根据，以后逐渐开始明确意识到自己的判断根据。3—4岁儿童虽然能够做出判断，但是，他们没有或不能说出判断依据，或者以别人的论据作为论据或者只能说出模糊的论据。例如，问儿童："为什么要刷牙？"儿童会说："是妈妈说的要刷牙。"再如，问儿童："球为什么会滚下来？"儿童会说："因为它不能停在斜面上。"

随着儿童思维的发展，他们开始寻找论据，但最初出现的论据往往带有游戏性或猜测性。到学前后期，儿童会不断修改自己的论据，努力使自己的判断有合理的论据支持，对判断的论据逐渐明确，这说明儿童思维的自觉性、意识性、逻辑性开始发展。

（2）推理的发展

学前儿童在其经验可及的范围内，已经能进行一些推理，但水平比较低。推理过程随年龄增长而发展。3岁儿童基本不能进行推理活动，4岁儿童推理能力开始发展，5岁儿童大部分可以进行推理活动，6—7岁儿童全部可以进行推理活动。

学前儿童推理的发展包括转导推理、演绎推理、类比推理。

儿童最初的推理是转导推理。转导推理是从一些特殊事例到另一些特殊事例的推理。这种推理还不是逻辑推理，而属于前概念的推理。2岁的儿童已经出现转导推理。例如，父母对儿童说："橘子黄了才能吃。"儿童就得出："橘子黄了才能吃，那么青菜要等黄了才能吃。"儿童的转导推理之所以常常不符合客观逻辑，是因为：第一，缺乏知识经验；第二，不会进行分类、概括。

演绎推理的典型形式是三段论。三段论是从两个反映客观事物的联系和关系的判断中推出新的判断。研究证明，学前晚期（5—7岁）经过专门教学，能够正确运用三段论式的逻辑推理。

对点案例

白 头 发

超超:"爷爷,你的头上怎么全是白头发呢?"

爷爷:"因为爷爷劳累了大半辈子,非常辛苦,所以头发就全白了。"

超超:"那我为什么没有白头发呢?"

爷爷:"你很劳累吗?"

超超:"我每天都上幼儿园,老师还要让我们做游戏、唱儿歌,怎么会不劳累呢?"

在本案例中,超超能够运用三段论进行逻辑推理,即:人劳累了头发会白(大前提),我很劳累(小前提),我的头发也会白(结论)。

类比推理在某种程度上属于归纳推理,是对事物或数量之间关系的发现和应用。学前儿童往往把两个部分属性相同的事物进行类比,会认为除了部分属性相同,其他属性也全部相同。比如,从"耳朵是用来听的"推到"眼睛是用来看的"。有一个女孩在下雨天时和爸爸一起走在泥地里,她问:"爸爸,地上一道一道的是什么呀?"爸爸说:"是车轮压过的泥印儿,也叫车道沟。"孩子说:"爸爸脑门儿上也有车道沟(指皱纹)。"3—6岁儿童已经具有一定水平的类比推理。

类比推理能力随着儿童年龄增加而发展提高。从年龄上看,3岁儿童还不会进行类比推理;4岁儿童类比推理开始发展,但水平很低,这个年龄的儿童能根据两种事物之间外部的、功用的或部分的特征来进行初级形式的类比推理;5—6岁儿童主要处于由低向较高水平过渡的推理和较高水平的推理,大部分儿童没有达到高水平的推理。

(四)学前儿童理解的发展

理解是指个体运用已有的知识经验去认识事物的联系、关系乃至其本质和规律的思维活动。理解是逻辑思维的基本环节,概念、判断和推理都依靠对事物的理解。理解分为直接理解和间接理解。学前儿童的理解主要是直接理解,即与知觉过程融合在一起,不要求任何中介的思维过程。幼儿中后期逐渐出现间接理解,间接理解是通过一系列比较复杂的分析、综合等活动来进行的。儿童对事物的理解呈现出以下发展趋势。

1. 理解内容:从对个别事物的理解发展到对事物关系的理解

从儿童对图画和故事的理解中,我们就可以看出这种发展趋势。儿童最初只理解图画中最突出的个别人物,然后开始理解人物形象的姿势和位置,最后理解主要人物或物体之间的关系。儿童对故事的理解,也是先理解个别的词,然后理解句子,最后才能理解整个故事的内容。

2. 理解依据:从主要依靠具体形象发展到依靠言语说明来理解

由于儿童思维的直观行动性、具体形象性和言语发展水平的限制,幼儿初期常常依靠具体形象甚至实际行动理解事物。例如,小班儿童在听故事或看故事书的时候,通常需要借助生动的肢体动作或直观具体的插图才能理解故事的内容。随着儿童年龄的增长和言语的发展,儿童逐渐可以不依靠图画而单纯依靠言语的说明来理解事物。但是,言语说明必须能够在儿童头脑中引起生动形象。儿童在理解较困难的材料时,仍然需要图画的辅助。

3. 理解程度:从对事物简单的、表面的理解发展到对事物比较复杂的、深刻的理解

幼儿初期,儿童对事物的理解通常比较直接和肤浅,只能理解事物的表面现象,不能理解事物的内部联系。例如,教师组织活动时,小朋友安静不下来,闹个不停,于是教师说:"吵吧,吵吧,你们使劲吵吧!"结果,全班大乱。小班儿童往往不能理解教师所用的"反话",因此,在日常生活和工作中,教师应该注意儿童理解的特点,对年龄较小的儿童要坚持正面教育。大班儿童已经能够理解事物较复杂和深刻的含义,他们喜欢猜简单的谜语,听寓言故事,能够理解比较浅显的古诗。

4. 理解的客观性:从理解与情感密切联系发展到比较客观的理解

儿童对事物的情感态度会影响他们对事物的理解。4岁以前这种影响尤为突出。例如,一位妈妈给孩子出了一道算术题:"爸爸打碎了5个杯子,小宝打碎了3个杯子,一共打碎了多少杯子?"孩子听后哭了,说自己没有打碎杯子。这种现象表明,儿童对事物的理解带有很大的情绪性。随着年龄的增长,儿童开始能够根据事物的客观逻辑性来理解。

5. 理解的相对性:从不理解事物的相对关系发展到逐渐能理解事物的相对关系

对儿童来说,不是好人,就是坏人。他们对事物的理解常常是固定机械的,不能理解事物的中间状态或相对关系。随着年龄的增长,他们会逐渐理解事物的相对关系。例如,在学会了 5+3=8 以后,也能理解 3+5=8 的道理。

五、学前儿童思维能力的培养

学前期是智力发展的关键期,作为智力核心要素的思维能力,其发展对个体的一生意义重大。要培养学前儿童的思维能力,可以采取以下策略:

(一) 保护学前儿童的好奇心,激发求知欲

学前儿童天生好奇好问、求知欲望强,这是宝贵的学习动机,也是积极思考的产物。他们常问"是什么""为什么""怎么样",企图了解事物的名称、特征、类别和变化的可能性,探索事物之间的异同,了解人与自然、社会的联系等。成人要保护他们的好奇心,激发他们的求知欲,注意倾听并鼓励儿童敢提问、多提问,在启发提问中引导积极思考。

在提问、讨论、回答问题的过程中,成人应注意几点内容:第一,倾听并鼓励儿童的提问,不要嫌他们的问题过于简单、幼稚。要引发他们继续深思而不要急于给出答案,以免错过儿童之间或者儿童与成人之间展开讨论的好机会。第二,要善于向儿童提出思维的任务和要求,给予他们充分动手操作、思考和讨论的时间和机会。第三,引导儿童在观察

和实践中自己求得答案。第四,当儿童回答问题有错误时,不必立即纠正,可以让他们有时间验证自己的观点。第五,对于有创见、有意义的问题,可以设计一些实验、操作、调查、观察活动去展开和深入探索,逐步求答。第六,成人对自己不懂的问题,可以回答"我不知道,我们一起来想一想",以便使儿童在求知欲和好奇心的驱动下更积极地探索与思考,从而促进思维能力的提升。

(二)不断丰富学前儿童的感性认识

思维是在感知的基础上发展的人们对客观世界正确的、概括性的认识,是通过感知觉获得大量具体、生动的材料后,经过大脑的分析、综合、比较、抽象、概括等过程才达到的。思维的广阔性是指一个人在思维的过程中,能够全面地看问题,着眼于事物之间的联系和关系,并能从多方面去分析研究,找出问题的本质。它的反面是思维的片面性和狭隘性,即只根据一点知识或有限的经验去解决问题。因此,一个人的感性知识、经验是否丰富,制约着其思维的发展。

幼儿教师和家长应有意识、有计划地组织各种活动,充分调动儿童各种感官的积极性,让儿童广泛地接触和感知外界事物,不断丰富儿童对大自然和社会的感性经验,扩大头脑中表象的范围,为形成广泛的联想提供素材。除了直接经验的积累,幼儿教师和家长也可以通过提供多种多样的图片、视频资源等方式来丰富儿童的感性知识。

(三)发展学前儿童的言语能力

语言是思维的工具,又是思维的物质外壳。在儿童思维发展的过程中,言语对思维的作用是从无到有、由小变大的。儿童思维能力的发展和言语能力的发展是同步进行的,言语的发展推动着思维能力不断提高;而思维的发展又促进了言语的构思能力、逻辑能力和表达能力的发展。一般来说,儿童的词汇不丰富,特别是对抽象性、概括性较高的词汇掌握得较少,会使儿童的思维能力受到一定的限制,从而直接影响其思维的发展。作为言语发展的飞跃期,在幼儿期加强儿童的语言训练,是促进其思维发展的一个重要方法。

第一,要重视发展学前儿童的口头言语,在游戏、参观、日常生活等活动中创造与儿童对话的机会,帮助他们正确认识事物,掌握相应的词汇,并能正确运用口头言语,规范地、连贯性地表达自己的认识。同时,要适时、适量地教给儿童一些概念性的词语,如交通工具、动物、植物、水果、文具等,以增强他们对事物的概括能力。这样,才能促使儿童的思维从具体情景中解放出来,在言语发展的基础上向抽象逻辑思维转化。

第二,通过言语帮助儿童理清思路,增强思维的逻辑性。在儿童观察一件事物、完成某件事情或做好一道计算题时,都要求他们用言语有条理、清晰、准确、前后连贯地表达出来,从而提高其思维能力。

(四)通过活动锻炼学前儿童的思维能力

学前儿童的思维表现在各种活动中,同时也能在各种活动中得到发展。

1. 在游戏活动中锻炼学前儿童的思维能力

游戏在学前儿童的生活中扮演着重要角色。在思维游戏中,儿童按照游戏中不断提出的问题和任务,通过操作材料,不断探索和尝试解决问题,从而积极动脑进行分析、比较、判断、推理等一系列思维活动,从中充分感受思维的乐趣,获得积极的情感体验,进而渐渐爱上思维游戏,享受解决问题的过程,养成爱动脑、勤思考的良好习惯。因此,幼儿教师和家长应该为儿童提供多种思维游戏,以促进儿童思维能力的提升。

2. 在艺术活动中锻炼学前儿童的思维能力

儿童是天生的艺术家。通过艺术活动可以激发学前儿童的想象力、创造力,促进学前儿童思维能力的发展。

手工活动的内容丰富多彩,有泥工、纸工、布贴、编织、自然物剪贴、自制玩具等,深受儿童的喜爱。幼儿教师和家长可以让儿童对材料进行观察、思考、选择和裁剪,在讲解完制作的基本方法后,给儿童提供充分的创作空间,让他们动手操作,参与其中,在手工创造中锻炼思维能力。

绘画活动因其集审美、观察、动手、创造等综合能力于一体,对于开发儿童智力、培养儿童能力都会产生至关重要的影响。幼儿教师和家长应创造良好的美术教育氛围,创新美术教育的教学方法,运用适宜的教育手段,采用鼓励表扬的评价方式,为儿童绘画创作与表达创造良好的环境,为儿童的创造性思维发展插上腾飞的翅膀。

音乐活动不仅能发展儿童对音乐的理解能力,更能促进儿童的思维能力,幼儿教师和家长在开展音乐活动时要善于引发儿童积极思考的能力。

(五) 教给学前儿童正确的思维方法

随着年龄的增长,学前儿童积累了一定的感性认识和生活经验,语言能力也达到较高水平,为思维发展提供了必要的条件和工具。然而,要利用好这些条件和工具,进行更高水平的思维,儿童还需掌握正确的思维方法。思维的基本方法包括分析法、综合法、比较法、归类法、抽象法、概括法、系统化法和具体化法以及归纳法和演绎法等。儿童一旦掌握了正确的思维方法,就如插上了思维发展的翅膀,抽象思维能力就能得到迅速的发展和提高。但思维方法的掌握并不是儿童自发实现的,它需要成人引导儿童在逻辑思维的过程中学习,而这一过程就离不开"辨"。所谓"辨"指的是辨析,是对事物的情况、类别、事理等的辨别分析。幼儿教师和家长要让儿童在辨析中思考,使儿童逐步掌握思维的方法,提高儿童的分析、综合、比较、分类、抽象和概括的能力。例如,在认识小动物时,不是罗列一大堆动物的名字,让儿童知道动物的名称就可以了,而是引导儿童通过辨析了解动物的主要特征,并根据它们的特点进行分类、抽象和概括。在这个过程中,儿童能逐步认识动物的一些本质特征,头脑中就不是杂乱、无序的动物名称,儿童的思维能力也得到锻炼和提高。

【项目任务】

训练目标:记录、分析幼儿园集体教学活动中培养幼儿思维能力的方法。

训练内容:观摩一节幼儿园大班的数学活动或科学活动,总结教师如何启发幼儿的积极思维活动。

幼儿园活动观摩记录表

观摩班级		执教老师		活动时间	
活动名称				幼儿人数	
活动过程:				观摩记录:	
活动评价:					

【真题连接】

1. 大班幼儿认知发展的主要特点是(　　)。(2020年下半年)

   A. 直觉行动性　　B. 具体形象性　　C. 抽象逻辑性　　D. 抽象概括性

2. 菲儿把一颗小石头放进小鱼缸里,小石头很快就沉到了缸底,菲儿说:"小石头不想游泳了,想休息了。"从这里可以看出,菲儿思维的特点是(　　)。(2019年下半年)

   A. 直觉性　　B. 自我中心　　C. 表面性　　D. 泛灵论

3. 下列幼儿行为表现中,数概念发展水平最低的是(　　)。(2019年下半年)

   A. 按数取物　　B. 按物说数　　C. 唱数　　D. 默数

4. 小红知道9颗花生吃掉5颗,还剩4颗,却算不出"9－5"等于多少,说明小红的思维具有(　　)。(2019年上半年)

   A. 具体形象性　　B. 抽象逻辑性　　C. 直观动作性　　D. 不可逆性

5. 材料:

   某大班几个小朋友在讨论有关动物的问题。老师问:"你们刚才说了很多动物,我想问问,到底什么是动物?"

   丁丁说:"我们刚才说的大象、猴子、孔雀、斑马都是动物!"

   鹏鹏说:"动物有的有腿,有的有翅膀,有的会跑,有的会飞,有的会在水里游……"

   蓝蓝马上接着说:"有的吃草,有的吃米,有的喜欢吃肉……"

   睿睿说:"我觉得会自己动的,会吃东西的,都是动物。"

   问题:请分析上述儿童概念发展的水平。(2022年上半年)

【延伸探究】

1. 案例:《夏日瓜瓜乐》。
2. 案例:《百变小药箱》(同样的游戏材料不一样的游戏内容)。
3. 案例:科学区角活动《乌鸦喝水》。

延伸探究

主题六　学前儿童言语的发展

1. 了解言语的概念、种类,能区分言语和语言两个概念。
2. 了解学前儿童言语发展的基本趋势,掌握学前儿童言语发展的基本特点。*
3. 掌握学前儿童言语能力培养的方法,能运用理论分析实践案例,并提出相应的教育策略。*

牛牛2岁3个月了,每次说话时总喜欢用叠词。吃饭时说:"妈妈肉肉,奶奶菜菜";睡觉时说:"爸爸抱抱,妈妈觉觉。"

乐乐3岁了。前一天晚上他和爸爸妈妈去看电影了,第二天跟小朋友讲:"看到解放军了,在电影上,打仗,太勇敢了。妈妈带我去的,还有爸爸。"讲的时候好像别人已经了解他要讲的内容,一边讲一边还做出一些手势和表情。

问题:这两位小朋友为什么会有这样的语言表达?

问题解析

一、言语概述

(一) 言语的定义

言语是个人使用语言的过程,包括理解别人运用的和自己运用语言的过程,人们通过言语活动互相交往,交流思想。语言是人类最重要的交际工具,是人们进行沟通交流的一种表达符号。这种工具是交流双方共同使用的。每个民族都有其共同的语言,语言是社会历史的产物,学前儿童要学习社会上通用的语言。

言语和语言的概念是不同的,但是言语和语言又是不可分的。一方面,言语活动是以语言作为工具进行的。如果儿童没有掌握语言,他的言语活动也就无法进行。另一方面,语言是在人们的言语交流活动中形成和发展的。如果某种语言不再被人的言语活动所使用,它就会从社会中消失。儿童如果没有言语活动的机会,也就不能掌握语言。

(二)言语的种类

言语活动的表现形式各不相同,根据活动的目的和是否发声,言语通常分为外部言语和内部言语两类。

1. 外部言语

外部言语是指用于交际的、表现于外的、能被人感知的言语,包括口头言语和书面言语。

口头言语是指以听、说为主的言语,通常以对话和独白的方式来传播。对话言语是两个或以上的人直接交流时的言语活动,如座谈、辩论、问答等。在特定的对话情境中,交流双方所谈之事多可意会,又常辅以面部表情或手势,因此,对语法结构的逻辑性要求不高。独白言语是一个人在较长时间内独自进行的言语活动,如授课、做报告、演讲等。这种言语表达要条理清晰、结构完整、语言正确。书面言语即用文字表达自己思想、情感的言语,其表现形式是读和写。其中,认字和阅读属于接受性的,写字和写作属于表达性的。与口头言语不同的是,书面言语的交流对象不在面前,阅读者或写作者难以根据对象的反应及时调整自己的言语活动。

2. 内部言语

内部言语是指为语言使用者意识到的内隐的言语,也称不出声的言语。它是人们思维活动所凭借的主要工具,如默默思考老师提出的问题等。外部言语是为了和别人交往而发生的,内部言语则不执行交际功能,它是为自己用的言语。一般来说,它比外部言语简略,常常是不完整的。

内部言语和外部言语之间有密切的关系。一方面,没有外部言语就不会有内部言语;另一方面,如果没有内部言语的参与,人们就不能很好地进行外部言语的活动。

二、学前儿童言语的发生

人们常把儿童说出第一批真正能被理解的词的时间(1岁左右)作为言语发生的标志,并以此为界,将言语活动的发生发展过程划分为言语准备期(0—1岁)和言语发展期(1岁以后)两大阶段。而言语发展期又可细分为言语形成期(1—3岁)和发展期(3岁以后)。

(一)学前儿童言语的准备(0—1岁)

言语的准备包括两方面内容:一是发音的准备,包括发出语音和说出最初的词;二是语音理解的准备,包括语音辨别和对语词的理解。

1. 发音的准备

(1)简单发音阶段(1—3个月)。哭是儿童最早的发音方式。在新生儿的哭声中,特别是哭声稍停的时候,可以听出ei、ou的声音。2个月以后,婴儿不哭时也开始发音。当成人引逗他时,发音现象更明显。在这个阶段的发音不需要较多的唇舌运动,只要一张口,气流自口腔冲出,音也就发出了。这与儿童发音器官不完善有关。这阶段的发音是一种本能行为,天生聋哑的儿童也能发出这些声音。

(2) 连续发音阶段(4—8个月)。当儿童吃饱、睡醒、感到舒适时,常常自动发音。如果有人逗他们或者他们感到高兴时,发音更频繁。这个阶段的声音不具有任何符号意义,但有些音节与语音相似,例如 ma-ma,成人常常认为这是儿童在呼喊自己,会做出积极的回应。如果成人将这些音节与具体事物相联系,就可以使儿童形成条件反射,使这些音节具有意义。

(3) 学话萌芽阶段(9—12个月)。在这一阶段,儿童所发的连续音节不只是同一音节的重复,而且明显地增加了不同音节的连续发音,音调也开始多样化。同时,儿童开始模仿成人的语音,如:le-le(乐乐)、mao-mao(帽帽)等,这标志着儿童学话的萌芽。

在成人的教育下,儿童渐渐地能够把一定的语音和某个具体事物联系起来,用一定的声音表示一定的意思。虽然此时他们能够发出的词音只有很少几个,但毕竟能开口说话了。

2. 语音理解的准备

(1) 语音知觉能力的准备。语音知觉指的是儿童对语言中语音的辨别。一般来讲,儿童先能够辨别出语音的差别,之后才能够发出正确的语音。研究表明,儿童对语音非常敏感,出生不到10天的婴儿就能够区分语音和其他声音。只有听准音才可能听懂义,语音知觉的发展为语言理解提供必要的前提。

(2) 语词理解的准备。儿童对语言(如语词)的理解,先于其语言的表达。换言之,儿童是先听懂,然后再说话的。有研究表明,8—9个月的儿童已经能听懂成人的一些言语,表现为能对成人的言语做出相应的反应。但这时,引起儿童反应的主要是语调和整个情境(如:说话人的动作和表情等),而不是词的意义。如果成人同样发这种词音,但改变语调和言语情境,儿童就不再反应。相反,语调不变而改变词汇,反应还可能发生。一般要到儿童11个月大左右,语词才逐渐从复合情境中分离出来,真正作为独立信号来引起他们相应的反应。直到此时,儿童才算是真正理解了这个词的意义。

儿童言语发生的情况和语言环境有直接的关系。在儿童尚不理解语言的时候,若不给予语言上的刺激,儿童的言语发展就会进步得很慢。反之,如果能多和他们说话,使儿童每次感知某事物时都能听见成人说出关于这个事物的词,那么,儿童头脑中就会形成事物与词的联系,词便成了该事物的符号,这样儿童的言语就会迅速发展起来。

(二) 学前儿童言语的形成(1—3岁)

从1岁起,儿童进入了正式学习语言的阶段。1—1.5岁儿童理解语言的能力发展很快,在此基础上,开始主动说出一些词。2岁以后,言语表达能力迅速发展,儿童逐渐能用较完整的句子表达自己的思想。这一时期,儿童的口语发展分两个阶段:

1. 不完整句阶段(1—2岁)

(1) 单词句阶段(1—1.5岁)。这一阶段儿童言语的发展主要体现在对语言的理解方面,他们开始主动说出有一定意义的词。这些词具有单音重叠、一词多义、以词代句等特点。如:将衣服称为"衣衣",用"汪汪"表示所有带毛的东西,"滴滴"表示"汽车"或"坐汽车走了","猫猫"代表"看到了猫""想跟猫玩""喜欢猫"等。这些单词实际上就是一个句子,可以表示多种意思,表达多种语态,具有多种功能。在这个阶段,成人要用准确的词或完整的句子来解读儿童说出的词的意思,并引导儿童学说单词和句子。比如,儿童说"球球"时,成人可以启发孩子说:"这是皮球,宝宝要皮球。"

(2) 双词句阶段(1.5—2岁)。这一阶段儿童言语的发展主要表现在开始说由双词或三词组合在一起的句子。例如,一个儿童说:"妈妈,出去。"意思是"妈妈带我出去玩"。这种句子的表意功能虽较单词句明确,但其表现形式是断续的、简略的,结构不完整,好像成人的电报式文件,所以也被称为"电报句"或"电报式语言"。1岁半以后,孩子说话的积极性高起来,在很短的时间内,会从不大说话变得很爱说话,说出的词大量增加,2岁时可达200多个。

2. 完整句阶段(2—3岁)

2岁以后,儿童开始学习运用合乎语法规则的完整句更准确地表达思想。研究表明,2—3岁是人生初学说话的关键时期。如果有良好的语言环境,那么这一时期将成为言语发展最迅速的时期。儿童言语的发展在这一阶段主要表现在两个方面:

(1) 能说完整的简单句,并出现复合句。这一年龄的儿童渐渐能够用简单句表达自己的意思,并开始会说一些复合句。儿童说出的句子较长,日趋完整、复杂,由各种词类构成。在言语所表达的内容方面,也发生了本质的变化:最初,孩子只能以眼前的事物为话题,因为他们还不具备谈过去、将来的能力。从2岁开始,他们能把过去的经验表达出来。

(2) 词汇量迅速增加。2—3岁儿童的词汇增长非常迅速,几乎每天都能掌握新词,而且他们学习新词的积极性非常高。到3岁时,儿童已经能掌握1 000个词左右。到这个阶段,儿童的言语基本形成了。

三、学前儿童言语的发展

(一) 口语的发展

1. 逐渐掌握本民族的全部语音

随着生理的成熟、语言知觉的发展,儿童的发音能力也迅速发展,特别是3—4岁期间发展尤为迅速。通常认为,4岁左右的儿童能基本掌握本民族的全部语音。

儿童学习语音的过程,先后有两种不同的趋势。一是扩展的趋势。婴儿从不会发出音节清晰的语音,到能够学会越来越多的语音,是处于语音扩展阶段。3—4岁的儿童,无论学习世界哪种民族语言的发音,都相当容易学会。二是收缩的趋势。儿童掌握母语的语音后,发音习惯已经稳定,再学习新的语音时,会产生一定的困难。据研究,儿童语音的发展是元音和辅音同时出现,元音和辅音成熟的时间也大致相同。因此,教师必须重视儿童的发音练习,尤其是4岁左右的儿童,更应实施正确的语音教育。

2. 词汇量增加,内容变化大

语言是由词以一定方式组成的,因此词汇的发展可作为言语发展的重要标志之一。其发展可从词汇的数量和词义、词类的变化等方面来分析。

(1) 词汇量增加。幼儿期是人一生中词汇量增加最快的时期,几乎每年增长一倍。研究表明,3岁儿童词汇为1 000至1 100个,4岁为1 600至2 000个,5岁则增至2 200至3 000个,6岁时词汇数量可达3 000至4 000个(见图3-6-1)。

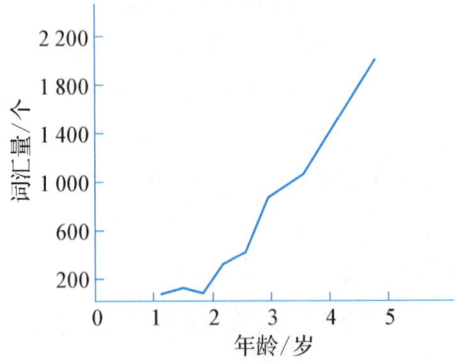

图3-6-1 学前儿童词汇量的发展

(2) 词类范围日益扩大。词可以分为实词和虚词两大类。实词是指意义比较具体的词,包括名词、动词、形容词、数量词、代词等。虚词的意义比较抽象,不能单独作为句子的成分,包括副词、连词、介词、助词、语气词等。学前儿童一般先掌握实词,然后掌握虚词。实词中最先掌握的是名词,其次是动词、形容词,最后是数量词。儿童也能逐渐掌握一些虚词,如介词、连词,但这些词在儿童词汇中所占的比例很小。在儿童的词汇中,最初名词占主要地位,随着年龄的增长,名词在词汇总量中所占的比例逐渐减少,4岁以后,动词的比例开始超过名词(见表3-6-1)。

表3-6-1 2-6岁儿童各种词类比例　　　　　　　　　　　　　单位:%

年龄/岁	2	2.5	3	3.5	4	5	6
名词	32.8	29.6	26.0	22.4	22.9	22.5	22.3
动词	29.8	27.3	29.5	27.4	26.2	25.2	24.4
语气词	12.8	9.3	8.6	7.9	7.7	7.2	6.6
副词	6.4	7.0	7.1	8.5	8.3	9.7	11.6
代词	5.7	13.6	13.7	14.8	15.6	14.1	12.8
形容词	4.3	5.1	4.2	5.5	5.8	4.8	3.7
象声词	2.6	0.3	0.4	0.2	0.1	0.1	0.1
助词	2.2	2.6	3.2	3.0	2.6	3.1	3.5
助动词	1.0	1.7	2.3	2.3	2.4	2.2	1.0

(续表)

年龄/岁	2	2.5	3	3.5	4	5	6
叹词	0.8	0.3	0.7	0	0.3	0	0.1
量词	0.7	1.2	1.9	3.9	3.3	4.9	5.9
数词	0.6	1.0	1.3	2.1	2.7	4.1	4.6
介词	0.3	1.2	1.1	2.0	2.1	1.9	2.8
连词	0	0	0.2	0.2	0.2	0.3	0.7

词类范围的扩大还表现在词汇内容的变化上。儿童最初掌握的基本是和饮食起居等日常生活活动直接有关的词，以后逐渐积累了一些与日常生活距离稍远的词，甚至开始掌握与社会现象有关的词。

此外，词汇的性质也有所变化。最初，儿童掌握的主要是一些具体的词汇，后来逐渐掌握一些抽象性和概括性比较高的词。例如，以前只会说"汽车""火车""自行车"，后来就掌握了"交通工具"一词。起初只会说"香蕉""苹果""橙子"，后来就能说出"水果"。

（3）词义逐渐丰富和加深。随着生活经验的丰富与思维的发展，儿童对词义的理解趋向丰富和深刻化。如"兔子"一词，对较小的儿童来说，意味着只是兔子的外形特征，而对较大的儿童来说，则还包括兔子的生活习性、兔子和人类的关系等。

此外，儿童使用词语的积极性在增加，既理解又会运用的积极性词汇在增多，只理解不会正确使用的消极性词汇也在增多，于是出现乱用或乱造词的现象。如把"一个人"说成"一只人"，把"一条裤子"说成"一件裤子"等。成人应重视发展儿童的积极词汇，促进消极词汇向积极词汇的转化。

总的来说，儿童最初掌握词时，往往对词的意义理解不确切。所谓不确切，有两个特点，首先，儿童对词的理解是笼统的，常常用一个词代表多种事物；其次，儿童对词的理解是非常具体的，他们更多理解具体名词和动词。随着儿童年龄的增长，对词义的理解也逐渐确切和加深。但是，儿童对具体名词的理解基本上难以达到确切的概念水平。

3. 初步掌握语法

词汇是语言的建筑材料，语法是使用规则。人要用语言进行交际，还必须把词联结成句子，即按语法造句子。研究发现，我国儿童所说出的句子类型，有以下发展趋势：

（1）从不完整句到完整句。最初，句子结构是不完整的，多是单词句和"电报句"，如"爸爸班""街街叭叭呜——"。2岁以后，逐渐出现比较完整的句子。6岁左右，大部分儿童会使用完整句进行交流。

（2）从简单句到复合向。2岁儿童说出的句子中，简单句占96.46%，到幼儿中期，简单句仍占多数。但是随着年龄的增长，简单句所占比例逐渐减少，复合句逐渐增多。4岁以后，还出现了各种从属复合句，并能运用适当的连接词构成复合句以反映各种关系。例如：会用"如果……就……""只有……才……""因为……所以……"等来造句(见表3-6-2)。

表 3-6-2　2-6 岁儿童肯定陈述句中简单句与复合句的比较

句子类型 年龄/岁	简单句/%	复合句/%
2	96.46	3.54
2.5	90.00	10.00
3	82.57	17.43
3.5	78.45	21.55
4	76.60	23.40
5	59.95	40.05
6	62.85	37.15
总计	75.57	24.43

(3) 从陈述句到多种形式的句子。在整个幼儿期,简单的陈述句仍然是最基本的句型,占的比例较大。其他形式的句子,如疑问句、祈使句、感叹句等也发展起来了。其中,疑问句出现得较早。

在儿童的言语实践中,还可看到他们由于受简单的陈述句句型模式的影响,往往对一些复杂的句子形式不能理解而发生误解。如:对双重否定句很难正确理解,于是把"那个盒里没有一个娃娃不是站着的"误解为"没有娃娃站着"或根本不理解。

4. 口语表达能力进一步发展

(1) 对话言语的发展和独白言语的出现

3 岁之前的儿童大多是在成人的陪伴下进行活动的,他们的交际多采用对话形式。进入幼儿期,对话言语进一步发展。他们不但能回答问题、提出问题和要求,还会在协调行动中进行商议性对话。如:进行角色游戏时,会互相商量安排游戏情节等。

同时,由于儿童独立性的发展,活动范围的扩大,他们在和同伴或成人的交往中,需要独立向别人传达自己的思想感情、知识经验等,这就促进了独白言语的产生和发展。幼儿初期,只能主动讲述自己生活中的事情,且表达时常显得不流畅,叙述时有较多的无用词,常用"这个……这个……""后来……后来……"等来缓解表达的困难。到幼儿末期,他们不但能系统叙述,而且能大胆自然地、生动有感情地描述事情。

(2) 情境言语的发展和连贯性言语的产生

情境性言语是指儿童在独自叙述时不连贯、不完整并伴有各种手势、表情,听者需结合当时的情境,观察手势表情,边听边猜才能懂得儿童要表达的意思。这是儿童言语从不连贯向连贯发展过程中的一种言语形式。

连贯性言语则指句子完整、前后连贯,能反映完整而详细的思想内容,使听者从语言本身就能理解所讲述的意思的言语。

3—4 岁儿童,甚至 5 岁儿童的言语仍带有情境性。他们说话断断续续的,并辅以各种手势和面部表情,对自己所讲的事,丝毫不做解释,似乎谈话对方已完全了解他所讲的一切。随着年龄的增长,儿童连贯性言语逐渐得到发展。到 6—7 岁,儿童开始能把整个思想内容前后一贯地表述,能用完整的句子说明上下文的逻辑关系。

(3) 讲述的逻辑性不断发展

儿童在独立讲述中,逻辑性水平逐渐提高,能够清楚讲述的人数比例随着儿童年龄增长而增长,主要表现在讲述的主题逐渐明确,层次逐渐清楚。儿童的讲述一般是单纯对现象的罗列,主题不突出,这种情况在 3—4 岁儿童中常见。儿童言语表达的顺序性、完整性、逻辑性在 3—4 岁时发展较快,4 岁与 5 岁差别不大。儿童在讲述时,用的语句很多,表面上看来讲话流利,似乎很能"说"。但仔细分析发现,他们的讲述常常主题不突出,甚至离题很远,层次和顺序不清楚,事物之间关系混乱,使别人无法了解其谈话内容。5—6 岁儿童在看图讲述中一般讲述过于具体和琐碎,妨碍了突出主要的情节。例如,"小弟弟有一双大大的黑眼睛,一张红红的脸蛋,黑黑的头发。他穿短袖衫,短裤子,蓝色的,穿黑皮鞋,黄裤子,有鞋带,衣服上有小扣子,黄的……"可见,幼儿讲述逻辑性的发展需要专门培养。

对点案例

大班医院游戏

大二班的教室里有一个"小医院"的区角,今天游戏时间时,刘禹骁戴上了医生的帽子和口罩,惠宣皓则扮演"病人"。他们的游戏开始了。

惠宣皓:"医生,我不舒服。"

刘禹骁:"我给你看看。"说完拿出听诊器,一端戴在耳朵上,另一端拿在手里放在惠宣皓的肚子上,听了听。"你没生病,只是发烧了,需要给你打一针。"说完,转过身去拿针管开始准备给惠宣皓打针。

刘禹骁:"打好针了,我再给你拿点药吃吃就可以了。"

惠宣皓:"这不是我要的药,怎么回事,这么多怎么吃呀?"(医生给了他六七盒药,各种各样的)

刘禹骁:"这个是止痛的,给老头吃的药。其实我是治疗你很多病的,所以给了你很多药。这里有 100 粒,你每顿吃一粒,一天吃三次就可以了。"

惠宣皓:"奇怪,老头药,太奇怪了吧!"

刘禹骁:"这是头孢,这是治眼睛的药,这是说明书。"

惠宣皓:"还有说明书。"说完,哈哈大笑起来。

刘禹骁:"我说这是感冒药吧。"

惠宣皓:"原来这是感冒药。"

刘禹骁:"买吧!"

惠宣皓:"你敢呀,臭医生,不来医院了。"说完,就一溜烟跑开了。

案例中,(1)两位男孩在交流过程中,都能"有序、连贯、清楚地讲述一件事情"(大班语言)。(2)显而易见,两位男孩的表达能力都比较强,"与别人的看法不同时,敢于坚持自己的意见并说出自己的理由"(大班社会)。(3)刘禹骁在数方面显然比惠宣皓水平要高,"能发现生活中许多问题都可以用数学的方法来解决,体验解决问题的乐趣,如:这里有100粒,你每顿吃一粒,一天吃三次就可以了"(大班数学)。

(4)逐渐掌握言语表达技巧

儿童不仅可以学会完整、连贯、清晰而有逻辑地表述,而且能够根据需要恰当地运用声音的高低、强弱、大小、快慢和停顿等语气和声调的变化,使之更生动,更有感染力。当然,这需要专门的教育。

在儿童言语表达能力的发展中,有人可能会产生一种言语障碍——口吃,其表现为说话时不正确的停顿和单音重复,这是一种言语的节律性障碍。口吃出现的年龄以2—4岁最多,其中,2—3岁一般是口吃开始发生的年龄,3—4岁是口吃的常见期。

儿童的口吃现象,部分是由生理原因造成的。由于2—4岁儿童的言语调节机能还不完善,造成连续发音的困难。随着年龄的增长,这种情况会有所缓解。

拓展阅读

幼儿口吃现象

5. 内部言语的过渡形式

内部言语是言语的高级形式,它不是用来和人交际的言语,其发音隐蔽,而且比外部言语更概括和压缩。在幼儿的内部言语发展中,常出现一种介乎外部言语和内部言语之间的过渡形式,即"出声的自言自语"。这是形式上的外部言语和功能上的内部言语的结合,是从社会化言语向个人的内部言语过渡的必要阶段。

幼儿期出声的自言自语有两种形式:一种是游戏言语,另一种是问题言语。游戏言语是一种在游戏、绘画活动中出现的言语。其特点是一边做动作,一边说话,用语言补充和丰富自己的行动。这种言语通常比较完整、详细,有丰富的情感和表现力。如:儿童用积木搭建长江大桥,同时发出声音:"这里面可以走人,桥洞里可以过船……"问题言语的特点是比较简短、零碎,常常在遇到困难或问题时产生,用以表示困惑、怀疑、惊奇等。然而,这时所提出的问题,并不要求别人回答。当儿童找到解决问题的办法时,还会用这种语言表示自己的思维过程和采取的办法。例如,在拼图过程中,儿童自言自语地说:"把这个放在哪里呢?……不对,应该这样。……这是什么?……就应当把它放在这里……"4—5岁儿童的"问题语言"最为丰富。

对点案例

丽丽是小班的幼儿,她经常独自抱着娃娃"喂饭",边喂边说:"快吃!快吃!不要把饭含在嘴里,要嚼嚼,再咽下去!"喂完饭,她把娃娃放在小床上,盖上被子,说:"吃完饭要睡觉,不要乱动。你呀,不要踢被子,要着凉的,生病要打针的……"

这一案例反映了幼儿游戏言语具有自言自语的特点。

(二) 书面言语的发展

书面言语活动包括认字、写字和阅读、写作。认字、阅读属于接受性言语活动,写字、写作属于表达性言语活动。儿童书面言语的产生是从接受性言语活动开始的。

1. 儿童识字的特点

儿童学识字的过程一般分为三个阶段:泛化阶段、识字阶段和再现阶段。学前儿童识字主要处于前两个阶段。当儿童感知觉不断发展,把字当作图谱时,儿童已经进入泛化阶段;当他们多次接触某个字时,感知活动逐渐分化,开始认识一些字,进入识字阶段。儿童容易认识的字具有如下特征:字大、清楚;与响亮的语音同时出现;有形象作为辨认的支柱;字形结构简单;多次重复;与情绪和兴趣相联系。

2. 儿童的前阅读活动

看书是最初的阅读活动形式,婴儿几个月就可以进行阅读活动。最初的阅读活动是亲子共同看书。1岁左右,当儿童情绪好的时候,会自己拿着书看;3岁左右,儿童可培养起爱看书的习惯。儿童的前阅读基本以读图为主,水平高一点的,能认一些字,以图为辅。

3. 儿童的前书写活动

书写活动基于手的小肌肉协调性的发展。绘画活动可以提高画线条的力度和流畅性;日常劳动可以培养手的灵活性和手眼协调能力。前书写活动还需要培养儿童的空间知觉、方位知觉,让儿童了解汉字基本笔顺,逐渐养成良好的书写习惯。

此外,书写与识字能力的准备有关,写字的准备与掌握语音的能力有关。幼儿期是书面言语发生的阶段,其言语发展的主要任务是发展口头言语。

四、学前儿童言语能力的培养

(一) 创设良好的语言环境,提供儿童交往的机会

《幼儿园教育指导纲要(试行)》明确要求,我们需要"创造一个自由、宽松的语言交往环境,支持、鼓励、吸引幼儿与教师、同伴或其他人交谈,体验语言交流的乐趣。"换句话说,发展儿童言语的关键是要为儿童创设一个儿童想说、有机会说并能得到积极应答的良好的语言环境。生活是语言的源泉,而良好的语言环境离不开儿童丰富的生活内容。成人应有意识地积极引导儿童接触生活、观察生活、体验生活,并在生活中捕捉形象、积累经验。儿童通过观察各种事物,在扩大眼界、增长知识和丰富说话内容的基础上,提高言语表达能力。成人可以有意识地引导儿童观察千姿百态的自然景象、市场上琳琅满目的商品和人们各种不同类型的穿着打扮,让他们注意商品的颜色、形状、大小,人的高矮、胖瘦、动作和姿态等。观察时或观察后,成人可以很自然地、轻松愉快地跟儿童交谈,鼓励儿童用语言描述自己所看到的,表达自己的想法。长此以往,不仅能够满足这一年龄阶段儿童好奇、好问、好思考、好想象的需求,而且对于加深认识、提高言语表达能力将起到积极的

推动作用。

同时,成人要为他们提供更多的交往机会,鼓励儿童和成人、同伴进行交往,在交往中发展自身的言语表达能力。成人在照料儿童的过程中,应尽可能和儿童进行语言交流,善于倾听他们说话,不要嘲笑他们,多给他们说话的机会。另外,成人要多创造机会让儿童在一起自由自在地玩耍,在玩的过程中,他们之间就有了言语交往;多设计一些语言游戏让儿童在游戏过程中进行言语交往。

(二) 激发儿童言语交往的兴趣,加强不同形式的语言练习

成人可以选择儿童感兴趣的内容引发话题,应在随意、自然、无拘无束的气氛中激发儿童说话的兴趣,采用多种形式调动儿童说话的积极性,鼓励他们尽情地表达,大胆地说话,使其感受到与人交流的乐趣。例如,成人以大朋友、大伙伴的身份平等介入儿童的活动,成为他们的热心听众,经常给予微笑、赞赏,适时地给予回应和指导,并注意与儿童的互动,使他们在运用语言的过程中,学会倾听、主动表达、乐意交谈,增强儿童说的能力和信心。

另外,成人可以设计一系列有意义、参与性强、让儿童有成就感的活动来为他们言语的发展提供机会,如儿童播报活动,角色游戏,儿歌、童谣、绕口令等的诵读,绘本阅读等。

1. 儿童播报活动

成人可以在每天的固定时间安排儿童播报活动。当然播报活动要考虑不同年龄阶段儿童言语的发展水平,设置不同难度的播报主题和播报形式。比如:大班可以开展新闻播报,鼓励儿童以自己的视角分析与其生活、经验相关的事件;中班可以开展讲述性语言活动,如讲故事、讲述自己的生活经历等;小班可以开展1分钟讲话活动,鼓励他们大胆开口说话,锻炼其语言组织能力。

2. 角色游戏

在角色游戏中,出于对各种角色之间联系的需要,儿童相互间自然地要进行对话,从一开始角色间的相互问好、结伴游戏,到逐步商讨解决游戏中遇到的问题,评价游戏时用连贯的语言恰当地评价自己和别人的游戏情况。成人还可以以角色身份加入儿童的游戏中,丰富儿童的语言,拓展游戏内容,让儿童积累更多的语言经验,从而促进其言语能力的发展。

3. 儿歌、童谣、绕口令等的诵读

儿歌、童谣、绕口令等都是深受儿童喜欢的、富有韵律的文学作品,因此,成人应多利用这类作品组织语言教学,多让儿童读一些朗朗上口且有韵律趣味的内容。成人要把握这些内容的重点,教会儿童逐渐从朗读的过程中去理解句子,掌握优美句子的表达。

4. 绘本阅读

成人要经常和儿童一起阅读,引导他们以自己的经验为基础理解图书的内容。成人要引导儿童仔细观察画面,结合画面讨论故事内容,学习建立画面与故事内容的联系。成人和儿童一起讨论或回忆书中的故事情节,引导他们有条理地说出故事的大致内容。成人要鼓励儿童自主阅读,并与他人讨论自己阅读中的发现、体会和想法。

（三）把言语活动贯穿于儿童的一日活动之中

幼儿园专门的语言教育活动时间是有限的，成人还应在日常生活中培养儿童的言语能力。在一日生活中，儿童通过随时的观察、交谈等方式来获得大量的感性认识，并同时复习、巩固和运用在专门的语言活动中所学过的词汇和句式，学会用清楚、正确、完整、连贯的语言描述周围的事物，表达自己的情感和愿望。

幼儿园区域活动是一日生活中培养儿童言语能力的好机会。区域活动的形式为儿童提供了自主选择的空间和自由说话的机会。在阅读区，成人为儿童投放各类图书，让儿童边看边说，或是投放活动玩具，让儿童边摆设边讲故事。在建构区，成人可引导儿童说一说要用什么建构材料，活动后再告诉伙伴们自己建构的主题是什么。除此之外，成人还可引导儿童进行自主的评价活动，让儿童用一句话或一段话来讲述活动的情况，在不断的交流过程中逐渐提高儿童的言语表达能力。

（四）成人良好的言语榜样

儿童因为自身思维发展水平的局限和词汇量、表达技巧的欠缺，常常不知道该如何开口说话，在很多时候不能很好地与别人交流。他们需要成人的示范，而不是批评和代替应答。成人良好的言语示范为儿童提供了可效仿的榜样。成人要主动、积极地与儿童交流或回应儿童。成人在进行语言教育时，除了要咬字清楚、发音准确、配合自然的表情和恰当的手势之外，还要注意语言的表达力，如音量、语速、语调等。尤其是在语速方面，成人要恰当地放慢速度，让儿童能听懂并理解所讲的内容，在此基础上，儿童才能更好地模仿。此外，成人在示范的过程中要尽量使用具体、易懂的句式，如果是用来对儿童发出指令的语言，更要简练、明确和规范。无论是在专门的语言教育活动中，还是在渗透的语言教育活动中，成人都要运用规范性的语言，为儿童创设良好的语言环境，成为儿童学习和模仿的典范。

（五）注意个别教育

由于不同儿童的个性特征和智力水平都存在着差异，言语的积极性和驾驭语言的能力也不一样。因此，成人在教育活动和日常生活中，不可忽视对儿童的个别教育。比如，对言语能力较强的儿童，可向他们提出更高的要求，让他们完成一些有一定难度的言语交往任务；对言语能力较差的儿童，成人要主动亲近和关心他们，有意识地和他们交谈，鼓励他们大胆说话，表达自己的要求、愿望，叙述自己喜闻乐见的事，给予他们更多的语言实践机会，从而提高其言语水平。

实操训练

【项目任务】

训练目标：采用观察的方式，了解、分析某一幼儿的言语发展水平。

训练内容：选择幼儿园某班的一名幼儿，持续观察其在游戏活动中的行为，重点记录其说出来的语言,对照《3—6岁儿童学习与发展指南》及幼儿言语发展的年龄特点,分析该幼儿的言语发展水平。

_____班幼儿言语情况记录表

观察对象		性别		年龄	
观察日期		观察地点		观察者	
观察内容					
观察分析					

【真题连接】

1. 关于幼儿言语的发展顺序,下列说法正确的是(　　)(2022年上半年)

　　A. 言语理解先于言语表达　　　　B. 言语表达先于言语理解

　　C. 言语理解与言语表达平行发展　　D. 言语理解与言语表达独立发展

2. 发展幼儿语言表达能力的关键是让他们(　　)(2022年下半年)

　　A. 多交流多表达　　　　　　　　B. 多模仿别人说话

　　C. 多认字多写字　　　　　　　　D. 多背诵经典

3. 阳阳一边用积木搭火车,一边小声地说:"我要快点搭,小动物们马上就来坐火车了。"这说明幼儿自言自语具有的作用是(　　)(2019年上半年)

　　A. 情感表达　　　　　　　　　　B. 自我反思

　　C. 自我调节　　　　　　　　　　D. 交流信息

答案与解析

4. 简述幼儿口语表达能力发展的趋势。(2019年下半年)

【延伸探究】

1. 案例:《如何通过环境＋语言支持幼儿?》。

2. 微信公众号文章:《绘本,是儿童成长之梯》。

延伸探究

单元四 学前儿童情绪情感的发展

```
                          ┌── 情绪情感的内涵
              ┌─ 情绪情感概述 ── 情绪情感的种类
              │           └── 情绪情感的功能
              │
              │               ┌── 情绪的起源
              │               ├── 儿童基本情绪的发生
学前儿童情绪情感的发展 ─┼─ 学前儿童情绪情感 ─┼── 学前儿童情绪的特点
              │   的发展特点   ├── 学前儿童情绪的发展趋势
              │               └── 学前儿童情感的发展
              │
              └─ 学前儿童积极情绪的培养 ─┬── 学前儿童良好情绪的培养策略
                                  └── 帮助学前儿童控制不良情绪的方法
```

➢ 掌握幼儿情绪、情感发展的基本规律和特点，并能够在教育活动中应用。

主题一　情绪情感概述

学习目标

1. 关爱儿童,尊重并接纳儿童的情绪情感体验。*
2. 理解儿童情绪情感的内涵,了解情绪情感的种类。
3. 能识别学前儿童不同的情绪情感表现,尝试分析其产生原因。*

情境导入

悠悠平时经常因为"调皮"受到父母和老师的批评。过去被批评后,他会生气地扔东西以发泄他的不满,而扔东西的结果就是得到父母和老师更多的批评。如今,他改成在自己手背上狠狠咬一口来发泄自己的情绪,这让父母很是心疼,老师也很是苦恼。

问题:案例中的悠悠经常表现的是什么情绪?出现这些情绪的原因可能有哪些?你认为教师和家长应如何帮助悠悠解决这些情绪问题?

问题解析

情绪情感是以主体的愿望、需要等倾向为中介产生的一种复杂心理现象。它最能表达人的内心状态,可以说是人的心理状态的"晴雨计"。情绪情感不仅是心理活动动力机制的重要组成部分,也是个性形成的重要方面,对儿童的心理、行为具有重大影响。

一、情绪情感的内涵

(一) 情绪情感的概念

情绪情感是个体对客观事物与个人需要之间关系的体验过程。在认识世界、改造世界的过程中,人与客观事物总是发生着这样或那样的关系。有符合人的需要的,有人们感兴趣的,等等,都对人具有这样或那样的意义。人对客观事物必然抱着这样或那样的态度,从而产生不同的心理体验。

作为一种主观体验,情绪情感也是人脑对客观现实的反映。与感知、记忆、思维、想象等认识过程相比较,情绪情感反映的是有一定需要的主体与客体之间的关系。人对客观事物采取什么态度,取决于该事物是否满足人的需要。当客观现实满足人的需要时,会使人产生满意、愉快、喜爱、赞美等积极情绪和情感;当客观现实不符合人的需要时,会使人产生厌倦、烦恼、痛苦、愤怒等消极情绪和情感;当客观现实与人的需要无关时,则不会引起相应的情绪和情感。情绪情感产生于认识和活动的过程中,并影响着认识和活动的进行。

作为一种主观体验,情绪与情感是同一种心理现象的两个侧面。情绪是情感的具体形式和直接体验,情感则是情绪经验的概括。情绪与情感既紧密相连,又存在差异。

首先,情绪更多与人的生理需要是否满足相关联,情感则与人的社会性需要是否满足相关联。如:饥饿时有食物吃,人就会产生高兴的情绪;天很冷无法御寒时,人就会产生忧愁、不满意等情绪。在社会生活中,有人不遵守社会公德,人们会产生厌恶、讨厌、蔑视等情感;有人乐于助人,则使人产生赞赏、钦佩等情感。其次,情绪具有不稳定性和外显性,情感具有稳定性和内隐性。通常,情绪是由具体情境引起的,情境发生改变,与之相关的情绪就会消失。情绪有较为明显的外部表现,如:高兴时手舞足蹈,愤怒时咬牙切齿。相比而言,人的情感体验不为情境所左右,稳定而持久,少有冲动性。最后,情绪是人和动物所共有的,情感则是人所独有的。

(二)情绪情感的外部表现

1. 面部表情

情绪情感会在人的面部动作中表现出来,如:笑脸相迎、愁眉苦脸、怒目而视、目瞪口呆、咬牙切齿、张口结舌等,都是指面部表情。

2. 体态表情

这是指身体其他部分的表情动作。如:欢乐时手舞足蹈、捧腹大笑,骄傲时趾高气扬、挺胸阔步,慌张时手足无措,紧张时坐立不安等。其中,手势是一种重要的体态表情,它协同或补充表达言语内容的情绪信息。如:鼓掌表示兴奋,搓手表示焦虑,摊手表示无奈,捶胸表示痛苦等。研究表明:手势表情是后天习得的,由于社会文化、传统习惯的影响而具有民族或团体的差异。

3. 言语表情

这是情绪在语言的音调、节奏和速度方面的表现。如:悲哀时音调低沉、语速缓慢,喜悦时音调高昂、语速较快,愤怒时声音高尖且有颤抖。此外,请求、感叹、惊讶、烦闷、讥讽、鄙视等也都有一定的音调变化。可见,言语不仅是交流思想的工具,也是表达情绪的手段。

在幼儿园教育中,教师可以观察儿童的面部表情、体态表情及言语表情,判断儿童的情绪情感状态,采用灵活的方式与儿童互动交流。

二、情绪情感的种类

(一)情绪的种类

1. 心境

心境是指人比较微弱、平静而持久的情绪状态。心境具有弥散性,常使人用同样的态度对待一切事物。愉快的心境是心理健康的重要方面,使人处于欣喜状态,头脑清楚,工作效率高。而不良的心境则会影响人的各项活动,使人对许多事情感到索然无味,容易悲观失望,对挫折的承受力下降。

心境产生的主观原因包括人格特征,如人的气质、性格、生活态度、意志等,客观原因包括自然界的变化、环境、人际关系状况、身体健康状况、社会生活环境、愿望是否得到满足等。

2. 激情

激情是一种强烈的、爆发性的、为时短促的情绪状态,如激愤、暴怒、恐惧、狂喜、剧烈的悲痛绝望等。激情通常是由对个人有重大意义的事件引起的,积极的激情能催人向上,而消极的激情却对人产生不良影响。生活中的意外事变,如死亡、失恋、自尊心受损、破产、失学等往往是激情产生的客观原因;而神经兴奋与抑制不平衡的人,缺乏教养、不讲礼貌的人,歇斯底里症患者更容易产生激情。

刚刚在建构区用积木搭商场,搭了很久也没有成功搭出多层的商场。一气之下把所有积木都推倒,把别人的作品也破坏掉,边推边喊:"我就是不会搭积木,我讨厌搭积木。"

3. 应激

应激是指人对某种意外环境刺激所做出的适应性反应。应激状态的产生与情景及人对自己能力的估计有关。人在应激状态下,会引起机体的一系列生物性反应,如肌肉紧张度、血压、心率、呼吸以及腺体活动都会出现明显变化。这些变化有助于适应急剧变化的环境刺激,维护机体功能的完整性。

应激能使人的身体受到紧急动员,以应付突发事件。但时间过长,对人的身心健康十分不利。长期的应激干扰正常的认知活动,降低人的应付能力,甚至重病乃至死亡。在应激状态下,个人的消极表现有目瞪口呆、注意和知觉范围缩小、手足无措、动作紊乱等。

(二)情感的种类

情感是与人的社会性需要相联系的态度体验。人的社会性情感主要有道德感、理智感和美感。

1. 道德感

道德感是由自己或别人的举止行为是否符合社会道德标准而引起的情感体验。当行为符合自己的理想和价值标准时,个体会感到自尊、自重,有一种自豪感;当行为与自己的理想和价值标准相违背时,个体就会感到痛苦、懊悔,甚至丧失自尊心。显然,道德感具有明显的自觉性,能对个体的行为产生调控和监督作用。如:儿童受到责备就会很难过,得到夸奖就会很开心;儿童喜欢跟友好谦让的小朋友一起玩游戏,对淘气捣乱、不遵守规则的小朋友表示生气和愤怒,并且会向老师"告状"等,这都是儿童道德感的表现。

2. 理智感

理智感是人们认识和追求真理的需要是否得到满足而产生的情感体验,是个体在智力活动中认识和评价事物时所产生的情感体验。人们在探索未知事物时表现出来的兴趣、好奇心和求知欲,在科学研究中面临新问题时的惊讶、怀疑、困惑和对真理的确信,问题得以解决时的喜悦感和幸福感,所有人们在探索活动和求知活动过程中产生的情感体验都是理智感。理智感是人们从事学习活动和探索活动的动力,当一个人认识到知识的价值和意义,感受到知识的乐趣时,就会积极主动地参与智力活动,就能体验到更强烈的理智感。儿童理智感的显著表现为"好奇好问",对什么都非常感兴趣,总是有"十万个为什么"。

图 4-1-1 好奇的儿童

3. 美感

美感是人对事物审美的体验。凡是符合审美标准的事物都能引起美的体验。一方面,美感可以由客观景物引起,如桂林山水的秀丽、内蒙古草原的辽阔、故宫的肃穆、长城的蜿蜒壮美,都会使人体验到大自然的美和人的创造之美。另一方面,人的容貌举止和道德修养也常会引起美感,身材外貌出众的人、言谈举止得体的人、个性善良纯朴的人、乐于帮助他人的人,都会使人在感受美的时候产生一种愉快的体验,并表现出对美的客体的强烈的倾向性。儿童听到好听的音乐时会跟着哼唱或者随乐扭动身体,在欣赏画家的作品时会有自己对作品的独特理解,这都是在审美活动中产生的情感体验。

三、情绪情感的功能

情绪情感对学前儿童的心理与行为具有重大影响,年龄越小,影响越大、越明显。因此,学前儿童常被称为"情绪的俘虏"。

(一) 动机功能

情绪是儿童认知活动和行为的唤起者和组织者,具有非常明显的动机和激发作用。愉快的情绪可以增强儿童参与游戏等活动的积极性,提高学习的效率;在消极的情绪状态下,儿童常常出现不愿意学习、不乐意参与活动的行为。例如:幼儿每天入园要跟老师说"早上好",离园要说"再见",很多小班幼儿最先学会的是"再见",跟老师说"早上好"的习惯养成则需要更长时间。原因在于,上午入园时幼儿不愿意离开家人,心情欠佳,不愿开口;下午离园时,见到分别一天的家人,幼儿分外高兴,所以很快就跟老师"再见"。可见,虽然学习内容和难度差不多,但在不同情绪的影响下,儿童的学习效果截然不同。

(二)组织功能

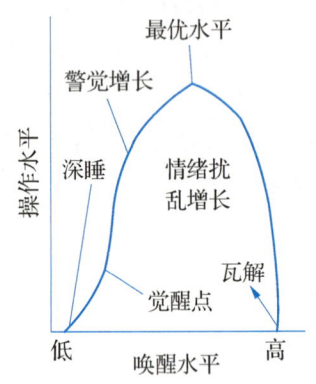

图 4-1-2 情绪强度与操作效果

情绪的组织功能可以不断发动和组织儿童的探究行为,促进或干扰学前儿童的认知发展。首先,情绪的性质直接影响儿童认知操作的效果。快乐、喜悦、兴趣等积极情绪对认知操作有促进作用,恐惧、愤怒、悲哀等消极情绪对认知操作有干扰和破坏作用。其次,情绪的强度也会影响认知操作效果。实验表明,情绪唤醒水平与认知操作效果呈倒"U"字模式(见图4-1-2),即过低和过高的情绪唤醒水平,都不利于提高认知操作的效率,中等程度的情绪唤醒水平最有利于认知操作活动,具有较高效率。这一反映情绪强度与认知操作效率之间关系的研究结论被称为"耶克斯-多德森定律"。有研究者以婴幼儿为被试,研究快乐、痛苦、愤怒和大怒等情绪状态对儿童智力操作的影响,结果发现,儿童在适中的愉快情绪中智力操作的效果最好;处于过于兴奋、愉悦或淡漠无情的情绪状态都不利于儿童的智力探究活动,对儿童智力发展不利。

在日常生活中,成人可以利用情绪组织功能的特点,采取有效方法促进儿童的认知发展。例如:采用"情绪激动法"促进儿童掌握某些难以掌握的词。妈妈问圆圆:"这台手风琴是谁送给你的?"圆圆回答:"朱老师送给你的。"妈妈立即回答说:"送给我的呀,那我拿走啦!"随即拿走手风琴。这时圆圆激动起来,立刻喊:"送给我的,送给我的!"从此以后,圆圆对"你""我"二字十分注意。

(三)传递信息功能

情绪同语言一样,具有传递信息的功能,情绪是通过表情来进行信息传递的。在学前儿童与人交往的过程中,表情尤其占有特殊的、重要的地位。

在掌握语言之前,婴儿会借助表情与成人进行信息交流。在这一时期,成人几乎全靠婴儿的表情动作来了解他们的需要,如:看见孩子打哈欠、用手揉眼睛,判断孩子困了,需要睡觉了。反之,婴儿也会通过成人的表情来调节自己的行为,如:婴儿看到陌生人有些惧怕,这时家长以微笑、点头等表情鼓励他,他就会与陌生人接近而逐渐消除畏惧感。

在初步掌握语言之后,表情仍然是儿童最重要的社会交往工具。他们常常用表情代替语言回答成人的问题或用表情来辅助自己的语言表述。例如,一名2岁儿童不想回答妈妈的追问,他抿着嘴,眉头紧锁,表示对这一话题的回避。

【项目任务】

训练目的:加强对幼儿情绪情感发展情况的认识,提高识别幼儿情绪情感的能力。

训练内容:尝试使用幼儿情绪情感发展检核表加强对幼儿情绪情感发展状况的认识。

幼儿情绪情感发展检核表[①]

幼儿姓名:	班级:	观察者:	日期:
项目		表现	
( )能用面部表情或身体表达情绪			
( )能用语言而不是行为表达情绪			
( )能命名情绪			
( )能解释情绪产生的原因			
( )能够控制自己表达感受的方式			
( )能对他人表现出柔情和关心			
( )对集体活动有兴趣,能集中注意力			
( )经常开心快乐,面带微笑			

【真题连接】

幼儿看见同伴欺负别人会生气,看见别人帮助同伴会赞同,这种体验是( )。(2015年上半年)

　　A. 理智感　　　B. 道德感　　　C. 美感　　　D. 自主感

答案与解析

【延伸探究】

1. 视频:《教育孩子画出自己的情绪》。

2. 论文:孙璐,吕国瑶,刘晓晔:《教师对幼儿消极情绪的认识与回应》,《学前教育研究》,2018年。

延伸探究

[①] 张永英. 学前教育见习与实习指南[M].北京:高等教育出版社,2020:39.

主题二　学前儿童情绪情感的发展特点

1. 识别并尊重学前儿童的不同情绪，对儿童有耐心和责任心。*
2. 了解学前儿童基本情绪的发生与发展趋势，掌握学前儿童情绪特点。*
3. 能在教育活动中应用学前儿童情绪的特点，不断提高专业能力。

东东是一个小班男孩，思维比较活跃，但脾气急躁，自尊心强，接受不了批评，动不动就生气，一遇到不如意就大发脾气。例如：排队的时候没有排到第一个，他就大吼大叫；玩结构游戏的时候没有拿到自己喜欢的玩具，便将玩具扔满一地或大喊大叫……家长也非常着急，说东东一旦自己的需求得不到满足，不管是在家里还是在大街上，他都可以闹个天翻地覆，让父母无所适从。

问题：东东的情绪表现是怎样的？反映出儿童情绪怎样的特点？

一、情绪的起源

研究表明，刚出生的婴儿就有原始的情绪反应，这是人类进化的结果，是不学就会的。儿童的先天情绪反应与其生理需要是否得到满足有着直接的关系。

（一）华生的研究

行为主义心理学创始人华生（J. Watson）通过对新生儿的观察与研究，认为婴儿存在三种基本的情绪反应：恐惧、愤怒和爱。失去支撑与平衡、很响的声音、刚入睡或醒来时受到突然刺激都可能引起恐惧情绪，从而出现屏息、抓手、闭眼、皱眉和哭喊等行为。活动受阻是引起婴儿愤怒的原因，他们会有哭泣、尖叫、身体僵直、双手乱动和屏息等行为反应。对婴儿身体尤其是敏感区的温柔抚摸则会使婴儿体验到爱的情绪，出现微笑、出声地笑或咕咕发声等行为。儿童在后天生活过程中建立起来的各种条件反射，有助于恐惧、愤怒和爱三种基本情绪的不断发展。

(二) 布里奇斯的研究

加拿大心理学家布里奇斯(K. Bridges)曾在一家医院中观察了62名婴儿的情绪反应。她认为,一般性的激动反应约在3个月时首先分化为一般性的消极反应和一般性的积极反应,即痛苦和快乐。以后,随着时间的推移,痛苦和快乐愈来愈分化为特殊反应。痛苦分化为愤怒、厌恶、恐惧和嫉妒,而快乐则分化为高兴、喜悦和亲爱(见图4-2-1)。由于情绪分化的速度具有很大的个别差异,因而图4-2-1上所示的年龄是一个大概的表示,并不是确定的界线。①

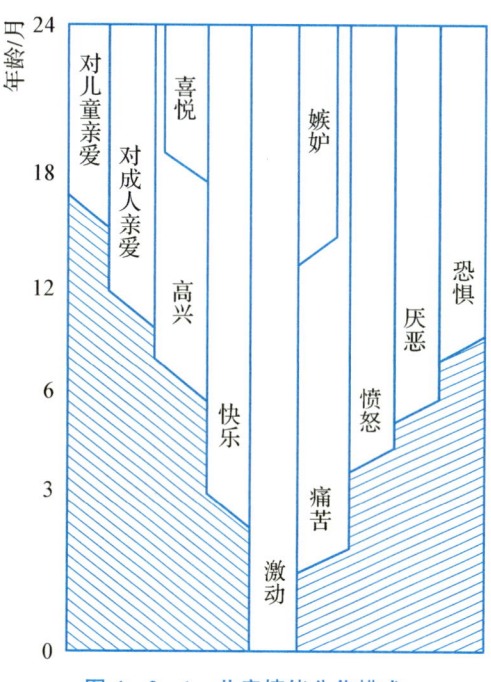

图4-2-1 儿童情绪分化模式

(三) 孟昭兰的研究

我国心理学家孟昭兰根据大量的研究,提出新的婴儿情绪分化理论。孟昭兰认为,人类婴儿从种族进化进程中通过遗传获得大约8—10种基本情绪,如愉快、兴趣、惊奇、厌恶、痛苦、愤怒、惧怕、悲伤等。它们在个体发展进程中随着成熟相继显现,见表4-2-1。

表4-2-1 儿童情绪发生时间表

情绪类别	最早出现时间	诱因	经常显露时间	诱因
痛苦	出生后	身体痛刺激	出生后	
厌恶	出生后	味刺激	出生后	
微笑	出生后	睡眠中内部过程节律反应	出生后	

---

① 傅宏.学前心理学[M].芜湖:安徽师范大学出版社,2018:191-193.

(续表)

情绪类别	最早出现时间	诱因	经常显露时间	诱因
兴趣	出生后	新异光、声和运动物体	3个月	
社会性微笑	3—6周	高频人语声(女声)、人的面孔出现	3个月	熟人面孔出现,面对面玩
愤怒	2个月	药物注射痛刺激	7—8个月	身体活动受限制
悲伤	3—4个月	治疗痛刺激	7个月	与熟人分离
惧怕	7个月	从高处降落	9个月	陌生人或新异性较大的物体出现,如:带声音的运动玩具出现
惊奇	1岁	新异物突然出现	2岁	
害羞	1—1.5岁	熟悉环境中陌生人出现	2岁	
轻蔑	1—1.5岁	欢乐情况下显示自己的成功	3岁	
自罪感	1—1.5岁	抢夺别人的玩具	3岁	做错事,如打破杯子

儿童各种情绪的发生,既有一般规律,又有个别差异。情绪发展的常模只表现同龄儿童的平均水平,不能简单对照。

心理学家还从引起情绪发作的事件中研究儿童最初两年情绪变化的特点。对于新生儿来说,情绪的引起基本上由于生理的需要和防御本能的需要,是一种先天的无条件反射。以后,情绪的诱因就变得多样化了。有人记录了1—24个月的儿童情绪发作的总次数从500次下降到170次,而引发事件由身体上的原因为主变为社会阻挠的原因为主,引起情绪发作的其他因素也相应增加,表明儿童情绪反应的适应范围有了增加,情绪的内容变得丰富了(见图4-2-2)。

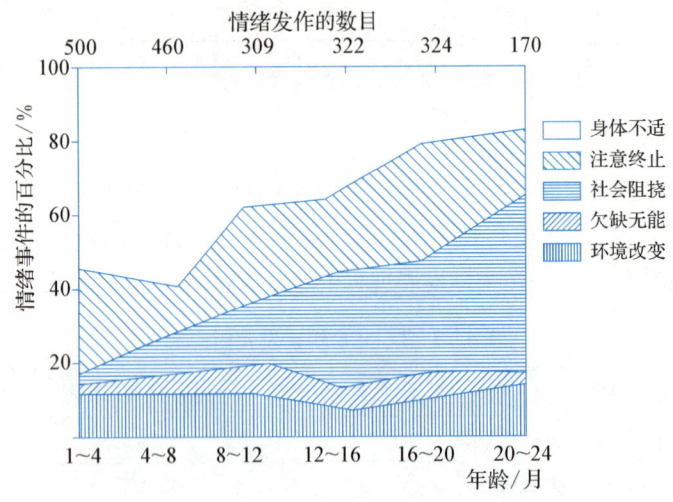

图4-2-2 儿童情绪发作的频率和情境性质

研究还发现,在正常的家庭环境中,由于儿童能与父母和其他人保持着频繁、丰富的交往,他们的情绪分化要比集体抚育的儿童来得快些。但也有相反的研究报告。对立的报告反映了一个共同的因素,即儿童情感的发展与环境作用密不可分。当儿童的需要超出机体需要的范围而逐渐扩大时,儿童与环境的交往便变得复杂起来。因而,他们的情绪经验也日益丰富。

二、儿童基本情绪的发生

(一) 微笑

笑是儿童的第一个社会性行为。儿童的第一次微笑不仅激荡着父母的心,也吸引着儿童心理学家的注意。有人报告,在出生后几小时的新生儿脸上可以见到勉强称得上"微笑"的反应。事实上,它并不是真正的微笑,因为这种反应只局限在口部,不包括眼睛和眼睑等部位的活动。两周之内的新生儿,这种原始的微笑仅仅发生于他完全清醒的时刻。在第一周内,这种反应能通过抚摸他的皮肤等手段而获得。在第二周内,人类的声音比其他声音(如铃声、哨子声等)更富有刺激性。第三周的新生儿可以表现出真正的微笑。这种微笑虽然持续的时间很短,但却包括了整个脸部。经常有效的刺激是人声,尤其是妇女的嗓音。而在第五周时,引起微笑的有效刺激就成为视觉形象,如人的眼睛、面孔等。有人注意到,引起婴儿微笑的刺激包括社会的、视觉的、触觉的和听觉的四种,其中前两种刺激的作用更大(见图4-2-3)。

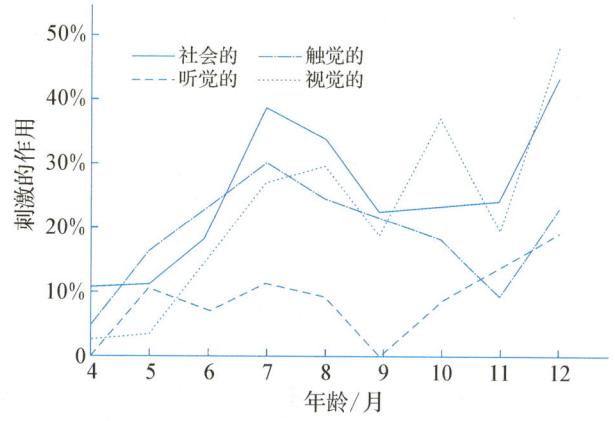

图4-2-3　1周岁内引起笑声的四种刺激

婴儿微笑是快乐情绪的反映,这是一种正向情绪,对儿童心理发展具有积极的作用,应引起成人的重视。按孟昭兰的观点,在人的生命长河中,人们从自己的事业成就和社会交往成就中得到快乐,这一点要从儿童时期做起。让儿童参加游戏,同他人玩耍,能引起儿童适时的欢乐,甚至可以引起哈哈大笑。这样的快乐对儿童是有益的,成人应该与他们分享快乐。

(二) 痛苦与悲伤

痛苦是由于持续的、超水平的不良刺激引起的。痛苦的第一个表现形式是啼哭。啼哭是新生儿与外界沟通的第一种方式。3—4周的新生儿哭泣时便有明显的分化,有经验的父母可以从他们的哭声中听出是由于饥饿还是由于便溺或疲困。婴儿无休止的啼哭常常弄得人们手忙脚乱,而过度的啼哭对保持婴儿的体重不利,在这种场合需要采取措施使婴儿安静下来。除了满足他们的生理需要外,对婴儿连续不断的刺激(轻声抚慰、轻拍、温柔抚摸)也可以使他们的烦躁不安得以平静。这一结论对于儿童教育工作者来说具有实用价值。

对于婴幼儿来说,身体的和心理的分离是引起痛苦的重要原因。身体的分离如与母亲过早地别离,心理的分离有情感剥夺、精神虐待、在团体中受排斥、不为集体接纳等。儿童学习的失败也是引起痛苦的重要原因。悲伤一般与痛苦同步发生,是痛苦的表现形式。

(三) 焦虑和恐惧

焦虑是儿童心理中的一个普遍现象。一个人如果不能很好地应付焦虑,焦虑可能会变成一种创伤,致使这个人退回到婴儿时期的那种不能自立的状态。弗洛伊德认为,儿童的焦虑主要是一种现实性焦虑,即对于外界危险或意料中伤害知觉的反应。但这种焦虑的倾向来自遗传,儿童只是在重演史前人及现代原始人的行为。这些人因为无助,对于新奇及许多熟悉的事物都经历着一种恐惧之感,虽然这些事物对我们成人来说已经不再是可怕的了。

恐惧是一种有害的具有压抑作用的情绪。引起恐惧的原因很多,可能是先天的,也可能是后天习得的。凡强度过大或变异过大的事件都可能引起恐惧,如巨响、跌落、疼痛、孤独、无援、处境不明等都是危险和可能受到伤害的信号,都是引发恐惧的天然线索。这些线索在儿童身上还派生出具体的恐惧对象,如怕黑暗、怕动物、怕陌生人、怕陌生环境等。

(四) 愤怒

愤怒是一种激活水平很高的爆发式负面情绪,当个体的一个强烈的愿望受到限制时,就会产生愤怒。低水平的愤怒可能会被各种因素暂时抑制,但这种愤怒具有残留效应,很可能在某种情境下被引爆或导致攻击行为。持久地抑制愤怒可能会导致生理和心理上的损伤。愤怒可能会导致降低认知和监控的作用,也可能激活更大程度的活力和更高层次的追求的作用。婴儿的愤怒往往产生于身体活动被限制。对于年龄大的儿童而言,不良的人际关系或受侮辱、受欺骗、受压制都会导致愤怒。持久的痛苦或恐惧也可能转化为愤怒。

凯西坐在游戏室的地板上。另一名婴儿,11个月龄的兰迪坐在门口附近。一名保育员走进房间,为兰迪拿来一块尿布。她俯身抱起兰迪想给他更换尿布,但兰迪很抵触,她把尿布弄到了地上。凯西看到尿布,发出"啊"的一声,朝尿布爬去。这时,兰迪捡起了尿布,快乐地摇来摇去。凯西在他身边坐下,面带调皮的微笑,一把抓住了尿布。兰迪发出一声愤怒的尖叫,伸手去拿,并试图将尿布拽走。凯西开始生气地哭了,但并不放弃尿布,一场拉锯战随之发生了。

凯西赢得了尿布，开始快速爬行穿过房间，兰迪怒气冲冲地爬在后面，并在拐角处超过了她。凯西带着生气而又愤怒的神情哭着，望着保育员求助，兰迪不依不饶地去抓尿布。又是一场拉锯战，这次兰迪是胜利者。[1]

三、学前儿童情绪的特点

（一）冲动性

儿童的情绪常常处于激动状态，而且来势强烈，不能自制，往往全身心都受到不可遏制的力量的支配。年龄越小，这种冲动性越明显。例如，儿童想要一个玩具而得不到，就会大哭大闹，短时间内不能平静下来。又如教师宣布要做游戏，儿童会立刻欢叫起来，教师想提要求与讲解玩法，儿童往往听不进去。所以，在组织活动时，教师要把握儿童情绪易冲动的特点，在恰当的时候提出活动的要求。

（二）不稳定性

学前儿童的情绪是非常不稳定的，容易变化，表现为两种对立的情绪在短时间内互相转换。当儿童由于得不到喜爱的玩具而哭泣时，成人递给他一块糖，他就立刻会笑起来。这种"破涕为笑"的现象，在小班尤为明显。儿童情绪的不稳定性与他们易受情境的影响有关。儿童的情绪常常受外界情境所支配，某种情绪往往随着某种情境的出现而产生，又随着情境的变化而消失。例如，新入园的儿童，看见妈妈离开时，会伤心地哭，当妈妈的身影消失后，经老师劝导，很快就会愉快起来。如果妈妈再次从窗口出现，又会引起儿童的不愉快情绪。

儿童情绪的易变与儿童情绪易受感染与暗示也有关。例如，新入园的儿童哭着要妈妈，会引得已经适应幼儿园生活的其他孩子也跟着哭；有一个孩子笑，其他儿童也会莫名其妙地跟着笑。如果老师问"你为什么笑"，儿童往往说"不知道"，或者指着别人说"他也笑"，这些现象在小班较为明显。幼儿晚期，儿童情绪的稳定性会逐渐增强，但仍受家长和教师的感染，所以家长和教师在儿童面前必须控制自己的不良情绪。

（三）外露性

最初，小婴儿不能意识到自己情绪的外部表现，他们的情绪完全表露在外，丝毫不加控制和掩饰。例如，想哭就哭，想笑就笑，他们不认为这有什么不合理。到了2岁左右，儿童从日常生活中逐渐了解了一些初步的行为规范，知道了有些行为是要加以克制的。如一个孩子摔倒会引起本能的哭泣，但刚哭，马上就对自己说："我不哭，我不哭……"这时孩子的脸上还挂着泪珠，甚至还在继续哭。这种矛盾的情况，说明儿童从不会调节自己的情绪表现，到开始产生调节自己的情绪表现的意识，但由于自我控制的能力差，还不能完

---

[1] Dorothy H. Cohen, Virginia stern, Nancy Balaban, Nancy Gropper.幼儿行为的观察与记录[M].马燕，马希武，译.北京：中国轻工业出版社.2017：209-210.

全控制自己的情绪表现。这种情况一直持续到幼儿初期。如常常有一些初上幼儿园的孩子由于离开熟悉的家庭环境而哭起来，然后一边抽泣，一边自言自语地说："我不哭了，我不哭了。"这说明幼儿初期的儿童情绪和情感仍然是明显地外露。

图 4－2－4　愉快的儿童①

四、学前儿童情绪的发展趋势

（一）情绪的社会化

学前儿童最初出现的情绪是与生理需要相联系的，随着年龄的增长，儿童情绪逐渐与社会性需要和社会性适应相联系。以后，情绪逐渐分化和发展，与脑的成熟和肌肉运动的分化有密切关系，同时与社会性需要和社会性适应有关系。社会化成为儿童情绪发展的一个主要趋势，主要表现在以下三个方面：

1. 情绪中的社会性交往成分不断增加

随着年龄的增长，学前儿童情绪活动中的社会性交往成分也在增加。研究表明，3岁儿童比1岁半儿童微笑的总次数有所增加。其中，儿童自己由于玩得高兴而笑起来的情况，即对自己的微笑，在1岁时占的比例较大，而3岁时很小。换句话说，非社会性的微笑逐渐减少，而社交微笑则大为增加。另有研究比较了4岁和8岁儿童在看电影时的社交性情绪表现。结果也表明，8岁儿童比4岁儿童情绪交往的次数有所增加。其中，4岁儿童主要的交往对象是教师，而8岁儿童则主要和邻近的儿童交往。

2. 引起情绪反应的社会性动因不断增强

学前儿童的情绪反应主要是和他的基本生活需要是否得到满足相联系的。1—3岁儿童情绪反应的动因，除了与生理需要是否得到满足以外，还与社会性需要是否得到满足有关。例如，该年龄儿童有独立行走的需要，如果父母的要求和儿童自己的需要不一致，就会出现矛盾。解决矛盾的方式常常引起不同的情绪反应。比如，被允许在一定范围内自由行走，会感到愉快，否则就不愉快。3—4岁儿童情绪的动因处于由主要满足生理需要向主要满足社会性需要的过渡阶段。儿童有要求别人注意、与别人交往的需要。如果成人

---

① 来源：无锡市太湖新城金桥幼儿园。

对儿童不理睬,可能成为一种惩罚手段;小朋友不和他玩,对儿童也是一种痛苦。

3. 情绪表达的社会化

表情是情绪的外部表现。表情所提供的信息,对儿童与成人的交往以及社会性行为的发展具有特别重要的作用。儿童在成长过程中,逐渐掌握周围人们的表情手段。随着年龄的增长,表情逐渐社会化,包括理解、辨别面部表情能力的发展和运用社会化表情能力的提高。6个月左右的婴儿就能笼统地辨别成人的表情,例如:母亲对着孩子开心地笑,婴儿也会变得愉快。此后,对成人表情的辨别能力逐渐提高。此外,儿童从2岁开始,已经能够运用表情去影响别人,且学会在不同场合运用不同的方式来表达自己的情绪。总体而言,儿童辨别表情和运用表情的能力都会提高,但辨别表情的能力一般会高于运用表情的能力。

(二) 情绪的丰富化和深刻化

情绪逐渐丰富化表现在两方面。其一,儿童情绪过程越来越分化。即婴儿最初只有少数几种原始情绪,随着年龄的增长又分化出基本情绪。到了幼儿期,儿童还会分化出高级情感。其二,情绪指向的事物不断增加,有些先前不能引起儿童情绪体验的事物,随着儿童年龄的增长,能够引起其情绪体验。

情绪发展深刻化是指情绪所指向的事物性质的变化,从指向事物的表面到指向事物更内在的特点。例如,婴儿对父母的依恋情感,更多是因为父母在日常生活中予以照顾,满足了他们的生理需求,而稍微大一点的儿童对父母的依恋情感则包含了对父母的喜爱和尊敬等内容。

(三) 情绪的自我调节

从学前儿童情绪的发展过程看,其趋势是越来越受自我意识的支配,学前儿童情绪的冲动性逐渐减少,情绪的稳定性逐渐提高。年龄小的儿童常常处于激动的情绪状态,而随着大脑发育的逐渐成熟以及语言能力的发展,他们情绪的冲动性逐渐减弱。初期,学前儿童是在成人的要求下,服从成人的指示而被动控制自己的情绪。通过不断教育和要求,到后期,儿童自主调节情绪的能力逐渐发展,减少了冲动性。此外,儿童情绪的稳定性逐渐提高,情境性和受感染性逐渐降低。

生活活动时间,诚诚哭泣着不愿奶奶离开,老师牵着他的手安慰他。之后,诚诚去了图书区看书,他对老师说:"我看会儿书就不难受了。"①

案例中的诚诚已经能控制自己的情绪,调节情绪的表达方式,能用更合适的方式表达情绪。

---

① 读懂儿童研究院.观察儿童 解读儿童[M].北京:天地出版社,2017:17.

五、学前儿童情感的发展

(一) 道德感的发展

3岁前只有某些道德感的萌芽,如:儿童在2岁左右,开始评价自己"乖不乖"。进入幼儿园以后,特别是在集体生活环境中,儿童逐渐掌握了各种行为规范,道德感也逐步发展起来。

小班儿童的道德感主要是指向个别行为的,往往是对成人评价态度的直接和具体的体验。如:知道打人、骂人是不好的。成人说他们好,他们就高兴;成人说他们不好,他们就不高兴。

中班儿童不但关心自己的行为是否符合道德标准,而且开始关心别人的行为,并由此产生相应的情感。中班儿童的告状行为就是儿童对别人行为的评价,它是基于一定的道德标准而产生的。儿童在对他人的不道德行为表示出愤怒或谴责的同时,还对弱者表现出同情,并表现出相应的安慰行为。

到了大班,儿童的道德感进一步发展和复杂化。他们对好与坏、好人与坏人,有鲜明的不同感情。如:看小人书时,往往把大灰狼和坏人的眼睛挖掉。这个年龄段儿童的集体情感也开始发展起来。儿童的羞愧感或内疚感也开始发展,特别是羞愧感从幼儿中期开始明显发展,儿童对自己的错误行为会感到羞愧,这对儿童道德行为的发展具有非常重要的意义。

总之,幼儿期的道德感是不深刻的,大都是模仿成人,执行成人的口头要求,在集体活动中和在成人的道德评价的影响下逐渐发展起来的。

强强今年5岁,一天从幼儿园回家时,书包里多了一辆小汽车,妈妈仔细询问才知道是幼儿园里别的小朋友带去的玩具。强强意识到自己的问题,第二天不好意思地将小汽车还回幼儿园了。

5岁的孩子已经能够初步体验羞耻、嫉妒等各种复杂的情绪,当他们意识到自己做了不好的事情时会不好意思,感到羞愧,而不再像更小的时候那样经常理直气壮地将别人的东西据为己有。①

(二) 理智感的发展

幼儿期是理智感发展的重要时期。小班儿童在成人的指导下,用积木搭出一个房子时,会高兴地拍起手来。大班儿童会长时间迷恋于一些创造性活动,如:用积木搭出

---

① 王雁.学前儿童心理发展与教育[M].北京:中国传媒大学出版社,2018:202.

宇宙飞船、航空母舰,用泥沙堆成公路、山坡等。6岁儿童理智感的发展还表现在喜欢进行各种智力游戏,如下棋、猜谜等。这些活动不仅使儿童产生由活动带来的满足、自豪等积极情感,而且还会成为促进儿童进一步去完成新的、更为复杂的认识活动的强化物。

儿童的理智感有一种特殊的表现形式,即好奇好问。在这一方面,其他任何年龄阶段的儿童表现都不会如此明显。幼儿初期的儿童往往问"这是什么",逐渐发展到问"为什么""怎么样"等。如果问题得到解决,儿童就会感到极大满足,否则就会不高兴。儿童理智感的另一种表现形式是与动作相联系的破坏行为。崭新的玩具刚买回家,一转眼的工夫,就被儿童拆得四分五裂。日常生活中,有许多在成人看起来是十分平常的现象,在儿童看来却感到新奇,所以他们要问、要猜,这完全是儿童理智感发展的表现。作为家长和教师,要珍惜儿童的这种探究热情,满足他们的好奇心。

学前儿童理智感的产生,很大程度上取决于环境的影响和成人的培养。适时地为学前儿童提供恰当的知识,注意发展他们的智力,鼓励和引导他们提出问题等,有利于促进学前儿童理智感的发展。

积木游戏中,恒恒和钦钦一起用积木搭了一个滑梯。他们先是找来了小汽车,发现小汽车可以从滑梯上开下来。接着,他们又找来了圆柱体积木放在滑梯上,发现圆柱体积木也可以在滑梯上滚下来。

他们在实验哪些东西可以从滑梯上滚下来。

(三)美感的发展

学前儿童美感的发展,与他们的认识能力密不可分,也是一个社会化的过程。婴儿喜好鲜艳悦目的东西以及整齐清洁的环境,对色彩鲜艳的艺术作品或物品容易产生喜爱之情。幼儿初期,儿童仍然主要对颜色鲜艳的物品、新的衣服鞋袜等产生美感。他们自发地喜欢相貌漂亮的同伴,而不喜欢形状丑恶的任何事物。在环境和教育的影响下,儿童逐渐形成了审美的标准。幼儿中期,儿童能从音乐、绘画作品中,从自己从事的美术、舞蹈、朗诵活动中得到美的享受。幼儿晚期,儿童对美的标准有了一定的理解,并逐渐形成了审美标准,美感有了进一步发展。他们开始不满足于颜色鲜艳,还要求颜色搭配协调。在幼儿园里,儿童往往根据外表来评价老师,儿童喜欢长相美丽、穿戴漂亮的老师。美育活动对学前儿童美感的发展有很大的促进作用。

实操训练

【项目任务】

训练目的:通过实际案例解析儿童情绪的特点。

训练内容:利用幼儿园见习机会观察、记录幼儿不良情绪的表现,分析儿童情绪特点。

1. 选定观察对象,记录幼儿不良情绪产生的事件、表现。

2. 分析该情绪表现体现了幼儿情绪的哪些特点。

幼儿情绪观察记录表

观察时间		观察地点	
观察对象	姓名:_____ 性别:_____ 年龄:____岁____个月		
事件发生情境			
幼儿情绪表现			
幼儿情绪特点			

【真题连接】

1. 中班幼儿告状现象频繁,这主要是因为幼儿(　　)。(2013年下半年)

　　A. 道德感的发展　　　　　　　　B. 羞愧感的发展

　　C. 美感的发展　　　　　　　　　D. 理智感的发展

2. 下列哪一个选项不是婴儿期出现的基本情绪体验?(　　)。(2018年上半年)

　　A. 羞愧　　　B. 伤心　　　C. 害怕　　　D. 生气

3. 婴儿出生大约6—10周后,人脸可以引发其微笑。这种微笑被称为(　　)。(2018年下半年)

　　A. 生理性微笑　　　　　　　　　B. 自然微笑

　　C. 社会性微笑　　　　　　　　　D. 本能微笑

4. 材料:3岁的阳阳,从小跟奶奶生活在一起。刚上幼儿园时,奶奶每次送他到幼儿园准备离开时,阳阳总是又哭又闹。当奶奶的身影消失后,阳阳很快就平静下来,并能与小朋友们高兴地玩。由于担心,奶奶每次走后又折返回来,阳阳再次看到奶奶时,又立刻抓住奶奶的手,哭泣起来。(2016年上半年)

问题:针对上述现象,请结合材料进行分析。

(1)阳阳的行为反映了幼儿情绪的哪些特点?

(2)阳阳奶奶的担心是否必要?教师该如何引导?

答案与解析

【延伸探究】

1. 视频:《婴儿日记》。

2. 论文:燕国材:《论朱智贤与维果茨基的非智力因素思想》,《江西教育科研》,2005年。

延伸探究

主题三　学前儿童积极情绪的培养

1. 重视学前儿童的情绪体验,对儿童不良情绪进行引导,工作耐心细致。
2. 能运用所学方法帮助学前儿童控制不良情绪,逐步培养其积极情绪。*
3. 掌握培养学前儿童积极情绪的方法及帮助其控制不良情绪的方法。*

微课

学前儿童积极情绪的培养

兰兰是个5岁的女孩,她在家里十分会讨爸爸、妈妈开心。她会经常对爸爸说:"我很想念你哟,你能不能早些回来呀?"早晚她会亲吻爸爸。她会将在幼儿园里发生的事对妈妈说,哪怕是些很细微的事。她会为下班的爸爸放鞋子,会拿着与妈妈同去买回来的大包小包物品上楼梯。会和爸爸妈妈玩在幼儿园玩过的游戏,表演节目给爸爸妈妈看。会按照老师的吩咐自觉练琴。在幼儿园,兰兰每天都第一个到幼儿园,很乐意当老师的小助手,为小朋友做这做那,也喜欢画画、弹钢琴、跳舞,几乎是班里数一数二的能干孩子,老师经常让她表现自己,让她锻炼胆量。

当父母带兰兰外出时,兰兰却和在家里截然不同,任父母怎样哄她,她都不爱说话,她也不愿意向叔叔阿姨问好。虽然兰兰在家里也经常提起某某叔叔阿姨,但在和叔叔阿姨一起用餐时,她却是一脸不高兴的样子。因而,妈妈下了个结论:兰兰很害羞。

问题：兰兰的行为是害羞还是耍脾气？兰兰"害羞"的表现与她的情绪调控能力发展有何关系？如何帮助兰兰控制情绪？

问题解析

在日常生活中，学前儿童可能会产生各种各样的消极情绪，如与父母分离时的焦虑、与同伴出现矛盾时的愤怒、怕黑怕鬼、羞怯等，这种消极情绪长期存在会影响儿童身心的健康发展。因此，培养学前儿童的积极情绪非常重要。那么，如何培养学前儿童的积极情绪呢？

一、学前儿童良好情绪的培养策略

(一) 营造良好的情绪环境

1. 保持和谐的气氛

当今社会，居住条件的封闭性和独生子女在家庭内部的独处性，使得为学前儿童创设交往的环境和氛围显得尤为重要。学前儿童的交往环境包括物质环境和精神环境。优美的环境布置、宽敞整洁的活动空间、充满生机的自然环境，对学前儿童情绪与情感的发展是有益的。研究表明，如果整日生活在空间狭小的环境中，学前儿童就会情绪暴躁，经常处于烦躁不安的状态中。良好的环境有利于学前儿童产生轻松、愉快的积极情绪，不良的环境则容易让学前儿童产生消极情绪。另外，精神环境的影响也不容忽视。周围人之间的关系会使学前儿童受到感染，从而产生积极或消极的情绪情感体验。如果一个儿童觉得教师喜欢他，小朋友喜欢他，他就会爱上幼儿园，在幼儿园里很愉快；反之，如果一个儿童觉得教师不理睬他或总训斥他，小朋友也不爱和他玩，他就会不愿意来幼儿园，在幼儿园里也会感到孤独、寂寞，心情不好。因此，创造良好的情绪环境，保持和谐的环境气氛，对学前儿童情绪与情感的培养尤为重要。

图 4-3-1 轻松愉快的班级环境

帅帅的转变

圆嘟嘟的小脸,圆溜溜的眼珠,笑起来嘴边绽出两个圆圆的小酒窝,留着西瓜太郎的发型,一个懂礼貌又活泼可爱的小男生,这就是我们对帅帅小朋友的第一印象。

然而,不知从何时起,帅帅变了——他不再彬彬有礼,与小朋友相处时还有了暴力倾向,活动后总有孩子来告他的状。我们很是不解:究竟是什么原因让原本活泼可爱的帅帅出现了这样的变化?

在走访了帅帅的家庭后,我们找到了答案。原来,帅帅的父母比较冲动、好面子、易争执,即使是一件很小的事情也能让他们争吵半天。最近,两人的关系陷入僵局,甚至到了要离婚的境地。因为情绪不好,爸爸妈妈对待帅帅也不再有耐心了,甚至为了一点小事就对帅帅动手。

父母在孩子的眼里永远是最亲近的人,也是孩子最想依赖的人。如果这两个人在孩子面前发生争吵,不能营造一个和谐、温馨的家庭气氛,孩子会不知所措,易产生紧张、恐惧等负面情绪,严重时会引起个性的改变。因此,为了孩子的心理健康,家长应积极营造良好的家庭心理气氛,为孩子诠释最完整的"爱":爸爸爱妈妈,妈妈爱爸爸,爸爸妈妈都爱我。

2. 建立良好的人际关系

成人对学前儿童的态度是影响其情绪健康发展的主要因素。其中,父母和教师的态度影响最大。首先,父母要重视亲子交往,要与孩子建立良好的亲子情。父母心里有孩子,孩子就愿意与父母在一起;父母尊重、理解、关心孩子,孩子就更加尊敬父母。促进亲子交流的方式有很多,如互问互答、共同商量、讨论、互相争辩、亲子游戏等。对于胆小、懦弱的孩子,父母要鼓励其敢于表现自我敢于与他人交往。

其次,教师要与学前儿童建立良好的师幼关系。作为一种人际交往,师幼交往应表现为师幼之间的平等关系,且必须遵循平等交往的原则。教师平等地和学前儿童交流,关注学前儿童的情绪、情感和需要,成为学前儿童的"大朋友",能使学前儿童产生被支持感和信任感,使学前儿童"亲其师而信其道"。

再次,父母与教师要积极创造条件让学前儿童与同龄人交往。父母与教师要有意识地为学前儿童创造交往的环境和氛围,使学前儿童能够获得同伴友情。例如,父母多带孩子出门,允许和欢迎孩子带小伙伴到家里玩耍;教师经常有目的地组织学前儿童自由交谈及玩"过家家"等交往游戏,并注意教育儿童在和同伴交往过程中互相关心、互相帮助,通过交流双方或多方的感情移入(即移情),使学前儿童在情感上产生共鸣,学会与人分享快乐和同情别人的不幸。在与同伴交往的过程中,应使学前儿童体验集体的温暖和真挚的友情,培养学前儿童的集体主义情感、个人行为的道德感和社会交往的积极态度。

(二) 成人的情绪自控

若要学前儿童学会控制、调节情绪与情感,家长和教师首先应该学会控制自己的情绪,无论遇到什么困难和不幸,都要以乐观的情绪和饱满的热情面对儿童、面对生活,绝不能把学前儿童当作发泄不良情绪的对象。成人的情绪会对学前儿童的情绪具有示范和感染的作用,成人若喜怒无常,会使学前儿童无所适从。因此,成人要学会控制和调节自己的情绪,这样才能使学前儿童保持良好的情绪状态。

(三) 积极接纳、引导和鼓励儿童

1. 理解并接纳儿童的负面情绪

情绪是人的一种复杂的心理活动,人们一般将喜悦、快乐等情绪称为积极情绪或良好情绪,将愤怒、哀伤、惊怕、恐惧等情绪称为消极情绪或负面情绪。当学前儿童遇到挫折、不顺利的时候,他们会表现出消极情绪,年龄较小的儿童多表现为哭闹,年龄较大的儿童多表现为愤怒、暴躁、生气。不管儿童用什么方式表达自己的负面情绪,成人都应该明白:发泄属于儿童的正常反应,成人应提供适当的机会和场合,让其发泄出来,否则压抑消极情绪会有碍儿童的身心健康。儿童发泄、释放后,情绪慢慢稳定,才能很好地处理遇到的问题。例如,儿童的不合理要求被家长拒绝了,这个时候儿童的发泄是正常的。家长可以拒绝儿童的不合理要求,但相对应地,要允许儿童发泄自己的情绪。

2. 引导儿童合理表达情绪

家长应该教育学前儿童不要采用破坏性的方式发泄情感,如打人、骂人、摔东西等,要引导学前儿童采取被允许的、积极的、可接受的方式、方法表达或发泄情绪。例如,鼓励学前儿童通过适宜的言语方式,将内心的情绪与情感正确地表达出来。无论是积极的情绪与情感,还是消极的情绪与情感,都要引导学前儿童正确地用语言表达。这既有利于家长了解学前儿童,又有利于学前儿童发展语言表达能力和思维能力。无论学前儿童有什么需要,需要是否得到满足,都要让他用语言恰当地与人沟通,表达内心的想法,这样也有利于学前儿童形成开朗、乐观、积极、外向、活泼的性格。家长还要让学前儿童认识各种情绪特征及其后果,特别要使学前儿童对一些过激情绪有初步的认识和看法。学前儿童只有认识各种情绪,才有可能做情绪的主人。

3. 正确运用暗示和强化

家长应引导学前儿童学会运用暗示和强化的方式,对自己的负面情绪进行调节与控制。例如,当自己的某种需要没有得到满足时,学前儿童要能够暗示自己"不要发脾气""不要骂人、打人",去想一些令自己心情愉快的事,或者转移注意力。要让学前儿童明白一个道理,不是他的所有需要和愿望都能得到满足或即刻实现。运动也是调节学前儿童情绪的好方法,如玩水、打球、游戏、唱歌、跳舞,让学前儿童学会在运动中表达和发泄自己的情绪与情感。哭是学前儿童表达和发泄情绪的最好的和永久的方式,当学前儿童开始哭或发脾气时,家长一定要留在他的身边,倾听他的诉求,温和地抚摸他或搂住他,说几句

关心的话,但不要多。假如说得太多,家长就会在这种交流中凌驾于学前儿童之上,无法倾听学前儿童的声音;假如家长是听学前儿童的想法,而不是企图纠正他的想法,那么学前儿童就会感到父母的关心。学前儿童把自己的情绪通过发火或哭喊发泄出来后,会重新注意周围的情况,而且一般来说,发泄后学前儿童会感到轻松和精神焕发。学前儿童的浅笑和间隔的哭泣,常预示着他正在调整自己的情绪。多肯定、多鼓励不仅有利于学前儿童对积极情绪情感的体验,也能帮助学前儿童建立自信心。

二、帮助学前儿童控制不良情绪的方法

(一) 转移法

2—3岁的孩子在商店柜台前哭着要买玩具,大人常常用转移注意的方法,说:"等一会儿,我给你找一个好玩的",孩子会跟着走了。可是有时此法不奏效,往往是由于大人只是为了哄孩子,回家后忘记了自己的许诺,以后孩子就不再"受骗"了。对4岁以后的儿童,当他处于情绪困扰之中时,可以用精神的而非物质的转移方法。例如,孩子哭时,对他说:"看这里这么多的泪水,我们正缺水呢,快来接住吧。"这时爸爸真的拿来一个杯子,孩子就破涕为笑。有个儿童总是爱哭,大人对他说:"你眼睛里大概有小哭虫吧,他让你总哭,来,咱们一起捉小虫吧!"孩子的情绪也就转移了。

拓展阅读

浅谈3—6岁幼儿情绪管理能力的培养

对点案例

明明今天来园较晚,区域游戏只剩图书区可选了,明明因为没能选到自己想玩的区域游戏哭了起来。这时老师走过去跟明明说:"老师今天在图书区放了一个新的小帐篷,可以在里面看书听故事,别提多好玩了,我们一起去看看吧。"明明开心地跟着老师去小帐篷玩了,再也不吵闹说图书区没意思了,情绪转移法奏效了。

(二) 冷却法

孩子情绪十分激动时,可以采取暂时置之不理的办法,孩子自己会慢慢地停止哭喊,所谓"没有观众看戏,演员也没劲儿了"。当孩子处于激动状态时,成人切忌激动起来。比如,对孩子大声喊叫"你再哭,我打你"或"你哭什么,不准哭,赶快闭上嘴"之类。这样做会使孩子情绪更加激动,无异火上加油。有位母亲使用了以下方法:一天,孩子上床睡觉前非要吃糖不可,妈妈说:"没有糖了。"孩子便用高八度的嗓门哭起来。妈妈冷静地打开录音机,录下孩子的尖叫然后放出来。孩子听见声音,停止哭闹,问:"谁哭呢?"妈妈说:"是个不懂事的孩子大哭大闹,吵得别人睡不好觉。他有出息吗?"孩子答:"没出息。"妈妈说:"你愿意和他一样吗?"孩子回答:"不愿意。"妈妈又说:"那你就不要大嚷了,睡觉时吃糖,牙齿要痛的。等明天买了糖,给你吃,好不好?"孩子安静地答应了。

(三) 消退法

孩子的消极情绪可以采用条件反射消退法。比如有个孩子上床睡觉要母亲陪伴,否则哭闹。母亲只好每晚陪伴,有时长达一个小时。后来父母亲商量好,采用消退法,对他的哭闹不予理睬,孩子第一天晚上哭了整整50分钟,哭累了也就睡着了。第二天只哭了15分钟。以后哭闹时间逐渐减少,最后不哭也安然入睡了。

实操训练

【项目任务】

任务一:

训练目的:了解小班幼儿入园焦虑情绪的表现,尝试提出解决策略。

训练内容:观察记录小班幼儿入园时的情绪表现,通过与幼儿所在班级教师和幼儿家长的讨论,针对有入园焦虑情绪表现的幼儿设计一个应对方案。

任务二:

训练目的:进一步理解幼儿情绪的特点,分析幼儿不良情绪产生的原因并尝试提出解决策略。

训练内容:利用幼儿园见习机会观察、记录、分析幼儿不良情绪产生的有关情况。

1. 记录引起某位幼儿不良情绪产生的事件、表现。
2. 分析幼儿不良情绪产生的原因并记录教师的处理方式。
3. 提出自己的解决策略。

表 4-3-1 幼儿不良情绪观察记录表

幼儿姓名		幼儿性别	
观察时间		观察地点	
事件发生的背景			
幼儿的情绪表现			
教师的解决方式			
评价与建议			

【真题连接】

1. 在商场,4—5岁的幼儿看到自己喜爱的玩具时,已不像2—3岁时那样吵着要买,他能听从成人的要求并用语言安慰自己:"家里有许多玩具了,我不买了。"对以上现象合理的解释是的(　　)。(2016年上半年)

A. 4—5岁幼儿形成了节约的概念

B. 4—5岁幼儿的情绪控制能力进一步发展

C. 4—5岁幼儿能理解玩其他玩具同样快乐

D. 4—5岁幼儿自我安慰的手段有了进一步发展

2. 下列哪种方法不利于缓解或调控幼儿激动的情绪?(　　)(2013年上半年)

A. 安抚　　　　B. 转移注意　　　　C. 冷处理　　　　D. 斥责

3. 简答:调节婴幼儿负面情绪的策略有哪些?(2018年上半年)

4. 材料分析题:星期一,小班的松松午睡时一直在哭泣。嘴里还不停地念叨:"我要打电话叫爸爸来接我。""我要回家。"教师多次安慰,他还一直哭。教师生气地说:"你再哭,爸爸就不来接你了。"松松听后情绪更加激动,哭得更加厉害了。(2014年上半年)

请简述上述教师的行为,并提出三种帮助幼儿控制情绪的有效方法。

答案与解析

【延伸探究】

视频:《控制极端情绪的科学方法》。

延伸探究

单元五 学前儿童个性的发展

```
                              ┌─ 个性的概念
                  ┌─ 个性的内涵 ─┼─ 个性的心理结构
                  │            └─ 个性的基本特征
                  │                     ┌─ 气质及其类型
                  ├─ 学前儿童气质的发展 ─┼─ 学前儿童气质的特点
                  │                     └─ 根据学前儿童气质类型进行教育
学前儿童个性的发展 │                     ┌─ 性格的内涵
                  ├─ 学前儿童性格的发展 ─┼─ 学前儿童性格的年龄特征
                  │                     └─ 学前儿童良好性格的塑造
                  │                     ┌─ 能力的内涵
                  ├─ 学前儿童能力的发展 ─┴─ 学前儿童能力发展的规律
                  │                        ┌─ 0—3岁儿童自我意识的发展
                  └─ 学前儿童自我意识的发展 ┴─ 3—6岁儿童自我意识的发展
```

➤ 掌握幼儿个性发展的基本规律和特点,并能够在教育活动中应用。

主题一　个性的内涵

1. 理解个性的内涵,掌握学前儿童个性发展的基本规律和特点。*
2. 尊重学前儿童个性特点及发展的个体差异,信任儿童。*
3. 能根据学前儿童个性发展的特点和规律分析并指导儿童个性发展。

点点看上去有些胆怯。教师向他提问,他总是低头,小脸涨得通红,回答问题时声音非常小。区角游戏时,不知自己选择什么好,与小伙伴在一起时总是非常紧张,害怕被拒绝。有时候与同伴因为玩具争执不下,教师建议玩"石头、剪子、布"决定胜负,一到这个时候他就逃避了。他还常常因为一点小事情就伤心落泪……

问题:点点具有什么样的个性特点?

一、个性的概念

个性是指一个人在一定社会条件下形成的比较稳定的、具有一定倾向性的各种心理特点或品质的独特组合。学前儿童的个性是指儿童在其生活、实践活动中经常表现出来的,带有一定倾向性的比较稳定的个性心理特征的总和。每个儿童都是独一无二的,个性反映了一个儿童独特的精神面貌。

个性不是生来就有的,而是在后天生活过程中逐渐形成的。2岁之前,儿童的思维、想象、言语、情绪情感等各种心理成分还没有发展起来,心理活动还没有形成系统,因此,个性不可能发生。2岁左右,思维、想象、自我意识等高级心理活动萌芽,各种心理成分基本齐全,心理结构的各个成分开始组织起来,并有了某种倾向性的表现,儿童的个性也开始萌芽。3—6岁是儿童的个性开始形成的时期,直到18岁左右,人的个性才基本定型。

二、个性的心理结构

个性是一个复杂的、多侧面、多层次的系统,包含三个彼此紧密相连的子系统,它们是个性倾向性系统、自我意识系统和个性心理特征系统。

(一) 个性倾向性系统

个性倾向性是指人对社会环境的态度和行为的积极特征。它是个性结构中最活跃的因素,是推动人进行活动的动力系统,决定着一个人的活动倾向性与积极性。个性倾向性较少受到先天遗传因素的影响,主要是在后天社会生活过程中逐渐形成的,集中体现了个性的社会性。

个性倾向性主要包括需要与动机、兴趣、志向、世界观等要素。其中,需要是人脑对生理需求和社会需求的反映,是个体对身心不平衡状态的体验及追求新的平衡的动力。动机是推动人行动的原因。动机产生于人的需要,当需要达到一定的强度并出现满足需要的条件时,就引起动机。兴趣是人力求探索某些事物的带有情绪色彩的意识倾向,有直接兴趣和间接兴趣之分。志向是个人发展的意图和决心的表现。世界观是指个体对自然、社会和人类思维的观点体系,是个性倾向性的最高层次,决定了个性的连贯性。世界观的科学性,决定了个性的深刻性。

个性倾向性的各个成分是相互联系、彼此影响的。其中,总有一个成分居于主导地位,并随着个体年龄的增长和发展阶段的不同而有所变化。在6岁之前,需要和兴趣是支配儿童心理活动和行为的主要成分;在青少年期,占据主导地位的成分是每个人的志向与理想;到了青年后期和成年期,支配个体心理与行为的主导倾向则是世界观与人生观。

(二) 自我意识系统

自我意识系统是一系列自我完善的能动结构,是人的心理能动性的体现。自我意识是个性系统的自动调节结构,是个体对自己以及自己与他人关系的意识,包括自我认识、自我体验、自我调节三个方面。

1. 自我认识

自我认识是自我意识的认知成分,是自我意识的首要成分,也是自我调控的心理基础,包括自我观察、自我分析和自我评价。自我观察就是个体将自己的心理活动作为被观察的对象,人是观察的主体,同时又是被观察的客体。自我分析即人把从自身的思想与行为所观察到的情况加以分析、综合,在此基础上概括出自己个性品质中的本质特点。自我评价是个体对自己的能力、品德、行为的社会价值的认识和评价,是自我意识在认知方面的表现。

2. 自我体验

自我体验是个体在对自己进行自我评价时产生的情绪体验,是自我意识在情感方面的表现,主要包括自尊感和自信心。自尊感也称自尊心,是指个体在社会化比较过程中所获得的有关自我价值的积极的评价与体验。自信心是指对自己的能力是否适合所承担的任务而产生的自我体验。

3. 自我调节

自我调节是个体对自身心理和行为的主动掌握，是人所特有的心理现象，是自我意识在意志方面的表现，包括自我检查、自我监督、自我控制。自我检查是主体在头脑中将自己的活动结果与活动的目的加以比较、对照的过程，以保证活动的预定目的与计划逐步得以实现。自我监督是一个人以其良心或内在的行为准则对自己的言论和行为实行监督，有人把它比作一个人内心的"道德法庭"。自我控制是主体对自身心理与行为的主动的掌控。

（三）个性心理特征系统

个性心理特征是个性中的特征结构，是个体心理独特性的集中体现，表明一个人的典型心理活动和行为。个性心理特征系统包括能力、气质、性格等心理成分。能力是指顺利完成某种活动所必需的个性心理特征。气质是指人的心理活动动力方面比较稳定的心理特征，表现在心理活动速度、强度、稳定性和指向性等方面的特点和差异组合。性格是指人对现实的比较稳定的态度和习惯化了的行为方式，是个性的核心成分。

三、个性的基本特征

（一）整体性

个性是一个统一的整体结构，是由各个密切联系的心理成分所构成的多层次、多水平的统一体。这个整体的各个成分相互作用、相互影响、相互依存，使一个人的各种行为体现出统一的特征。因此，从一个人行为的一个方面往往可以看出他的个性，这就是个性整体性的具体表现。

（二）开放性

个性的开放性是指个性形成中和形成后，需要不断地与环境进行各种交换，以推动个性的发展。人生活在环境之中，个性必须向环境开放，才能保持它作为一个系统的存在和发展。个性的开放性强调系统与环境的相互作用，也就是强调内因与外因的相互作用，个性在内因和外因的相互作用中不断地优化。

（三）稳定性

个性的稳定性是指个体的个性特征具有跨时间和跨空间的一致性。人的个性心理特征是相对稳定的，这样才能表明一个人的个性，才能将一个人和其他人区分开，也才能预测一个人在一定情况下会有怎样的行为举止。个性形成后具有相对稳定性，才使人与人之间的相互了解成为可能。

（四）独特性

个性的独特性是指人与人之间没有完全相同的个性，人的个性千差万别。现实生活中，我们无法找到两个完全一样的人。有很多孪生兄弟、姐妹，虽然外貌很难区分，但是熟悉他们的人都可以轻易区分。这就是个性的魅力所在。

【项目任务】

训练目的：了解我国学前儿童个性研究的最新情况；提高查阅资料、整理资料的能力。

训练内容：选择个性的某一方面，如性格、气质、能力、自我意识等，登陆中国知网查阅相关资料，了解我国心理学界与之相关的研究成果，尝试梳理资料并撰写一篇读书笔记。

【延伸探究】

著作：卡洛琳·爱德华兹：《儿童的一百种语言》，南京师范大学出版社，2014年。

延伸探究

主题二 学前儿童气质的发展

1. 正确对待每一位儿童，尊重学前儿童与众不同的气质特点。*
2. 了解不同气质类型儿童的典型表现，掌握学前儿童气质发展的特点。*
3. 能结合所学理论分析案例中儿童的气质特点并提出相应的教育策略。

5岁的晓刚很安静。无论有多么好吃的饭菜，他都不会大口大口地吃。他总是把自己的衣物摆放得很整齐，哪怕书包放歪了，他都会重新整理一下。在幼儿园遇到不高兴的事，他不会有太大的反应，下午回家之后才会表现出低落的情绪，有时还会哭。他不喜欢和小朋友一起玩。如果有人找他玩，他不会显得高兴，也不会显得不高兴，依然是自己一个人玩。

问题：晓刚属于哪种气质类型？有什么特点？

问题解析

一、气质及其类型

(一) 气质的概念

气质是人的心理活动比较稳定的动力特征,表现为心理活动的速度、强度、稳定性和指向性,如:思维的速度、情绪体验的强度、注意的稳定性、心理活动倾向于外部还是内部等。气质是与生俱来的,每个人都有其不同的气质特征,气质给人的全部心理活动染上独特的色彩。气质主要受个体先天生物因素的影响,受高级神经活动的类型制约,它是稳定的,一经形成很难改变,正如俗语所说"江山易改,本性难移"。

(二) 传统的气质类型及其特征

传统的气质有四种基本类型,分别为多血质、胆汁质、黏液质、抑郁质(见表5-2-1)。

表 5-2-1 构成气质类型的心理特性

类型	感受性	耐受性	敏捷性	可塑性	兴奋性	倾向性	速度	不随意反应
胆汁质	低	较高	灵活	小	高	外向	快	强占优势
多血质	低	较高	灵活	大	高	外向	快	强
黏液质	低	高	不灵活	稳定	低	内向	慢	弱
抑郁质	高	低	不灵活	刻板	体验深刻	内向	慢	弱

1. 胆汁质——热情急躁

这种类型的人比较外向,但相对比较刻板;神经系统的兴奋性占主要优势,反应速度虽然很快但不够灵活。精力旺盛、易于冲动、反应迅猛,像"夏天里的一团火",有火爆的脾气。情绪爆发快,"一点就着",但难持久。为人热情直率,朴实真诚;但是粗枝大叶,不求甚解,遇事常欠思量、鲁莽冒失,做事也常常感情用事,但表里如一。胆汁质的学前儿童比较容易和家长闹脾气,但闹过了也比较好哄。对于喜欢的东西,他们会闹着要到手,意志力坚定,但他们解决问题的办法相对来说比较单一。面对教师提出的问题,他们反应很快,回答很迅速。

大伟是个"火爆"孩子。一天,他在积木区与其他小朋友发生了冲突,抬手就打人。当看到他愤怒地拿起一块积木即将砸向其他小朋友时,老师抱住了他。大伟:"放开我。"老师:"我抱住你,这样你就不会伤害其他小朋友。"大伟脚踢老师奋力挣脱。

2. 多血质——活泼好动

这种类型的人也比较外向,善于交际,精力充沛,灵活性比较高,善于变通;情感易变化且不持久,适应能力比较强,兴趣比较广泛;办事效率较高,但注意力容易转移,缺乏耐心。以活泼好动、思维敏捷、灵活多变为特征,乖巧伶俐,惹人喜爱。但缺乏耐心和毅力,稳定性差,见异思迁。多血质的学前儿童精力比较充沛,睡觉时间都比别的小朋友少,喜欢新鲜的事物,喜欢东摸摸、西碰碰,爱探险,乐于交际,喜欢和小伙伴一起玩,适应能力强,但他们注意力集中在一件事情上的时间不长,容易被新鲜事物吸引。

3. 黏液质——沉着稳定

这种类型的人以安静稳重、忍耐沉着、反应迟缓为特征。很像外凉内热的"热水瓶";不怕困难,忍耐力高,表现出内刚外柔。比较沉稳、镇静、有耐心,自制力比较强,但比较刻板;具有埋头苦干的精神,但对新环境的适应能力较弱,接受新事物的能力较弱;比较内向,情绪兴奋性较弱,反应速度比较缓慢。黏液质的学前儿童接受新鲜事物的速度比较慢,到一个新的环境中,他们往往会先观察,过一会儿才会和小朋友一起玩。他们喜欢玩经常玩的玩具,情绪比较稳定。

4. 抑郁质——情感深厚沉默

这种类型的人以深刻稳定、细致敏感、缄默迟疑为特征。比较内向,反应速度比较缓慢,优柔寡断,行动迟缓,情感体验较深刻却很少外露;多愁善感,给人以温柔怯懦的感觉。他们聪明而富于想象力,自制力强,注重内心世界,但显得不善交际,孤僻离群,软弱胆小,萎靡不振。抑郁质的学前儿童似乎对什么都不感兴趣,比较敏感,显得不大合群,喜欢一个人独处。

(三)婴儿的气质类型

托马斯、切斯等人在对婴儿进行追踪研究的基础上,从9个维度将出生到3岁前儿童的气质类型划分为三种(见表5-2-2)。

表 5-2-2　托马斯、切斯划分婴儿气质的主要维度

维度	表现
活动水平	在睡眠、饮食、玩耍、穿衣等方面身体活动的数量
规律性	在睡眠、饮食、排便等方面机体的功能性
常规变化适应性	以社会要求的方式调整最初反应的难易性
对新情境的反应	对新刺激、食物、地点、人、玩具或玩法的最初反应
感觉阈限水平	产生一个反应需要的外部刺激
反应强度	反应的能量内容,不考虑反映质量
积极或消极情境	高兴或不高兴行为的数量
注意分散度	外部刺激(声音、玩具)干扰正在进行活动的有效性
坚持性和注意广度	在有无外部障碍的条件下,某种具体活动的保持时间

1. 容易型

这种类型的婴儿比较好养活。多数婴儿属于这种类型,约占托马斯、切斯研究对象的

40%。这种类型的婴儿生活比较有规律,吃、喝、睡等都有比较固定的时间,容易适应环境,也容易接受新事物和不熟悉的人。他们的情绪一向积极、愉快,对成人的交流行为反应适度。一会儿就可以和陌生人打成一片,总是显得很愉快,因而能得到大人更多的关爱。

2. 困难型

这种类型的婴儿比较难养活,这类儿童人数较少,约占托马斯、切斯研究对象的10%。这种类型的婴儿爱哭爱闹,经常烦躁,爱发脾气,而且很难安抚下来,在饮食、睡眠等生理机能活动方面缺乏规律性,对新鲜事物接受得比较慢,对新环境的适应也比较慢。他们经常表现出不好的情绪,在游戏中也时常不愉快。成人即使努力安抚他们,他们还是不会对成人进行正面回馈。抚养这种气质类型的婴儿需要成人有极大的包容、接纳、耐心等,但这种类型的孩子能够更好地成就他们的家长。

3. 迟缓型

这种类型的婴儿比较慢性子,约占托马斯、切斯研究对象的15%。他们的活动水平很低,行为反应强度很弱,情绪总是处于消极状态,不愿意面对新鲜事物,对外界环境适应和反应都比较慢,但也不像困难型儿童那样大哭大闹,而是常常安静地退缩、畏缩、情绪低落,逃避新刺激、新事物。在没有压力的情况下,他们会慢慢地对新鲜刺激产生兴趣而渐渐活跃起来。这一类婴儿随着环境的不同会慢慢地发生分化。

以上三种类型的婴儿约占65%,其他的35%不能简单地归到上述三种类型中,他们往往兼具两种或三种气质类型的特征。这个理论在婴儿心理学界影响深远,比较有代表性,更接近婴儿气质或行为反应的实际。

拓展阅读

还在害怕吗?[①]

研究发现,有一半的儿童从4个月到4岁,在每次面对会令其恐惧的事情时,总是以相似的方式做出反应,变化不大。另一半儿童随着年龄的增长出现了变化。抑制型(胆小型)儿童出现变化的可能性最大,精力旺盛型儿童变化的可能性最小(如图5-2-1所示),这体现了儿童养育方法的影响:成人会诱导胆小型儿童变勇敢些,鼓励精力旺盛型儿童享受快乐。追踪研究还发现了文化的影响:原来属于抑制型的男孩到青少年期更容易吸毒,抑制型女孩则不会(Williams et al.,2010)。

另一项研究也发现了类似的结果,该研究把气质分为一般型、胆小型和表现型。发展的连续性普遍存在,但是胆小型儿童(2岁半时占14%)最可能出现变化。3岁时,胆小型儿童减少到了5%(van den Akker et al.,2010),父母的态度和行为可能导致了这种变化。

---

① Kathleen Stassen Berger.0—12岁儿童心理学[M].陈会昌,译.北京:中国轻工业出版社.2018:221.

另外几组追踪研究考察了婴儿气质与青少年期人格(尤其是反社会特质)的关系,也证实这类结果:发展的连续性明显存在,但是家庭和环境影响也很明显,这种影响有时会减弱这些困难或消极特质(Kagan et al.,2007;Zentner& Bates,2008)。科学研究反复发现,天性和教养这两方面都影响着每一种气质特质和人格特质。

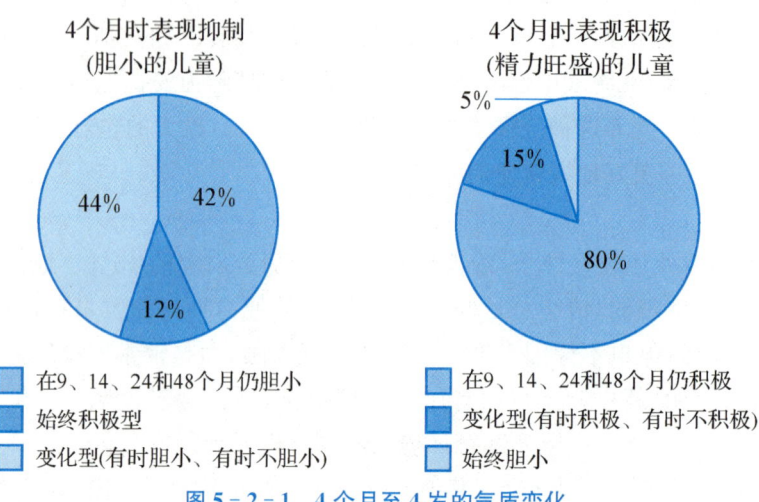

图 5-2-1 4个月至4岁的气质变化

婴儿的气质会变化吗?

数据显示,胆小型儿童不会命中注定一直胆小。如果成人给孩子消除疑虑,不做吓唬孩子的事,有助于孩子克服天生的恐惧。一些胆小的孩子没有变化,但这到底是因为父母没有充分地让他们消除疑虑(教养),还是因为他们在气质上过于胆小(天性),尚不得而知。

小结:

新生儿只有两种简单的情绪:痛苦与满足,通过啼哭与安宁表现出来。以后渐次出现好奇、高兴、社交微笑和大笑。在7—12个月,生气和恐惧明显增强,尤其是在社交场合,例如面对陌生人的情况下,悲伤也明显表现出来。

1岁以后,婴儿有了自我觉知,开始表现出针对自己的情感,如自豪、害羞、尴尬和内疚,而且这些情感也可能针对他人。成熟使这些情感的出现成为可能,但是环境和学习也影响着这些情绪的出现时间、频率和强度。情绪发展的基础是大脑的成熟以及神经元之间联结的形成。气质从出生就表现出了差异;一些婴儿比另一些更容易养育。

二、学前儿童气质的特点

气质是人最早出现的个性心理特征，也是变化最缓慢的。儿童的气质具有相对稳定的特点，但并不是一成不变的。儿童的气质会受到后天环境和教育的影响，往往是先天和后天的结合。学前儿童的气质具有以下特点：

（一）稳定性

儿童从出生就具有了自己的气质特点，并且会在整个儿童期内保持相对的稳定性。近年来，学者采用了家庭观察研究，如帕特森等人通过对12—30个月婴儿进行家庭观察，得出气质社会性的复合评估指标。有的婴儿见到陌生人就笑，而有的婴儿见到陌生人要观察一会儿才会笑，即使母亲的教育是一样的，但他们似乎有着不同的天性，不管后天接受什么样的教育，他们总是存在差异。同样证明气质具有稳定性的还有科纳的研究。他假设如果排除新生儿出生的环境影响，那么他们哭、笑等方面的个体差异是遗传所致。之后的追踪研究发现，这些差异日益稳定。上述研究结果都说明气质具有较大的稳定性。俗话说"江山易改，本性难移"，说的就是气质的稳定性。

（二）可塑性

儿童的气质类型虽然具有相对稳定性，但也不是一成不变的。一方面，后天的环境和教育可以改变儿童原来的气质，例如：长期在集体中生活，可以使一些情绪容易激动的人学会克制自己的情绪。另一方面，学前儿童的神经系统和心理活动都处在不断发展、变化的过程中，具有较强的可塑性。另有研究发现，比较急躁的新生儿在随后的两三年里比温和的新生儿更容易转变为抑制型婴儿。总之，实验证明婴儿的气质类型是可以塑造和改变的。所以，我们要对不同气质类型的婴儿进行相应的教育，扬长避短。

三、根据学前儿童气质类型进行教育

气质没有好坏，但由于它影响到儿童的全部心理活动和行为，影响父母、教师等对儿童的态度，如果不加以重视，将会成为形成不良个性特点的因素。成人在对学前儿童的教育中应注意以下几点：

（一）了解学前儿童的气质特点

成人对学前儿童的抚养和教育措施，必须充分考虑到每个儿童的气质特点。成人可对学前儿童在游戏、学习、劳动等活动中的情感表现、行为态度等进行反复细致的观察。例如，进行活动能否坚持，注意是否稳定持久，跟别人是否热情亲近，脾气是否急躁，情绪是否容易激动，对新环境或陌生人能否很快适应，在集体中是否容易羞涩退缩等，把观察结果和气质类型的典型特征相对照，以确定学前儿童的气质特点。

（二）不要轻易对学前儿童的气质类型下结论

学前儿童虽然表现出各种气质特征，但教师或父母不要轻易对学前儿童的气质类型下结论。原因是在生活中典型的气质类型是很少见的，大多数人的气质类型都属于混合型。另外，某一种行为特点可能为几种气质类型所共有，例如情绪敏感、易于激动、容易改变,既可能是胆汁质的表现,也可能是抑郁质的表现。最后,学前儿童的气质虽具有一定稳定性,但仍然处于发展变化之中,具有可塑性。

(三)教师应根据学前儿童的气质特点开展教育

教师进行教育和教学工作时,要针对学前儿童的气质特点,采取恰当的教育措施。针对胆汁质类型的儿童,要培养其勇于进取、豪放的品质,防止任性、粗暴。针对多血质类型的儿童,要培养其热情开朗的性格及稳定的兴趣,防止粗枝大叶、虎头蛇尾。对于黏液质类型的儿童,要培养其积极探索的精神及踏实、认真的特点,并防止墨守成规、谨小慎微。而对于抑郁质类型的儿童,一方面要培养其机智、敏锐和自信心,另一方面要避免疑虑、孤独。

气质本身并没有好坏之分,每一种气质既有优点又有缺点。教育的目的不是设法改变儿童原有的气质,而是要克服缺点,发展优点,使儿童在原有气质的基础上建立优良的个性特征。

【项目任务】

训练目的:结合所学理论,进一步掌握儿童气质类型,并尝试用儿童气质量表对儿童气质进行测量。

训练内容:使用《中国学龄前3—7岁儿童气质量表》(详见二维码),在教师和家长的帮助下,对见习所在幼儿园选定儿童的气质进行测量。

气质量表

【真题连接】

材料:小虎精力旺盛,爱打抱不平,但是做事急躁、马虎,喜欢指挥别人,稍不如意,便大发脾气,甚至动手打人,事后虽也后悔,但遇事总是难以克制……(2014年下半年)

根据小虎的上述行为表现,回答下列问题。

(1)你认为小虎的气质属于什么类型?为什么?

(2)如果你是小虎的老师,你准备如何根据他的气质类型的特征实施教育?

答案与解析

【延伸探究】

论文:高毓婉,杨丽珠,孙岩:《我国3—6岁幼儿人格发展现状及教育建议》,《学前教育研究》,2019年。

延伸探究

主题三　学前儿童性格的发展

1. 尊重并重视学前儿童的不同性格特点，逐步形成科学的儿童观。*
2. 了解性格与气质的关系，掌握学前儿童性格的典型特征及其影响因素。*
3. 能根据学前儿童不同性格特点对儿童进行针对性的教育。

6岁的俊一正忙着用磁铁吸引鸡肝。发现鸡肝没有被吸引，于是跑去问妈妈："妈妈，老师给我们做实验时磁铁会吸引铁。你经常让我吃鸡肝，说可以补充铁的啊，怎么磁铁不吸引鸡肝呢？"妈妈给俊一解释了一番。他又问："妈妈，那我要怎么才能看到微量元素呢？"最后，妈妈哑口无言。

问题：俊一具有什么样的性格特点？

一、性格的内涵

（一）性格的概念

性格是个性中最重要的心理特征，代表着个性的本质。它表现在对客观现实的稳定态度和惯常的行为方式中，主要体现在对自己、对他人、对事物的态度和所采取的言行上，如善良、真诚、有爱、坚强等。

（二）性格与气质的关系

性格、气质都属于人的个性心理特征。由于性格与气质相互制约、相互影响，所以在实际生活中，人们经常把气质特征说成性格，或把性格特征说成气质。例如，有人常说某人的性格活泼好动，某人性子太急或太慢，这其实讲的是这些人的气质特点。性格与气质是既有联系又有区别的两种不同的个性心理特征。

1. 性格与气质的联系

相同气质类型的人可能性格特征不同，性格特征相似的人可能气质类型不同。具体地说,二者的联系有以下三种情况。

其一,气质可按自己的动力方式渲染性格,使性格具有独特的色彩。例如,同是勤劳的性格特征,多血质的人表现为精神饱满、精力充沛,黏液质的人会表现为踏实肯干、认真仔细;同是友善的性格特征,胆汁质的人表现为热情豪爽,抑郁质的人表现为温柔。

其二,气质影响性格形成与发展的速度。当某种气质与性格有较强的一致性时,就有助于性格的形成与发展;相反,会阻碍性格的形成与发展。例如,胆汁质的人容易形成勇敢、果断、主动的性格特征,而黏液质的人形成这些性格特征就较困难。

其三,性格对气质有重要的调节作用,在一定程度上可掩盖和改造气质,使气质服从于生活实践的要求。例如,飞行员必须具有冷静沉着、机智勇敢等性格特征,在严格的军事训练中,这些性格的形成都会掩盖或改造胆汁质者易冲动、急躁的气质特征。

2. 性格与气质的区别

气质更多地受个体高级神经活动类型的制约,主要是先天形成的;而性格更多地受社会生活条件的制约,主要是后天形成的。气质是表现在人的情绪和行为活动中的动力特征(即强度、速度等),无好坏之分;而性格是指行为的内容,表现为个体与社会环境的关系,在社会评价上有好坏之分。气质可塑性较弱,变化极慢;性格可塑性较强,环境对性格的塑造作用较为明显。

二、学前儿童性格的年龄特征

(一)活泼好动

活泼好动是儿童的天性,也是学前儿童最明显的性格特征之一,不论是何种类型的儿童都有此共性。他们就像"小天使"一样来到这个世界上,活泼可爱,似乎永远没有烦恼。他们总是不停地做各种动作,不停地变换活动方式。生活中经常看到,儿童每时每刻都在"动",有时走走跳跳,有时玩玩闹闹,不管周围的环境如何,冰天雪地还是骄阳似火,也不在意手边的"玩具"漂亮精致还是粗糙简陋,他们总是不知疲倦地玩个不停。此外,儿童非常乐于为成人做一些力所能及的事情,教师和家长应抓住教育契机,避免"包办代替",鼓励儿童大胆尝试,给予他们锻炼自己、自我成长的机会。

图 5-3-1　活泼好动的儿童

(二)好奇好问

儿童的好奇心非常强,对什么都感兴趣,对什么都想看一看、摸一摸,探个究竟。他们的问题非常多,"这个是什么?""那个是什么?""这是为什么?""那是为什么?"仿佛他们有"十万个为什么"。很多问题成人也很难回答。这个全新的、未知的世界对于知识经验相对贫乏的儿童来说,具有极大吸引力的,他们会不厌其烦地提出各种各样的问题,这就是学前儿童的典型特点——好奇好问。有时,发现问题比解决问题更有价值,因此,面对儿童的提问,成人应该小心保护学前儿童的好奇心,呵护学前儿童对世界探索的兴趣和欲望,因为好奇心是探究和获取真知强大的动力。

一场大雨过后,活动场地上来了一位"不速之客"——蚯蚓。晨间活动时,孩子们发现它在场地上躺着,于是一个个好奇地瞅着它。有的蹲着,有的猫着腰,有的踮起脚。这个用小手轻轻触碰它,那个用小脚轻轻踢它……正当小朋友们观察得起劲时,老师温柔的声音传过来了:"小班的宝宝们,快来抓妈妈的尾巴哦。"在老师的呼唤下,小朋友们极不情愿地离开蚯蚓。可是,不一会儿,又有几个孩子偷偷跑过去观察蚯蚓。这时,老师走来了,十分生气地说:"还不快来抓我的尾巴。"

分析:户外活动中,儿童常会被无关刺激吸引注意力,导致儿童表现出"不听话"的行为,如案例中的儿童偷偷观察蚯蚓。有的老师不能正确看待儿童的这种行为,认为这些儿童不守纪律,常会感到非常气愤,进而批评儿童。殊不知,这种看似"不听话"的行为,有助于引导儿童形成好奇好问、乐于探究的良好性格。

图 5-3-2 总有"十万个为什么"的儿童

(三)好模仿

好模仿也是学前儿童典型的性格特点。他们喜欢像成人那样说话做事,对成人的一言一行和同伴的一举一动,都会主动模仿。尤其是小班儿童,他们喜欢模仿教师和同伴的言行,如看到别的小朋友玩什么玩具,自己就要什么玩具;看到同伴怎么玩自己就会学着

这样去玩,具有强烈的模仿性。正因如此,幼儿园经常出现小班儿童争抢玩具的现象。模仿是学前儿童重要的学习方式,个体最初学会的本领,都是通过模仿习得的。他们模仿的方式有即时模仿,也有延迟模仿。不管怎样,成人都应为儿童树立好的榜样,给予其正面的影响和教育,促进其健康成长。

三、学前儿童良好性格的塑造

(一)营造良好的家庭氛围

家庭是学前儿童认识大自然、大社会的第一个场所,对于儿童性格的影响非常大。良好的家庭氛围能塑造出良好性格的学前儿童。所以,家长应该重视家庭教育,营造民主、和睦、宽松、平等的家庭氛围。家长要把儿童看成平等的人,学会"蹲下来"和儿童沟通。家长要学会洞察儿童的内心世界,尊重儿童的兴趣、爱好和想法,不把自己的意愿强加于儿童身上,真诚和儿童沟通,了解儿童内心真实的想法。

(二)发挥成人的榜样作用

学前儿童典型的性格特点就是好模仿,他们总是喜欢模仿成人和同伴的一言一行。父母是孩子的第一任老师。父母应注意自己的言行举止,特别是在儿童面前,要发挥榜样的作用。比如,为了培养儿童爱整洁、懂礼貌的好习惯,父母就要注意保持家庭和个人整洁卫生,懂得尊老爱幼。父母还应该多陪伴儿童,和儿童一起参加活动,比如和儿童一起阅读绘本、做科学小实验等,从而培养儿童的阅读和探究兴趣。

(三)培养儿童的积极情绪

要培养性格良好的学前儿童,情绪因素不容忽视。学前儿童情绪良好,说明他们的身心状态良好,发展正常。积极情绪可以提高大脑的活力,有益于学前儿童良好性格的形成。为了促进学前儿童积极情绪的产生,父母和教师可以尽量满足他们的合理需要,鼓励他们大胆探索。另外,当学前儿童心情不好时,父母要关注他们的情绪,及时引导,鼓励他们自己调节自己的情绪。例如,当孩子画画不小心在人脸上多画了一只眼睛正要闹情绪时,妈妈说:"呀,宝贝,你在画神仙啊!这个小神仙有点像……"接下来,孩子就在那只多余的眼睛上进行修饰,并兴奋地对妈妈说:"妈妈,你看像不像葫芦娃?"

(四)珍视挫折的教育价值

人生必定会遇到挫折和困难,培养学前儿童的挫折承受力就显得尤为重要。在进行挫折教育时,要引导他们用心体验,让他们勇于直面自己的问题,自己想办法解决问题。如儿童犯了错误,家长不要替其道歉,谁犯了错误谁承担责任,这样才可以培养学前儿童的责任心。当儿童面对困难时,家长可以先安慰他;同时要鼓励、引导他们乐观面对。另外,教师可以利用文学活动来进行挫折教育,可以选择好的作品来感染他们,可以把如何面对挫折编成歌谣,也可以通过角色扮演等方式来培养儿童良好的性格。

(五)家园共育培养学前儿童良好的性格

家园共育指的是家庭和幼儿园相互沟通、协调,共同为培养学前儿童的良好性格而努力。家庭和幼儿园是学前儿童最熟悉的环境,家庭是学前儿童最主要的生活场所,幼儿园的教育要在家庭中延续和实践。培养良好性格不是一朝一夕的事情,也不是依靠某一个人就能完成的事情。因此,家长和幼儿教师要相互配合,共同培养学前儿童的良好性格。

【项目任务】

训练目的:通过对幼儿行为的观察与分析,了解幼儿性格特征的具体表现。

训练内容:

1. 在幼儿园见习时选定一名幼儿作为观察对象,持续观察(至少3次,每次半天)该幼儿在游戏、集体教学、进餐等活动中的行为表现,填入下表。

2. 访谈该幼儿的老师或家长,了解其对长辈、同伴的态度与行为表现。结合观察记录分析该幼儿的性格特点,并给出教育建议。

学前儿童性格特点观察记录表

幼儿姓名		性别		年龄	
行为表现					
性格特点分析					
教育建议					

【真题连接】

材料:齐齐是幼儿园的一个孩子,胆子很小,上课从来都不主动回答问题,老师点名让他回答,他就脸红,声音很小。他也不愿意和同伴交往,老师和小朋友让他一起来玩,他的头摇得跟拨浪鼓一样。(2013年下半年)

问题:(1)造成齐齐性格胆小的原因可能有哪些?

(2)你认为该怎样帮助齐齐?

答案与解析

【延伸探究】

视频:《李玫瑾讲述"孩子的个性是先天的,但性格却是后天养成的"》。

延伸探究

主题四 学前儿童能力的发展

1. 了解能力的种类及学前儿童能力发展的规律。*
2. 善于发现学前儿童具备的能力,重视学前儿童各项能力的培养。
3. 能运用一定方法促进学前儿童能力的发展。*

早晨入园后,孩子们自主选择区域活动。张妙妍先进入美工区写了两排数字,后来张竞予也进入了美工区。张竞予趴在桌子上看着张妙妍的作品说:"原来是个三角形,你在画什么啊?"张妙妍说:"公主啊,她在用脑子想怎么数数。她想起来了,这是她的脖子,小小的脖子。"说完张竞予"啊"了一声。张妙妍说:"我们没有脖子呀!"接着张竞予说:"那脖子怎么那么长?"一直在看张妙妍画的张竞予又说:"嘴巴怎么那么大,怎么没有鼻子啊?"张妙妍说:"没有鼻子没关系。"张竞予回道:"你没有鼻子啊!"张妙妍又说:"她没有双眼皮啊,我还要给她画眉毛。"

问题:张妙妍画的公主是什么样的?张妙妍的美术作品体现了她哪些能力的发展?水平如何?

问题解析

一、能力的内涵

(一)能力的含义

能力是指人顺利完成某种活动必须具备的心理特征,也是成功完成某种活动所必需的心理条件。能力总是与一定的环境相联系,这是因为离开了具体活动既不能表现人的能力,也不能发展人的能力。如我们评价一个人,经常说某人具有较强的言语表达能力、交往能力或敏锐的观察力等,而这些能力都是通过人的活动体现出来的。反过来,这些能力又是人成功地完成某种活动的必备条件。

(二)能力的种类

1. 根据能力的范围分类

一般能力也称智力,是指在不同实践活动中表现出来的比较一致的能力。思维力、想象力、记忆力、观察力、创造力等都属于一般能力。

特殊能力指在特定的专业活动中发挥作用,是顺利完成某种专业或特殊活动所必需的心理条件能力,包括音乐能力、运动能力、绘画能力等。

一般能力与特殊能力相互关联。一方面,一般能力在某种特殊活动领域得到特别发展时,就可能成为特殊能力的重要组成部分。另一方面,在特殊能力发展时,一般能力也相应得到发展。

2. 根据能力的行为方式分类

模仿能力指通过长期观察他人的示范性行为,而逐渐形成的对事物做出相仿反应的能力。

创造能力指利用已知信息生产出某种新颖、独特、有社会或个人价值的产品的能力,创造能力的核心是创造性思维能力,也包括创造性想象能力。

模仿能力和创造能力是互相联系的。创造能力是在模仿能力的基础上发展起来的。但就其独特性而言,模仿是学习的基础,创造则是人成功地完成任务及适应不断变化的新环境的必备条件。

3. 根据能力的特殊功能分类

认知能力指接收、加工、储存与应用信息的能力。它反映在人的认知活动中,是获取各种知识的心理潜能。

操作能力指操作、制作的能力,是在操作技能的基础上发展起来的能力,是顺利掌握操作技能的重要条件。

社交能力反映在人际交往中,是加强人际沟通、正确处理人际关系的能力。语言表达能力、组织管理能力、判断决策能力等都是社交能力的重要组成部分。

二、学前儿童能力发展的规律

(一)能力发展的趋势

1. 0—3 岁儿童能力的显现和发展

新生儿已表现出一定的智力活动,而且有巨大的潜能。例如,2—3 个月的婴儿就能感受声音刺激,听到声音时,表现出倾听的样子;3—4 个月的婴儿会转头寻找声源;5 个月左右的婴儿开始认生,表明婴儿已能记住过去熟悉的人;18—24 个月的儿童出现延迟模仿,模仿能力开始发展起来。

操作能力最早表现出来。婴儿出生后在先天抓握反射的基础上,经过无意识抓握的练习,逐步学会有目的的抓握动作。6—7 个月时,其双手协调能力开始发展,手的灵活性也逐步提高。从 1 岁开始,其操作物体的能力逐步发展起来,开始进行各种游戏。

言语能力在3岁前发展迅速。短短两三年里，从咿呀学语到3岁时候能说出简单句，能掌握1 000—1 100的词汇，这个发展速度是相当惊人的。而言语的发展，使儿童的智力活动更为精确、更具自觉性。

2. 3—6岁儿童能力的发展

人生头几年是智力发展非常迅速的时期。布鲁姆收集20世纪前半期多种对儿童智力发展的纵向追踪材料和系统测验的数据并进行统计分析后发现：儿童智力发展有一定的稳定规律。布鲁姆认为，17岁为人的智力水平发展的最高点，假设其智力为100%，那么1岁儿童为20%，4岁儿童为50%，8岁儿童为80%，13岁儿童为92%。布鲁姆提出的理论假设"学前期是儿童智力发展的关键时期"，这个观点已被许多心理学家认可。

学前儿童智力随着年龄变化的观点表明，根据不同年龄学前儿童心理的特点，在不同的阶段，对学前儿童智力培养的内容要有所侧重。总的来说，应该特别重视对学前儿童观察力、注意力及创造力的培养。

（二）能力发展的差异

由于遗传、生活环境、早期教育和经历的不同，学前儿童的能力发展存在差异，具体表现为：能力类型的差异、能力水平的差异和能力表现早晚的差异。

1. 能力类型的差异

在日常观察中可以发现，儿童的能力类型存在差异。在一般能力方面，有的儿童记忆能力很强，很快就能记住很长的故事和儿歌，而且不容易忘记；有的儿童则理解能力较强，很容易理解故事、图片的内容。在特殊能力方面，有的儿童绘画能力强，有的儿童则擅长音乐。在教育活动中，要了解每个儿童的能力类型差异及特点，然后根据儿童的能力水平给予恰当的引导。

母亲、6岁的科拉和2岁的贝姬正在公园中散步。他们来到一座雕像前。

科拉：那是谁？他为什么有一座雕像？

母亲：是加里波第（意大利民族英雄，国家独立和统一运动领导人）。

科拉：他多大年龄？什么是英雄？什么叫作独立？他的马多大年龄？意大利在哪里？

几年以后，当贝姬6岁的时候，她和妈妈又一次来到同一座雕像前。

贝姬：那是谁？

母亲：加里波第。

贝姬（以一种浮想联翩的口吻）：加里波第……加里波第……加里波第（长时间的停

顿)。多么美的一个名字啊！①

上面的对话显示：来自同一家庭的两个孩子，在审视公园里的同一座雕像时具有完全不同的方式。这或许与他们具体的智能类型相关联——第一个孩子更倾向于人际和内省智能，第二个孩子更倾向于音乐和语言智能。

2. 能力水平的差异

学前儿童的能力发展水平存在不均衡现象，绝大多数学前儿童的能力处于正常水平，相差不明显。但也有超常和低常儿童存在。

3. 能力表现早晚的差异

人的能力表现存在着早晚的差异，智力超常学前儿童往往在很小的时候就表现出非凡的才能，这类儿童被称为"早慧儿童"或"神童"，也有一些大器晚成的例子，都是中年甚至老年才出成果。

【项目任务】

训练目的：了解促进学前儿童各项能力发展的有效方法。

训练内容：收集或自行设计 3 个游戏活动方案（包括智力游戏、体育游戏、音乐游戏等），尝试分析每个游戏是怎样促进学前儿童某一项或某几项能力发展的。

【真题连接】

有的学前儿童擅长绘画，有的学前儿童善于动手操作，还有的学前儿童很会讲故事。这体现的是（　　）。(2013 年上半年)

A. 能力类型的差异　　　　　　B. 能力水平的差异

C. 能力发展速度的差异　　　　D. 能力发展早晚的差异

答案与解析

【延伸探究】

视频：《加德纳的多元智能理论》。

延伸探究

---

① Dorothy H. Cohen, Virginia stern, Nancy Balaban, Nancy Gropper.幼儿行为的观察与记录[M].马燕,马希武,译.北京：中国轻工业出版社.2017:137.

主题五　学前儿童自我意识的发展

1. 掌握自我意识的概念及自我意识各个心理成分的发展规律。*
2. 尊重学前儿童自主性，鼓励儿童自主自立的尝试。
3. 能根据自我意识发展规律分析教育活动中儿童的行为。*

微课

学前儿童自我意识的发展

情境导入

动画片《大耳朵图图》中有个情景：妈妈教图图："图图，妈妈告诉你，你是图图，我是妈妈，他是爸爸。"图图感到很有意思，到幼儿园教其他小朋友，图图说："来，我教你们知识，我是妈妈，你是图图，他是爸爸。"但图图又觉得乱了："嗯？我怎么变成妈妈了？"

问题：图图为什么会觉得混乱？

问题解析

自我意识是人对自己以及自己与客观世界关系的一种意识。自我意识是个性的重要组成部分，是衡量个性成熟水平的标志，是整合、统一个性各个部分的核心力量，也是推动个性发展的内部动因。从自我意识的形成过程来看，主要包括自我认识、自我体验、自我调节。

一、0—3岁儿童自我意识的发展

刚出生的新生儿，没有自我意识。3个月的婴儿能区分自己和他人，这是自我的萌芽。随着客体永久性的出现，儿童逐步形成一个不同于外部世界的主体的自我。出生后第二年，客体自我开始出现。主体自我和客体自我的形成是儿童与物理世界及社会环境相互作用的结果。自我的发展有助于儿童妥善处理自己与环境、与他人的关系，如认识到人的态度、体验他人的情感、建立平等关系、共享社会经验、实现共同目标等。自我意识的发展是儿童社会化的转折点，也是其个性最终形成的必要条件。

（一）0—1岁：自我感觉的发展

自我感觉是自我意识的最初级形式。1岁前的婴儿没有自我意识，分不清自己和客体的区别。婴儿最初甚至不能意识到自己身体的存在,不知道身体的各部分是属于自己的。几个月的婴儿常常摆弄、吮咬自己的手指脚趾,就像咬其他玩具一样,有时候甚至会把自己咬疼而大哭不止。在此过程中,儿童逐渐发觉,咬自己的手指脚趾与咬其他玩具的感觉不一样,从而慢慢地意识到手指脚趾是自己身体的一部分。

(二) 1—2岁:自我认识的发展

儿童自我认识最主要的方面是对自我形象的认识。这个阶段的婴儿能够意识到自己的特征,可以通过外表特征认识自己,能从客体(如照片、录像)中认出自己,这表明婴儿已经具有明确的自我认识。

心理学家设计了"点红实验"研究婴儿自我认识的发展。结果显示:9—14个月的婴儿会摸镜子里的人,好像镜子里红鼻子的人与他们无关;而15—17个月的部分婴儿会摸自己的鼻子;18个月以上的绝大多数婴儿会摸自己的鼻子;到了2岁,所有的婴儿都会这么做。去摸自己鼻子的婴儿已经知道自己的长相,能够将自己和其他婴儿进行区分,逐渐形成了对自我的认识。认识镜子中的人是自己,对于婴儿自我意识的发展而言是一个关键的里程碑。

> **经典实验**
>
> **点红实验**
>
> 1972年,北卡罗来纳州大学的Amsterdam发表了一项实验,开启了此后几十年关于婴儿自我认识的研究。该实验以6—24个月婴儿为被试。首先让母亲在擦婴儿脸时悄悄在其鼻子上粘一小红点,然后将婴儿放在镜子前。妈妈指着镜子里的影像问孩子"那是谁",研究者则观察婴儿的反应。如果婴儿具有某种关于自己面部的心理表象,并认识到镜子里的人是自己,他们能很快注意到红点,伸手摸或擦自己的鼻子,而不是擦镜子里婴儿的鼻子。
>
> Amsterdam共测试了88个婴儿,最终只得到16份可靠资料,从这16个婴儿身上发现了三类反应:
>
> 6—12个月:那是别的孩子!婴儿的行为好像表示:在镜子里看到的是另一个他们想友好相处的人。他们会做出微笑、发出声音等接近的动作。
>
> 13—24个月:退缩!婴儿看到镜子里的自己不再感到特别兴奋。有些婴儿有些警惕,另一些婴儿则会偶尔微笑一下并弄出一些声音。对这种行为的解释是:婴儿这时的行为很自觉(感到自己存在,可能表现出自我概念),但是这也可能是面对其他孩子的反应。
>
> 20—24个月以后:那是我!大约从这个时候开始,婴儿能指着自己鼻子上的红点,清楚地认出镜子里的自己。

图 5-5-1 指着鼻子上红点的儿童

> 虽然 Amsterdam 的研究结果是通过小样本得出的,但此后在更多被试身上得到了同样结果。另外,后续进行的实验发现:如果鼻子上没有红点,20—24 个月的孩子不会碰自己的鼻子。这就说明,摸鼻子并不是他们看到自己影像的自然反应。

(三) 2—3 岁:自我意识的萌芽

儿童自我意识的萌芽与言语的发展有着密切的关系。随着言语的发展,儿童掌握了与自身相关的词汇,比如自己的名字。但此时,儿童只是把名字当作自己的代号,如果别人也叫这个名字,他就会产生疑惑。实际上,大约在 2 岁以后,儿童逐渐学会使用代词"我",学会用"我"来称呼自己。掌握"我"字是自我意识形成的主要标志,意味着儿童自我意识的产生。

二、3—6 岁儿童自我意识的发展

3—6 岁儿童的自我意识随着年龄的增长而发展,主要表现在自我评价、自我体验和自我控制的发展上。自我评价发生在 3—4 岁,自我体验发生在 4 岁左右,自我控制发生在 4—5 岁。

(一) 自我评价的发展

1. 主要依赖成人的评价

幼儿初期,儿童还没有独立的自我评价。他们的自我评价往往依赖于成人对他们的评价,其所谓的自我评价往往是成人评价的简单重复。如果儿童评价自己是好孩子,是因为老师说他是好孩子,而且儿童对成人的评价往往有一种不加思考的轻信态度。幼儿晚期,儿童开始出现独立的评价,逐渐对成人的评价持批判态度。如果成人的评价不符合实际情况,儿童会质疑、申辩,甚至表示反感。

2. 自我评价常常带有主观情绪性

儿童不是从事实出发,而往往是从情绪出发进行自我评价。在一个实验中,让儿童对自己的绘画作品与别人的做比较性评价,当儿童得知比较的一方是教师的作品时,尽管一望而知这些作品比自己的差(这是实验故意设计的),儿童还是评价说教师的作品好,而当把儿童自己的作品与其他小朋友的进行比较时,即使自己的不如别人,也往往评价自己的作品好。过高估计自己是幼儿期比较普遍的现象。但随着年龄的增长,儿童对自己的过高评价渐趋隐蔽。例如,儿童想说自己好,又不好意思,于是说"我不知道我做得怎么样"。在良好的教育下,儿童逐渐能够对自己做出正确的评价,有的儿童还会出现谦虚的评价。

3. 自我评价具有笼统性、片面性和表面性

幼儿初期,儿童的自我评价一般是比较笼统的,只是从某个方面或局部对自己进行评价。例如:3—4 岁的儿童是从个别方面或局部评价自己,说自己是好孩子的原因是"我不打人"或"我帮老师收积木"。随着年龄的增长,儿童的评价逐渐向具体、细致、全面的方向发展。如 5 岁儿童说自己是好孩子,原因是"星期天我帮妈妈扫地、抹桌子、刷碗";6 岁儿童的自我评价表现出多面性,如"我是好孩子,客人来了要主动问好,我上课发言好,帮老

师做事"等。

(二) 自我体验的发展

1. 自我体验的发展水平不断深化

儿童的各种自我体验随年龄增长而发展,其发展水平不断深化。如对愤怒感的情绪体验,不同年龄儿童体验的程度不同,从"会哭""不高兴""会生气"到"很生气""很恨他"等,从中可看到儿童体验的发展在不断深化。

2. 自我体验的社会性明显发展

儿童不仅能对生理需要产生自我体验,也会对社会性需要产生自我体验,儿童往往会因成人的赞扬、批评、误会等产生不同的自我体验。随着年龄增长,儿童自我体验的社会性也在明显发展,儿童的自尊感、羞愧感、委屈感等自我体验在 4 岁以后明显发展。

3. 自我体验具有易受暗示性

儿童的自我体验容易受成人的暗示,年龄越小,表现越明显。比如,当成人问 3 岁儿童:"如果在游戏中违反规则又被老师发现,你会觉得难为情吗?"有 27% 的 3 岁儿童给予肯定回答,但当实验者改用"你觉得怎样?"的笼统提问时,只有 3% 的 3 岁儿童有自我体验。说明很多儿童只有在成人的暗示下才会有自我体验,成人要充分注意儿童受暗示性强的特点,多采用积极暗示促进儿童良好道德情感的发展,同时要注意避免消极暗示对儿童的不良影响。

(三) 自我控制的发展

儿童自我控制的发展主要表现在坚持性和自制力方面。总的来说,3—4 岁儿童的坚持性和自制力都很差,5—6 岁才有一定发展。

1. 从主要受他人控制发展到自己控制

幼儿初期,儿童自我控制的水平是比较低的,在遇见外界诱惑时,主要依靠成人的控制,儿童很难进行自我控制,所以违反行为规则的情况较多。幼儿晚期,儿童自我控制的能力逐渐增强。

2. 从不会自我控制逐渐发展到学会使用控制策略

控制策略是影响儿童控制力的一个重要因素。幼儿初期,儿童还没有掌握有效的控制策略。幼儿晚期,儿童逐渐开始使用简单的策略进行自我控制。关于延迟满足的研究表明,有少数 4—5 岁的儿童能采用小声唱歌、用脚敲打地板、把手藏在手臂里或睡觉等方式让自己分心而不去碰诱惑物,而 5—6 岁的儿童已经懂得把诱惑物遮盖起来(不让自己看见),以此来避免被诱惑。

3. 自我控制的发展受父母控制特征的影响

虽然在整个幼儿期,儿童的自我控制能力有所发展,但是其控制自身行为的能力很弱,需要父母的不断监控和提醒。在儿童自我控制能力发展的同时,父母也要求他们遵循更多的规则,从安全、爱护财产、尊重他人,到家庭常规、礼貌和日常琐事等。研究表明,儿童的自我控制发展往往受到其父母控制特征的影响。儿童在父母控制下所形成的自我控制特征在其后期的自我控制发展中比较稳定。

对点案例

4岁的小宝专心玩着他的小汽车,在屋子里跑来跑去。妈妈大声喊:"小宝,快点,别玩了,要上幼儿园了,我们要迟到了。"只听小宝赖皮地说:"你不给我买奥特曼,我就不上幼儿园。"妈妈说:"走吧,妈妈这就给你买,之后我们再上幼儿园。"小宝的要求得逞了。

4岁正是孩子形成自我控制的关键时期。小宝的妈妈惯用的方法就是不假思索地满足他的要求,这不利于小宝自我控制能力的形成。面对小宝的无理要求,妈妈要讲原则,可以告诉小宝如果接连几天去幼儿园都表现得很积极就可以买奥特曼,或者提供其他替代方案,让他放弃自身的欲望。例如,妈妈可以告诉小宝,今天在幼儿园要是和小朋友玩得很好,妈妈就买奥特曼。另外,妈妈要在教师面前经常表扬小宝"今天小宝来这里表现得很好,比我收拾得都快"等,鼓励性语言可以激励小宝,不可一味说"不行",这样会伤害孩子的自尊,更不能打孩子。①

【项目任务】

训练目的:尝试通过游戏增强学前儿童的自我意识。

训练内容:为4岁儿童设计自我认知的小游戏,包括游戏名称、游戏适用年龄、游戏目标、游戏准备、游戏过程(游戏玩法和规则)、游戏建议或注意事项。

【真题连接】

1. 让脸上抹有红点的婴儿站在镜子前,观察其行为表现,这个实验测试的是婴儿哪方面的发展?(   )(2015年上半年)

　　A. 自我意识　　　　　　　　B. 防御意识
　　C. 性别意识　　　　　　　　D. 道德意识

2. 研究儿童自我控制能力和行为的实验是(   )。(2017年下半年)

　　A. 陌生情景实验　　　　　　B. 点红实验
　　C. 延迟满足实验　　　　　　D. 三山实验

答案与解析

【延伸探究】

视频:《13—24个月宝宝亲子游戏"镜子里的自己"》。

延伸探究

---

① 魏勇刚.学前儿童发展心理学[M].北京:教育科学出版社,2017:147.

单元六 学前儿童社会性的发展

学前儿童社会性的发展
- 学前儿童人际交往的发展
  - 亲子关系
  - 同伴关系
  - 师幼关系
- 学前儿童性别角色行为的发展
  - 性别角色的含义
  - 学前儿童性别角色的获得
  - 学前儿童性别角色认识的发展
  - 学前儿童性别行为的发展
- 学前儿童亲社会行为的发展
  - 亲社会行为的发展
  - 亲社会行为的影响因素
  - 亲社会行为的培养策略
- 学前儿童攻击性行为的发展
  - 学前儿童攻击性行为的发展变化
  - 攻击性行为的影响因素
  - 抑制儿童攻击性行为的策略

> 掌握幼儿社会性发展的基本规律和特点，并能够在教育活动中应用。

社会性是作为社会成员的个体为适应社会生活所表现出来的心理和行为特征。人的社会性不是与生俱来的，而是在与他人交往的过程中逐渐形成的，是个体适应社会生活的表现。社会性发展是儿童心理发展的重要方面，也是儿童全面发展的重要基础与最初底色。学前儿童社会性发展的内容包括两部分：一是人际关系的发展，主要包括亲子关系、同伴关系与师幼关系；二是社会行为的发展，可以从亲社会行为与攻击性行为两方面进行分析。

视频

社会性对儿童发展的重要意义

主题一 学前儿童人际交往的发展

学习目标

1. 了解亲子依恋的内涵,掌握儿童依恋的发展特点及影响因素。
2. 理解培养学前儿童人际交往能力的重要性。
3. 初步掌握培养学前儿童人际交往能力的教育策略。

微课

学前儿童的
人际交往关系

情境导入

淘淘是幼儿园中班新转来的小朋友。虽然刚来幼儿园两周,但他的很多行为却已经让老师头疼不已。在活动时间里,他要么突然闯入小朋友们的游戏中,在其中横冲直撞,打乱大家的活动;要么就是抢小朋友正在玩的玩具满场跑,惹得其他小朋友哇哇哭。例如,有一天,壮壮和乐乐正在游戏角堆积木,玩得不亦乐乎。淘淘似乎也非常想加入他们的活动。他在游戏角周围转了一会儿,忽然冲了进去,把壮壮和乐乐搭的高楼推翻了,气得壮壮和乐乐追着他跑,要他赔搭好的积木。可是淘淘却笑嘻嘻、很开心的样子,还一边跑一边喊:"快来抓我呀!"

问题:如果照这样发展下去,淘淘在同伴们眼中会成为什么样的孩子呢?对于淘淘这样的孩子老师应该采取哪些方法让他有效地加入同伴群体之中呢?

问题解析

儿童的人际交往问题日益受到家长和教师的关注,人际关系问题已成为继学习之后的主要问题之一。学前期是儿童社会交往态度和社会交往能力形成的重要时期,对学前儿童人际关系进行探讨具有重要意义。学前儿童人际关系主要包括亲子关系、同伴关系和师幼关系。

一、亲子关系

亲子关系是指父母(或养父母)与子女的关系,也可以包含隔代亲人的关系。广义的亲子关系是指父母与子女的相互作用方式,即父母的教养态度与方式;狭义的亲子关系是指幼儿早期与父母的情感联系,即依恋。下面重点讨论亲子依恋。

(一) 依恋的含义

依恋是婴儿寻求并企图保持与另一个人亲密的身体联系的一种倾向。这个人主要是母亲,也可以是别的抚养者或与婴儿联系密切的人,如家庭其他成员。依恋主要表现为啼哭、笑、吸吮、喊叫、咿呀学语、抓握、身体接近、偎依、跟随等行为。

依恋是婴儿与抚养者之间一种积极的、充满深情的感情联结。它对于激发父母和照顾者更精心地照料后代,对儿童形成最初信赖和不信赖的个性特点有着最重要的影响。

(二) 依恋的发展过程

依恋同其他心理现象的发展一样,是阶段性与连续性的统一,可分为以下阶段:

第一阶段(出生到3个月):对人无差别的反应阶段。这一阶段婴儿的笑是一种具有节奏的运动,是神经兴奋周期的反映,是身体内部状态引起的一种反射,与外界刺激无关。这期间婴儿对人的反应几乎都是一样的,哪怕是对一个精致的面具也会表示微笑。他们喜欢所有的人,最喜欢注视人的脸。见到人的面孔或听到人的声音就会微笑,以后还会咿呀"说话"。因此,这种微笑被称为非社会性微笑(生理微笑),也有人称之为"自发性微笑"。

第二阶段(3到6个月):对人有选择的反应阶段。3个月以后,婴儿的行为发生了较大变化,一反过去对任何人都友好的态度,微笑的对象仅限于熟悉的人。他对陌生人只是注视,只有陌生人对他微笑或抱起他时,他才做出一些反应。在这一阶段,婴儿对悉心照料他的母亲产生了依恋行为,如依附、要求接近或吮吸、咿呀喊叫等。这一时期的婴儿对母亲和他所熟悉的人的反应与对陌生人的反应有了区别。婴儿在熟悉的人面前表现出更多的微笑、啼哭和咿咿呀呀,对陌生人的反应则明显减少。

第三阶段(6个月—3岁):积极寻求与专门照顾者接近。婴儿从6—7个月起,对依恋对象的存在表示深深的关切。当依恋对象离开时,就会哭喊、不让离开;当依恋对象回来时,会显得十分高兴。只要依恋对象在他身边,他就能安心地玩、探索周围的环境,仿佛依恋对象是婴儿安全的基地。与婴儿对专门照顾者表现出明显的依恋的同时,对陌生人的态度变化很大,大多数婴儿会产生怯生。

(三) 依恋的类型

美国心理学家爱斯沃丝与同事设计了适用于10—24个月婴儿的"陌生情境"实验,研究母婴依恋的个别差异。根据婴儿在"陌生情境"中的反应,将依恋分为四种类型。

回避型依恋:这类儿童对母亲在场或不在场影响不大,母亲离开时,他们并无特别紧张或忧虑的表现。母亲回来了,他们往往也不予理会,有时也会欢迎母亲的到来,但只是短暂的,接近一下又走开了。这种儿童接受陌生人的安慰就像接受母亲的安慰一样。实际上这类儿童并未形成对人的依恋,所以有的人把这类儿童称为"无依恋的儿童",约20%的婴儿属于这种类型。

安全型依恋:这类儿童与母亲在一起时能安逸地玩弄玩具,对陌生人的反应比较积极,并不总是偎依在母亲身旁。当母亲离开时,他们的探索行为会受影响,明显表现出一种苦恼。当母亲又回来时,他们会立即寻求与母亲的接触,但很快地又平静下来,继续做游戏。70%的婴儿属于这种类型。

反抗型依恋:反抗型依恋的儿童逢到母亲要离开之前,总显得很警惕,有点大惊小怪。如果母亲要离开他,他就会表现极度的反抗。但是与母亲在一起时又无法把母亲作为他安全探究的基地。这类儿童见到母亲回来就寻求与母亲的接触,但同时又反抗与母亲接触,甚至还显得有点发怒的样子。如儿童见到母亲立即要求母亲抱他,可刚被抱起来又挣扎着要下来。要他重新回去做游戏似乎不太容易,他会不时地朝母亲那里看。约10%的婴儿属于这种类型。

紊乱型依恋:这类婴儿经常在母亲离开时跑到门前哭泣,而当母亲回来时,他们会迎向母亲,头却突然转向另一个方向,表现出渴望亲近但又回避、反抗的矛盾行为。有时还表现出表情茫然、僵立不动、不知所措等怪异行为。这类婴儿约占5%—10%。

在上述四种依恋类型中,除了安全型依恋,其他三种类型都是消极的、不良的依恋,统称为不安全型依恋。对于这三类孩子,要给予特别的关注。

经典实验

陌生情境实验

6个月左右的婴儿已对母亲产生了依恋,开始出现分离焦虑(母亲离开时感到焦虑)与陌生人焦虑(因害怕陌生人而产生的焦虑)。为了测试婴儿在陌生人焦虑和分离焦虑情境下的反应,心理学家爱斯沃丝及同事设计了陌生情境实验,深入研究婴儿和母亲之间的依恋类型。具体实验程序如下:

图6-1-1 陌生情境实验

婴儿和母亲一起在实验房间里。当婴儿探索的时候,母亲什么都不做。

进来一个陌生人,前一分钟什么都不说,之后开始和母亲说话。再过一分钟,陌生人开始接近婴儿。然后,母亲尽量小心地离开房间。这时,房间里只有婴儿和陌生人。

母亲回来安抚婴儿,然后再离开。

婴儿一个人在房间里。

陌生人进来,开始和婴儿玩。

母亲回来,陌生人离开。

随着实验的进行,这些情境对于婴儿来说,越来越陌生。刚开始时,婴儿只是在这个陌生的房间里,然后陌生人进来了,然后陌生人开始和他们说话,最后连母亲也看不到了,婴儿的压力也越来越大。

(四)依恋的影响因素

1. 稳定的照看者

稳定的照看者是儿童依恋形成的必要条件。这个人通常是母亲。母亲在婴儿依恋的形成过程中扮演着重要的角色。如果由于某种原因导致照看者不稳定,将对儿童安全型依恋的形成起到破坏性作用。

2. 照看的质量

包括照看者的态度和环境。婴儿与照看者之间互动的方式,决定着依恋形成的性质。母亲对儿童的敏感性是影响儿童依恋形成的关键因素。敏感的母亲对儿童是易接近的、接受的、合作的。爱斯沃丝发现,婴儿出生头三个月中,哺乳过程中敏感性高的母亲,其婴儿在1岁时一般都显示安全型依恋模式。来自照看者关心、温馨、适时的抚养,有助于婴儿形成安全型依恋。如果母亲对婴儿的需要不敏感,教养行为又不适当,婴儿则会形成不安全型依恋。

3. 儿童的特点

依恋关系是亲子双方共同构筑的,婴儿自身的特点也决定了建立这种关系的程度。一些心理学家在研究中发现,早期儿童的行为特性、活动水平、挫折耐受力与生活的节律性有明显的个体差异。一些儿童容易照料,与母亲关系融洽,容易接受抚慰,一些儿童很难照料,异常活跃,拒绝母亲的亲近,不易抚慰。这主要归因于儿童先天的特性,尤其是气质的作用。有研究表明,儿童的气质特点是母亲抚养困难的重要引发源之一。气质在依恋形成与发展中的意义在于:它是影响儿童行为动力特征的关键因素,它在很大程度上赋予儿童依恋行为以特定的速度和强度,制约着儿童的反应方式和活动水平。对于难以照看的困难型气质的儿童和迟缓型儿童,其母亲的抚养困难程度,显著高于容易型气质的儿童。

4. 家庭的因素

在儿童的生存条件中,家庭是第一要素。失业、婚姻的失败、经济困难和其他一些因素都会影响父母对儿童照看的质量,从而影响儿童的依恋类型。儿童在养育环境中是否得到关爱,是否被精心抚养,会直接影响到儿童的依恋安全。有一项研究表明,第一个出生的孩子会因第二个孩子的出生而降低依恋安全性。正常家庭,尤其是婚姻美满、成人之间充满温馨、较少有摩擦的家庭,会使儿童依恋的安全感增强。相反,成人之间充满愤怒的交往,对儿童不适宜的照看,将会直接影响儿童的安全依恋。

二、同伴关系

同伴关系是年龄相同或接近儿童之间的一种共同活动并相互协作的关系,是同龄人之间或心理发展水平相当的个体之间在交往过程中建立和发展起来的一种人际关系。同伴关系在学前儿童的发展和社会适应中起到重要作用。良好的同伴关系能够促进个体认知、社交能力和人格的发展,不良的同伴关系或同伴关系的缺失则会阻碍儿童的健康发展。

对点案例

4岁的凯凯在集体谈话时,常常用问题、评论打断其他小朋友的话,甚至用语言攻击别的小朋友;他玩角色游戏时总是扮演自己喜欢的角色,不顾其他小朋友也想扮演这个角色的想法。在游戏中如果他不能主导,他就会用"不玩了"或"不和你做朋友了"相威胁。小朋友站队时,他总是要排第一,有小朋友在他前面,他就会推人。①

(一) 同伴关系的发生发展

学前儿童的同伴交往在出生第一年就开始出现,第二年迅速发展,并且在婴儿期和幼儿期有不同的表现。

1. 同伴交往的发生

婴儿很早就能对同伴的出现和行为做出反应。大约2个月时,婴儿能注视同伴;3—4个月时,婴儿能够相互触摸和观望;6个月时,他们能彼此微笑并发出"咿呀"的声音。6个月前婴儿的这些反应并不具有真正的社会性质,因为这时的婴儿可能把同伴当作物体或活的玩具(如抓对方的头发、鼻子),不能主动追寻或期待从另一个婴儿那里得到相应的社会反应。这时的行为往往是单向的,缺乏互惠性。直到出生6个月之后,真正具有社会性的相互作用才开始出现。

2. 同伴交往的发展

6个月以后,儿童的同伴关系发展可以划分为三个阶段:

第一阶段,以客体为中心阶段(6—12个月)。该阶段中,儿童同伴关系的特点是更多关注玩具,而不是同伴。即使两个儿童在一起玩耍,偶尔会微笑、触摸,但是不会期待对方做出回应。

第二阶段,简单交往阶段(1—1.5岁)。在该阶段中,儿童能有意引起同伴的关注和反应。比如,一个儿童会把玩具递给另一个儿童,并注视着他,对方可能会微笑或说话,并且接过玩具。从这一阶段起,儿童才开始真正意义上的同伴交往。

第三阶段,互补性交往阶段(1.5—2.5岁)。该阶段中,儿童间的交往出现了比较复杂的社交行为,同伴间的互动更多,出现互惠型游戏,如一个儿童躲藏另一个儿童寻找,一个跑另一个追。在游戏中,最显著的特征是互相模仿对方的动作。当然,有时候也会出现打架、争抢、哭闹等消极行为。

3. 游戏中同伴关系的特点

游戏是同伴交往的重要形式。在游戏时,儿童互相协商、讨论游戏规则与角色分配,共同解决游戏中的问题,同伴之间有较多合作和互助的成分。但是,儿童常常没有固定的游戏

---

① 张永英.学前教育见习与实习指南[M].北京:高等教育出版社,2020:42.

伙伴,同伴交往比较表面化,情感上的亲密性和稳定性不够。帕顿根据儿童在游戏中的社会交往水平将儿童的游戏行为分为六类:无所事事、旁观者行为、独自游戏、平行游戏、联合游戏、合作游戏(见表6-1-1)。3岁左右,儿童的游戏主要是非社会性的,以独自游戏或平行游戏为主。4岁左右,联合性游戏逐渐增多,处于游戏中的社会交往发展的初级阶段。5岁以后,合作性游戏开始发展,同伴交往的主动性和协调性逐渐发展。整体而言,2.5—6岁儿童联合、合作的游戏数量不断上升,而独自游戏、旁观、无所事事的行为数量在下降。

表6-1-1 幼儿游戏行为发展阶段及行为表现

发展阶段	行为表现
无所事事	儿童似乎不在游戏,遇到有吸引力的玩具才会玩一玩
旁观者行为	儿童观看其他儿童游戏,但自己并不参与游戏
独自游戏	儿童独自一人摆弄玩具,并不关心其他人的行为
平行游戏	儿童与同伴一起游戏,但各玩各的,很少交谈
联合游戏	儿童与同伴一起游戏,有交谈,但没有共同的游戏目标,没有分工
合作游戏	儿童与同伴一起游戏,有共同的游戏目标,彼此分工、合作,有组织

王俊然对一起进入建构区的张家一说:"我们一起堆好不好?"张家一说:"我们堆士兵。"说完,王俊然接着说:"我们堆一个士兵城堡吧。"然后王俊然和张家一一起用纸杯堆城堡,第一层堆好了,堆到第二层的时候张家一放了一个双层纸杯,王俊然一下子发现了说:"哎哟,这是两个。"说完就把两个纸杯拆开拼搭,张家一看了看王俊然,好像懂了什么然后变得仔细了。

王俊然和张家一在接下来的纸杯拼搭中配合得非常好,两人有序地、小心翼翼地将纸杯城堡建到第八层的时候,张家一高兴地说:"哇,好高啊!"这时候王俊然又踮起脚尖将一个纸杯放在了第九层,王俊然满意地笑着,城堡搭好了。

城堡完成了,王俊然在整理剩下的纸杯,张家一将剩下来的纸杯变成了望远镜,然后对王俊然说:"这是我们的望远镜。"王俊然也将手里的纸杯变成了望远镜,然后张家一又将纸杯变成了大炮,两人互攻。一小会的"攻击"后,张家一提议说:"我们再搭一个城堡吧。"王俊然高兴地说:"好啊,好啊!"然后他们又开始了第二个城堡的搭建……

纸杯搭建活动中,王俊然和张家一能在对话时能控制自己说话声音的大小,喜欢和朋友一起游戏并且在搭建过程中愿意接受同伴的建议,达到《指南》中社会领域人际交往目标1"愿意与人交往"和目标2"能与同伴友好相处"这两项发展水平。

(二) 同伴交往的类型特征

庞丽娟采用"现场提名法"对4—6岁儿童同伴交往的类型进行研究。结果表明,他们的社交地位已经分化,主要有受欢迎型、被拒绝型、被忽视型和一般型四种基本类型。她还对四种类型的基本特征做了比较详细的描述,为我们采取有针对性的教育培养措施提供了重要的心理学依据。

图6-1-2 幼儿同伴交往①

1. 受欢迎型

该类型儿童喜欢与人交往,在交往中积极主动,且常常表现出友好、积极的交往行为,因而受到大多数同伴的接纳、喜爱,在同伴中享有较高的地位,具有较强的影响力。

2. 被拒绝型

该类型儿童和受欢迎型儿童一样,他们在交往中活跃、主动,但常常采取不友好的交往方式,如强行加入其他小朋友的活动、抢夺玩具、大声叫喊、推打小朋友等,攻击性行为较多,友好行为较少,因而常常被多数儿童排斥、拒绝,在同伴中地位较低,同伴关系紧张。该类型的儿童也是最容易受伤和伤到别人的人。

3. 被忽视型

该类型儿童不喜欢交往,常常独处或一人活动,在交往中表现得退缩或畏缩,他们既很少对同伴表现出友好合作的行为,也很少表现出不友好或侵犯性行为。因此,既没有多少同伴喜欢他们,也没有多少同伴排斥他们,他们在同伴心目中似乎是不存在的,被大多数同伴所忽视和冷落。

4. 一般型

该类型儿童在同伴交往中表现一般,既不是特别主动友好,也不是不主动、不友好,有的同伴喜欢他们,有的不喜欢他们。他们既非为同伴特别的喜爱、接纳,也非特别的忽视、拒绝,因此在同伴心目中的地位一般。

从发展的角度看,在4—6岁范围内,随着年龄的增长,受欢迎型儿童人数呈增多趋势,而被拒绝型儿童、被忽视型儿童的人数呈减少趋势。研究还发现,在性别维度上,以上四种类型

---

① 资料来源:南京市香山路幼儿园。

的分布很有趣。在受欢迎型儿童中,女孩明显比男孩多;在被拒绝型儿童中,男孩明显比女孩多;而在被忽视型儿童中,女孩又比男孩多,但男孩也占一定的比例。

上述研究结果值得我们注意,被拒绝型和被忽视型儿童在与同伴交往的活动中处于不利地位,很少得到同伴的接纳和喜爱,难以与同伴进行合作和交流,这对他们社会性的发展非常不利。而且有研究认为,被拒绝型儿童比被忽视型儿童在以后的生活中会遇到更严重的适应问题。

小曼因为琳琳和瑶瑶不和她玩,哭了起来。老师过去询问她,她说:"琳琳说我不是她的朋友,她和瑶瑶才是朋友。没人跟我玩。"老师问:"听上去你很不喜欢没人跟你玩,你感到孤独,对吗?"小曼点点头,又说:"她们还说琳琳过生日也不让我参加。"老师问:"你很失望是吗?"小曼又点点头。[①]

(三) 同伴关系的影响因素

1. 早期亲子交往的经验

亲子关系对今后的同伴关系有预告和定型的作用,也有观点认为二者是相互影响的。儿童在与父母的交往过程中不但实际练习着社交方式,而且发现自己的行为可以引起父母的反应时,可以获得一种最初的"自我肯定"的概念。这种概念是儿童将来自信心和自尊感的基础,也是其同伴交往积极、健康发展的先决条件之一。不少心理学研究指出,婴儿最初的同伴交往行为,几乎都是来自更早些时候与父母的交往。例如,婴儿第一次对成人微笑和发声之后的 2 个月,才开始在同伴交往中出现相同的行为。

2. 儿童自身的特征

儿童的身心特征一方面制约着同伴对他们的态度和接纳程度,另一方面也决定着他们在交往中的行为方式。首先,性别、长相、年龄等生理因素影响着儿童被同伴选择和接纳的程度。其次,儿童的情感和个性特征影响着他们对同伴的态度和交往中的行为特征,由此影响同伴对他们的反应和其在同伴中的关系类型。对儿童同伴交往关系影响最大的是其在交往中的积极主动性、交往行为及交往技能。

3. 活动材料和活动性质

活动材料,特别是玩具,是儿童同伴交往的一个不可忽视的影响因素,尤其是婴儿期到幼儿初期,儿童之间的交往大多围绕玩具发生。活动性质对同伴交往的影响主要体现在自由游戏的情境下,不同社交类型的儿童表现出交往行为上的巨大差异,而在有一定任务的情境下,如在表演游戏或集体活动中,即使是不受同伴欢迎的儿童,也能与同伴进行一定的配合、

---

① 张永英.学前教育见习与实习指南.北京:高等教育出版社.2020:35.

协作，因为活动情境本身已规定了同伴间的作用关系，对其行为有许多制约性。

图6-1-3 游戏中的同伴合作①

三、师幼关系

学前儿童从进入幼儿园起，就开始建立了一种新的、重要的人际关系，即师幼关系。师幼关系是指教师在教育教学和与儿童交往的过程中形成的比较稳定的人际关系。在幼儿园，学前儿童和教师关系密切，学前儿童每天在幼儿园的生活、学习等都离不开教师，他们每天与教师在一起的时间比和父母在一起的时间还要长。因此，教师对学前儿童具有特殊的影响力，师幼关系对学前儿童身心各方面发展都具有重大影响。

《幼儿园教育指导纲要（试行）》（以下简称《纲要》）提出："以关怀、接纳、尊重的态度与幼儿交往。耐心倾听，努力理解幼儿的想法和感受，支持、鼓励他们大胆探索与表达。""善于发现幼儿感兴趣的事物、游戏和偶发事件中所隐含的教育价值，把握时机，积极引导。""关注幼儿在活动中的表现和反应，敏感地察觉他们的需要，及时以适当的方式应答，形成合作探究式的师生互动。"这些体现了《纲要》对师幼互动的特别关注，也是其全新理念的重要内容之一。

（一）师幼关系对学前儿童发展的价值

师幼交往对学前儿童的影响与亲子关系、同伴关系等社会关系相比，它的特殊之处在于蕴含着教育的因素。然而，师幼关系从根本上来说仍是一种人与人之间的具有情感色彩的人际关系。因此，师幼关系不但影响着教育教学活动过程的效果，对学前儿童的发展和幼儿园适应产生影响，而且会通过与学前儿童之间的情感交流和行为交往，对学前儿童自我意识、情绪情感等社会性方面的发展产生重大影响。

1. 有利于学前儿童适应幼儿园生活

相对于亲子交往和同伴交往，师幼交往对学前儿童的发展和幼儿园适应等方面的影响最为突出。良好的师幼交往是高质量教育的基础和前提条件。在与学前儿童进行交往之前，教师要根据教育目标制订具体的教育计划，内容涉及传授哪些知识、培养哪些技能、让学前儿童达到何种标准等方面，教师按照教育计划针对学前儿童发展的不同水平指导

---

① 资料来源：连云港市塔山幼儿园。

其活动。为了使学前儿童的行为达到既定的标准,教师在交往中会一遍遍提醒、督促、训练他们。这样不但可以使学前儿童尽快明确自己在各种活动中该干什么、不该干什么,还可以促进他们对教育内容的内化,掌握习得的技能与规范。同时,这样还能够为学前儿童提供有助于其发展的情感氛围,使他们心情愉快、情绪饱满,积极性提高,否则,会使学前儿童产生否定的内心感受与体验,情绪沮丧、低落,积极性和主动性降低,不利于幼儿园活动的正常开展和学前儿童的发展。

2. 有利于学前儿童积极情感的发展

情感关系是师幼交往的心理基础。教师不仅需要与学前儿童有认知上的交流,更需要情感和心灵上的互动,这样才能使学前儿童对教师产生亲近感,对与教师的交往和互动产生愉悦感。亲密的情感关系是一种催化剂,可以缩短师幼间的心理距离,减少学前儿童的恐惧感、焦虑等,促进学前儿童心理的健康发展。在师幼交往中,学前儿童可以体验到来自教师的关爱。关爱学前儿童是教师的责任,也是教师的基本义务。关爱学前儿童,就是要使学前儿童感受到来自教师的关注、关怀、接受、呵护,产生温暖、安全、可依赖的情感体验,获得精神需要的满足。

在下面的记录中,教师以真实的情感回应儿童,同时能够面对自己的情感:

当乔纳森激动地爬到桌子上的时候,教师生气地大喊:"从桌子上下来!"他迅速跳下来,一脸惊讶的表情。教师迅速组织了一个圆圈游戏,乔纳森也参加了,他一直非常小心地盯着教师。当教师看他时,他避开教师的目光。玩了一会之后,孩子们变得焦躁不安,要求唱歌。唱完第一段"你要唱首歌,我要唱首歌"之后,教师问有没有人知道另一段。乔纳森建议说:"你咬我,我咬你怎么样?"唱完之后,他又建议把"咬"换成"打"。教师问:"你今天很生气,是吧?"乔纳森直接看着老师,回答说:"不,是你心情不好,不是我。"教师笑着亲切地说:"你看,你是对的。你是怎么知道的?""因为今天你已经大喊大叫很多次了。"他回答说。然后他走过来,开始看老师。教师大笑起来,说:"你正在让我远离坏心情。"[1]

3. 有利于学前儿童社会性的发展

在和谐的师幼关系中,通过师幼间的积极交往,学前儿童能够拓展社会认知,学习一定的社会规范和价值标准。在教师的示范指导下和对教师的观察模仿中,学前儿童能学会分享、合作、同情、谦让等亲社会行为,并发展积极的社会性情感。同时,由于教师在学前儿童心目中具有重要地位,因此教师对学前儿童的情感、态度和评价对学前儿童自我意

---

[1] Dorothy H. Cohen, Virginia stern, Nancy Balaban, Nancy Gropper.幼儿行为的观察与记录[M].马燕,马希武,译.北京:中国轻工业出版社,2017:103.

识发展也具有决定性的影响。研究表明,那些受到教师高期望的学前儿童更可能具有高水平的自我意识。此外,教师对待学前儿童的方式和态度也会直接影响学前儿童的自尊水平,教师对学前儿童的接受、尊重、关心、鼓励和期望有利于他们自尊的发展。

4. 有利于学前儿童社会性交往的发展

师幼交往对学前儿童的亲子交往、同伴交往有很大的影响。积极、适宜的师幼交往对学前儿童亲子交往,特别是对不安全型的亲子依恋有一定的弥补和调整作用,并能促进良好亲子交往的发展。同时,教师与学前儿童之间是否形成亲密、安全的依恋关系,对学前儿童同伴交往的主动性、态度、能力、交往行为和过程以及同伴社交地位等也有十分显著的影响。众多研究都发现,教师喜欢的、与教师建立亲密师幼关系的学前儿童更倾向于为同伴所接纳;对教师有更高安全感的学前儿童在同伴交往中更少出现退缩行为,对同伴也更少怀有敌意和攻击性。由此可见,师幼交往会通过影响学前儿童的亲子交往和同伴交往而对学前儿童各方面的发展产生间接作用。

(二)师幼交往的策略

师幼互动是一个动态的过程。在这一过程中,教师与学前儿童相互作用、相互影响,教师的行为(包括向学前儿童发出的语言、动作、情感等)促进或干扰着学前儿童的发展,学前儿童的行为(包括向教师发出的语言、动作、情感等)反过来也影响和调节着教师的行为。但在幼儿园,教师仍是主要的关系支持者。因为教师在幼儿园的教育活动中起主导作用,扮演着引导者、观察者、参与者、支持者的角色。因此,在师幼交往过程中,教师要掌握一定的指导策略。

1. 开放策略

在师幼互动过程中,应创设良好而开放的师幼交往的心理环境。心理环境作为一种隐性教育因素,可以让学前儿童在平等、融洽、和谐的人际环境中获得教育和发展。教师应在尊重学前儿童的基础上与其沟通,蹲下来,和他们做朋友,让他们愿意把藏在心里的东西与教师分享。当然,教师还要善于发现学前儿童的闪光点,适时捕捉教育时机。学前儿童在情感上是比较脆弱的,十分依赖成人,教师的评价是他们形成自我意识的重要依据。而在目前的师幼交往中,学前儿童发起的交往主要表现为请示或征询许可、展示活动结果、告状等,而很少发表个人见解或与教师共同游戏,更缺少主动提问或替老师做事的机会,而且学前儿童年龄越小,这种特征表现得越明显。教师要给学前儿童营造一个宽松和谐的外部氛围,运用正面的方法引导学前儿童,鼓励学前儿童尝试新的事物,并积极参与和指导,以获得良好的教育效果。

4岁的轩轩在书架前一本本找书,老师看到后在他身后的地毯上蹲着和他一起找书。过了一会儿,轩轩从书架上取下一本书,慢慢地开始翻页。老师在轩轩身后坐下,和轩轩一起看着书,从轩轩放松的姿势中能感觉到他目前的状态是舒适的,可以和老师发起关于这本书的交谈。

2. 平等策略

在师幼互动过程中,教师应给予学前儿童平等的言语权,以促进师幼积极交往。在幼儿园的一日生活中,学前儿童无时无刻不在与他人进行着交往。由于学前儿童特有的身心发展特点,教师一般以言语交流为主。然而在幼儿园教育活动中,教师为学前儿童所营造的言语场面往往是倾斜的、不对称的。也就是说,教师的某些言语限定了学前儿童的发展。因此,教师在对学前儿童提出教育要求时,应多使用平等性的语言,如告诉他们能够做什么、怎样去做,而不是一味地指责他们不能做什么、不应该做什么;同时,要打破言语"霸权",构建平等的师幼关系。

3. 支持策略

在师幼互动过程中,教师应时时关注学前儿童,适时地支持、鼓励他们。在学前儿童发生认知冲突时,教师应积极鼓励他们去想、去说、去做,做到努力追随他们,不压制、不限制,认真把握交往的方向。通过"抛球—接球—抛球",师幼互动得以开展、维持、延续,直至结束。当学前儿童说出自己的想法时,教师赞赏的目光,亲切的点头、微笑,能够鼓励他们不断进步,体验成功的快乐。

对点案例

创意美术时间,艺术区。乐乐在颜料盘里放了黄色、蓝色、绿色三种颜料,并说:"我觉得它会变成黑色。"然后把三种颜料混合到一起。教师鼓励儿童验证猜想:"让我们试试看,将蓝色和黄色混合起来,会不会变成绿色呢?"

图 6-1-4 教师跟幼儿一起探究①

---

① 资料来源:连云港市钟声幼教集团。

 实操训练

【项目任务一】

训练目的:了解不同类型游戏对幼儿社会性发展的作用。

训练内容:以小组为单位,从下面选择一个游戏,讨论并分析该游戏对幼儿社会性发展有哪些作用。

游戏1:小班角色游戏"娃娃家"。

游戏2:中班音乐游戏"邀请舞"。

游戏3:大班体育游戏"两人三足跑"。

【项目任务二】

训练目的:提高通过游戏促进幼儿社会性发展的意识与能力。

训练内容:为中班幼儿设计一个"社会交往"小游戏,提高中班幼儿社交能力,包括游戏名称、游戏目标、游戏准备、游戏过程(游戏玩法和规则)、游戏建议或注意事项。

【真题连接】

1. 在陌生情境实验中,妈妈在婴儿身边时,婴儿一般就能安心地玩玩具,对陌生人的反应也比较积极。婴儿对妈妈的这种依恋类型属于( )。(2014年下半年)

A. 回避型   B. 无依恋型   C. 安全型   D. 反抗型

2. 如果母亲能一贯具有敏感、接纳、合作、易接近等特征,其婴儿容易形成的依恋类型是( )。(2017年下半年)

A. 回避型依恋   B. 安全型依恋   C. 反抗型依恋   D. 紊乱型依恋

3. 在角色游戏中,教师观察幼儿能否主动协商处理玩伴关系,主要考察的是( )。(2018年上半年)

A. 幼儿的情绪表达能力   B. 幼儿的社会交往能力

C. 幼儿的规则意识   D. 幼儿的思维发展水平

4. 幼儿园只有一架秋千,幼儿都很喜欢玩。大二班在户外活动时,胆小的诺诺走到正在荡秋千的小莉面前,请小莉把秋千让给他玩。小莉没理会他。诺诺就跑过来向老师求助:"老师,小莉不让我荡秋千……"对此,不同的教师可能会采取下面不同的回应方式:

教师A牵着诺诺的手走到小莉面前,说:"你们的事情我知道了,我现在想看小莉是不是个懂得谦让的孩子。小莉你已经玩了一会儿了,现在能不能让诺诺玩一会儿呢?"小莉听了后,把秋千让给了诺诺。

教师B:"你对小莉怎么说的呢?"诺诺:"我说我想玩一会儿。"想到诺诺平时说话总是低声细气的,教师就说:"是不是你说话声音太小了,她没有听清楚呢?现在去试试大声地对她说'我真的想荡秋千,我已经等了很久了!'如果这样说还没给你,你就回来,我们再想别的方法……"(2014年下半年)

问题:请分析上述两位教师回应方式的利弊,并说明理由。

答案与解析

【延伸探究】

1. 论文:陈颖娇等:《正念教养对幼儿害羞和社交淡漠的影响:亲子关系的中介作用》,《学前教育研究》,2019 年。
2. 视频:《Attachment》。
3. 视频:《如何帮助中班幼儿提高交往技能?》。

延伸探究

主题二 学前儿童性别角色行为的发展

1. 了解学前儿童性别角色及性别差异的发展规律。*
2. 意识到学前儿童性别角色意识发展的重要性。*
3. 尝试设计相关活动增强学前儿童性别角色意识。

牛牛和妞妞是一对龙凤胎。他们过生日时,妈妈分别给他们买了遥控车和芭比娃娃。一到家,他们就开始选择自己喜欢的玩具,牛牛拿到了遥控车,看都没看芭比娃娃。妞妞抱着芭比娃娃,但很好奇地观察着遥控车,也想玩一玩。

问题:牛牛和妞妞面对玩具有怎样不同的表现?原因是什么?

问题解析

性别角色是以性别为标准而划分的一种社会角色,它决定着一个人的行为模式。虽然男女性别是由遗传决定的,但性别角色却是从儿童时期受到社会影响与教育的结果。"穿裙子的是女孩","男孩不应该哭",这就是儿童最初的性别角色意识。在儿童成长过程中,如果缺乏正确的性别角色教育,容易造成儿童性别角色的错位,给他们带来心灵的扭曲和伤害。因此,早期对儿童进行性别角色教育非常必要。

一、性别角色的含义

性别角色是被社会认可的男性和女性在社会上的一种地位,也是社会对男性和女性在行为方式和态度上期望的总称。社会对男性和女性行为的要求可以表现在任何方面,大到社会分工、家庭分工,小到穿衣打扮、言谈举止,处处都有一把无形的尺子衡量着,使个体不自觉地按照社会要求的行为方式去活动、交往,这就是性别角色的作用。性别角色的发展是以儿童性别概念的掌握为前提的,即只有当儿童知道男孩和女孩是不同的,才能进一步掌握男孩和女孩不同的行为标准。

二、学前儿童性别角色的获得

对于学前儿童来说,直到学前期结束,他们才具有稳定的性别概念,形成对性别角色相对成熟的看法,获得性别角色认同。美国心理学家科尔伯格认为,儿童性别角色的获得要经历性别同一性、性别稳定性和性别恒常性三个主要时期。儿童性别同一性、性别稳定性与性别恒常性间的关系具有以下特征:首先,性别同一性的产生早于性别稳定性,是性别稳定性和恒常性的基础;其次,儿童所处的生活情境对其性别恒常性的发展影响不大;再次,性别恒常性出现最晚,9岁左右的儿童能够用言语解释性别的恒常性。

(一) 性别同一性的获得(2—3岁)

性别同一性是学前儿童对自己和他人性别的正确标定,即根据社会对性别角色的要求来确认自己。学前儿童对他人的性别认知是从2岁开始的,2.5—3岁时,绝大多数的学前儿童已经能够准确说出自己的性别。同时,这个年龄段的学前儿童对性别角色已经有了初步认识,但是它们对性别认识仍很模糊。

学前儿童的性别角色刻板印象和行为是由于其本身对性别差异认知和理解水平不高导致的。尽管学前儿童从2岁开始就可以准确地说出自己是男孩还是女孩,但他们对性别的完整理解要到学龄早期才能完成。

游戏时间,特里萨穿了一条长裙。她在炉子上挪动锅,同时亚伦在桌布上使用一个木头熨斗。亚伦说:"假装这是一个饭桌。"

特里萨没有回答,继续煮饭。亚伦放下熨斗,从化妆区拿来另外一顶帽子,说:"看我给你带来了什么,妈妈。它是不是看上去很好看?"他把帽子递给特里萨,特里萨把帽子戴在头上。

亚伦拿了一个围裙穿上。特里萨转向他,责备说:"不,那是女孩的衣服。"亚伦脱下来,特里萨把它穿在长裙外。①

(二) 性别稳定性的获得(3—4岁)

性别稳定性是指学前儿童对人的性别特征的认识不随其年龄、情境等的变化而改变,

---

① Dorothy H. Cohen, Virginia stern, Nancy Balaban, Nancy Gropper.幼儿行为的观察与记录[M].马燕,马希武,译.北京:中国轻工业出版社,2017:209-210.

一般在学前儿童3—4岁时获得。这一年龄段的儿童已经知道,一个人的性别在一生中是稳定不变的。性别稳定性的发展依赖于学前儿童对其心理特征的感知。由于人的心理特点变化较小,这使学前儿童对心理这方面的性别信息(如女性的温柔、男性的攻击性等)刺激的判断相对简单,而活动、外表或身体方面的特点是可见的,且变化较大,这使学前儿童对这些方面性别信息的判断复杂化,导致他们性别稳定性的出现早于性别恒常性。

性别稳定性的理解程度会影响学前儿童对同性榜样的模仿。例如,对性别稳定性的理解水平越高的男孩,模仿男性榜样的行为越多。

(三) 性别恒常性的获得(5—7岁)

性别恒常性是指一个人的外表(如发型、衣着)和活动不管发生什么变化,学前儿童对其性别始终保持不变的认识。学前儿童一般在5—7岁获得性别恒常性,这时的儿童知道,无论自己或他人穿什么衣服,留什么发型,性别都保持不变。科尔伯格认为,性别恒常性是儿童性别认知发展中的一个重要的里程碑。

对性别稳定性和恒常性的理解水平不仅限制学前儿童性别化行为的灵活性,而且在一定程度上决定着他们对同伴的选择。例如,已经获得性别稳定性的女孩比只懂得性别同一性的女孩更多选择女孩为游戏伙伴,但当获得性别恒常性之后,女孩选择玩伴的性别差异则不那么严格了。正是由于理解了性别差异不因表面特征的改变而消失,学前儿童才可能摆脱性别差异的严格界限,提高行为选择的灵活性,从而增加社会选择的自由。

三、学前儿童性别角色认识的发展

儿童性别角色的认识经历了四个发展阶段,对于学前儿童而言,主要经历了前三个阶段的发展。

(一) 知道自己的性别,并初步掌握性别角色知识(2—3岁)

儿童的性别概念包括两个方面:一是对自己性别的认识,二是对他人性别的认识。儿童对他人的性别认识从2岁开始,但这时还不能准确说出自己是女孩还是男孩。直到2.5岁左右,大多数孩子能准确说出自己的性别。同时,这个年龄的孩子已经有了一些关于性别角色的初步知识,如女孩儿要玩娃娃,男孩儿要玩汽车等。

(二) 自我中心地认识性别角色(3—4岁)

这个阶段的儿童已经能明确分辨出自己的性别,对性别角色的知识逐渐增多,如知道男孩和女孩在衣服、游戏和玩具方面的不同等。这个时期的儿童能接受各种与性别习惯不符的行为偏差,如认为男孩穿裙子也很好。

一位小班老师问小朋友:怎样区分男女?

幼儿1:穿裙子的是女生,穿裤子的是男生。

幼儿2：长头发的是女孩，短头发的是男孩。

幼儿3：蹲着尿尿的是女孩，站着尿尿的是男孩。

从幼儿的回答中不难看出，小班幼儿的性别角色意识有所发展，已经意识到男孩女孩在服饰及某些行为中的不同表现。

(三) 刻板地认识性别角色(5—7岁)

这个阶段的儿童不仅对男孩和女孩在行为方面的区别认识得越来越清楚，同时开始认识到一些与性别有关的心理因素，如男孩要胆大、勇敢等。儿童对性别角色的认识也表现出刻板性，他们认为违反性别角色习惯是错误的，如一个男孩玩娃娃会遭到同性别孩子的反对等。

性别刻板印象

5岁男孩咚咚很爱哭。爸爸常常教训他说："哭哭哭，遇到事情就知道哭，一点不像男子汉。"咚咚还喜欢毛绒玩具，爸爸很不满意，硬要和咚咚玩打仗的游戏，还时不时地说："男孩子玩什么猫猫狗狗的玩具，男孩子就不能和女孩子一样。"

5岁女孩西西很喜欢和男孩玩。她会趁外婆不注意玩泥巴、玩沙子、爬树。每当看到西西脏兮兮地回来，家里人就开始唠叨："一点都不像女孩子，一点也不淑女。"有时，大人们干脆跟在西西后面唠叨："不准玩泥，不准爬树。"[①]

拓展阅读

3—5岁儿童性别角色意识的培养目标

3岁：知道自己和他人的性别，认识两性在生理、服饰、活动等方面的明显差异，知道性别不随年龄、情境等的变化而改变。

4岁：正确认识自己和他人的性别，知道两性的明显差异，知道性别不随年龄、情境的变化而改变，了解成人职业在性别上的典型特点，表现出与性别相符的行为。

5岁：认识性别的稳定性，知道性别与人的外貌、活动等无关，理解两性在行为模式上的典型特征，认识到一个人可以兼有男性特征和女性特征。

---

① 王烨芳.学前儿童行为观察与分析[M].南京：江苏教育出版社，2012：127.

四、学前儿童性别行为的发展

(一) 性别行为的产生(2岁左右)

2岁左右是儿童性别行为初步产生的时期,具体体现在儿童的活动兴趣、同伴选择及社会性发展三个方面。例如,14—22个月的儿童,通常男孩在所有玩具中更喜欢卡车和小汽车,而女孩则更喜欢玩具娃娃或柔软的玩具。儿童对同性别玩伴的偏好也出现得很早。在托幼机构中,2岁的女孩就表现出更喜欢与其他女孩玩,而不喜欢跟男孩玩。2岁的女孩对父母或其他成人的要求有更多的遵从,而男孩对父母要求的反应则更趋于多样化。

(二) 性别行为的发展(3—7岁)

进入幼儿期后,儿童之间的性别角色差异日益稳定、明显,具体体现在三个方面:

1. 游戏活动兴趣的差异

在现实中不难发现,儿童的游戏活动中,已经可以看到男、女儿童明显的兴趣差异。男孩更喜欢有汽车参与的运动性、竞赛性游戏,女孩则更喜欢"过家家"的角色游戏。另外,男孩、女孩对玩具的选择也有差异。男孩对玩具的偏爱更为明显,而女孩对于玩具的选择更加宽泛。

2. 选择同伴及同伴相互作用的差异

3岁后,儿童选择同性别伙伴的倾向日益明显。研究发现,3岁的男孩就明显地选择男孩而不选择女孩作为伙伴。还有研究发现,男孩和女孩在同伴之间的相互作用方式也不同,男孩之间更多打闹、为玩具争斗、大声叫喊、发笑,女孩则很少有身体上的接触,更多的是通过规则协调。

3. 个性和社会性发展的差异

幼儿期在个性和社会性方面已经开始有了比较明显的性别差异,并且这种差异不断发展。一项跨文化的研究发现:在所有文化中,女孩早在3岁时就对照看比她们小的婴儿感兴趣。还有研究显示,4岁女孩在独立能力、自控能力、关心人三个方面优于同龄男孩,6岁男孩的好奇心、情绪稳定性和观察力优于女孩,6岁女孩对人与物的关心优于男孩。

拓展阅读

小班社会活动:男孩女孩

活动名称:男孩女孩

活动目标:

1. 知道男孩、女孩在外形、喜欢的玩具、动作行为等方面的不同,能正确区分男孩、女孩。

2. 知道自己的性别,喜欢自己的性别。

活动过程:

1. 认识男孩与女孩

(1) 教师出示着衣人偶两个。提问:"他们谁是男孩,谁是女孩?你从哪里看出来的?"

(2) 教师出示穿同样运动服的人偶,戴上同样的帽子(遮住女孩的头发)。

教师:"现在你还能看出哪个是男孩,哪个是女孩吗?怎样才能正确判断男孩和女孩呢?"

(3) 教师脱掉人偶的衣服,让幼儿分辨男孩、女孩的身体特征,主要是生殖器的差异。

(4) 出示一些衣服和玩具,让幼儿为人偶选择合适的衣服和玩具并说出理由。

小结:男孩短头发,穿裤子;女孩有的长头发,穿裙子,有的也和男孩一样是短头发、穿裤子的。但是,男孩身体上长着"小鸡鸡",是站着小便的,而女孩没有,是蹲着小便的。

2. 分辨自己与同伴的性别

(1) 请幼儿说说自己是男孩还是女孩。

(2) 说说你的好朋友是男孩还是女孩,你是怎么知道的。

(3) 全班幼儿按男女,分两部分坐下来。

3. 表演:可爱的男孩与女孩

教师:"你觉得男孩可爱还是女孩可爱?为什么呢?"

当幼儿说到男孩、女孩某种可爱之处时,请同性别的幼儿来表现这种可爱。

小结:男孩、女孩的发型、衣服、喜欢的玩具、兴趣等都有一些不同,但男孩、女孩都很可爱。

实操训练

【项目任务】

训练目的:了解幼儿性别角色意识的发展情况,并学会采用游戏、集体教学活动、艺术作品等方式促进幼儿性别角色意识发展。

训练内容:

1. 调查幼儿的性别角色意识

要求:以小组为单位,以见习所在班级的幼儿为调查对象,采用观察、访谈等方法,了解幼儿的性别角色意识,并完成一篇调查报告。

2. 根据班级幼儿性别角色意识的现状设计一个性别角色活动并展示。

3. 收集培养幼儿性别角色意识的作品(绘本、歌曲等),分析如何运用这些作品培养幼儿的性别角色意识。

4. 在幼儿园课程改革中,有人建议给幼儿开设性教育课程。请结合关于学前儿童性别角色的理论知识,谈谈你的看法。

【真题连接】

幼儿如果能够认识到他们的性别不会随着年龄的增长而发生改变,说明他已经具有(　　)。(2015年上半年)

A. 性别倾向性　　　　　　B. 性别差异性
C. 性别恒常性　　　　　　D. 性别独特性

答案与解析

【延伸探究】

论文:张学而:《幼儿园教育环境创设中的性别刻板印象:表现、危害与预防》,《教育研究与实验》,2018年。

延伸探究

主题三　学前儿童亲社会行为的发展

1. 了解亲社会行为的内涵、产生原因以及影响因素。
2. 掌握促进学前儿童亲社会行为发展的常用训练方法。
3. 注意自身亲社会行为的养成,言传身教帮助学前儿童养成亲社会行为。

小朋友们正在画画。嘉嘉发现邻座的镇博没带油画棒,就说:"我们一起用我的吧,但不要把我的油画棒弄坏了。"可是,镇博不小心将油画棒弄折了,他不好意思地看着嘉嘉。嘉嘉有点生气,不过想起老师说要互相帮助,就原谅了他。下午回到家,嘉嘉告诉妈妈,镇博把她的油画棒弄折了。妈妈说:"没关系,还有一半可以用。"嘉嘉说:"我还以为把东西借给小朋友,你会表扬我呢。"妈妈这才明白,于是又表扬了嘉嘉乐于助人的精神,并告诉她,镇博不是故意弄折油画棒的。嘉嘉很开心,她觉得如果再有小朋友忘带油画棒,她还是会借的。

问题:嘉嘉的行为是怎样的?如何评价其家长的教养方式?

问题解析

一、亲社会行为的发展

亲社会行为是指个体帮助或打算帮助其他个体或群体的行为及倾向，包括分享、合作、助人、安慰等。它是人与人之间形成和维持良好关系的重要基础，受到人类社会的积极肯定和鼓励。亲社会行为在学前儿童出生后的第1年就可以看到。2岁以后，随着生活范围的扩大和交往经验的增多，学前儿童的亲社会行为进一步发展。

（一）0—3岁儿童的亲社会行为

一般认为，2岁左右，儿童已经出现了亲社会行为的萌芽。研究发现，13个月的儿童开始对其他儿童的悲伤表现出友好的反应，如轻轻抚摸、用言语表示同情等；12—18个月的儿童开始主动分享玩具，一些儿童会试着帮助有困难的人，甚至尝试帮助做家务，如扫地、擦桌子等；21个月时，儿童开始出现同情，会关心、安慰同伴；2岁时，儿童已经能感受到他人的悲伤，并试图安慰、帮助他人，看到其他人受伤，会通过拥抱或轻拍来安抚对方。

（二）3—6岁儿童的亲社会行为

3岁以后，儿童的亲社会行为迅速发展，并出现明显的个别差异。第一，随着年龄的增长，亲社会行为不断增加，形式逐渐丰富化、多样化。第二，亲社会行为的自发性有所增加。3岁前儿童的亲社会行为大多是在他人要求下产生的，3岁后逐渐出现一些自发的亲社会行为，如主动分享、帮助他人等。第三，意识到他人需要帮助的能力逐渐增加，学会换位思考、体验别人的情绪情感。第四，大班儿童的亲社会行为更多指向同一性别，更愿意帮助、关心同一性别的儿童。

在幼儿园，当明明想加入建构区游戏时，却发现所有的积木都被其他小朋友拿走了，明明脸上露出失望的神情。正在搭积木的轩轩看到了，立刻将自己手中的积木递给明明："我的积木给你玩吧。"明明和轩轩开心地玩了起来。

轩轩的行为属于分享行为，是亲社会行为的典型表现。

二、亲社会行为的影响因素

（一）家庭的影响

家庭是儿童亲社会行为形成的主要因素。一方面，父母是孩子的榜样，父母自身的亲社会行为成为孩子模仿学习的对象；另一方面，父母的教养方式是关键因素，父母教养方式中的民主、鼓励、爱心、保护和惩罚等指标与亲社会性行为相关。特别是父母对学前儿童的民主公正的态度，有助于他们在与父母的相互探讨中获得观点选择的机会。父母为他人着想，将促使学前儿童更懂得关心和帮助别人；而如果父母过度保护，就会促使学前儿童行为退缩；父母的惩罚取向会让学前儿童感觉到生活的无奈。并且，父母的过度保护或惩罚与亲社会行为呈负相关性。

（二）同伴的影响

在儿童安慰、帮助、同情等能力的形成过程中，同龄人起着决定性的作用。在学前儿童亲社会行为发展中，同伴关系是一个非常重要的变量。同伴关系越良好，人际信任度越高，其亲社会行为就会越多。反之，如果同伴关系不良，人际关系信任度较低，其亲社会行为就越少。

（三）教师的影响

在幼儿园里，教师是否有意识地进行亲社会性的培养和训练，对学前儿童的亲社会行为的发展也非常关键。例如，教学气氛是否平等、友好、互助等，都对学前儿童亲社会行为发生影响，而教师的个人行为是否具有亲社会性，也在很大程度上影响学前儿童对亲社会行为的认知判断和行为习得。

（四）移情的影响

移情是体验他人情绪与情感的能力，是一种替代性的情绪情感反应，即设身处地为他人着想，识别并体验他人情绪和情感的心理过程。移情是学前儿童亲社会行为的重要促进因素，无论是社会生活环境，还是具体生活环境的影响，最终都要通过儿童的移情起作用。移情是导致亲社会行为最根本的内在因素。大量研究表明，移情与各种形式的亲社会行为都呈正相关关系，移情能力越高，个体做出的亲社会行为的可能性就越大。由于学前儿童认识的局限性，特别是他们这个阶段具有容易以自我为中心的特点，因此有意识地进行移情训练，使他们能够从他人角度去考虑问题，是发展学前儿童亲社会行为的主要途径。

三、亲社会行为的培养策略

（一）家庭中的培养策略

1. 采用正确的教养方式

通常，父母的教养方式可分为权威型、放纵型和专制型三种。研究表明：权威型家庭中的孩子具有更多的社会责任感和成就倾向；放纵型家庭的儿童缺乏独立性；专制型家庭的儿童缺乏社会责任感。专制型和放纵型这两种教养方式都无法培养孩子的安全依恋，从而使他们在长大后的人际交往和社会功能上出现适应障碍，故亲社会行为方面处于劣势。在家庭教育中，父母要懂得如何采用正确的教养方式，培养良好的亲子关系，有利于孩子亲社会行为的发生。因此，家长在教育幼儿时，要敏感地把握他们的感受和需要，给予他们适当的独立和自由，慎重使用惩罚，要使用说理、引导的方式处理问题。

2. 移情训练

移情训练是一种旨在提高儿童观察他人的情绪、理解他人的情感，从而与之产生共鸣的训练方法。训练的具体方法有讲故事、续编故事、角色扮演、引导理解等。其中，角色扮演是让儿童根据一定的情节，扮演某个角色，并通过言语、行为、身体姿态、面部表情等方式表现该角色的特征,体验该角色的心理感受,进而在现实生活中能对类似情况做出适当的反应。

父母的教育对儿童的移情发展起着重要作用。在他人面临困境的时候,父母要引导儿童识别他人的表情,设想他人的情感,考虑他人的感受,然后唤起儿童对自己经历过的困境和当时体验的回忆,以便产生与他人情绪相同的替代性情绪体验。如给儿童讲故事时,可根据情节询问儿童:"你怎么想?""故事中的主人公怎么了?""他这时感觉会怎么样?""看到他这样,你有什么感想?""如果你遇到这种问题你会怎么做?"这样,不仅会让儿童理解故事人物的感受,也能引导儿童将这些人物的感受与自身感受联系起来,从而加深对这种感受的理解,使他们学会从他人的角度、立场考虑问题,促进儿童亲社会行为的发展。

3. 行为训练

通过强化的方式培养儿童的合作、分享、帮助等亲社会行为是非常有效的。常用的强化手段包括表扬、物质奖励、发代金券、忽视等。在日常生活中,父母可灵活运用这些方法,矫正儿童的不良行为,引导儿童形成良好的社会行为。

4. 榜样示范

班杜拉的社会学习理论重视榜样的示范作用。研究表明:接触利他行为榜样有利于儿童形成亲社会行为。父母的榜样行为对学前儿童的影响更大。因此,父母应在儿童面前保持良好的形象,包括待人接物的态度和方式。同时,还要注意引导儿童选择合适的电视节目、图书与伙伴,以便对儿童进行正面教育。

(二)幼儿园中的培养策略

1. 创设良好的环境

这里的环境包括物质环境和心理环境。幼儿园应为儿童提供优美、温馨、舒适的环境,如空间合理、材料丰富的室内外游戏环境,使儿童在愉快的游戏中体验快乐情绪,为其亲社会行为的发展提供必要的情绪基础。此外,要建立良好的同伴关系、师幼关系,营造积极、有爱、宽松、和谐、民主的心理环境,促进儿童亲社会行为的发生与发展。

2. 组织游戏活动

游戏是儿童最喜爱的活动。在游戏中,儿童可以学习如何参与,如何共同商议、相互协作、相互配合,如何解决争吵和矛盾。这些都有利于培养儿童更多地为他人考虑的能力,促进其亲社会行为的发展。因此,幼儿教师要有效地利用游戏这一教育手段,把分享、助人、合作、谦让、安慰等各项亲社会行为的培养融入儿童的游戏中,让儿童反复练习,从而使他们逐渐形成自觉、稳固的亲社会行为习惯。还可以组织不同年龄段和发展水平的儿童在一起进行混龄游戏,给儿童提供"大带小"、承担责任、互相模仿的学习机会。

图6-3-1 合作游戏的快乐

3. 教师的榜样与引导

年幼的儿童都具有向师性,教师是儿童崇拜的偶像,教师的一言一行都是儿童模仿学习的榜样。因此,教师应从自身做起,以身作则,要求儿童做到的,自己首先做到,不让儿童做的,自己坚决不做。另外,教师应耐心引导,强化对儿童社会行为的教育。如中班的蒙蒙带了新玩具到幼儿园,但他只想和好朋友龙龙分享,"别人不是我的好朋友,我不想借给他们。"听到蒙蒙这么说,老师走到蒙蒙旁边,轻声说:"如果别的小朋友带了新玩具,你也想玩,但他不借给你,你是不是会很难过?"教师的引导对儿童亲社会行为的发展具有重要作用。

实操训练

【项目任务】

训练目的:加强对亲社会行为的认识。

训练内容:在观察记录的基础上,使用发展检核表来加强对幼儿亲社会行为的认识。

幼儿亲社会行为发展检核表①

幼儿姓名		班级		观察者		日期	
项目				表现			
( )对忧伤的幼儿表现出关心							
( )遇到冲突能说出对方的感受							
( )与他人分享							
( )在轮流过程中不烦躁							
( )帮助其他小朋友							

【真题连接】

简述移情对儿童亲社会行为发展的影响。(2017年下半年)

答案与解析

【延伸探究】

1.论文:李梦娜,陈穗清:《不同家庭结构对幼儿亲社会行为意向的影响》,《学前教育研究》,2019年。

2.论文:王欣,张真:《学龄前儿童的亲社会行为动机》,《学前教育研究》,2019年。

延伸探究

---

① 张永英.学前教育见习与实习指南[M].北京:高等教育出版社,2020:45.

主题四　学前儿童攻击性行为的发展

1. 了解攻击性行为的含义,掌握学前儿童攻击性行为发展的特点及规律。
2. 具有不放弃每一个孩子的意识,能分析儿童攻击行为的产生原因。
3. 了解抑制学前儿童攻击性行为的策略。

家长们在一起谈论孩子的问题。一位家长说:"我儿子很听话,从不欺负别人,可有一天被班上一个女生给抓破了脸。"另一位家长说:"我是这样告诉我家宝宝的,不许欺负别的小朋友,但如果有人打你,你就使劲打他,咱不能让别人欺负。"还有一位家长说:"我儿子从小就喜欢打人,无论我怎么说都没有用,打骂也没有用。"

问题:案例中的家长怎样教育孩子面对攻击性行为?攻击性行为与家庭教育有怎样的关系?

问题解析

一、学前儿童攻击性行为的发展变化

攻击性行为也称侵犯性行为,是指欲望得不到满足时采取的有害他人、破坏物品的行为。学前儿童的攻击性行为常表现为打人、骂人、推人、踢人、抢别人东西等。攻击性行为是学前儿童经常出现的一种行为问题,对攻击者和被攻击者的身心发展有着不良的影响。如果这种行为持续不断、频繁出现且强度增大,就可能转化为犯罪行为。

强强今年4岁,是班级里个头最大、最强壮的孩子,小朋友们总是很怕他,因为他总是欺负别的小朋友。有的小朋友拿了他喜欢的玩具,他立刻将玩具强夺回来;别人不小心碰

到他搭的积木,他就用拳头打人,甚至用脚踢人;有一次一个小朋友不小心踩了他一脚,他就把这个小朋友打哭了。

强强表现出来的行为在心理学上称为攻击性行为。

(一) 攻击性行为的起因

随着年龄的增长,引起儿童攻击性行为的原因也在变化。小年龄儿童的攻击性行为起因主要是争夺物品或空间,由具有社会意义的事件引发的攻击所占比例很小。3岁以后,由具有社会意义的事件而引发的攻击性行为逐渐增多。

(二) 攻击性行为的类型及发展

年龄较小儿童的攻击性要高于年龄较大儿童。主要原因在于,前者的工具性攻击比率高于后者。相比而言,年龄较大儿童更多使用敌意性攻击或以人为指向的攻击。另外,随着年龄的增长,诱发儿童产生攻击行为的刺激类型也发生了变化。在整个学前期,儿童的工具性攻击呈减少趋势,敌意性攻击、报复性攻击呈增多趋势。

另外,有研究人员以言语攻击与身体攻击为区分标准,研究了学前儿童攻击形式的发展变化。结果发现,儿童在2—4岁时,攻击形式发展的总趋势是身体攻击逐渐减少,言语攻击相对增多;3岁左右,抓、踢等身体攻击逐渐增多;3岁以后,身体攻击的频率降低,但言语攻击却增多了。

二、攻击性行为的影响因素

(一) 挫折

攻击性行为产生的直接原因主要是挫折。挫折是个体在活动过程中遇到障碍或干扰,其需要和动机不能获得满足的情绪状态。如学前儿童在犯错误时,成人对周围人说"不理他",这使其觉得丢脸,内心很可能产生挫折感。一个受挫折的学前儿童很可能比一个心满意足的学前儿童更具攻击性。

(二) 父母的惩罚

研究发现,攻击型儿童的父母对他们的惩罚多。惩罚对攻击型和非攻击型的学前儿童能产生不同的影响。对于非攻击型的学前儿童来说,惩罚能抑制其攻击性,但对于攻击型的学前儿童来说,惩罚则不能抑制其攻击性,反而会加重其攻击性。

(三) 模仿

电视上的攻击性榜样能增加儿童的攻击性行为。过多的电视暴力还能影响儿童的态度,使他们将暴力看作一种解决人际冲突的可接受的有效途径。对3—6岁儿童的研究表明,模仿是学前儿童攻击性行为产生的一个原因,看过攻击性行为的学前儿童更容易产生攻击性。另外,父母之间的攻击性行为对学前儿童也有影响。

(四) 强化

在学前儿童出现攻击性行为时,父母不加制止或听之任之,就等于强化了其侵犯行为。此外,如果一个学前儿童成功地应用攻击策略来控制同伴,可能增加他以后的攻击行为。

三、抑制儿童攻击性行为的策略

（一）了解和满足儿童合理的心理需要

公正对待、尊重每一位儿童，满足儿童的合理需要，让每一位儿童都有获得成功、表现自我的机会。成人对儿童的期望要合理，过高的期望只会增加孩子的挫败感，引发攻击性行为。成人要尽量减少对儿童的不适当限制和控制，以减少其挫败感，进而减轻内心压力，减少其攻击性行为的产生。

（二）提供宣泄内心压力的多种途径

对儿童的攻击性行为宜"疏"不宜"堵"。不应采取简单阻止的方式，如限制儿童的活动、不理会儿童的申辩等。要努力创造条件和机会，让儿童合理宣泄紧张情绪，降低他们产生攻击性行为的可能性。另外，还可以多与儿童交谈，耐心倾听他们的心声。

（三）树立正确的榜样

为儿童提供合理宣泄情绪的良好榜样。最好让儿童与那些用理智处理问题的儿童多接触，交朋友。心理学家的研究表明，若将有攻击行为的儿童置身于无攻击行为的情境之中，可以减少其攻击性行为。教师或父母在儿童之间发生矛盾冲突时，应该用理智的、非攻击性的方法帮助儿童解决冲突，不要体罚或打骂儿童。限制儿童看涉及暴力内容的影视节目，或和儿童一起看，引导儿童分析暴力行为的复杂动机与后果，讨论使用非暴力解决问题的方法。

（四）正确运用奖励与惩罚

及时奖励、适度惩罚可以矫正儿童攻击性行为。对儿童表现出的良好行为应及时给予奖励，如口头赞扬、允许他看电视或玩一会儿游戏、带他去公园或做他特别喜欢吃的东西等。要注意，奖励的大小应与儿童正确行为的难度相适应。同时，对儿童的攻击性行为则应给予必要的惩罚。当然，惩罚手段必须与儿童的心理惧怕相一致。另外，可使用"代币制"来矫正儿童的攻击行为。

拓展阅读

矫正攻击性行为的小妙招

1. 营造和平、安宁的家庭氛围。父母之间和谐的合作关系，能对孩子产生良好的示范作用。宁静、平和的家庭氛围会带给孩子安全感，有利于良好心境的形成和情绪调节。

2. 行为塑造法。家长可以根据孩子的情况，设置一个个小的行为目标。当达到要求时给予奖励，这样可以逐步克服孩子的攻击性行为。例如，当家长不能满足自己的要求时，孩子会耍赖、打人。此时，家长要先引导他不耍赖，然后鼓励他积极配合。每做到一步，就给他一个奖励，最后让孩子达到不耍赖、不打人的状态。

3. 代币制。事先准备一些孩子特别喜欢的小玩具,然后跟孩子约定:不骂人发一个三角形标志,不打人发一个圆形标志;5个三角形或3个圆形可以换一个五角星;累计4个五角星就能换一个幼儿喜欢的玩具。同时要约定惩罚措施,如打人一次发一个方形标志,累计3个方形就要受惩罚,如取消看动画片等。

实操训练

【项目任务】

训练目的:进一步了解幼儿攻击性行为发生的原因及处理策略。

训练内容:

1. 在幼儿园见习时,持续观察某班幼儿的游戏。发现攻击性行为时,尽可能详细记录全过程(包括:起因、行为表现、结果、被击对象的特点及攻击后周围人的反应等)。

2. 以小组为单位,交流研讨。参考以下资料,分析幼儿攻击性行为的起因与类型,尝试提出相应的教育建议。

攻击性行为的起因:获取他人的物品(玩具、事物、图片等);保护自己的物品;争夺空间(座位、活动场所等);帮助好朋友或受人指使;游戏或者其他活动的纠纷;他人违反纪律和行为规则(游戏规则、幼儿园行为规则);无故挑衅、欺辱他人;报复还击(在受到他人伤害、干扰后对他人进行攻击)。

攻击类型的类型:工具性攻击:孩子为获得某个物品而做出的抢夺、推搡等动作,或者语言攻击,重在获取某一目标或物品;敌意性攻击:以人为指向目的,重在打击、伤害他人;言语攻击:用不友好的语言攻击同伴,与同伴发生争吵;身体动作攻击:用身体某部位对同伴进行推搡、击打等伤害同伴身体的行为;混合型攻击:既有言语也有身体动作的攻击。

【延伸探究】

论文:卢长娥,Roxanne Fillmore,王勇:《幼儿自尊与攻击性行为的特点及其关系》,《学前教育研究》,2016年。

延伸探究

模块四

发展的理论

单元七 学前儿童发展的理论流派

单元导学

```
                            ┌─ 格塞尔的成熟势力说 ┬─ 生理成熟及其重要性
                            │                    └─ 关于提前教育的讨论
                            │
                            │                    ┌─ 华生的行为主义观点
                            ├─ 行为主义理论     ─┼─ 斯金纳的操作性条件反射理论
                            │                    └─ 班杜拉的社会学习理论
学前儿童发展的理论流派 ─────┤
                            ├─ 精神分析理论     ┬─ 弗洛伊德的精神分析理论
                            │                   └─ 埃里克森的社会心理发展理论
                            │
                            ├─ 皮亚杰的认知发展理论 ┬─ 皮亚杰的认知发展观
                            │                       └─ 儿童认知发展阶段
                            │
                            └─ 维果斯基的心理发展观 ┬─ 儿童的心理发展及原因
                                                    └─ 教学与儿童发展的关系
```

教资考点

▷ 了解儿童发展理论主要流派的基本观点及其代表人物，并能运用有关知识分析论述儿童发展的实际问题。

主题一　格塞尔的成熟势力说

1. 了解成熟势力说的经典实验及其结论。*
2. 掌握成熟势力说的主要观点及对学前教育的启示。
3. 能运用成熟势力说的观点科学分析"提前教育"现象。*

今年秋天，铭铭就3岁了。小区附近新开了一家早教机构。为了不让铭铭"输在起跑线上"，妈妈给他在早教机构报名参加"我是天才数学家""国学在我心""成语古诗背背背"等课程。从周一至周五，铭铭每天都要去上课，累得苦不堪言……

问题：铭铭妈妈的做法合理吗？为什么？结合所学知识，谈谈你的教育建议。

问题解析

一、生理成熟及其重要性

格塞尔（1880—1961）是美国著名心理学家。格塞尔最初对特殊儿童感兴趣，重点研究儿童的智力发展。格塞尔及其研究小组对儿童智力发展问题进行了大规模的调查研究，研究结果证明：个体的智力发展如同体力一样，具有一定的发展规律。

格塞尔认为，成熟与学习支配着儿童的发展。成熟是一个由内部因素控制的过程，基本不受外部因素（如教育）的影响。成熟是推动儿童发展的主要动力，而学习并不是发展的主要原因。因为引起变化的原因是成熟的顺序或机体的机制，所有的学习只是给发展提供适当的时机而已。没有足够的成熟，就没有真正的发展和变化。脱离了成熟这一条件，学习本身不能推动发展。

图7-1-1　格塞尔

格塞尔的这种观点主要来源于著名的双生子爬梯实验。

> **经典实验**
>
> **双生子爬梯实验**
>
> 1929年,格塞尔选择了一对发展水平相近的双胞胎作为被试,他将双胞胎一个命名为T,另一个命名为C,进行了著名的双生子爬梯实验。在两人出生第48周时,开始对T进行专门的爬梯训练,而C不接受任何训练。这样持续6周之后,开始对C进行同样的爬梯训练,T与C同时受训2周。第55周时进行测试,结果发现:两人的爬梯水平一样。也就是说,C通过2周的训练就达到T训练8周的效果。
>
>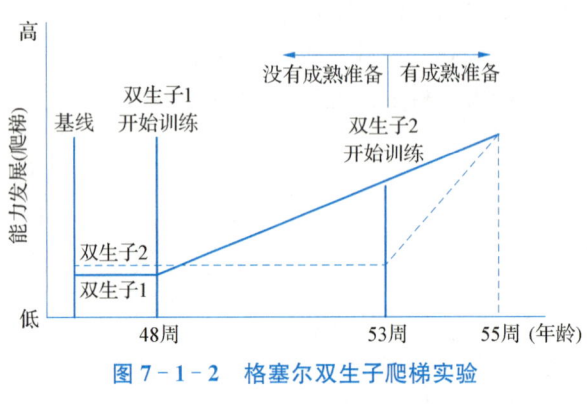
>
> 图7-1-2 格塞尔双生子爬梯实验

格塞尔认为,影响儿童学习的主要因素不是开始训练的早晚,而是机体本身的成熟程度,即儿童的生理成熟。当儿童处于不成熟状态时,学习的效果往往是事倍功半,当儿童在成熟状态下开始学习,会取得事半功倍的效果。因此,生理的成熟是儿童心理发展的重要条件,也是推动儿童心理发展的重要动力。学习并不是影响儿童发展的唯一因素,促进儿童发展的原因主要是生理成熟,学习只是在适当的时机下促进儿童的发展。

在成熟势力说看来,个体的发展遵循的自然发展规律,具有一定的方向性,如从上到下、由中心向边缘等。儿童发展取决于生理的成熟,而决定成熟的因素主要来自个体的自然发展规律。因此,格塞尔提倡自然教育,提倡教育要顺应儿童的身心发展规律,不可拔苗助长。

二、关于提前教育的讨论

成熟势力说的观点对科学实施儿童教育具有重要的启示。家长和教师应充分认识成熟规律对儿童成长的重要性,应根据儿童的自然生长规律进行养育和教育。"不要认为你的孩子成为怎样的人完全是你的责任,你不要去抓紧每一分钟去教育他,要学会去欣赏孩子的成长,观察、享受孩子每一次的新行为。"[①]

---

① 王振宇.儿童心理发展理论(第二版)[M].上海:华东师范大学出版社,2018:26.

根据格塞尔的成熟势力及自然教育的观点,家长和教师应尊重儿童发展的实际水平,顺应儿童成长的规律。当儿童尚未达到成熟时,要耐心等待,和儿童一起体验成长的乐趣。格塞尔的观点有利于我们正确评价当下流行的"提前教育"。

冯是大班的一名小女孩。她在数学课上总是无所适从,珠算课上也是如此。

她在课上很少说话,从不和别人抢着取教具,动作慢慢的。她不会清空算盘,不跟着老师一起念口诀、拨算盘。老师要求她自己拨时,也不拨。在老师讲解时,经常无目的地站起来,左顾右盼,心不在焉。即使做游戏,也不怎么说话。常常坐立不安,表情茫然,注意力经常转移到其他事件上,或者干脆坐着不动,思想开起小差。

对于冯来说,珠算课上的每一分钟都是煎熬。她根本听不懂老师在讲什么。根据格塞尔的成熟势力说,冯的生理成熟和智力发展还没达到能让她完成大班数学学习的水平。因此,不适合让冯参加珠算学习,而应该尊重她的身心发展水平,等待她的生理成熟与智力发展。只要冯的身心发展达到一定的成熟水平,学习自然会发生。[①]

成熟势力说突出了生理成熟对于儿童发展的重要性,认为成熟决定心理与行为的发展,没有足够的成熟,就不可能有真正的发展。因此,在儿童教育中,要尊重儿童的自然天性,这是正确养育、教育儿童的第一要义。成人应根据儿童身心发展的内在规律去教育儿童。

但是,成熟势力说过分夸大了生理成熟的作用,对外界环境与教育的作用关注不足。虽然格塞尔也提到了个别差异的问题,但是他的常模包含太多的一致性,而儿童的发展带有很大的多样性,偏离常模到什么程度才是可以接受的?他的常模来自美国中产阶级的儿童,那么,对其他文化或阶层的儿童是否适用?这些问题都是值得思考的。

拓展阅读

格塞尔的忠告[②]

1. 不要抓紧每一分钟的时间去"教育"幼儿。
2. 要观察并享受幼儿每一周、每一月出现的成长新事实。
3. 要尊重幼儿的实际水平,在其尚未成熟时,要耐心等待。

---

① 王烨芳.学前儿童行为观察与分析(第一版)[M].南京:江苏教育出版社,2012:109.
② 覃敏,彭本峰.幼儿心理学[M].南京:南京师范大学出版社,2018.

4. 不要总是想孩子"下一步要发展什么",要和幼儿共同体验每一个阶段的成长乐趣。

这些忠告都建立在"尊重成熟的客观规律"这一基础上。但是,强调这一点并不是否认环境的作用,也不是否认教育的价值,更不是要让幼儿为所欲为。

【项目任务】

训练目标:能运用成熟势力说的观点分析实践案例。

训练内容:请结合格塞尔的理论观点,评价下述案例中妈妈、爷爷和奶奶的说法。

3岁的华华刚办完上幼儿园的手续,爷爷奶奶就给妈妈发了很多辅导班的宣传材料,还有试课二维码,让妈妈带孩子去报名。爷爷说:"你不知道这家机构有多受欢迎,晚了可就选不到好班啦。"妈妈摇了摇头:"宝宝还小,不适合上这些培训班。"奶奶"痛心疾首"地摆摆手:"别的孩子从娘胎里就开始各种胎教,2岁就送到兴趣班,现在一身的才艺。别以为还早,华华都已经输在起跑线上了。"妈妈仍然坚持自己的立场,爷爷奶奶也没办法。

【延伸探究】

1. 视频:《格塞尔双生子爬梯实验》。

2. 论文:华爱华:《不要把入学准备教育变成提前教育》,《幼儿教育(教育教学)》,2016年。

延伸探究

主题二 行为主义理论

行为主义理论

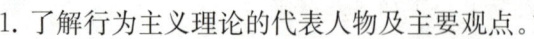

1. 了解行为主义理论的代表人物及主要观点。*
2. 能运用行为主义理论的基本观点分析具体案例。*
3. 用辩证的观点对行为主义理论流派进行分析评价。

情境导入

3岁的云云非常喜欢玩游戏,在商场看到琳琅满目的玩具就要"买买买"。如果家长不给买,他就"一哭二闹三打滚"。家长既心疼孩子又担心在公共场合"丢面子",不得已之下,常常满足云云的不合理要求。

问题:请分析云云的不良行为是如何形成的?如果你是家长,该如何改变云云的不良行为呢?

问题解析

行为主义是西方心理学的主要理论流派之一,创立于20世纪初期。该理论重点研究人的外显行为,创始人是华生,代表人物还有斯金纳、班杜拉等人。

行为主义认为,学习是环境刺激与学习者行为反应之间建立联结的过程。他们强调外部的行为条件对于学习者的影响,同时也注重学习者对于外在环境的行为反应。其中,强化和惩罚等刺激对于学习者的行为产生重要的影响,广泛应用于儿童行为矫正中。

一、华生的行为主义观点

约翰·华生(1878—1958年),美国著名心理学家,行为主义心理学的创始人。1913年发表《行为主义者眼中的心理学》一文,标志着行为主义理论的诞生。

华生的心理学观点是在巴甫洛夫学说的基础上创立的。他认为,心理的本质是行为,心理学应该研究行为。行为是有机体用以适应环境变化的各种身体反应组合。新生儿刚出生时只有一些源于本能的无条件反射,所有其他行为都是通过条件反射建立刺激与反应的联结而形成的,可以用S—R公式解释人的一切行为。S是指个体所受到的刺激,R是指个体对刺激所做出的反应。华生认为,只要查明了刺激

图7-2-1 华生

与反应之间的规律性关系,就能根据刺激预知反应或根据反应推断刺激,从而达到预测并控制动物和人的行为的目的。

华生否认遗传在个体成长中的作用,认为人类的行为都是后天习得的,环境决定了一个人的行为模式。无论是正常行为还是病态行为,都是通过形成S—R的联结学习而来的,也可以通过学习而更改、增加或消除。因此,环境和教育是决定行为发展的决定因素。他曾说:"给我一打健全的婴儿,按照我的方法进行训练,不用去考虑他们的天分、能力、先人和种族,我可以保证将他们训练成任何一种职业,他们可以是乞丐、小偷、商人、艺术家,也可以是医生、律师等其他工作者。"华生是环境决定论的代表人物。

> **拓展阅读**
>
> 巴甫洛夫（1849—1936），俄国著名生理学家、心理学家。在对狗的消化实验研究中创立了条件反射理论，给生理学、心理学研究带来了深刻的影响，于1904年荣获诺贝尔生理学奖。
>
> 巴甫洛夫首次提出"强化"的概念，并对人的高级神经活动进行严格而客观的实验研究，提出了以条件反射学说为核心的高级神经活动规律的理论。巴甫洛夫的研究为华生的行为主义心理学观点提供了重要的理论基础。行为主义心理学的研究对象就是行为，研究路线就是刺激—反应之间的关系，这来源于巴甫洛夫的条件反射实验。

华生条件反射学说的产生和发展，推进了心理学研究的科学化进程。华生竭力主张用客观化的方法研究人和动物的可观察行为，强调研究对象的客观化和研究方法的客观化。华生注重刺激与反应之间的可预测关系，有助于促进研究者对儿童行为发展进程的了解。

但是，华生的行为主义也存在缺陷。他坚决排斥对中间心理过程的研究，因此，他的行为主义理论观点难以解释个体高级心理过程的发展机制。另外，华生片面夸大环境和教育在个体心理发展中的作用，忽视了个体的主动性、能动性和创造性，忽视了促进心理发展的内部动因。

> **拓展阅读**
>
> 反射、反应和反映[①]
>
> 教材中经常出现三个"反"：反射、反应和反映。你能加以分辨吗？
>
> 反射是神经系统对外界刺激所做的有规律的应答，是神经系统的最基本的活动形式。
>
> 反应是指有机体对刺激的回答，是与刺激相对应的概念，是刺激产生的结果。各种刺激引起人的一切心理活动，包括言语在内，都是反应。
>
> 反映是物与物相互作用留下痕迹的过程。反映有不同的形式，人的心理是最高级的反映形式。人的心理的最高层次——意识不仅能反映事物的现象，而且能反映事物的本质和规律，并且能指导人的行动。反映是哲学，尤其是认识论范畴的重要概念，也是心理学的重要概念。

---

① 王振宇.学前儿童发展心理学[M].人民教育出版社，2015.

二、斯金纳的操作性条件反射理论

斯金纳(1904—1990年),美国行为主义心理学家,主要研究行为主义及儿童行为塑造。他认为,学习是刺激和反应的联结,所有行为都是后天习得的。斯金纳重视强化和惩罚在儿童行为矫正中的作用。

(一) 行为及其类型

斯金纳认为,人的一切行为几乎都是操作性强化的结果。他将人的行为划分为两种:应答性行为和操作性行为。应答性行为是指某种特定刺激引起的行为,主要是由先行刺激引发的,是对刺激物的反应,属于被动反应。巴甫洛夫主要研究被动的行为反应,即应答性行为。操作性行为是指自发的行为,与行为结果之间有特定的关联,主要是有机体对环境的主动适应,属于主动反应。斯金纳主要研究机体主动的自发行为,即操作性行为。

图7-2-2 斯金纳

> **经典实验**
>
> **斯金纳的操作性条件反射**
>
> 在斯金纳自制的试验箱中,一只饥饿的老鼠被关在里面。老鼠偶然触碰到控制杆,供丸装置便会自动落下一粒食丸。多次尝试过后,老鼠便会不断按压控制杆直到吃饱为止。
>
> 老鼠由于个体的自发行为获得了强化刺激,因此出现了主动的行为。斯金纳将老鼠的这一主动行为命名为操作性条件反射。
>
>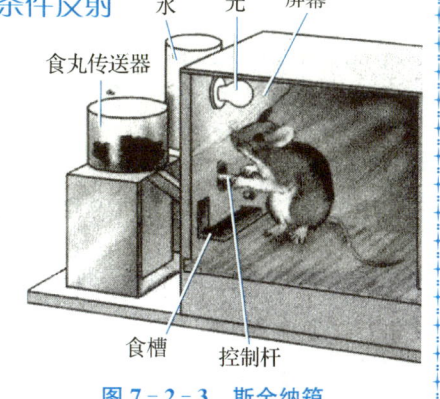
>
> 图7-2-3 斯金纳箱

(二) 行为改变的原理

1. 行为的强化

强化是指伴随某一特定行为之后,有助于这一特定行为重复出现的事件。这一事件就是通常所说的奖赏。斯金纳认为,强化有助于塑造儿童的特定行为,不加强化儿童则可能会退化这类行为。根据强化物的性质,斯金纳将强化分为以下几类:

正强化是指通过给予个体愉悦或快乐的刺激来增加行为发生的频率。如小明存在挑食的问题,李老师为了改正小明的习惯,提出只要小明吃掉碗里的全部青菜,就给小明一个他喜欢的熊大贴纸。

对点案例

方方今年 4 岁了。有一天,在幼儿园午睡起床后,她主动把自己的小被子叠得整整齐齐,床铺收拾得非常整洁。老师见状表扬了方方:"方方好厉害呀,把自己的小床收拾得整整齐齐!"后来,老师持续关注方方这种好的行为并给予表扬,方方每天都把小床收拾得整整齐齐。

负强化是指通过取消个体讨厌或厌恶的刺激来增加行为发生的频率。如小明和小朋友打架,妈妈罚他扫一个星期的地。但是,妈妈和小明约定:只要吃掉碗里的青菜,就可以免去一天的扫地。

值得注意的是,不论是正强化还是负强化,都是为了增加特定行为的发生。如妈妈都是为了增加小明吃青菜的行为,只是采取的方式不一致。

惩罚是指通过给予个体厌恶的、害怕的刺激来减少或消除行为的发生,如小明的挑食问题最近越来越严重,而小明又讨厌扫地。小明的妈妈就和小明提出只要他挑食一次,妈妈就罚他多扫一天的地。

表 7-2-1 强化理论使用规律表

强化类型		条件刺激	行为发生频率
强化	正强化	给予愉快刺激	增加行为发生
	负强化	取消厌恶刺激	
惩罚		呈现厌恶刺激	减少行为发生

拓展阅读

祖母原则

祖母原则又称普雷马克原理,由美国心理学家普雷马克最早提出。他认为,如果有一件愉快的事等着人们,人们会很快完成另一件不喜欢做的事情。我们可以利用高频活动(喜欢的行为)促进低频活动(不喜欢的行为)的产生。简单说就是:用一件孩子喜欢的事作为强化物,刺激他去完成另一件不喜欢的事。比如"先吃完蔬菜,然后就可以吃甜点"。由于祖母常常喜欢对孙辈用这种方法,所以被称为"祖母原则"。

在家庭教育中,这一原则常用来帮助孩子去做他们不乐意做的事情,比如:首先完成家庭作业,然后可以玩游戏;首先打扫自己的房间,然后可以出去踢球;首先洗自己的袜子,然后可以看动画片;首先弹 20 分钟的琴,然后可以出去玩;首先期末考试取得好成绩,然后可以上网。

需要注意的是，不同个体之间存在差异性。同样一个强化物，对一个孩子有效，可能对另一个孩子就无效。如果成人过度使用某种强化物，该强化物也可能失去原有效力。

2. 行为的消退

消退主要是由于强化的停止而导致的。当一个经过条件反射而增强的操作性行为发生之后，若不及时伴随个体喜欢的强化物，那么，这种行为发生的频率就会逐渐降低，这种操作性行为就会消退。

条件反射消退的过程与习得反应的力量强弱成正比。习得反应的力量比较强，消退时间则长；习得反应的力量比较弱，消退时间则短。若一个孩子的助人行为总得不到表扬、鼓励，那么，这种助人行为就可能消失。若孩子的助人行为偶尔得到表扬，当表扬等强化停止后，这种行为就比每次都得到表扬的助人行为所保持的时间长。

（三）强化原理在儿童行为矫正中的应用

斯金纳的强化原理被广泛运用于儿童不良行为的矫正中。儿童的一些行为和做法如大声哭喊、发脾气等更多是为了吸引家长或其他成人的注意，成人如果想要消除或减少儿童的这一类行为，可在这个过程中不理睬儿童、排除对儿童的注意，儿童因为没有得到成人的注意自然也就不哭闹了。对于儿童来讲，每一次哭闹行为引起了成人的注意，这是儿童想要的结果，而成人的注意则强化了这一结果，可以诱发儿童的哭闹行为。因此，对于孩子的无故大声哭闹、自伤等不良行为，家长最好不予理睬，不要去强化儿童的不良行为。

4岁男孩兴兴是家里的"土霸王"。爷爷奶奶极为宠爱他，只要他稍微不如意，就大哭大闹，情绪很激动。有一天晚饭时，兴兴想吃大鸡腿，但家里没有，他又开始哭闹了。爸爸很生气地说："不准哭，赶快闭上嘴。"谁知他的哭声越来越大。这时妈妈过来说道："我们去吃饭吧，让他继续哭！"转身就和爸爸走了。兴兴独自哭了一会儿，见没有人理他，也就不哭了。

斯金纳是当代杰出的心理学家，其操作性条件反射理论对心理学、教育学产生了深远影响。他反对极端的行为主义决定论，建立了客观、有效的操作行为主义体系，可以说斯金纳是行为主义心理学的巅峰。

不过，他的一些观点也招致了批评。首先，斯金纳的研究范围太广，忽略了很多方面，直接把动物的研究结论推广到人类身上,缺乏合理性,具有片面性。其次,斯金纳的行为主义理论体系缺乏足够的资料积累,很多理论存在不合理之处。

三、班杜拉的社会学习理论

图7-2-4 班杜拉

班杜拉(1925—2021),美国著名心理学家。观察学习理论是班杜拉的行为主义理论体系中最核心的内容,也是他对行为主义理论的重要贡献。

(一)观察学习的含义

观察学习是指观察者通过观察他人的行为及其强化结果而习得某些新的反应,或矫正原有的行为反应,或个体对于某些示范反应做出实际的外显性操作。简单来讲,观察学习就是个体通过观察他人的行为及其结果进行的学习。班杜拉认为观察学习要比直接经验获得的学习更直接、更有效。

> **经典实验**
>
> **"波比娃娃"实验**
>
> 实验人员将被试儿童分为A、B两组,分别观看成人对波比娃娃(一种充气娃娃)表现出打、踢等攻击性行为的电影。两组儿童所看电影的最终结果不同,A组儿童看到成人的攻击性行为受到奖励,B组儿童看到成人的攻击性行为受到严厉惩罚。随后,实验人员将儿童带到一个房间里自由游戏,这里有与电影中一样的波比娃娃。实验人员通过单向玻璃观察儿童。结果发现:A组儿童比B组儿童表现出更多的攻击性行为。
>
> 根据实验结果,班杜拉得出结论:儿童可以只通过观察他人行为就习得新的行为反应,儿童动作的模仿、语言的掌握及人格的形成都可以通过观察学习来完成。
>
>
>
> 图7-2-5 "波比娃娃"实验

班杜拉将观察学习分为三类:第一类是直接的观察学习。这类学习主要是指学习者对榜样示范行为的简单模仿。日常中的学习大多属于直接观察学习,3—6岁儿童的社会行为学习大多属于此类。第二类是抽象性的观察学习。这类学习主要是指个体从对他人行为的观察中获得一定的规则和原理,并且将这些理解直接体现在自身的行为。如儿童长期处于一种暴力式教养的家庭氛围里,他就有可能会在与其他儿童的交往中表现出明显的暴力倾向。第三类是创造性的观察学习。这类学习主要是指个体通过观察不同对象的行为特点,分析并结合成一种新的行为特点。如儿童在不断成长的过程中会接触到不同的群体,他们的言谈举止等行为会影响儿童的认知以及行为方式,并最终形成他自己独特的个人风格。

依依最近在幼儿园里总是出现"吐痰"行为,小王老师在下午自由活动时又发现这个问题,于是小王老师决定离园时和依依的家长谈一下。依依的爷爷下午来接依依回家了,结果一进幼儿园门口,爷爷就大力地在院子里吐痰,这时候小王老师理解依依为什么会有这样的问题了。

(二) 观察学习的心理过程

观察学习是一种信息加工活动,新行为养成是一个连续的、复杂的认知过程,包括注意、保持、动作再现以及动机四个过程。

注意过程是指个体对榜样的知觉过程。观察者只有在知觉到榜样行为时才会产生学习效果。首先,榜样者的行为特点和典型特征会影响观察者的注意,尤其是榜样者的个人特征以及示范活动的显著性和复杂性。其次,观察者的知识经验、认知能力也会影响观察者知觉过程。

保持过程是指观察者将自身观察到的行为信息以一种符号表征的形式长期储存在大脑中的过程。保持过程的有效性直接影响新行为学习的效果,而通过表征方式的改变和练习可以增加保持过程的有效性。

动作再现过程是指观察者将储存在大脑里的表征性符号新行为转变为外显化行为的过程。这是一个将新行为从内到外、从符号到实际、从理论到实践的过程。要想重现观察到的新行为,观察者必须具备一定的运动技能,只有在不断练习的过程中,观察者才能形成正确的行为反应模式。

动机过程是指观察者在特定的环境下,由于某种条件刺激引发出现示范行为的过程。这一过程实现了观察者示范行为的准确出现。观察者在动作再现过程就已经掌握了示范行为,但观察者是否会出现这一行为会受到其他因素的影响,尤其是榜样者在示范行为后的结果。如果榜样者得到了明显的奖励,则会增加观察者的积极动因,如果榜样者收到了严厉的惩罚,则会减少观察者出现示范行为的动因。

(三)强化的类型

人的行为会受到两种因素的影响,一是强化,主要是由于行为结果所带来的影响,二是个体本身的期望。班杜拉将强化分为三类:

(1)直接强化。主要是指外界因素对学习者的行为及其结果进行直接的干预,如幼儿在家吃完饭后主动帮助妈妈洗碗而受到妈妈的表扬。

(2)替代强化。主要是指学习者通过观察别人行为获得的结果而影响自身的行为。如果学习者看到他人的行为获得奖励性的结果,就会出现或者增加和他人一样的行为;如果学习者看到他人的行为受到惩罚的结果,就会减少或避免出现此类行为。如在幼儿园内,小明看到小红主动帮助小美受到了老师的表扬,为获得老师的表扬,小明增加了主动帮助别人的行为。

(3)自我强化。主要是指学习者根据自己的要求来设定标准,当标准达到时就以自身喜好的奖励来维持这类行为。自我强化的出现,意味着个体可以通过自身行为的改变来实现自我调节。如小明认为好孩子就是帮助妈妈做家务,当自己完成任务时,就会拿喜欢的巧克力来奖励自己。

班杜拉的社会学习理论突破了传统行为主义的范畴,尤其在解释人的行为获得时,不再仅仅强调直接、机械的模仿,同时注重将认知心理学的研究成果运用到行为主义研究范式中,也注重社会因素带给人学习的影响。班杜拉将认知心理学、行为主义心理学、社会心理学进行有机结合,改变了传统的学习理论模式,使得研究结果更有说服性。

尽管班杜拉的理论相较前人获得了很大的进步,但他的理论仍然存在一定的缺陷。首先,班达拉结合学习心理学和认知心理学的研究成果来研究人的行为,但两者之间没有建立起严密的内在逻辑体系,缺乏统一的理论框架。其次,班杜拉对观察学习的界定更加注重儿童的主动学习,但忽略了儿童独立学习带来新行为变化的影响。

【项目任务】

训练目标:尝试运用行为主义理论分析案例,提出相应的教育策略。

训练内容:认真研读《"四颗糖果"的故事》,结合案例,谈谈如何运用行为主义的理论对儿童进行教育。

"四颗糖果"的故事

陶行知在校园看到一个男生用泥块砸自己班上的男生,当即制止了他,并告知他放学时到校长室里去。放学后,陶行知来到校长室,这个男生已经等在门口准备挨训了。

可一见面,陶行知却掏出一块糖果送给他,并说:"这是奖给你的,因为你按时来到这里,而我却迟到了。"男生惊疑地接过糖果。

随之,陶行知又掏出一块糖果放到他手里,说:"这块糖也是奖给你的,因为当我不让你再打人时,你立即就住手了,这说明你很尊重我,我应该奖你。"男生更惊疑了,他眼睛睁得大大的。

陶行知又掏出第三块糖果塞到男生手里,说:"我调查过了,你用泥块砸那些男生,是因为他们不守游戏规则,欺负女生;你砸他们,说明你正直善良,有跟坏人作斗争的勇气,应该奖励你啊!"男生感动了,他流着眼泪后悔地说道:"陶校长,你打我两下吧!我错了,我砸的不是坏人,而是自己的同学呀!"陶行知满意地笑了。

他随即掏出第四块糖果递过去,说:"为你正确地认识错误,我再奖给你一块糖果,可惜我只有这一块糖了,我的糖给完了,我看我们的谈话也该完了!"

【真题连接】

1. 萌萌怕猫,当她看到青青和小猫一起玩得很开心时,她对小猫的恐惧也降低了。从社会学习理论的视角看,这主要是哪种形式的学习?(   )。(2020下半年)

A. 替代强化　　　　　　　　B. 自我强化

C. 操作性条件反射　　　　　D. 经典条件反射

2. 班杜拉的社会学习理论认为(   )。(2015年下半年)

A. 儿童通过观察和模仿身边人的行为学会分享

B. 操作性条件反射是儿童学会分享最重要的学习方式

C. 儿童能够学会分享是因为儿童天性本善

D. 儿童学会分享是因为成人采取了有效的奖惩措施

答案与解析

【延伸探究】

1. 视频:《华生的小阿尔伯特实验》。
2. 视频:《巴甫洛夫条件反射实验》。
3. 视频:《班杜拉的攻击性实验》。

延伸探究

主题三　精神分析理论

学习目标

1. 了解精神分析理论流派的代表人物及其主要观点。*
2. 尝试运用精神分析理论分析学前儿童发展中的典型案例,提出教育建议。

 情境导入

3岁的海海进入小班只有一个月。今天的早点时间到了,李老师端来小点心和牛奶。他跑过来说:"想喝牛奶!"李老师:"海海,想喝牛奶的话,应该怎么办?可以自己拿吗?"海海慢慢地伸出手,一边拿一边嘴里嘟囔:"在家里都是奶奶拿的。"李老师回答:"海海最棒了,自己的事情自己做最光荣。"下午离园活动时,李老师专门和奶奶聊了海海的事情,并希望奶奶在家多给海海自己尝试的机会。

问题:请你分析李老师的做法正确吗?说明你的理由。

问题解析

精神分析理论是西方现代心理学的主要学派,其主要代表人物有弗洛伊德、埃里克森等人。精神分析理论更关注人的心理发展状态,强调早期生活经验对人格发展的重要影响。

一、弗洛伊德的精神分析理论

西格蒙德·弗洛伊德(1856—1939)是奥地利著名的精神病医生、心理分析专家,精神分析理论的创始人,被称为"精神分析之父"。弗洛伊德著有多部著作,其中最有影响力的当属《梦的解析》《精神分析引论》《精神分析引论新编》等。弗洛伊德创立了世界上第一个系统的人格心理学理论,影响深远。

图7-3-1 弗洛伊德

(一)精神层次论

弗洛伊德认为,人的心理现象包括意识和无意识,无意识现象又分为潜意识、前意识。其中,意识是无意识过程的产物,无意识的精神活动远比意识活动更加重要。因此,弗洛伊德的精神分析理论主要研究无意识现象,尤其是潜意识现象。

1. 意识(Conscious)

意识直接与外部世界接触,感知着外界环境和刺激,用语言等工具来反映和概括事物内容。意识并不是随着人的出生而出现的,而是个体在与外界环境不断接触的过程中拓展出来的。

2. 前意识(Preconscious)

前意识主要是指能够进入意识中的经验,能够通过回忆回想的并能召唤到清醒意识中的意识,位于意识和潜意识现象的中间,处于心理结构的过渡区域。

3. 潜意识(Unconscious)

潜意识主要是指根本不能进入或者很难进入意识中的经验,其中包括原始的本能、冲动、欲望等。潜意识是在意识和前意识之下受到压抑的、没有被意识到的心理活动,处于

心理结构的最底层。

弗洛伊德以漂浮在海上的冰山作为比喻来说明三种意识之间的关系(见图7-3-2)。人的精神活动会在意识、潜意识、前意识等领域活动,而精神分析理论更关注藏于水面之下的、隐藏的潜意识。

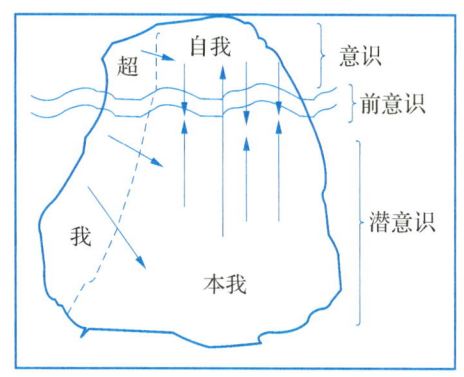

图7-3-2 冰山模型

(二)人格结构论

弗洛伊德基于在精神病院的长期临床观察,通过对病态人格的研究提出人格结构理论。他认为,存在于无意识当中的性本能是人的心理发展的基本动力,是决定个人和社会发展的永恒力量。

1. 本我

本我是人格系统中最原始的、与生俱来的部分,处于潜意识的深层,由先天的本能、欲望构成。本我是人格中最难接近的,同时也是强有力的。在个体心理发展过程中,年龄越小,本我越重要。本我遵循"快乐原则",不知善恶好坏,寻求即刻的满足。

2. 自我

自我在生命最初两年的基础上开始发展。弗洛伊德将自我和本我比作是骑手和马的关系:马提供能量,骑手控制着前进的方向,也就是说自我不能脱离本我而独立存在。自我与现实紧密相连,遵循"现实原则"。自我是有原则的,能够审时度势,会选择恰当的途径合理的满足自我需要。自我的力量来源于本我,且为本我服务。

3. 超我

超我从5岁左右开始发展。超我代表道德标准和人类生活的高级方向,包括自我理想和良心两部分。自我理想是善的标准,主要是由于儿童的行为符合父母的道德观念,父母给予奖励,由父母的奖励标准内化而成,规定了自我应该做什么;良心是恶的标准,主要是由于儿童的观念和行为不符合父母的道德观念,父母给予惩罚,由父母的惩罚标准内化而成,规定了自我不该做什么。超我遵循"至善原则",督促个体自我加强控制,引导本能冲动,使人的行为符合社会的道德规范。

(三)儿童心理发展阶段论

1. 口唇期(0—1岁)

0—1岁儿童的兴奋区位于口唇。这一阶段的儿童主要通过吸吮、咬、吞咽等口腔刺激获得食物和快感,这种快感需求会一直延续到成人阶段,嚼东西、饮酒、接吻等都是口腔获得满足的途径。如果口唇期儿童的需求得到满足,则会形成乐观开朗的正面人格特征;如果满足过多,则会发展成过度依赖他人的人格特征;如果满足过少,则会形成悲观、猜忌的紧张与不信任的人格特征。

2. 肛门期(1—3岁)

1—3岁儿童的兴奋区位于肛门。这一阶段的儿童通过解除内急压力获得操纵与控制的体验。此时是对儿童进行排便训练的关键期。如果排便训练符合儿童的控制能力,就能建立良好的行为习惯,长大后具有较高的效率;如果排便训练过早或过于严格,会导致儿童形成邋遢、浪费、无条理、凶暴或过分干净、注意条理和小节、固着、小气、忍耐等人格特征;如果排便训练过于随便,在成年后容易养成肮脏、不守秩序等人格特征。因此,弗洛伊德建议父母对儿童大小便的训练不宜过早过严。

拓展阅读

训练宝宝坐便盆的4个步骤

(1)养成排便规律。首先了解宝宝每天排便的时间规律,到了这个时候,注意观察宝宝表情,当宝宝出现脸红、瞪眼等神情的时候,就将宝宝抱到便盆前,把便时大人发出"嗯……嗯……"的声音,以形成排便的条件反射。

(2)熟悉便盆。8—9个月时就可以培养宝宝坐便盆了。可以将便盆放在宝宝活动的地方,每天训练宝宝使用便盆,告诉宝宝便盆的用途,告诉宝宝便盆使用的好处。

(3)减少对便盆的恐惧感。可以将便盆放在宝宝经常活动的地方,或者放在父母的马桶旁边,告诉宝宝,便盆就和马桶一样,使用很安全。消除了恐惧感之后,宝宝就会愿意使用便盆了。

(4)积极鼓励。家长可以协助宝宝使用便盆,而当宝宝准备排便或者顺利完成时要及时给予宝宝赞赏与鼓励。正面的鼓励会使得宝宝为了获得更多的鼓励和赞赏而使用便盆。同时,平时也应该反复跟宝宝强调坐便盆的重要性,加强宝宝使用的信心。同时家长要有耐心,不要抱怨宝宝,以免打击其积极性。

---

3. 性器期(3—6岁)

3—6岁儿童的兴奋区位于生殖器。这一阶段儿童最显著的两个行为现象是"俄狄浦斯情结"和认同作用。"俄狄浦斯情"即恋父情结或恋母情结,主要表现为男孩对母亲亲近,女孩与父亲亲密。以男孩为例,男孩会对母亲产生一种爱恋的心理和欲求,同时有消除父亲以便独占母亲的心理倾向。但是,男孩又会因为害怕父亲惩罚自己而产生冲突和焦虑,从而抑制对母亲的占有欲,并与自己的父亲产生认同作用,进而学习男性的行为方式。

弗洛伊德认为,性器期是儿童人格发展最重要的时期。这一阶段儿童所建立的本我、自我和超我三者之间的关系,决定着儿童人格发展的基本方向。但是,这个阶段很容易发生停滞,导致个体后来出现攻击、性偏离等许多行为问题。

4. 潜伏期(6—11岁)

6—11岁儿童的兴奋区仍位于生殖器。但在这一阶段儿童的力比多①受到抑制,没有得到明显表现。这个阶段的儿童由于正式接受学校教育,家庭成员交往转向同伴交往,但倾向于同性交往。

这一阶段的儿童没有明显的兴奋区,性冲动暂时停止活动。儿童倾向于和同伴进行交往,性别界限非常清楚,通常都分开做游戏。性冲动有目的地转向学习、体育等社会允许的各种活动中,并获得各种行为规范和社会价值观,促进超我的发展。

5. 青春期(11—13岁开始)

这一阶段是个体的性发育成熟期,兴奋区主要集中在生殖器。个体尝试与父母分离,建立属于自己的生活,逐渐发展出成年人的异性恋。弗洛伊德认为,这一阶段的个体发展受到之前阶段的影响,并且个体在接受新的性对象时,会受到父母原型的影响。

(四)早期经验对儿童成长的影响

弗洛伊德强调儿童的早期经验对人格发展的重要作用。人格是个体在心理活动过程中表现出的独特风格,是在遗传与环境的交互作用下逐渐形成的。弗洛伊德认为,个体出生之后的前六年,其人格的基本模式就大致形成了。成人的人格适应问题,追根溯源可以从早期童年阴影中找到答案。

弗洛伊德认为,人格发展的五个阶段就是个体的心理发展阶段,每个阶段都有其特殊性。如果不能解决前一阶段的矛盾和冲突,就不能完全过渡到下一阶段,可能会导致这一阶段的发展停顿和延缓,甚至人格发展的停滞和倒退,而人格的停滞和倒退是心理障碍的重要原因。某些人在成年以后,还保留着早期发展阶段的心理特征,主要是因为他在早期阶段有过停滞或倒退的经验。

研究表明:早期不愉悦的经历对个体的价值观、自我评价的形成产生重要的不良影响。孩子生命早期通过模仿父母的行为来适应外界的变化,如果父母中有情绪障碍或其他适应问题,孩子也将模仿这样的行为来适应环境。生活中有的父母骂孩子,或者拿孩子出气,这对于儿童而言是极为痛苦的。

综上,弗洛伊德作为精神分析理论的创始人,对心理学发展的贡献是多方面的。他重视早期生活经验对儿童成长的作用,重视人类情感发展的研究,倡导用宣泄等方式减轻儿童的压力,对儿童实施正确的性教育,在教育领域中遵循快乐原则和现实原则等。这些思想对当代的儿童教育依然有启发意义。

弗洛伊德的精神分析理论也存在不足。首先,他对潜意识的研究远超过对意识的研究。意识是心理的实质,但弗洛伊德否认意识的主导作用。其次,弗洛伊德的研究基础建立在生物学之上,他的理论具有浓厚的生物学色彩,抹杀了人的社会性本质,也忽略了社会环境对于人心理发展的影响。再次,弗洛伊德的研究方法主要依托于精神分析,从特殊到一般的研究思路本身具有片面性,在方法上犯了以偏概全的错误。

---

① 弗洛伊德认为人在不同的年龄性的能量(力比多)投向身体的不同部位。

二、埃里克森的社会心理发展理论

图7-3-3 埃里克森

埃里克森(1902—1994)，美国著名精神病医生，精神分析学派的代表人物之一。他在弗洛伊德精神分析理论的基础上，提出了社会心理发展阶段论，对心理学、神经精神病学等学科的发展具有重大贡献。

埃里克森认为，人的本性最初无所谓好坏，具有向任何方向发展的可能性。个体人格的发展既有连续性也有阶段性，每个阶段包含两个对立的受文化制约的特定发展任务。每个阶段都是发展的关键期，如果前一个阶段的发展任务没有完成，到后面的阶段还可以通过适当的途径进行补偿。

个体的人格发展经历八个阶段，固定以一种自然顺序逐渐展开。人格发展的每一个阶段都存在一种对立的矛盾，构成一种危机。这里的危机实际是指人格发展中的重要转折点，既可能是一种发展机遇，也可能是一个灾难。

人格的健康发展必须综合前一阶段危机解决的积极因素和消极因素。前一阶段的危机积极解决会增加下一阶段危机解决的可能性，前一阶段危机的消极解决则会缩小下一阶段危机解决的可能性。

人格发展的八个阶段是依次相互联系的，第一阶段和最后一个阶段也相互联系。因此，人格发展的八个阶段共同构成一个环环相扣的系统(见表7-3-1)。

1. 信任对怀疑(0—1岁)

这个年龄阶段的婴儿主要获得信任感，克服不信任感，体验着希望的实现。此时，婴儿对父母或重要抚养者的需求最高，也是婴儿建立安全型依恋的关键时期。当成人的照料能满足于婴儿的需要时，婴儿将会对周围的人建立一种信任感，反之，则会产生不信任或者不安全感。这个阶段建立的信任对于儿童的人格成长具有重要的价值。

2. 自主对羞怯(1—3岁)

这个年龄阶段的婴儿主要是获得自主感，克服羞怯、疑虑等，体验着意志的实现。此时，婴儿在一定程度上能自主控制外界事物，并能控制大小便，有了基本的自主意愿。这一阶段获得的自主感，对于今后的社会组织生活、理想态度产生重要影响。因此，父母要有足够的耐心，尊重孩子的需求，给予孩子一定的自由，充分满足孩子自主探索的需要。假如自主感获得不足，孩子容易认为自己没有价值，产生羞耻感。

3. 主动对内疚(3—6岁)

这一年龄阶段的儿童主要获得主动感，克服内疚感，体验着目的的实现。由于儿童活动能力进一步增强，其语言与思维能力也得到很大发展。如果父母能及时肯定、鼓励幼儿的自主行为，孩子就会获得主动性。如果父母总是否定、批评幼儿的自主行为，孩子就会因为缺乏主动性而感到内疚。

4. 勤奋对自卑(6—12岁)

这一年龄阶段的儿童主要获得勤奋感,克服自卑感,体验着能力的实现。此时,儿童大多进入学校,接受学龄期教育,学习是他们的主要活动。如果儿童能够从学习中获得满足,就会产生勤奋感,对自己未来成为一个有用的人产生信心。反之,则产生自卑。

5. 同一性对角色混乱(12—20岁)

这一年龄阶段的个体主要建立自我同一性,防止同一性混乱,体验着忠实的实现。此时,个体接受了更多关于自己和社会的信息,并进行了深刻思考,以确定自己未来生活的策略。如果能够做到这一点,个体即获得了自我同一性,反之则产生角色混乱、消极同一性。埃里克森认为,自我同一性的获得与社会环境相关。同时,自我同一性对于人格的形成具有重要作用,标志着个体童年期的结束和青年期的开始。如果这一阶段能获得自我同一性,个体就会接受、欣赏自己,反之,则产生混乱,不清楚自己的角色定位。

6. 亲密对孤独(20—25岁)

这一年龄阶段的个体主要是获得亲密感,避免孤独感,体验爱情的实现。此时,个体属于成年早期,有能力与他人建立亲密的、需要承诺的关系,愿意共同生活。个体只有在自我同一性巩固的基础上获得共享的同一性,才能有美满的婚姻,获得亲密感。埃里克森认为,个体获得亲密感对个体是否满意地进入社会生活有重要作用。反之则感到孤独、隔绝,否认需要亲密感。

7. 繁殖对停滞(25—65岁)

这一年龄阶段的个体主要是获得繁殖感,避免停滞感,体验着关怀的实现。这时的个体属于成年人,通常建立了自己的家庭和事业。如果个体已经形成了积极的自我同一性,过着充实的生活,就会想要把这一切通过下一代进行传递,或愿意为了下一代创造更多的物质和精神财富。缺乏这种体验的人则会产生一种倒退的意愿,重新返回上一阶段,或者沉醉于自己的天地之中,只关注自己而产生停滞。

8. 自我整合对失望(65岁至死亡)

这一年龄阶段的个体主要是获得完善感,避免失望、厌倦,体验着智慧的实现。这时的个体已经是老年人,进入人生的最后阶段。如果个体对自己的人生比较满意,则会产生一种完善感,这是一种由长期的阅历形成的人生智慧和哲学。反之,则恐惧死亡,觉得人生短促,感觉自己无用和沮丧,对人生充满失望和厌倦。

表 7-3-1 埃里克森的社会心理发展阶段

年龄	发展危机	充分解决危机	不充分解决危机
0—1岁	信任对怀疑	基本信任感,体验希望的实现	不安全感,焦虑
1—3岁	自主对羞怯	感到自己的力量,活动自主性,体验意志的实现	自认为没有能耐,产生羞耻感

(续表)

年龄	发展危机	充分解决危机	不充分解决危机
3—6 岁	主动对内疚	相信自己是发起者、创造者,体验目的的实现	感到自己没有价值
6—12 岁	勤奋对自卑	丰富的社会技能和认知技能,体验能力的实现	缺乏自信心,有失败感
12—20 岁	同一性对角色混乱	自我认同感形成,明白自己是谁,接受并欣赏自己,体验忠实的实现	感到充满混乱,变化不定,不清楚自己是谁
20—25 岁	亲密对孤独	有能力与他人建立亲密的、需要承诺的关系,体验爱情的实现	感到孤独、隔绝,否认需要亲密感
25—65 岁	繁殖对停滞	更关注家庭、社会和后代,体验关怀的实现	过分自我关注,缺乏未来的定向
65 岁至死亡	自我整合对失望	完善感,对自己一生感到满足,体验智慧的实现	感到无用和沮丧

相比而言,埃里克森的理论与弗洛伊德的精神分析理论具有明显的不同。

首先,埃里克森在社会发展背景下分析个体的心理发展。他认为,发展是内在本能与外部文化和社会要求相互作用的结果。因此,他不再将心理发展局限于心理性欲的范围,而是将自我放在心理与社会相互作用中,更多强调社会因素,如同伴、教师、学校和文化对心理发展的影响。

其次,埃里克森将心理发展阶段扩展到个体生命的全程。他认为,人格的发展并非止于青春期,而是终其一生的,每个阶段都有相应的发展任务。他坚信,在成年期,个体还会继续发展,发展健康的人格特征是人类发展应追求的目标。他的理论是基于健康人格特征的,不是源于人格异常者的治疗和成长。

再次,埃里克森强调理性的自我。埃里克森从更积极的角度看待人的本性。他认为,人在发展中是主动的,在很大程度上是理性的,儿童并不是被动接受环境的影响,而是主动的探索者,能够适应环境并希望控制环境,而且能够克服有害的早期经验的影响。

然而,埃里克森的理论主要基于精神分析的思辨,缺乏一定的科学论证,科学性和实证性较弱。埃里克森虽然强调自我与环境、个人与社会的相互作用,但是他更偏向于自我是按照先天发展的成熟顺序决定的,没有深入探讨社会实践活动对自我发展的决定性作用,更没有探讨社会环境如何与人格发展产生关系。

【真题连接】

1. 根据埃里克森的心理发展理论,1—3 岁儿童形成的人格品质是(　　)。(2018 年上半年)
   A. 信任感　　　　B. 主动性　　　　C. 自主性　　　　D. 自我同一性
2. 照料者对婴儿的需求应给与及时回应,是因为根据埃里克森的观点,在生命的第一年婴儿面临的基本冲突是(　　)。(2014 年上半年)
   A. 主动对内疚　　　　　　　　　B. 基本信任对怀疑
   C. 自我统一性对角色混乱　　　　D. 自主性对害羞

答案与解析

【延伸探究】

1. 视频:《弗洛伊德与经典精神分析》。
2. 视频:《埃里克森的人格发展阶段理论》。
3. 著作:桑标:《儿童发展心理学》,高等教育出版社,2018 年。
4. 著作:叶浩生:《心理学史》,高等教育出版社,2018 年。

延伸探究

主题四　皮亚杰的认知发展理论

1. 掌握皮亚杰认知发展理论的主要观点。*
2. 能结合皮亚杰的理论观点分析学前儿童认知的具体案例。*
3. 树立正确看待学前儿童认知发展的科学态度。

微课

皮亚杰的认知发展理论

洪洪今年 3 岁。一天早上,奶奶买了一条大鱼。在奶奶准备清理大鱼时,洪洪又哭又闹。奶奶着急地问:"怎么了?"洪洪抽泣着说:"不杀鱼,不杀鱼。"爷爷哄着他去公园玩了。晚上,

奶奶问洪洪:"奶奶做的鱼好吃吗?""好吃,好吃。"

问题:请你分析洪洪的行为,为什么洪洪的行为出现较大的反差?

图 7-4-1 皮亚杰

皮亚杰(1896—1980),瑞士著名儿童心理学家,发生认识论的创立者,致力于用实验的方法研究认识的起源,研究儿童的认知发展。

一、皮亚杰的认知发展观

(一)儿童心理发展的结构

皮亚杰将儿童看作一个建构者。认知发展是一个主动建构的过程,儿童的认知是通过心理结构或图式的改进和转换得以发展的。儿童常常寻求且同化着新的经验,并调整原有的图式去顺应新的经验,将原有的图式建构成新的更为复杂的图式。

图式是指个体对外界信息进行整理、归类、改造以及创造建立起来的一套认知结构,以此来使个体能够适应外界环境。例如,小明学习了小猫的概念,知道了猫是四条腿、有尾巴、毛茸茸的动物。

同化是指主体将外界的环境、信息等内容纳入并整合到已有认知结构的过程。同化更多是主体对信息的接收、处理,以此来丰富原有的认知结构。同化使图式得到量变。例如,小明学习了加菲猫,知道加菲猫也是猫。

顺应主要是指个体已有的认知结构不能适应客体的变化时,主体就要改变原有图式来适应外在环境的变化。顺应使图式发生质变。例如,小明看到了狗也说是猫,这时候发现狗的形象与猫的形象不相符,调整了原有的认知结构,不是所有四条腿、带尾巴、毛茸茸的动物都是猫。

平衡是指同化作用和顺应作用两种机能的平衡。平衡既是发展中的因素,又是心理结构。新的暂时的平衡并不是绝对静止的,也不会是终结的,某一水平的平衡会成为另一较高水平的平衡运动的开始。不断发展着的平衡状态就是整个心理的发展过程。例如,小明现在看到了四条腿、有尾巴、毛茸茸的动物,会根据外在的特征,细细区分是猫还是狗。

(二)影响儿童发展的因素

皮亚杰认为,儿童的发展不是机械地对环境做出反应,被动地吸收外界信息。儿童是学习的主体,通过积极、主动地对外在环境进行探索来获得成长。儿童的心理发展是主体对客体的主动适应,也就是儿童的心理发展是先天遗传和后天环境相互作用的结果。因此,影响儿童心理发展的因素包括如下四个方面:

(1)成熟。主要指个体的机体成长,尤其是个体的神经系统、内分泌系统的成熟。

(2)自然经验。主要指个体通过与外在物理环境的接触而获得的经验。自然经验分为两部分,一部分指的是物理经验,主要指对物体的色彩、大小、质量等认知;另一部分指的是数理逻辑经验,主要指主体对一系列动作之间关系的协调产生的经验,是主客体不断相互作用基础上产生的经验。

（3）社会经验。指在社会传递、社会相互作用中获得的经验，主要指语言、教育以及社会生活等。

（4）平衡化。是主体对成熟、经验、社会环境的调节，是主体认知发展的主要动力，也是影响主体发展的决定性因素。

儿童心理的发展是主体的心理和行为图式在与外在环境的相互作用中不断同化、顺应进而达到平衡产生的结果，从而使儿童的心理发展实现了从低级到高级的发展。

二、儿童认知发展阶段

（一）感知运动阶段（0—2岁）

这是思维的萌芽阶段。儿童主要通过直接感知、具体动作来探索和适应外界环境，形成客体永久性是感知运动阶段的标志。客体永久性是指当一个物体出现在面前时，儿童知道它是存在的；当这个物体不在眼前时，儿童仍然能意识到该物体是存在的。一般而言，儿童会在9—12个月时获得客体永久性。

（二）前运算阶段（2—7岁）

儿童能够使用语言、图画等符号来表征外在环境，但还没有获得进行逻辑思维运算的图式，因此称为前运算阶段。这里的"运算"不是数学计算，而是指外部动作在头脑内部进行的一种具有可逆性的操作。

这一阶段的儿童将一切事物都看作是有生命的，表现出泛灵论的特点。由于他们还没有形成守恒概念，思维具有自我中心性、不可逆性，因而只能从自我的角度考虑问题，不会转换视角从他人角度看问题。如儿童只能以自己的身体为中心辨别左右方位。

经典实验

三山实验

把大小不同的三座山模型摆放在桌子中央，四周各放一张椅子。带着儿童围绕三山模型散步，使儿童可以从前、右不同方位观察这三个模型。

然后，让儿童坐在桌边的椅子上，把洋娃娃放在桌边其他椅子上。向儿童出示从不同角度拍摄的"三座山"的照片，让儿童从中挑出娃娃所看到的那张照片，见图7-4-2。

图7-4-2 三山实验

实验结果显示：前运算阶段的儿童都认为别人在另一个角度看到的山和自己所站角度看到的山是一样的。

2岁8个月的小书阅常常会说下面的话:"妈妈,我碗里的肉呢?奇怪!我把它叫出来吧!肉肉,你出来,你出来呀!"

(三) 具体运算阶段(7—11岁)

儿童开始出现守恒概念,能独立组织各种方法进行正确的逻辑运算,如分类等。但还离不开具体事物或形象的帮助,这一时期的运算主要属于群集运算分类和排序。

(四) 形式运算阶段(11岁以后)

这是儿童思维发展的最高阶段,其典型标志是儿童能够进行假设、演绎和推理。儿童根据假设对各种命题进行逻辑推理的能力在不断发展,思维呈现出更高的可逆性、灵活性,开始接近成人的思维水平。

皮亚杰的认知发展理论不仅对心理学产生了重要的影响,同时也促进了生物学、教育学的发展。他认为适应和建构是认知发展的两种机制,人的发展是一种"建构"的过程。因此,皮亚杰被认为是建构主义理论的开创者。

从方法论来讲,皮亚杰开创性地发明了临床谈话法,用谈话的方式来探索儿童思维发展的内在机制,弥补了学前儿童认知发展对思维呈现的局限性。从心理发展结构论来讲,皮亚杰不仅揭示了个体认知发展的规律,也说明了个体的发展是先天遗传和后天环境共同作用的结果。从个体差异来讲,在皮亚杰的观点中多次提及个体存在的差异性,他认为基于生活环境和文化环境的培养,个体在认知发展中的差异性是非常明显的,即使是同一认知阶段,也会有明显的个体差异。

但是,皮亚杰的观点中也存在局限性。首先,皮亚杰忽略了个体的社会生活尤其是文化和教育在人的认知发展中的推动作用。他着重强调了周围事物对个体的认知建构,忽略了社会环境以及实践活动等对于个体的认知建构的意义。其次,皮亚杰强调个体的发展优先于后天的学习,不主张通过学习和训练来加强个体认知的发展,是一种不积极的教育模式,也忽略了教育对个体认知发展的价值。

【真题连接】

1. 4岁的瑞瑞不小心把小碗里的葡萄干撒在桌子上后,很惊奇地说:"哦,我的葡萄干变多了!"这说明他的思维处于(   )。(2022年上半年)

  A. 感知运动阶段　　　　　　　　　　B. 前运算阶段

C. 具体运算阶段　　　　　　　　D. 形式运算阶段

2. 毛毛第一次看到骆驼时惊呼道:"快看,大马背上长东西了。"按皮亚杰的理论,毛毛的反应可以用下列哪个概念解释?(　　)。(2021年上半年)

A. 平衡　　　　　　　　　　　B. 同化
C. 顺应　　　　　　　　　　　D. 守恒

3. 妈妈带3岁的岳岳在外度假。阿姨打来电话问:"你们在哪里玩?"岳岳说:"我们在这里玩。"这反映了岳岳思维具有什么特征?(　　)。(2021年上半年)

A. 具体性　　　　　　　　　　B. 不可逆性
C. 自我中心性　　　　　　　　D. 刻板性

4. 菲儿把一颗小石头放进鱼缸里,小石头很快就沉到了缸底。菲儿说:"小石头不想游泳了,想休息了。"从这里可以看出,菲儿思维的特点是(　　)。(2019年下半年)

A. 直觉性　　　　　　　　　　B. 自我中心
C. 表面性　　　　　　　　　　D. 泛灵论

5. 皮亚杰的"三山实验"考察的是(　　)。(2018年上半年)

A. 儿童的深度知觉　　　　　　B. 儿童的计数能力
C. 儿童的自我中心性　　　　　D. 儿童的守恒能力

6. 午餐时餐盘不小心掉在了地上,看到这一幕的亮亮对老师说:"盘子受伤了,它难过地哭了。"这说明亮亮的思维特点是(　　)。(2017年上半年)

A. 自我中心　　　　　　　　　B. 泛灵论
C. 不可逆　　　　　　　　　　D. 不守恒

7. 按照皮亚杰的观点,2—7岁儿童的思维处于(　　)。(2014年下半年)

A. 具体运算阶段　　　　　　　B. 形式运算阶段
C. 感知运算阶段　　　　　　　D. 前运算阶段

8. 在婴幼儿表现出明显的分离焦虑对象时,表明婴儿已经获得(　　)。(2014年上半年)

A. 条件反射概念　　　　　　　B. 母亲观念
C. 积极情绪观念　　　　　　　D. 客体永久性概念

【延伸探究】

1. 视频:《皮亚杰三山实验》。
2. 视频:《皮亚杰守恒实验》。

答案与解析

延伸探究

主题五　维果斯基的心理发展观

学习目标

1. 理解维果斯基最近发展区的基本观点。*
2. 能够运用最近发展区的理论观点分析具体的教育案例。*
3. 用发展的观点看待学前儿童的进步。

情境导入

大班的王老师最近很困惑：在最近的数学集体教学活动中，莉莉和花花两位小朋友都很认真，但莉莉很快就能掌握，花花的学习速度则明显落后，两个孩子的差距越来越大。花花的家长责怪王老师偏心，没有认真教自己的孩子。

问题：莉莉和花花为什么会出现较大差异？请你针对王老师的困惑，提出教育建议。

问题解析

维果斯基（1896—1934年），苏联发展心理学家，文化历史学派的创始人。他从种系和个体发展的角度分析了心理发展的实质，研究了儿童心理与教育心理、思维与言语、儿童学习与发展等问题，其心理学思想至今依然有很大的影响。

图7-5-1　维果斯基

一、儿童的心理发展及原因

心理发展是指个体心理在环境与教育的影响下，由低级心理机能逐渐向高级心理机能转化的过程。低级心理机能是动物进化的结果，指个体早期以直接的方式与外界环境相互作用时表现出来的特征，包括基本感知觉和情绪等；高级心理机能是历史发展的结果，指以符号系统为中介的心理机能，如抽象思维、有意注意、高级社会情感等。高级心理机能为人类所独有，反映了人类心理与动物心理的本质区别。

心理机能由低级向高级发展的原因主要有三点:第一,起源于文化历史的发展,受到社会历史发展规律的制约。第二,从个体发展来看,儿童在与成人社会交往的过程中,逐渐掌握了以语言、符号为主的中介系统,形成了高级心理机能。第三,是高级心理机能不断内化产生的结果。

二、教学与儿童发展的关系

关于教学与儿童发展的关系,维果斯基的观点主要集中在三个方面:

一是提出了"最近发展区"的概念。维果斯基将儿童的发展分为两种水平:一种是儿童现有的发展水平,主要是指儿童能够独立解决问题的能力水平;另一种是儿童潜在的发展水平,主要是指儿童能够在成人帮助或者教学的前提下可能达到的水平。这两种水平之间的差距就是最近发展区。

7岁的贝蒂娜拆开了一个三层的三维拼图,但是不知道怎样开始拼合。和其他两个孩子,还有实习教师韦斯老师一起坐在桌子旁边。奥利沃老师说,拼图的外部边是光滑的,内部边则是弯弯曲曲的。他们一起找到了外沿光滑的拼图片。奥利沃老师手里拿着相邻的两片拼图,指出拼图的每一层都比上一层厚些。贝蒂娜开始在奥利沃老师的指导下拼拼图。当拼到第三层也就是最顶层的时候,贝蒂娜说:"请让我自己来拼这一层。"她又继续多拼了两次。每一次都比上一次需要奥利沃老师的帮助少。最后,贝蒂娜把拼图拿给实习教师韦斯老师,用奥利沃老师的话和方式教给韦斯老师拼拼图。

奥利沃老师的支持性行为可以被定义为"鹰架"(Bek & Wisler,1995),即教师通过焦点式提问和积极互动指导儿童学习的方式。奥利沃老师的指导性参与使贝蒂娜能够完成一项最初她自己不能独立完成,后来经过练习能够自己完成,也能够教给别人的任务。维果斯基指出这一不断增长的自立能力发生在儿童的"最近发展区"内。奥利沃老师帮助贝蒂娜提升到一个更高的能力水平,而且在这个过程中熟悉了贝蒂娜的思维能力、学习风格及她的坚持不懈。①

二是提出了"教学应当走在发展的前面"的观点。教学应建立在开始形成的心理机能的基础上,走在心理机能形成的前面。教学应当走在儿童发展的前面,并促进儿童的发展。教师应着眼于儿童的最近发展区,把潜在的发展水平转换成现实的发展水平,并不断创造着新的最近发展区。

---

① Dorothy H. Cohen, Virginia stern, Nancy Balaban, Nancy Gropper.幼儿行为的观察与记录[M].马燕,马希武,译.北京:中国轻工业出版社,2017:124-125.

三是提出"学习最佳期限"的观点。维果斯基认为,学习是有最佳期限的,过早或过晚开始学习对儿童的发展都是不利的。

芳芳在数积木。老师问:"你有几块三角形积木?"

芳芳用手指着积木进行点数:"1、2、3、4、5、6,6个三角形"。

老师又给她4块积木,问:"现在你有几块三角形积木?"

芳芳边点数边说:"1、2、3、4、5、6、7、8、9、10,我现在有10块积木啦!"

从数学学习的角度分析,芳芳尚处于"一一对应进行点数"的水平,而且每次都要从头数起。根据最近发展区理论中"教学要走在发展的前面"的要求,教师可以先给芳芳提供多种材料,让她熟练掌握一一对应点数的方法,然后引导她用"接着数""默数"等方法进行计数,促进芳芳的计数能力向更高水平发展。

维果斯基重视社会经验对儿童心理发展的根本作用,提出了"最近发展区"的概念,阐述了教学与发展的关系,对心理学、教育学的发展及儿童教育实践都具有深远影响。我国的《幼儿园教育指导纲要(试行)》《3—6岁儿童学习与发展指南》中特别强调:教师要了解儿童的已有经验,幼儿园的课程设计要以儿童的经验与需要为基础,这些思想均与维果斯基的理论观点有关。此外,维果斯基特别重视社会文化对儿童心理发展的重要影响,有助于加深人们对儿童心理机能文化差异的认识。不过,维果斯基忽视了生理基础对儿童发展的影响,也忽视了自然环境因素对儿童发展的重要价值。

【真题连接】

1. 提出了"最近发展区"概念的心理学家是(　　)。(2021年下半年)

　　A. 弗洛伊德　　　　　　　　B. 马斯洛

　　C. 皮亚杰　　　　　　　　　D. 维果斯基

2. 梅梅和芳芳在娃娃家玩,俊俊走过来说:"我想吃点东西。"芳芳说:"我们正忙呢。"俊俊说:"我来当爸爸炒点菜吧。"芳芳看了看梅梅说:"好吧,你来吧。"从俊俊的社会性发展来看,下列哪一选项最贴近他的最近发展区?(　　)(2019年下半年)

　　A. 能够找到一个自己喜欢的玩伴

　　B. 开始使用一定的策略成功加入游戏小组

　　C. 在4—5名幼儿的角色游戏中进行合作性互动

D. 能够在角色游戏中讨论装扮的角色行为

3. 教师拟定教育活动目标时,以幼儿现有发展水平与可以达到的水平之间的差距为依据,这种做法体现的是( )。(2016年上半年)

A. 维果斯基的最近发展区理论

B. 班杜拉的观察学习理论

C. 皮亚杰的认知发展阶段论

D. 布鲁纳的发现教学法

答案与解析

【延伸探究】

1. 视频:《维果斯基的心理发展观》。

2. 视频:《利用孩子的最近发展区,发挥孩子的最佳潜力》。

延伸探究

单元八 科学儿童观的内涵

科学儿童观的内涵 ─┬─ 儿童观及其演变 ─┬─ 儿童观的内涵
　　　　　　　　 │　　　　　　　　 └─ 儿童观的演变
　　　　　　　　 └─ 育人为本的科学儿童观 ─┬─ 育人为本的含义
　　　　　　　　　　　　　　　　　　　　　 └─ 科学儿童观的内容

▶ 理解"育人为本"的含义,爱幼儿,尊重幼儿,相信每一个幼儿都具有发展潜力,维护每一个幼儿的人格与权利。

▶ 运用"育人为本"的幼儿观,在保教实践中公正地对待每一个幼儿,不因性别、民族、地域、经济状况、家庭背景和身心缺陷等歧视幼儿。

主题一 儿童观及其演变

1. 理解儿童观的概念及其内在结构,掌握"人"本位儿童观的发展脉络。*
2. 了解三种形态儿童观的特点及儿童观的演变历程。
3. 能用一分为二的辩证观点分析几种常见儿童观的利弊。*

可可是独生女,爷爷奶奶特别宠爱她,可以算是家里的"小太阳"。可可的生活可以用"衣来伸手,饭来张口"形容,生活自理能力基本为零,奶奶更是舍不得可可有任何不开心的事。可可妈妈和奶奶说不要太过溺爱,但奶奶认为就这一个小孙女,怎么疼爱都不为过。

问题:可可奶奶的想法合理吗?为什么?

问题解析

一、儿童观的内涵

(一)儿童观的含义

儿童观是人们对儿童的根本看法和态度。主要涉及两个方面:一是成人对儿童社会地位与权利的看法,二是成人对儿童期的意义、特点及儿童发展趋势与原因的看法。儿童是受教育者,是教育过程中的核心要素。因此,教育者对儿童的看法与态度不同,必然会导致不一样的教育目标与行为。儿童观与教育观、教师观、课程观是紧密相关的,并在一定程度上对其他教育观念产生影响。

对点案例

开学第一周——孩子是天生的游戏者

教师的观察：

慧慧开心地对我说："这是送给妈妈的礼物，我能带回家吗？"

我："但带回家可能就会散掉了，怎么办呢？"

慧慧盯着作品想了好一会儿，我对她说："不如我们把它画下来，再带回家送给妈妈吧！"

慧慧听完高兴地点点头，用笔把刚刚的作品表现了出来。

教师的思考：

这是小班孩子刚入园的第二天，没有设计与教导。在有准备的环境中，孩子们自由地探索，不仅能将相同色彩的材料进行分类，还能按照颜色在光影板上垒高。这再一次验证了孩子是有能力的主动学习者，自由自主的游戏是孩子学习的主要途径与方式，他们在游戏中不但获得了认知上的发展，更获得了情感上的发展——这样的礼物是要送给妈妈的。

（来源：微信公众号"以游戏为基本活动"，张雯）

视频
开学第一周

（二）儿童观的结构

作为一种指向儿童的观念，儿童观有其内在的结构与内容，可从自然、社会及精神三个层面进行分析。

1. 儿童是自然的存在，是正在成长中的人

儿童首先是自然的存在。作为正在发展中的人，儿童需要成人的呵护、帮助与教育。然而，作为生物个体，儿童要"自己成为某种人"。儿童的发展是主动、自然的过程，有其内在的顺序和时间表，任何人都不能改变。因此，无视儿童的特性和能力，把儿童看作是无知无能的生物体是错误的；而过高估计儿童的能力，把儿童看作是小大人，让儿童过早承受生活和学习的压力也不利于儿童的发展。

2. 儿童是社会的存在，有自己的社会地位与权利

儿童一出生就在人类社会中生活，逐步习得人的社会生活方式。儿童的身心发展方向与水平必然受到社会文化环境的影响，儿童的健康成长离不开良好的社会环境与教育。虽然儿童的身心发展不成熟，但他们依然拥有人的社会地位与社会权利。"每个人在童年时就应当被作为人类的一个不可缺少的基本成员来看待、承认和培育。"[1]成人不应当忽视儿童，更不能歧视儿童，而应把儿童当作一个社会成员来对待。作为社会的一员，儿童享

---

[1] 福禄培尔.人的教育[M].孙祖复,译.北京:人民教育出版社,2001:15.

有生存权、参与权、发展权等基本的权利。

因此,儿童需要一种有利于其发展的社会环境和社会文化氛围。各种社会场所、社会机构、社会成员应与儿童保教部门和保教人员密切合作,共同优化儿童生长的社会环境,建好儿童活动中心、娱乐中心、儿童电影院、儿童书店等,为儿童生产有利于其健康成长的精神和智慧食粮。

3. 儿童是精神的存在,有自己独特的精神世界

儿童作为正在成长发展中的个体,支撑其躯体、协调其行为的是其丰富的精神世界。只有了解儿童的精神世界,才能切实尊重作为精神存在的儿童。儿童虽然初涉人世,但也有丰富的情感;虽然稚嫩脆弱,但也有独立的人格;儿童虽然需要被照料,但也有自己的需要和愿望。儿童需要尊重、公平对待和精神慰藉。

成人往往用错误的态度对待儿童的精神世界。有两种情况值得深思:一是儿童的精神世界被压抑。如有的儿童失去了表达自己内心世界的机会,有的儿童所表露的精神世界没有得到成人的重视,还有的儿童经常被责骂、恐吓,他们应有的自主性、独立性及人格被肆意践踏。二是儿童的精神世界不健康。儿童获得了充分的自由、自主,可以不受成人的影响干自己想干的事,为所欲为,而成人则是有求必应,自甘受束。这事实上是成人错误地制造了一种使儿童过分膨胀自我、以自我为中心的精神环境。儿童的自主、自由背离了个体心理发展的规律,背离了作为社会一员所必须依循的准则。

(三) 儿童观的形态

儿童是人类社会的一部分,儿童与人类社会共同诞生。不同社会成员对儿童的看法和态度存在差异,形成不同层次的儿童观。对不同层次儿童观的主要观点进行归纳、整合,就构成了不同形态的儿童观。从观念所持主体的角度,可以将儿童观分为三种主要形态。

一是社会主导形态的儿童观,是指一定社会的政府机构、法律机构及其他居支配地位的人对儿童的看法与态度。这种儿童观往往以法律、政令、规章等形式予以确认。如我国的《宪法》《未成年人保护法》《教育法》《幼儿园工作规程》《幼儿园教育指导纲要》《3—6岁儿童学习与发展指南》等法律法规,明确了国家对儿童的根本态度,规定了社会主导形态儿童观的内容及落实途径。如:国家尊重和保障儿童的人权,幼儿园教育要为所有在园幼儿的健康成长服务,要尊重幼儿身心发展的特点与规律,教师要成为幼儿发展的支持者、合作者和引导者等。这种形态的儿童观是一元的,具有法律性。

二是学术理论形态的儿童观。是指哲学、伦理学、教育学、心理学、人类学等领域的研究者所持有的儿童观。由于研究儿童的视角、理论背景、与儿童的实际交往状况等各有差异,学者们的儿童观具有很大差别,甚至是对立的。因此,这种儿童观具有明显的多元性,同时不具有法律效应。需要强调的是,在某些社会历史条件下,学术理论形态的儿童观能与社会主导形态的儿童观达成一致,甚至成为社会主导形态儿童观的主要参照根源。

三是大众意识形态的儿童观,是指广大国民对儿童的根本看法和态度。这是一种最有实际意义的儿童观,因为儿童就是在这种儿童观的作用和影响下生活和成长的。所有父母和教师都有自己对儿童的看法与态度,但他们的儿童观在清晰性、系统性与科学性等

方面存在着差异。大众意识形态的儿童观具有实感性、差异性与不系统性。

三种形态的儿童观之间是相互联系、相互影响的。社会主导形态的儿童观是国家倡导的，具有法律性，要求所有儿童教育工作者都要认同这种儿童观，并以此指导自己的教育行为。学术理论形态的儿童观有一定的理论基础，阐述系统、全面，通常具有先进性与引领性，有可能被国家认可，成为社会主导形态的儿童观。而社会主导形态与学术理论形态的儿童观都要通过大众意识形态的儿童观对儿童的成长发挥作用。就总体而言，大众意识形态的儿童观是积极、正确的，与社会主导形态的儿童观具有一致性，但也存在消极、不正确的观念，需要国家予以引导。

二、儿童观的演变

人们对儿童的态度与看法随着人类社会的发展而不断变化。在不同的历史时期，人们具有不同的儿童观。中西方儿童观的演变经历了大致相似的过程。以下几种儿童观在一定程度上反映了不同历史时期人们对儿童的看法和态度。

(一) "国"本位的儿童观

古代社会没有"儿童期"的观念。人们没有发现儿童与成人有何本质区别，普遍将儿童看作"小大人"。人们认为，儿童没有自己独特或特殊的身心特点与发展规律，只是比成人弱小、笨拙而已。儿童与成人几乎穿同样的服装，干一样的活，玩一样的游戏。他们从小就与成人共同生活，跟随成人一起劳动，被作为氏族部落或国家未来的劳动力与兵力。例如，古希腊时期的雅典和斯巴达，一个崇文，一个尚武。两个城邦国家的文化不同，但对儿童的态度和看法一致：都将儿童看作成人的雏形，让他们接受成人式的训练任务，使他们将来能成为勇敢的军人，为国征战。

在中西方都有的"慈幼"思想，也是这种"国"本位儿童观的体现。例如，在我国的战国时期和南宋，统治者都设置慈幼机构，挽救濒临死亡儿童的生命，维持其生存。这种保护儿童的举措并不意味着儿童受到真正的重视。在统治者眼中，儿童与战车、马匹一样，都是国家的财富。因为他们长大后就是强壮的劳动者或战士。可见，这种"慈幼"思想的出发点是国家利益，并没有将儿童作为真正的人予以尊重与善待。

(二) "家"本位的儿童观

古代社会的生产水平低，主要依靠人力获取各类生活资源。那时，人们信奉"多子多福"，将孩子当作传宗接代、光宗耀祖的工具。一方面，孩子是父母生命的延续、家族物质财富与精神权利的继承人，被视为"小祖宗"，父母甘愿为孩子付出一切。另一方面，孩子又被当作父母的隶属物、家庭的私有财产。"君要臣死，臣不得不死；父让子死，子不得不死。"父母对儿童拥有生杀大权，可以任意打骂，甚至可以杀之、弃之、卖之。在父权至上的社会，依附于成人的儿童没有人格尊严与人身自由，女婴的境遇更为凄惨。

这种儿童观在现代社会依然存在。比如，成人体罚、辱骂儿童的现象时常被曝光。为了不让孩子输在起跑线上，家长之间相互攀比，给孩子的超前学习任务层层加码，将孩子当作光耀门楣、满足虚荣心的工具。

（三）"神"本位的儿童观

在人类社会的发展过程中，中西方国家都曾有封建迷信思想与宗教思想主宰人的行为的时期。中国民间流传"三天不打，上房揭瓦"的说法，《旧约圣经》箴言篇第23章说："对孩童不可忽略惩戒；用棍打他，他不致死去。你用棍杖打他，是救他的灵魂免下阴府。"这些都是"儿童生来有罪"儿童观的体现。

在神权统治的时代，人都有"原罪"。基督教认为只有上帝是善的，除此之外皆是恶的。因此，人一生下来就是有罪的，需要加以鞭笞和惩戒。受"原罪说"的影响，中世纪的人将儿童看作是卑贱无知的有罪"羔羊"。儿童一出生就充满罪恶，成人应对他们严加管束、约制，这样才能使儿童不断赎罪。儿童体内的毒素是儿童犯罪的根源，容易导致儿童的错误行为，而严酷的纪律会减轻甚至消除儿童的错误行为。所以，应对儿童施行体罚。当时，儿童承受了各种肉体和精神折磨，遭受成人的轻视，儿童的任何带有创新乃至尝试意识的行为都会受到指责，儿童的人格被严重摧残。

（四）"人"本位儿童观

1. 西方国家"人"本位儿童观的发展

文艺复兴运动为"人"本位儿童观开辟了生存土壤。14世纪下半叶兴起的文艺复兴运动反对宗教对人的禁锢，提倡理性和对人的尊重，人们开始将儿童看作自由而具有发展可能性的存在。此后，人们开始关注儿童，倡导顺应儿童天性的教育，要求尊重儿童的人格，保护儿童的权利，"人"本位的儿童观逐渐形成。

夸美纽斯（1592—1670），17世纪捷克教育家、西方近代教育理论的奠基者，《大教学论》《母育学校》是其代表著作。他反对"儿童生来有罪"的观念，提出著名的"种子论"观点。他认为，儿童生来就有知识、道德与虔诚的种子，只要给予适合的教育，种子便会生根发芽、开花结果。教师应像园丁一样遵循自然规律，循序渐进地对儿童施以教育，不能跃进，不能跨越某一阶段。他还把儿童比作镜子，要求人们像尊敬上帝那样去尊敬儿童。

图8-1-1　夸美纽斯

夸美纽斯的儿童观依然受到宗教思想的束缚，但与中世纪"性恶论"的儿童观已截然不同，表现出他的人文主义思想以及将实现新社会的理想寄托于新生一代的热切愿望。

约翰·洛克（1632—1704），17世纪英国教育家，《教育漫话》是其代表著作。他强调环境与教育的作用，提出著名的"白板说"。他认为人的心灵如同一张白板，儿童生来被赋予一种冲动，这种冲动不是天生的毒素或罪恶，而是未经污染的纯洁无瑕的心灵。他主张给予儿童自由，成人应允许儿童有适合其年龄的自由，不要用过多的约束去限制他们。洛克的"白板说"是对"原罪说"儿童观的一种否定和批判，极大地影响了儿童观的发展走向和趋势。

图8-1-2　洛克

图 8-1-3 卢梭

卢梭(1712—1778),18 世纪法国启蒙思想家。《爱弥儿》一书集中体现了他的自然主义教育思想。他认为,儿童是与成人不同的独立的人,儿童期在人生历程中应当有独特的地位。"在万物的秩序中,人类有它的地方;在人生的秩序中,童年有它的地位;应当把成人看作成人,把孩子看作孩子①。"成人应当转换视角站在儿童的立场来看待他们,要承认儿童具有独特的精神世界,儿童期的生活具有特殊的价值。成人不仅要重视儿童的存在,而且要重视儿童的现在,更不能用不可靠的将来牺牲儿童应有的童年。

卢梭被公认为"发现儿童"的第一人,将文艺复兴运动以来重视儿童的思想提升到新高度。他的儿童观与基督教"儿童生来有罪"的观念以及摧残儿童的封建教育针锋相对,直接促进了"儿童"观念的形成与发展。正是因为卢梭,人们才发现了儿童的存在与价值,实现了儿童观的革命,教育的中心才逐渐由教师转向儿童,教育的方向也随之发生了根本性的转变。

图 8-1-4 裴斯泰洛齐

裴斯泰洛齐(1746—1827),19 世纪瑞士教育家,"教育心理学化"思想的首创者。他认为,人生来就蕴藏着各种能力和力量的萌芽,它们都渴望得到发展,如同地下的种子自己会生长成美丽的花朵。只要有适宜的环境,儿童就能发展自己固有的天性,成为优秀而完美的公民。固有的天性包括智力、精神和身体,是完整而不可分割的统一体。固有的天性使儿童具有主动发展的内在动力,但绝不意味着可以任由儿童自然地发展。儿童需要教育,教育也要适应儿童天性发展的顺序。教师不仅要注意观察儿童,而且要将观察结果作为教育活动的依据。

图 8-1-5 福禄贝尔

福禄贝尔(1782—1852),19 世纪德国教育家。创办世界上第一所幼儿园,构建以"恩物"、游戏和作业为框架的幼儿园教育理论体系,被称为"幼儿教育之父"。福禄贝尔将儿童视为自然万物的一部分,是一种有自我意识、自由和活力的特殊生物。他认为,儿童有自己的内在本性与发展规律,不是可供成人任意捏造的泥或蜡;儿童发展的过程有不同阶段,各阶段的发展任务各异;游戏是组成儿童生活的重要因素,有助于促进儿童的发展。因此,教育必须遵循对自然万物普遍有效的法则,让儿童从生命早期开始就能不受干扰地自然发展。在他看来,教育在本质上是使儿童内在的善良外化为善的品行的过程。在儿童原始的天性没有受到损害之前,这种顺应自然的教育应当及早实施。

以卢梭为典型代表的自然主义教育家反对"小大人""生来有罪"的以成人为中心的儿童观,强调要尊重儿童与生俱来的天性,尊重儿童发展的内在自然法则,要重视儿童期的

---

① 卢梭.爱弥儿[M].李平沤,译.北京:商务印书馆,1983:74.

独特价值,倡导适应儿童自然本性的教育。这种"人"本位的儿童观为科学儿童观的形成奠定了基础。

19世纪末,科学儿童心理学的诞生使儿童研究成为当时最热门的研究领域,深化了人们对儿童的认识。20世纪初,教育领域发生了翻天覆地的变化,许多教育家、心理学家的儿童观念与教育思想影响深远。瑞典儿童教育家爱伦·凯曾期待20世纪成为"儿童的世纪",教育将研究并顺应儿童的成长特点,使他们保持自然淳朴的天性。

玛利娅·蒙台梭利(1870—1952),意大利儿童教育家、蒙台梭利教育法的创始人,代表作有《发现孩子》《童年的秘密》《蒙台梭利教学法》等。她认为儿童存在着与生俱来的"内在的生命力",具有无限的可能性;儿童是一个独立的个体,具有自主选择性,通过潜意识来吸收环境知识;儿童的发展应是在一个"有准备的环境"中,通过与环境的相互作用,促进儿童自我成长、自我建构的过程,具有主动建构性。儿童的发展具有"敏感期",在不同的年龄阶段对应不同的生理发展关键期。

图8-1-6 蒙台梭利

拓展阅读

敏感期与有准备的环境①

蒙台梭利认为,儿童的心理发展存在各种敏感期。如:从出生到5岁是感觉的敏感期,1岁多到4岁是秩序的敏感期,出生后2个月到3岁是语言的敏感期,从出生到6岁是动作的敏感期。

敏感期是在一定的外界环境中出现的,环境提供了心理发展的必要条件。当环境与儿童的内部需要协调一致时,一切都会顺乎自然地实现。如果儿童不能在敏感期从事协调的活动,或者缺乏适宜的环境,儿童就将失去并永远失去这个自然取胜的机会。正因为敏感期是有时间性的,会转移的,所以成人必须善于识别并努力创造条件予以最大限度的利用。

蒙台梭利指出,有准备的环境是一个符合儿童需要的真实环境,是一个供给儿童身心发展所需之活动、练习的环境,是一个充满自由、爱、营养、快乐和便利的环境。当儿童被置于有准备的环境中,他们就能按照自己内部的需要、发展速度和节奏来行动,最终成长为表现出一系列优良品质和惊人智慧的人类一员。

蒙台梭利对"有准备的环境"提出如下标准和要求:

1. 必须是有规律的、有秩序的生活环境。
2. 能提供美观、实用、对幼儿有吸引力的生活设备和用具。

---

① 杨汉麟,周采.外国幼儿教育史[M].南宁:广西教育出版社,2003:283-288.

3. 能丰富儿童的生活印象。
4. 能为幼儿提供感官训练的教具教教材或教具,促进儿童智力的发展。
5. 可让儿童独立的活动,自然的表现,并意识到自己的力量。
6. 能引导儿童形成一定的行为规范。

图8-1-7 杜威

约翰·杜威(1859—1952),美国实用主义教育家。他认为,作为正在生长中的人,儿童的未成熟状态是其生长的前提,与生俱来的本能为其生长提供原动力,兴趣是儿童能力生长的象征,后天形成的习惯则是儿童生长的外在表现。儿童的生长并不是一个纯粹生物学意义上的、脱离社会的个人发展过程,而是一个内外部条件相互作用的过程。教育要以儿童的本能与兴趣为基础,要以儿童为中心。

20世纪西方的许多心理学家、教育家致力于儿童研究,形成了关于儿童发展的不同理论流派。他们用实验的方法研究儿童心理,揭示儿童发展的规律与特征。他们强调要尊重儿童,承认儿童的独立人格,坚信儿童具有发展的潜能。他们倡导不违背儿童发展规律的教育,反对忽略、忽视与体罚儿童。

2. 中国近现代"人"本位儿童观的发展

在中国近现代史上,先进的中国人为了实现富国强民之梦,反对封建制度的压迫,批判封建礼教和旧道德,提倡"科学"和"民主",提倡个人的尊严和自由,要求解放处于封建制度压迫下的儿童。

儿童文学界是近代中国宣传儿童文化的重要领域。鲁迅、郭沫若、郑振铎等人都对儿童文学的发展产生重要影响。郭沫若主张"儿童文学是以儿童为本位的文学。"郑振铎提出"儿童文学是儿童的,便是以儿童为本位,儿童所喜爱、所能看的文学。"鲁迅认为孩子是可以敬服的,父母应各自解放了自己的孩子。这些"儿童本位论"的思想倡导尊重儿童,提高儿童的社会地位,要求以儿童为中心,遵循儿童发展的规律。这种观点推动了"人"本位儿童观的形成。

中国近现代史上,还有许多心理学家与教育家对儿童观的演进做出重要贡献,其典型代表有陶行知、陈鹤琴和朱智贤。他们认为,儿童有其不同于成人的独特的生理和心理活动,反对将儿童看作是成人的"缩影",反对将成人的意志强加于儿童,反对摧残儿童的天真,剥夺儿童应有的权利。他们深信,儿童蕴藏着强大的力量,成人应了解儿童,根据儿童活泼好动、好奇好问的年龄特点去引导、启发儿童。

陶行知(1891—1946),中国现代教育史上伟大的人民教育家,创办我国第一所乡村幼稚园。陶行知认为"幼儿比如幼苗,必须培养得宜,方能发荣滋长,否则幼年受到损伤,即不夭折,也难成材"[①],"我们教育儿童,第一步就要承认儿童是活的,要按照儿童的心理进行"[②];他呼吁"我们必须唤醒国人,明白幼年的生活是最重要的生活,幼年的教育是最重要的教育";他提出"六大解放"以培养儿童的创造力,要解放儿童的双眼、双手、头脑、嘴巴,还要解放儿童的空间与时间;他告诫人们,忽视儿童使之自生自灭、拔苗助长反促其夭折这两种极端的做法都是错误的。

图8-1-8 陶行知

喂鸡吃米的故事[③]

有一次,陶行知在武汉大学演讲。走上讲台,他不慌不忙地从箱子中拎出一只大公鸡。台下的听众全愣住了,不知道陶行知要干什么。

陶行知不慌不忙地又掏出一把米撒在桌上,然后按住公鸡的头,强迫它吃米,可是大公鸡扇着翅膀,就是不吃米。正在大家十分疑惑时,陶行知又扳开鸡的嘴,把米硬往鸡的嘴里塞,大公鸡拼命挣扎,还是不肯吃。这时,陶行知轻轻地松开手,把鸡放在桌子上,自己向后退了几步。不一会儿,大公鸡自己就吃起米来。

这时陶行知开始演讲了:"我认为,教育就跟喂鸡一样,先生强迫学生去学习,把知识硬灌给他,他是不情愿学的,即使学也是食而不化,过不了多久,他还是会把知识还给先生的。但是如果让他自由地学习,充分地发挥他的主观能动性,那效果一定会好得多!"

台下顿时欢声雷动,为陶行知形象的演讲开场白叫好。

陈鹤琴(1892—1982),著名儿童教育家,中国现代幼儿教育的奠基人。创办我国第一所实验幼儿园,出版我国第一部儿童心理研究专著《儿童心理之研究》。终身从事幼稚教育中国化、科学化的实践探索与理论建构。他认为,儿童期不仅是成人之预备,亦具有他本身的价值。我们应当尊重儿童的人格,爱护他的天真烂漫。儿童是国家未来的主人,不应把儿童当作是私人附属品去投资生息。对儿童不要严厉,不要任意恐吓打骂,同时也不能姑息、溺爱。

图8-1-9 陈鹤琴

---

① 陶行知.陶行知选集第1卷.[M].北京:教育科学出版社,2011:297.
② 陶行知.陶行知选集第1卷.[M].北京:教育科学出版社,2011:325.
③ 周德藩.走进陶行知[M].北京:高等教育出版社,2011:122-123.

> **拓展阅读**
>
> ### 陈鹤琴的儿童观[①]
>
> 1. 儿童不是"小人",儿童的心理与成人的心理不同,儿童时期不仅作为成人之预备,亦具他的本身的价值,我们应当尊敬儿童的人格,爱护他的烂漫天真。
> 2. 儿童秉性好动,我们不要仍旧用消极的老法,来剥夺他的活泼天性,必须予以适当的环境,能使他充分地发展。
> 3. 我们教育儿童,亦当利用他的好奇心。好奇心为知识之门径,我们当利导之。我们有些父母常常摧残这点好奇心,禁止儿童"多嘴""饶舌",这实在令人痛恨之极。
> 4. 游戏是儿童的生命。游戏具种种教育上的价值,我们更加宜利用的,但是我们也要明白这游戏是随年岁而变迁的。
>
> 总而言之,我们应研究儿童的心理,施行教育当根据他的心理才好。

图8-1-10 朱智贤

朱智贤(1908—1991),现代著名心理学家、教育学家。1962年出版的《儿童心理学》被公认是我国第一部运用辩证唯物主义观点研究儿童心理、推进心理学研究中国化的经典之作,为我国儿童心理学的创建与发展做出突出贡献。他系统分析了儿童心理发展中的先天与后天、内因与外因、教育与发展、年龄特征与个别特点之间的关系,对于我们正确理解儿童心理发展规律及影响因素,确立科学的儿童观具有极其重要的作用。

> **拓展阅读**
>
> ### 儿童心理学大师朱智贤
>
> 朱智贤,1908年出生于江苏省连云港市赣马镇。1923年考入江苏省省立第八师范学校(今连云港师范高等专科学校的前身)读书,毕业前就出版了第一本著作《小学历史教学法》。毕业后留在师范学校的附属实验小学任教。两年后,因教学、科研成绩突出,被保送至当时的中央大学教育系深造。此后,长期从事儿童心理的研究与教学工作。

图8-1-11 朱智贤雕像

---

① 陈鹤琴.陈鹤琴全集(第一卷)[M].南京:江苏教育出版社,1987:9.

在60多年的教育生涯中,朱智贤教授始终热爱祖国,追求进步,71岁古稀之年加入中国共产党,81岁高龄被评为"全国优秀教师"。他毕生致力于心理学研究中国化的探索,坚持"古为今用""洋为中用"原则,在教育实践中研究具有中国特色的儿童心理学,为提高中华民族的素质而努力。他的传世之作《儿童心理学》受到极高的评价,他与林巧稚、林崇德等专家共同主编的《家庭幼儿百科全书》《思维发展心理学》《儿童心理学史》《中国青少年儿童心理发展与教育》《心理学大辞典》等著作均是儿童心理学研究中国化的创新之作。在我国现代心理学发展史上,朱智贤教授是当之无愧的心理学界泰斗、理论心理学大师。

人们对儿童的态度和看法,随着社会的发展而不断变化,所以出现了"国"本位、"家"本位、"神"本位及"人"本位等儿童观。这些儿童观既有时代的烙印,又并存于一个时代。在21世纪的今天,虽然"人"本位的儿童观占主导地位,国际社会、各国政府也在努力保护儿童的权益,但将儿童当作"小大人""光宗耀祖的工具""生来有罪的人"的观点依然存在,不尊重儿童的人格与身心特点,打骂体罚儿童的教育行为依然比较常见。

实操训练

【项目任务】

训练目标:理解儿童观与教育行为之间的关系。

训练内容:观看视频《相信"相信"的力量》,分组研讨:小班幼儿入园适应活动背后隐含的儿童观是什么?这种儿童观对教师的行为有什么影响?

视频

相信"相信"的力量

【真题连接】

下列对儿童的看法,正确的是(　　)。(2022年上半年)

A. 儿童是无知无能的

B. 儿童不是微缩的成人

C. 儿童可以按成人的意愿随意塑造

D. 儿童是家庭的私有财产

答案与解析

【延伸探究】

1. 著作:刘晓东:《儿童教育新论(2版)》,江苏教育出版社,2008年。

2. 著作:陆克俭:《发现与解放——中国近代进步儿童观研究》,华中科技大学出版社,2015年。

延伸探究

主题二 育人为本的科学儿童观

1. 理解"育人为本"的含义,掌握科学儿童观的基本内容。
2. 具有尊重、关爱儿童的态度及对科学儿童观的认同体验。

微课

育人为本的
科学儿童观

晓光很有舞蹈天赋,小小年纪已经参加过很多大型比赛,但他不愿意参加幼儿园组织的科学活动。方老师劝他:"老师很喜欢会跳舞的晓光。可是,如果你在其他方面也很能干,大家会更喜欢你。"

问题:请结合科学儿童观的内容,对方老师的做法进行评价。

问题解析

1989年以来,联合国先后通过了《儿童权利公约》《儿童生存、保护和发展世界宣言》等保障儿童权利的国际公约,强调通过国家行动和国际合作,真正使全世界尊重儿童的权利和福利。作为《儿童权利公约》的缔约国,我国政府以法律法规的形式,在全社会倡导"爱护儿童,教育儿童,为儿童做表率,为儿童办实事"的公民意识,将儿童的健康成长提高到关乎国家前途命运的高度。尊重儿童权利、儿童发展优先已成为当代社会的主流,成人要将儿童看作不断发展的完整的人,儿童教育工作者更应认同、内化并形成育人为本的科学儿童观。

拓展阅读

关于儿童权利保护
的国际宣言与公约

一、育人为本的含义

育人为本是以人为本思想在教育领域的集中体现。以人为本是指以人的主体存在、需要满足和发展为中心,以人本身为目的的思想或观念。以人为本是科学发展观的核心,强调要以实现人的全面发展为目标,从人民群众的根本利益出发谋发展、促发展,不断满足人民群众日益增长的物质文化需要,切实保障人民群众的经济、政治和文化权益,让发展的成果惠及全体人民。

育人为本是对教育工作的根本要求。教育不仅要关注人的当前发展,还要关注人的长远发展,更要关注人的全面发展。要将促进学生健康成长作为学校一切工作的出发点和落脚点。《国家中长期教育改革和发展规划纲要(2010—2020年)》提出:"关心每个学生,促进每个学生主动地、生动活泼地发展,尊重教育规律和学生身心发展规律,为每个学生提供适合的教育。"

在幼儿园教育中,落实育人为本思想必须做到以幼儿为本。第一,要热爱幼儿,尊重幼儿的人格与权利,相信每个幼儿都具有发展的潜力。第二,坚持德育为先的原则,将立德树人放在幼儿园工作的首位。第三,坚持面向全体幼儿,公正对待每位幼儿,不得由于性别、民族、地域、经济状况、家庭背景和身心缺陷等原因歧视幼儿。第四,坚持以幼儿为主体,充分调动和发挥幼儿的主动性,遵循幼儿身心发展特点和保教活动规律,提供适合的教育,促进幼儿的全面发展。

二、科学儿童观的内容

(一) 儿童是完整的人

1. 儿童是人,不是父母的私有财产

儿童拥有生存权、发展权等作为人应该享有的一切权利。儿童生来就具有人的尊严和价值,享有基本的人权和社会地位,享有欢乐自由的童年。无论什么种族、性别、地位和家庭的儿童,也不论儿童的智力和个性如何,他们的权利相同,应受到平等的对待。儿童的权益应受到国家和政府的保护和尊重。

2. 儿童是身心统一的完整的人

作为自然的人,儿童从父母那里继承了人的解剖生理特点,其生长发育有内在的自然规律;作为社会的人,儿童需要与周围人建立社会关系,发展自我,形成自己的个性特点;儿童还需要丰富生动的精神生活,形成不同于成人的儿童文化。儿童的身体、心理及精神各个部分相互联系不可分割,构成动态的有机整体。每位儿童都是完整的个体,其发展包括身体、认知、情感、社会性及个性等多方面,它们相互影响、相互制约、缺一不可。

(二) 儿童是正在发展中的人

1. 儿童是稚嫩的需要呵护的人

儿童正处于生命早期,身心各方面的发展速度比较快,机能不完善,需要成人给予更多的照料与关爱。另外,儿童的身心发展尚未定型,具有很大的可塑性,成人应当用发展的眼光看待儿童。

2. 儿童具有巨大的发展潜能

随着儿童研究技术的发展,人们对儿童的特质和能力有了更深入的认识。学前期是儿童智力发展最为迅速的时期。美国心理学家布卢姆的智力发展曲线显示,假设17岁时的智力发展水平为100%,4岁前就已发展到50%,8岁时达到80%,只有20%是在8—17岁发展的。还有研究表明,6岁之前还有很多发展的敏感期,一旦错过,将不可能达到最佳水平。这些研究改变了长期以来忽视儿童,认为儿童"无知无能"的传统观念。

(三) 儿童是主动发展的人

1. 儿童是自主建构的独立个体

儿童天生好奇、好问，勇于探索。在适当的教育引导下，在与环境互动的过程中，儿童与生俱来的潜力可以更好地发展。教师应尊重儿童的主体作用，给儿童提供自由游戏、自主探索的时空条件，帮助儿童积累经验，建构自己独特而丰富的内心世界，培育自尊自爱、自信自强的人格。

2. 儿童以生活与游戏为主导活动

对儿童来说，最迫切的任务就是获得人类生活的基本经验，掌握必要的生活技能。但受到身心发展水平的限制，儿童不能直接像成人那样生活。儿童是在生活和游戏中通过直接感知、实际操作和亲身体验的方式得到发展的。

对点案例

户外游戏时，悦悦激动地跑来："老师，老师，假山那边有一只老虎。"

依依："没有老虎。"

涵涵："是有一只老虎在里面哦。"

教师："里面有老虎啊？你是怎么发现的？那我们可得小声点。"

图 8-2-1 "我知道的老虎"

孩子们听完好奇地往假山处跑去，站在一个小洞口猫着腰往里张望。

涵涵指着地上棕色的松树枝说："你们看，这里真的有老虎，因为那里有老虎的毛毛。"

悦悦："我就说是老虎嘛！你们还不信。"

依依："这老虎怎么不出来？"

涵涵："它肯定是在休息，害怕我们打它。"

依依："老虎可是很勇敢的。"

涵涵边比画边说："只有这一丁点大，那是大老虎生的小老虎吧。"

教师："难道里面有两只老虎？"

涵涵："对，是的。"

依依："我听见老虎的声音了，有点可怕。"

一旁的小朋友吓得不由得后退了。

一时间，"闻虎而来"的孩子们纷纷跑过来。

悦悦："老师，老虎被压在石头下面了，应该死了。"

涵涵："不会的，老虎可勇敢了！"

依依："那万一老虎出来了怎么办？"

涵涵："没关系，我爸爸非常勇敢，老虎一咬他，他拳头一伸就把老虎打回家了。"

然然："我爸爸也不怕,我爸爸会教我怎么打老虎。"

小禹听完立刻跑进洞中,之之喊道:"快回来,你别冲动啊!"

……

游戏无时无刻不在发生着,以成人的角度来说,这些可笑的,甚至连逻辑、情节都不切实际的幻想游戏没有一点意思。甚至有时候我们还会制止孩子的这种行为,把他们拉回我们认为的"正常轨道"。但这种幻想是孩子的天性啊,这时候正体现了老师以儿童为中心的儿童观、教育观。所以,在孩子们寻"虎"活动中,我没有制止他们而是和孩子们一起去探寻,离园前给孩子们留了个亲子调查任务——我知道老虎的哪些。①

(四) 儿童是独一无二的人

每个儿童都是与众不同的存在。受到遗传素质、生活环境及所受教育的影响,每个儿童身心发展的方向、速度和水平不同,兴趣爱好、交往方式、行为习惯、学习风格等,表现出很大的差异性。因此,不能用同样的标准去衡量全体儿童。教师应尊重儿童发展的差异性,遵循其身心发展规律,充分发掘其潜能,因材施教,促进幼儿的全面发展。

儿童是天生具有性别属性的个体,应杜绝性别歧视。女孩同男孩一样享有人的一切权益,享有均等的教育机会。《儿童权利公约》明确指出:每一个儿童都享有该公约所载的一切权利,不因儿童的种族、肤色、性别、语言、宗教、政治或其他原因而有任何差别。

拓展阅读

儿童是有能力的

【项目任务】

训练目标:运用关于儿童观的原理分析幼儿园教育实践案例。

训练内容:以小组为单位讨论以下案例,分析两位教师的教育行为背后的儿童观。

六一儿童节就要来了,幼儿园准备分班布置画展。大(1)班的张老师精心挑选部分"好的幼儿作品"展出,小(2)班的李老师则将每个孩子的作品都展出。

【真题连接】

1. 李老师要面向全区骨干教师上一节示范课,有老师建议她选择班级中比较乖巧的小朋友参加,但是李老师安排了全班小朋友参加。这表明李老师认识到( )。(2019年下半年)

  A. 幼儿发展是能动的   B. 幼儿发展是平衡的

  C. 幼儿发展是平等的   D. 幼儿发展是持续的

---

① 资料来源:连云港市和安幼儿园。

2. 夏老师教唱儿歌,可可总是唱错歌词,夏老师当着全班幼儿的面,严肃地对可可说:"你怎么这么笨,脑子进水了啊?"小朋友们当堂哄笑。夏老师的做法(　　)。(2017年上半年)

　　A. 阻碍幼儿探究学习　　　　　　B. 破坏幼儿同伴关系
　　C. 损害可可名誉　　　　　　　　D. 侮辱可可人格

3. 为体现"幼儿为本"的教育理念,教师不正确的做法是(　　)。(2016年上半年)

　　A. 尊重幼儿人格　　　　　　　　B. 为幼儿提供适合教育
　　C. 调动幼儿的主动性　　　　　　D. 让幼儿主动选择课程

4. 王老师在教室里贴了一个"坏孩子"榜,那些爱讲话、爱打闹的小朋友都榜上有名。王老师的做法(　　)。(2015年上半年)

　　A. 合理,有助于维护教师权威　　　B. 合理,体现了对幼儿的严格要求
　　C. 不合理,没有认真备课、上课　　D. 不合理,没有尊重幼儿人格

5. 周一长假结束之后,楠楠一进教室,就马上走到自然角去探望小金鱼和蝌蚪。"小金鱼没有了!"楠楠大叫起来。邓老师很吃惊地走过去看,以前游来游去的小金鱼不见了,只剩下两个小鱼头躺在缸底的水草下,几只蝌蚪竟然正在啃鱼头。蝌蚪吃金鱼的事立刻引起了孩子们的注意。早餐结束后,邓老师利用这次机会,组织孩子们讨论小金鱼的死因。

孩子们分组进行了热烈讨论。他们列出了几种可能的原因:

(1) 天气闷热致死。因为放假期间,天气一直有些闷热。

(2) 水污染致死。因为涵涵经常将肥皂泡泡吹到浴缸里。大家觉得水污染可能会导致金鱼死亡。

(3) 金鱼吃得太饱,胀死了。因为小杰家的金鱼就是这样死的。

(4) 金鱼是饿死的。因为放假期间没人给金鱼喂食,它们就饿死了。

邓老师继续组织幼儿讨论怎样的喂养方式是正确的,大家纷纷发表意见。

随后,邓老师指导孩子们把金鱼的尸体从鱼缸里捞出来。有的孩子还提出要把金鱼埋葬到草丛里,邓老师答应了,给孩子们借来铲子,孩子们很认真地把他们心爱的金鱼埋好。

问题:请从儿童观的角度,评价邓老师的教育行为。(2015年上半年)

答案与解析

【延伸探究】

1. 视频:《放牛班的春天》。
2. 视频:《幼儿园》。
3. 论文:高雯彬:《幼儿园保教中儿童立场的坚守与实践策略》,《上海教育科研》,2021年。
4. 微信公众号文章:《一个游戏引发的对"儿童观"的深度反思》。

延伸探究

模块五
发展的差异性

单元九 有特殊需要的儿童

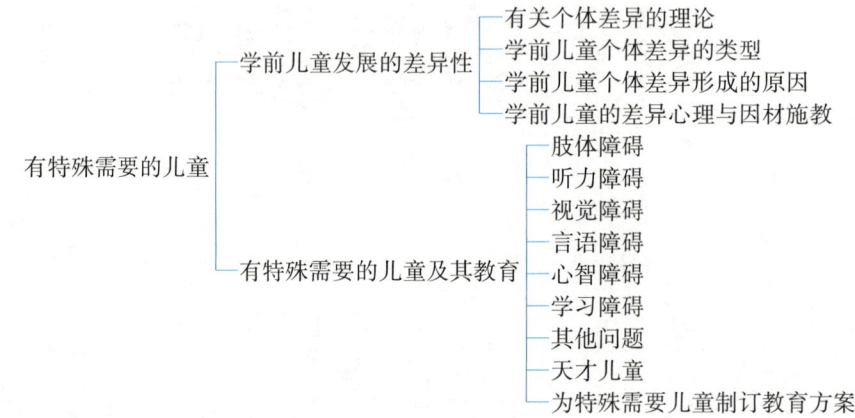

有特殊需要的儿童
- 学前儿童发展的差异性
  - 有关个体差异的理论
  - 学前儿童个体差异的类型
  - 学前儿童个体差异形成的原因
  - 学前儿童的差异心理与因材施教
- 有特殊需要的儿童及其教育
  - 肢体障碍
  - 听力障碍
  - 视觉障碍
  - 言语障碍
  - 心智障碍
  - 学习障碍
  - 其他问题
  - 天才儿童
  - 为特殊需要儿童制订教育方案

➢ 理解幼儿发展中存在个体差异，了解个体差异形成的原因，并能运用相关知识分析教育中的有关问题。

主题一　学前儿童发展的差异性

1. 了解加德纳多元智能理论、斯滕伯格智力三元理论的主要观点及教育启示。
2. 理解学前儿童发展中存在个体差异,了解个体差异的类型及形成的原因,并能运用相关知识客观、辩证地分析教育中的有关问题。*

微课

学前儿童发展
的差异性

集体活动时,老师讲了一个好听的故事《小蝌蚪找妈妈》,孩子们听得津津有味。随后老师说:"故事讲完了,现在老师要考考你们了,看谁最聪明,能回答老师提出的问题。"话音刚落,悦悦就高高地举起手,踊跃回答老师的提问。当老师请文文回答时,她涨红了脸,不敢开口说话。离园时,悦悦很礼貌地跟老师再见,文文在奶奶的催促下也不肯说"老师再见"。

问题:悦悦和文文为什么会表现出这样的差异?面对学前儿童表现出来的个体差异,教师应该怎么做?

问题解析

一、有关个体差异的理论

(一)加德纳的多元智能理论

1. 基本观点

多元智能理论由心理学家霍华德·加德纳提出。他认为,智力的内容是多元的,由八种相对独立的智力成分构成。

(1)语言智能(Linguistic intelligence)。是指有效运用口头语言或文字表达自己的思想并理解他人,灵活掌握语音、语义、语法,具备用语言思维表达和欣赏语言深层内涵的能力,同时能将其结合在一起并运用自如的能力。语言智能占优势者适合的职业是政治活动家、主持人、律师、演说家、编辑、作家、记者、教师等。

257

(2) 数学逻辑智能（Logical-mathematical intelligence）。是指有效计算、测量、推理、归纳、分类，并进行复杂数学运算的能力。这项智能包括对逻辑的方式和关系、陈述和主张、功能及其他相关抽象概念的敏感性。数学逻辑智能占优势者适合的职业是科学家、会计师、统计学家、工程师、电脑软体研发人员等。

(3) 空间智能（Spatial intelligence）。是指准确感知视觉空间及周围一切事物，并且能把所感觉到的形象以图画的形式表现出来的能力。这项智能表现为对色彩、线条、形状、形式、空间关系的敏感。空间智能占优势者适合的职业是室内设计师、建筑师、摄影师、画家、飞行员等。

(4) 身体运动智能（Bodily-Kinesthetic intelligence）。是指善于运用整个身体来表达思想和情感，灵巧地运用双手制作或操作物体的能力。这项智能包括特殊的身体技巧，如平衡、协调、敏捷、力量、弹性和速度以及由触觉所引起的能力。身体运动智能占优势者适合的职业是运动员、演员、舞蹈家、外科医生、宝石匠、机械师等。

(5) 音乐智能（Musical intelligence）。是指人能够敏锐地感知音调、旋律、节奏、音色等能力。这项智能强的人对节奏、音调、旋律或音色的敏感性强，与生俱来就拥有音乐的天赋，具有较高的表演、创作及思考音乐的能力。音乐智能占优势者适合的职业是歌唱家、作曲家、指挥家、音乐评论家、调琴师等。

(6) 人际智能（Interpersonal intelligence）。是指能很好地理解别人和与人交往的能力。这项智能使人善于察觉他人的情绪、情感，体会他人的感觉感受，辨别不同人际关系的暗示及对这些暗示做出适当反应的能力。人际智能占优势者适合的职业是政治家、外交家、领导者、心理咨询师、公关人员、推销等。

(7) 自我认知智能（Intrapersonal intelligence）。是指自我认识和具有自知之明并据此做出适当行为的能力。这项智能能够使人认识自己的长处和短处，意识到自己的内在爱好、情绪、意向、脾气和自尊，喜欢独立思考。自我认知智能占优势者适合的职业是哲学家、政治家、思想家、心理学家等。

(8) 自然认知智能（Naturalist intelligence）。是指善于观察自然界中的各种事物，对物体进行辨别和分类的能力。这项智能强的人有着强烈的好奇心和求知欲，有着敏锐的观察能力，能了解各种事物的细微差别。自然认知智能占优势者适合的职业是天文学家、生物学家、地质学家、考古学家、环境设计师等。

多元智能理论是以多维度、全面、发展的眼光来评价儿童的。加德纳认为，每个孩子都是一个潜在的天才儿童。教师们发现，每一个孩子都有自己的学习风格。教师应注意尊重儿童的学习风格，认识并发挥儿童的智能所长。在具体的评价操作方法上，加德纳推荐"学习档案"的评价方法。

2. 多元智能理论对学前教育的启示

多元智能理论对教育工作者树立正确的儿童观、教育观，因材施教，全面育人，深化幼儿园课程改革具有重要启示。

首先，教师应重视儿童智力发展的差异性。例如，有的儿童记忆能力较强，很长的故事、儿歌很快就能记住;有的儿童理解能力较好,能够很快理解故事内容、计算方法等;有的儿童动手能力较强,搭积木、剪纸比较灵巧;有的儿童言语表达能力较强,说话清晰连贯,能够完整表达自己的思想。教师应耐心观察,寻找儿童智力发展的优势与短板,实施有针对性的教育。

其次,儿童的发展应该是各个智能领域的全面发展。对儿童而言,各种智能的发展水平的确存在差异,但没有一种智能是可有可无的,一个健全的儿童,应该尽可能发展每一种智能,使每一种智能在原有水平上都得到提高。因此,幼儿园课程不但要关注所有儿童,而且要关心儿童发展的所有领域。

再次,除了关注全体儿童的需要,幼儿园课程还应该关注个别儿童的特殊需要。每一个儿童都有被关注的权利,教师不能忽视和拒斥任何儿童。

最后,多元智能理论强调的学习是解决问题的学习,不是简单的知识记忆。儿童参与的探究式学习才是真正指向智能发展的学习。因此,在幼儿园课程实施过程中,应为儿童准备有探究价值的环境,让儿童以多种途径和方式参与学习过程,充分利用多种感官去学习,学会解决困难和问题,促进多种智能的全面发展。

(二) 斯滕伯格的智力三元理论

1. 基本观点

斯滕伯格认为,人的智力是由分析能力、实践应用能力和创造能力三种相对独立的能力组成的。多数人的这三种能力是不均衡的,个体的智力差异也主要表现在这三种能力的不同组合上。

斯滕伯格指出,一个完备的智力理论必须说明智力的三个方面:智力的内在成分、智力成分与经验的关系以及智力成分的外部作用。这三个方面分别构成了智力成分亚理论、智力情境亚理论和智力经验亚理论,分别对应分析能力、实践应用能力和创造能力。

(1) 智力成分亚理论(componential intelligence)。智力包括三个成分及相应的三种过程,即元成分、操作成分和知识获得成分。元成分是计划、控制和决策的高级执行过程;操作成分表现在任务的执行过程中,接受刺激,将信息保持在短时记忆中,并进行比较;知识获得成分是指获取和保存新信息的过程,负责接受新刺激,做出判断与反应,以及对新信息的编码与存储。其中,元成分起核心作用。

(2) 智力情境亚理论(contextual intelligence)。指个体在日常生活中,运用学得的知识经验处理其日常事务的能力。智力是获得与情境拟合的心理活动。在日常生活中,智力表现为有目地适应环境、选择环境和塑造新环境的能力。适应是指人们通过发展有用技能和行为使自己适应环境的能力。选择是指人们在环境中找到自己适当位置的能力。塑造是如果个人不能或不能很好地适应他所在的环境或不能选择一个新环境,智力活动可能对环境本身进行塑造。

(3) 智力经验亚理论(experiential intelligence)。指个体运用既有经验处理新问题时,统合不同观念而形成的顿悟或创造的能力。斯滕伯格认为,智力包括两种能力:一种是处理新任务和新环境时所要求的能力,另一种是信息加工过程自动化的能力。任务、情境和个体三者之间存在相互作用。信息加工自动化的能力也是智力的重要成分，人们在进行复杂任务的操作时，需要运用更多操作的过程。只有许多操作自动化后，复杂任务才容易完成。

在三元智力理论中，智力成分亚理论是最早形成和最为完善的部分，它揭示了智力活动的内部机制。

2. 智力三元理论对学前教育的启示

在教育过程中，一方面幼儿园教师应了解每个儿童的不同能力，要了解学习行为对发展分析能力、实践应用能力和创造能力的作用，使所有儿童都能得到智力的全面发展。另一方面，教师需要帮助儿童认识、利用并充分发挥自己的智力优势，在学前教育阶段就为儿童未来的成长打下良好的基础。

二、学前儿童个体差异的类型

（一）智力发展的差异

智力是指个体处理抽象概念、处理新情境和进行学习以适应新环境的能力。由于智力是个体先天禀赋和后天环境相互作用的结果，个体智力的发展存在明显的差异。智力的个体差异包括发展水平的差异、类型的差异和表现早晚的差异。

1. 智力发展水平的差异

智力发展水平的差异是指个体与同龄团体智商稳定的平均数相比较所表现出的差异。研究表明，个体智力水平呈正态分布，即智力水平属于中等水平的占大多数，智力水平极高和极低的占少数（见图9-1-1）。

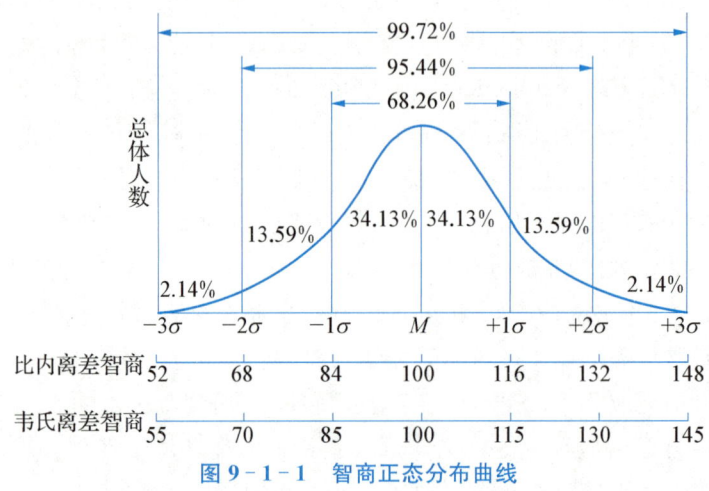

图9-1-1　智商正态分布曲线

2. 智力类型的差异

智力类型的差异是指根据个体在知觉、记忆、表象、思维和言语等活动中的特点与品质不同，智力的表现形式也不同。加德纳的多元智力理论就反映了儿童在智力类型方面的差异。3岁儿童的智力优势中心已有明显差异，有的擅长语言，有的擅长音乐，有的擅长空间或视觉等。教师必须发现并尊重这种差异,确保幼儿园教育的高效率和高质量。

3. 智力表现早晚的差异

人的智力存在表现早晚的差异。有的人从小就表现出了超常的智力,被称为早慧儿童、小天才、超常儿童。超常儿童是在比较优异的自然素质基础上和良好环境的影响下成长起来的,是精心培育的结果。大部分超常儿童都有优良的早期家庭教育,有名人指点、环境熏陶或家长的精雕细刻,使他们的超常才能得以在生命早期表现出来。

另一种是大器晚成,即智力的充分发展在较晚的年龄才表现出来。智力晚成的原因是多方面的:可能由于儿时不努力,后来加倍勤奋的结果;也有可能是小时候智力平常,但经过长期的主观努力,潜能在各种因素作用下终于得到爆发;还有可能是家庭、教育、社会制度等的原因。

人的智力虽有表现早晚的差异,但就多数人来说,成才或出成果的最佳年龄是成年或壮年时期。美国学者莱曼(Lyman)曾研究著名科学家、艺术家和文学家的年龄与成就的关系,认为25—40岁是成才的最佳年龄。

(二) 性格差异

性格是人与人相互区别的主要方面,是个性的核心。性格的个别差异表现在性格特征差异和性格类型差异两个方面。

1. 性格特征差异

关于性格的特征差异,心理学家一般是从以下四个方面进行分析的:第一,对现实态度的性格特征,包括对社会、集体、他人的态度,对劳动、工作和学习的态度,对自己的态度等。第二,性格的理智特征,是指人们在感知、记忆、思维、想象等认识过程中所表现出来的习惯化了的行为方式。第三,性格的情绪特征,指个体在情绪活动时的强度、稳定性、持续性以及主导心境等方面表现出来的个别差异。第四,性格的意志特征,主要表现在个体对自己行为的控制和调节方面的性格特征,如自觉性、果断性、自制力以及坚韧性等方面的特征。

2. 性格类型差异

性格的类型差异是指一个人身上所有性格特征的独特结合。根据不同的划分标准,性格类型可分为外向型与内向型、独立型与顺从型等。

幼儿期是儿童性格初步形成的时期,这时期儿童的性格已经表现出明显的个体差异。性格的好坏作为一种动力因素会影响儿童学习的速度和质量,因此,从为儿童个体全面发展打好基础的角度而言,学前教育应更加注重儿童良好性格的培养。

(三) 性别差异

男女性别差异主要源于社会实践和风俗习惯的不同,取决于他们的社会地位、教育、种族和职业等。2—3岁的孩子,开始知道自己是男孩还是女孩,渐渐懂得男孩与女孩的区别。通过模仿同性别的人,逐渐出现性别角色心理的萌芽。例如,大人更多地为女孩提供玩具娃娃,给男孩买玩具汽车。孩子的行为如果符合社会期望,大人往往加以鼓励;不符合男孩或女孩性别角色的行为,就会被制止。男女儿童的性别差异,就这样在日积月累的生活事件中无形地养成。

性别差异不仅会影响儿童学习某种技能的速度,还会影响到儿童的学习方式。例如,婴幼儿期在身体发育方面女孩比男孩发育得快、成熟得早些;学前的女孩比男孩更善于跳跃,做节律运动,保持平衡。女孩在智力发展的某些方面比男孩快一些。大部分女孩开口说话比男孩早,在遣词造句方面也比男孩要好些、早些。在数学方面,从童年到少年,女孩的算术比男孩强。可是在此之后,男孩在数学推理方面就显露出优势。

(四) 认知风格差异

认知风格是指个人偏爱使用的信息加工方式,也叫认知方式。每个人的认知方式都不太一样。认知方式从不同视角划分出不同的类型,以下从三个方面分析。

1. 场独立型和场依存型

根据个体在认知加工中对客观环境提供线索的依赖程度,可将个体认知风格类型划分为场独立型和场依存型。这种差异主要表现在人对外部环境(场)的不同依赖程度上。场独立型的儿童在信息加工中对内在参照物有较大的依赖倾向,他们的心理分化水平较高,在信息加工时,主要依据内在标准,与人交往时也很少能体察入微。场依存型的人在信息加工时,对外在参照有较大的依赖倾向,他们的心理分化水平较低,处理问题时,往往依赖于场,在与别人交往时较能考虑对方的感受。同样,儿童也存在场独立型和场依存型两种不同的认知方式。

场独立型的儿童认知改组能力强,在认知中具有优势。从学习来看,在解决需要灵活思维的问题上,场独立型的儿童有优势,他们善于抓住问题的关键,能够灵活地运用已有的知识去解决没有遇到过的、新颖的问题。场独立型儿童更擅长学习数学与自然科学方面的知识,在学习中希望教师能给自己留有一定的思维空间,自己找到问题的答案。

场依存型儿童对人文社会科学方面的知识更感兴趣,他们喜欢与同伴合作学习或者按教师、家长的要求学习,在学习中需要教师对学习内容做出明确、具体的指导。场依存型的儿童在解决熟悉的问题时,不会发生困难。但是让他们去解决没有遇到过的问题时,则难以应付,缺乏灵活性。

无论哪种偏好都必然与儿童的个性相关。这两种认知方式没有明显的优劣之分,只要是适合的方式就是最好的方式。

2. 冲动型和沉思型

卡根(Kagan)等人主要根据个体对问题思考速度的差异,将认知风格分为冲动型和沉思型。冲动型儿童的特点是反应快,但精准性差。他们对问题总是急于求成,不能全面细致地分析问题的各种可能性,不管正确与否都急于表达出来,有时甚至没弄清楚问题的要求,就开始解答问题。他们使用的信息加工策略多为整体性策略。当学习任务要求作整体性解释时,成绩较好。沉思型儿童的特点是反应慢,但精准性高。他们总把问题考虑周全后再做反应,他们看重解决问题的质量,而不是速度。但是,当他们回答熟悉、简单的问题时,反应比较快。这种人在加工信息时多采用细节性策略,在需要对细节进行分析时,他们的成绩较好。

可见,这两种认知风格各有优缺点,并无好坏之分。但是在传统的课堂教学中,教师一般容易肯定冲动型儿童,而容易忽视沉思型儿童,甚至可能将沉思型儿童当作迟钝型或智力落后的儿童来对待。作为教师,应该善于发现沉思型儿童与智力落后儿童之间的区别:沉思型儿童考虑问题时思路较清晰、方向正确,解决问题的策略往往也正确;沉思型儿童完成作业时速度往往较慢,有时甚至不能在规定的时间内完成作业,但常常对一些问题有自己独特的看法;沉思型儿童对所学知识常常是经过较认真的思考后加以吸收的,因此他们常常能够根据具体情况比较灵活地运用。

3. 同时性和继时性

达斯(Das)等人根据脑功能的研究,区分了同时性和继时性认知风格。他们认为,左脑优势的个体表现出继时性的加工风格,右脑优势的个体表现出同时性的加工风格。

继时性认知风格的特点:在解决问题时,能一步一步地分析问题,每一步只考虑一种假设或一种属性,提出假设在时间上有明显的前后顺序,第一个假设成立后再检验第二个假设,解决问题的过程像链条一样,一环扣一环,直到找到问题的答案。言语和记忆都属于继时性加工,一般来说,女孩更擅长继时性加工,这也是女孩的记忆和语言能力比男孩好的原因之一。

同时性认知风格的特点:在解决问题时,采用宽视野的方式,同时考虑多种假设,并兼顾解决问题的各种可能性,其解决问题的方式是发散式。许多数学操作、空间问题的操作都要依赖于这种同时性加工。一般来说,男性比较擅长同时性加工,这也可能是男孩在数学能力与空间能力方面优于女孩的原因之一。

同时性和继时性是认知方式的差异,而不是加工水平的差异。但是,当学习方式与认知方式互相匹配时,不同认知方式的优势就能显示出来。

三、学前儿童个体差异形成的原因

(一) 客观因素

儿童在生长发育过程中在一定范围内受遗传、环境等因素的影响,会出现个体差异。

第一,遗传因素。遗传对儿童心理发展的作用表现在:提供人类发展的前提条件,奠定儿童心理发展个别差异的基础。一些同卵双生子的研究说明,同卵双生子有近乎相同的智力,这是因为同卵双生子是一个受精卵分裂为两个发育而成的,具有相同的遗传素质。

第二,孕期状况。孕妇患病、用药、营养、情绪、烟酒、放射线和环境污染等因素会直接或间接影响胎儿的生长发育。

第三,生理成熟。生理成熟指身体生长发育的程度或水平,也称生理发展。生理成熟为儿童的心理发展提供自然物质前提。

第四,环境和教育因素。环境可分为自然环境和社会环境。自然环境提供儿童生存所需的物质条件,社会环境指儿童的社会生活条件,包括社会生产力发展水平、社会制度、家庭状况、教育状况等。教育作为社会环境中最重要的因素,在一定程度上对儿童的心理发展水平起着主导作用。社会生活条件与教育水平影响儿童心理发展的水平,父母文化水平和基本素质较高,儿童的学习成绩就好,心理问题的发生率低;民主式的家庭教育方式使儿童具有良好的心理品质、愉快的情绪和心境、较强的社会适应能力,具有独立性和自信心,等等。

(二) 主观因素

影响儿童发展的主观因素包含需要、兴趣爱好、能力、性格、自我意识以及心理状态等全部心理活动。

第一,需要是最活跃的因素。儿童从出生时起,就有对食物、温暖的需要。稍大的孩子,有与人交往的需要、认识的需要、游戏的需要等。对儿童进行教育时,如果不能引起儿童接受教育的需要,那么教育也不可能奏效。

第二,兴趣和爱好是形成个体差异的重要因素。比如爱好弹琴的儿童很快就掌握了一些基本能力,不喜欢弹钢琴的儿童学习起来特别费力或始终学不会。

第三,能力发展的不均衡是形成个体差异的重要原因。受到遗传、家庭教育等因素的影响,儿童在操作能力、运动能力、语言能力、模仿能力等方面,存在水平不同的发展情况。例如,家庭教育良好的儿童,其语言、学习能力要优于未受到良好教育的儿童。能力发展的不均衡不仅是个体差异的外在表现,也是儿童个体差异形成的主要原因。

第四,自我意识在心理活动中起控制作用。比如,自尊心强的儿童,心理活动的积极能动性比较突出。

第五,心理状态,包括注意、激情、心境等是心理活动的背景,即心理活动进行时所处的相对稳定的水平,起着提高或降低心理活动积极性的作用。

第六,不同的儿童具有不同的气质。气质是个性的重要组成部分,不同儿童有不同的气质类型,自然就会出现不同的个性。

儿童心理活动的各种心理成分或因素之间既不可分割,又对立统一。儿童心理的内部因素之间的矛盾,是推动儿童心理发展的根本原因,也是个体差异性产生的主要原因之一。

四、学前儿童的差异心理与因材施教

幼儿园是以教师和儿童之间的相互关系为主轴构成的社会集体,它的基本功能就是促进儿童素质的发展、社会化的形成。儿童发展并不是教师对儿童单向作用的结果,而是教师和儿童之间的双向交互作用的结果。世界上没有两个完全相同的儿童。每个儿童都是独特的,都有自己的优势智力领域,不存在聪明孩子或笨孩子。教师要有一双善于发现的眼睛,注意儿童智力高低的差别,还应照顾到他们的特殊才能及能力发展的不同倾向。教师还要因势利导,尊重个体差异,从儿童的身心特点出发采用不同的教育方式,尤其要关注、鼓励、培养有特殊才能的儿童。

（一）根据智力水平差异进行教育

1. 超常儿童的教育

儿童智力的发展，特别是超常儿童智力的发展，既受先天的因素的影响，又有后天教育的影响。先天素质是智力发展的前提，后天的生活环境和教育则起着决定作用。儿童存在着巨大的学习潜力和可能性，能否充分发挥，关键在教育。即使普通的儿童，只要教育得法，也会成为不平凡的人。天资再好，若教育不得法也难以成才。因此，要对智力超常儿童进行教育。

（1）教育必须与儿童的"智力曙光"同时开始

所谓"智力曙光"是指儿童智力发展开始萌芽的时期（即5岁前），这是天才儿童卡尔·威特的父亲关于儿童教育应从什么时候开始的问题所提出的基本观点。他认为儿童的禀赋是各不相同的，如果所有儿童所受的教育一样，那么，他们的命运就决定于其禀赋。但是，多数儿童接受的教育是不够充分的，他们的禀赋连一半也没有发挥出来，如果在早期受到良好正确的教育，即使禀赋只有50%的普通儿童，也会优于生来禀赋是80%的儿童。对于儿童智力的发展，首先要发展其听觉、知觉，即儿童感知觉能力，此能力的发展对于他们以后认识世界、掌握知识以及从事各种改造世界的活动具有终生的实践意义。因此，要经常带儿童观赏大自然的风光，以扩大他们的视野及开阔他们的眼界，让儿童多看、多听、多摸、多闻，以促进其各种感知觉功能的发展。

（2）及早进行语言教育

语言是交流和思维的工具，言语能力是衡量儿童智力水平的重要指标。3—6岁是儿童口头言语发展的重要时期，适宜的语言教育有助于提高儿童的言语能力，促进其智力发展。首先，为儿童创设一个自由、宽松的语言交往环境。多给儿童提供倾听与交谈的机会，鼓励和支持幼儿与成人、同伴交流，让幼儿想说、敢说、喜欢说并能得到积极回应。其次，引导儿童认真倾听、清楚表达。如：别人对自己说话时有回应，有疑问时能主动提问，能口齿清楚地说儿歌或复述故事，能有序连贯地讲述一件事情。最后，通过多种活动扩展儿童的生活经验，丰富语言的内容，增强儿童的理解和表达能力。

（3）以多种形式丰富儿童的经验

帮助儿童积累经验的方式有很多。比如，引导儿童观察四季更替的变化、动物的生活习性、植物的生长过程，在与大自然的亲密接触中积累感性经验；创设条件，满足儿童强烈的游戏需要，使儿童在积极的思维状态下展开天马行空的想象，创造性地使用物体，积累关于物体属性、同伴交往的各类经验；还可以经常给儿童讲故事，生动形象的故事不仅有助于儿童积累间接经验，而且可以锻炼儿童的记忆、思维、想象、口语表达等多方面的能力。

（4）启发求知欲，唤起探究世界的兴趣

当唤起了儿童的兴趣和求知欲望时，教育是最有效的。用新颖的刺激、诱人的形象以及满意的学习结果都能激发儿童的求知欲和认知兴趣。好奇心是儿童的天性，儿童渴望认识周围一切，他们常常提出各种幼稚的、奇特的，甚至难以解答的问题。这时家长和教师不要厌烦、拒绝、呵斥、取笑或讽刺,而要设法给以解答,以保护和巩固孩子的求知欲和积极性,还可以提出一些新问题,引发他们思考。超常儿童的聪明才智往往在特殊的兴趣、爱好中表露出来。教师要创设条件,使儿童的特殊兴趣得到发展。

(5) 培养儿童的创造力

实践中发现,许多高智商者的创造性往往较差,这与早期教育的偏失有一定的关系。家庭不民主,父母专制,对孩子不信任,事事包办代替,不给孩子独立锻炼的机会,这些都不利于儿童创造力的发展。此外,在早期教育实践中忽视动手能力的培养,导致许多儿童智商不低,但"心灵手不巧"。因此,要重视儿童创造力的培养,多给予他们鼓励、支持和引导。

(6) 重视非智力因素的培养

超常儿童在智力上是超常的,但在非智力因素上不一定超常,甚至可能落后。非认知心理因素作为心理活动的动力系统和调控系统,直接影响到儿童的学习活动与智力活动,影响到儿童创造能力的发展。如果早期教育偏重文化知识的传授,忽视社会生活经验的传递,就可能使儿童社交能力低、社会适应性差。儿童的品行也不可忽视,一个人只有具备良好的道德素质,才有可能成为有益于社会的人。此外,还要注重对超常儿童意志力的培养,智力超常儿童最易滋长骄傲自满情绪,所以要特别重视锻炼他们的意志品质。

2. 智力落后儿童的教育

智力落后儿童是指智力发展处于持续性迟缓状态,因而其智力水平和智力功能低于正常水平的儿童。在国外也叫低常儿童或智能落后儿童。根据初步调查,我国智力落后的儿童大多数是轻度和中度的。对于这些儿童,只要进行早期诊断,及时给予治疗,同时给予适当的训练,他们中的大多数能够学会独立生活和从事某种简单劳动。在特殊教育条件下,配合直观因素进行教学,或者与多样化的实际活动和劳动密切联系起来,他们的思维也能得到明显的改变。

(1) 智力落后的原因

智力落后形成的原因是多方面的,既有先天遗传基因所致,也有后天疾病、环境教育等多方面因素。据研究,智力落后一般可分弱智型与病理型两类。弱智型也叫非临床型或家族性文化智力发育不全,有人认为这是由于制约智力的许多遗传因子偶然做出不好的组合而引起的。病理型的智力障碍是原疾患的一种局部性症状,其形成原因有两方面:遗传性与外因性。属于遗传性的有:由类似于唐氏综合征的染色体异常、代谢缺陷,或是小头畸形病,或是由类似于结节硬化症的病理遗传因子所引起;属于外因性的原因是多种多样的:有性细胞期损伤以及风疹、弓形体病等引起的妊娠期损伤,分娩外伤、幼儿性脑麻痹等。

(2) 对智力落后儿童的教育

从教育的观点看,根据对智力落后儿童进行教育的可能性,可作三种分类,一是可教育者,他们的发展速度缓慢,但有可能掌握社会生活所需要的知识和技能;二是可训练者,他们没有能力在学校教育中掌握科学技术,即使长大成人,也不能参与社会生活,但可以在家庭或特设机构里参加处理身边事和适应生活等的训练；三是保护对象，需要终生在家庭或特设机构里接受保护。

对于轻度智力落后儿童，采用适合患者水平的教育措施，能促进智力的进一步发展，并达到适应社会要求的水平。比如，对他们特别爱护、关心、热情，让他们进入一个更多变化、富有刺激的、高度激动的情绪影响的环境，轻度智力落后经过教育是能够好转的。

为智力落后儿童设立特殊班级或专门学校，把他们集中起来，编入特殊班进行系统的、适合他们特点的教学，也可采用诊断性补救教学，针对儿童缺陷的特点，缺什么教什么。例如，有的儿童抽象概括思维能力特别差，因而数学能力差，那就着重补数学；有的儿童语言能力差，因而学习语言文字有困难，就给他补习这方面的知识。特殊班是对智力落后儿童进行有针对性的系统教育，在学习初期，应加强培养儿童的自信心和自觉性，学习内容要适合他们的水平，不宜过高。教学方法要特别注意采用具体形象，生动的看、听、摸、尝、演等直观手段，而且要进行更多的练习，知识才易被掌握，在学习知识时，需要辅以图片、幻灯、影片和戏剧性的角色表演，以补充和代替抽象的概念。

如果是智力障碍严重的，则应送到专门治疗智力落后病人的医院去治疗或在家里保护起来。在我国应加强对智力落后儿童的诊断、训练和治疗，以利于他们学业和智力的发展。

(二) 根据个性差异进行教育

一般认为，良好的个性素质应具有崇高的理想，广泛的兴趣爱好，自信、自强、自主的性格，活泼、开朗、平稳的气质等。良好的个性素质不是自发形成的，需要通过教育去熏陶、培养。学前儿童的个性发展影响其今后的人生发展，对其以后的学业、心理等都有重要影响。因此，在学前阶段培养儿童良好的个性有重要意义，具体可以从以下几方面着手。

1. 顺应儿童的天性

儿童天生是好奇、好问、好模仿的。皮亚杰认为，教育必须是一个主动的过程。遵照儿童的认知特点，儿童只有在一个充满好奇的情境中、能实现好动的环境中、能满足好模仿的活动中才会有兴趣，才会将其主动性充分发挥出来。当兴趣发展成为从事某种活动的倾向时，就会成为爱好，从而有助于个性的形成和发展。苏联教育学家苏霍姆林斯认为：没有兴趣，就没有可能形成爱好，就没有活的灵魂，没有人的个性。可见兴趣对儿童个性发展有举足轻重的作用。我们要顺应儿童的天性，设法培养儿童的多种兴趣，因材施教。如教师可以根据儿童的兴趣点来设计活动或请儿童共同设计活动并参与活动，让儿童从中获取知识及丰富认知经验。

2. 充分了解儿童的个性差异

充分了解儿童的个性差异是因材施教的基础。儿童有着千差万别的个性，有的儿童活泼、敏捷，有的却胆小、迟缓；有的做事仔细、一丝不苟，有的却马马虎虎、粗枝大叶，这些心理和行为差异，很大程度上构成了儿童的个性差异。在教育中因材施教，首先应了解儿童之间的个体差异，对每个儿童的爱好、脾气等情况了如指掌，才能有针对性地为其量身制定出适合的教育方案。通过观察儿童的平常表现、与儿童沟通、与家长交流，可以了解儿童的个性差异。教师每天都与儿童在一起,平常应留心观察儿童的表现、与小伙伴和教师交往的特点。

3. 根据儿童的个性差异因材施教

根据儿童个性差异因材施教是精髓。重视个性差异,教师要从儿童实际出发,有的放矢地进行教育。通常,我们可以将儿童分为四类:一是胆子大、主见型。这类儿童活泼好动,思维活跃,有较强的控制欲,敢指挥其他小朋友,有自己的想法。对这类儿童要赋予一定职位,同时要一起建立规则,对其进行约束。二是难以驾驭、好动型。这类儿童表现活跃,精力旺盛,做事三分钟热度,常坐立不安,注意力不够集中,容易开小差。对这类儿童要从改善行为下手,可以用正强化法:当表现好的时候,给予一定的奖励,以增加该行为出现的频率,从而减少不良行为的出现;也可以用言语的鼓励,让儿童体会到被认同。三是胆小、内向型。这类儿童胆小,不愿与人沟通,容易害羞,行动缓慢。对此类儿童,要多进行鼓励,给予肯定,适时引导,一对一帮助,学会沟通。要给内向的儿童更多的爱,走进他们的内心世界,让他们敞开心怀,快乐生活。四是乖巧、大众型。这类儿童情绪稳定,从众性强,基本上能按老师的要求做事。对这类孩子切不可因此而忽视,需要把握其细微的个性特点差异有针对性地施教,此类儿童大多性格稍显内向,在过激的批评下,就会变得沉默不语,把自己封闭起来。因此,应使这类儿童拥有最大的安全感,愿意表达自己想法。

宁宁是一位中班的小女孩。一天早晨,别的小朋友都吃完早饭各自游戏去了,宁宁仍然表情痛苦地守着一碗营养粥,老师已经连续热了两次了,宁宁还是不吃。老师非常生气地说:"你可真够傥呀!"我走过去坐在宁宁身边,轻轻地说:"宁宁今天早晨在家里吃饭了吧?"宁宁摇摇头。我说:"那是宁宁昨天晚上吃多了,现在不饿?"宁宁瞅瞅我说:"不是,我饿。"我纳闷地问:"那为什么不吃饭呢?"宁宁说:"我等着爸爸晚上领我去饭店。"

这个让我哭笑不得的答案,我真没想到。多么不容易的孩子,为了晚上去饭店,竟然要饿一天。我把宁宁揽在怀里说:"宁宁,不是你要吃饭,而是我们的小肚子需要吃饭,你不吃饭,小肚子就不愿意了,因为它饿呀,饿了,就会肚子疼,你肚子疼过吗?"宁宁点点头。"就是啊,如果肚子疼厉害了,怎么办呢?""去医院。""对了,肚子疼,就是生病了,要去医院,还要打针,你看不吃饭的害处多大呀!"宁宁立刻端起碗,把粥喝了个精光。①

每个儿童都是独一无二的,每个儿童都是可塑之才。正确的学前教育,应该坚持个性教育的原则,即教育必须承认儿童的个性差异,必须尊重儿童的个性特征,选择教育内容

---

① 罗秋英.学前儿童心理学[M].上海:复旦大学出版社,2018:136.

和教育方法,一定要了解每个学前儿童的个性特征,从而有的放矢地予以培养,使学前儿童在全面发展的基础上,成为拥有不同个性的新一代。

实操训练

【项目任务】

训练目标:观察个别幼儿的行为表现,依据所学理论分析该幼儿的个性特点。

训练内容:在幼儿园见习时,选择一名幼儿为观察对象,持续观察其在活动中的行为表现,尝试分析该幼儿的个性特点。

幼儿个性表现观察记录表

观察时间			观察地点	
观察对象		年龄	性别	
个性表现				
原因分析				
教育策略				

【真题连接】

1. 下列针对幼儿个体差异的教育观点,哪种不妥?(　　)(2018年下半年)

A. 应关注和尊重幼儿不同的学习方式和认知风格

B. 应支持幼儿富有个性和创造性的学习和探索

C. 应确保同校幼儿在同一时刻达成同样的目标

D. 应对有特殊需要的幼儿给予特别关注

【延伸探究】

1. 文章:《孩子发展存在个体差异,做智慧父母该如何引导?》。

2. 案例:《老师,我不想睡觉》。

答案与解析

延伸探究

主题二 有特殊需要的儿童及其教育

1. 了解有特殊需要儿童的特征及表现。
2. 了解对有特殊需要儿童进行教育的策略。
3. 初步理解全纳教育的必要性,具有关爱特殊儿童的意识与愿望。*

智力障碍、自闭症谱系、唐氏综合征等心智障碍者,由于在自我表达上存在种种障碍,加上社交礼仪缺乏和言行举止表达方式与常人不同,常常令周围人对其有偏见、排斥、厌恶之感而冷落、疏远、忽略了他们,使心智障碍者无法得到与常人平等的表达自我诉求、发挥和展示自我才华的权利与机会。

问题:你认为应如何看待有特殊需要的儿童?作为未来的教师,如果你接触到有特殊需要的儿童,你会怎么做?

有特殊需要(special needs)的儿童是指在学习或行为特征上与其他儿童有所不同,需要特殊教学方法的儿童。在幼儿园教育中,所有不同程度身体残疾的儿童都应该得到接纳、欣赏和赞美。教师应该将他们看成独立的个体,而不应该给他们贴上"特殊群体"的标签。每个儿童都应该被理解为一个既与同龄人有相同发展需要的完整儿童,又有独特需要的个体。成人应无条件接纳有特殊需要的儿童,针对其发展特征与个别差异实施有针对性的、适宜的教育。

一、肢体障碍

(一) 主要特征

如果儿童协调精细动作或大肌肉动作的能力较弱,或控制能力、平衡能力差,说明儿童可能存在肢体障碍问题。比如脑瘫、脊柱裂等先天性缺陷,还有由疾病或意外伤害引起的损伤。需要说明的是,有肢体障碍的儿童可能智力正常。

(二) 支持策略

当有肢体障碍的儿童进入幼儿园时,教师要与孩子的家长、治疗师等人建立良好的工作关系,并经常听取他们的相关建议;要适当调整教室的设备设施,如安装坡道、添置轮椅等;布置班级环境时,要考虑玩具或游戏材料是否方便儿童取用;要给儿童充分的过渡时间,支持、鼓励儿童锻炼独立性;要了解儿童所用专门设备的类型、使用和护理方法。此外,教师要多了解儿童的身体缺陷及可能给儿童带来的限制,进而发展儿童在运动、言语和社交技巧等方面的全部潜力。

二、听力障碍

(一) 主要特征

听力有问题的儿童通常具有如下特征:交流技巧有限,不能理解或回应他人,言语举止出人意料,无法集中注意力,常看着说话者的脸和唇部,把一侧耳朵转向说话者,抱怨耳朵痛。儿童接受听力测试时,如果听不到20—60分贝的音量,可认定为有听力障碍;如果听不到60分贝或以上的音量,可认定为耳聋。

(二) 支持策略

将听力障碍儿童的座位安排在视觉效果好且距离教师近的地方;与听力障碍儿童共处时,要与其父母、主治医生和其他照顾者建立起工作关系;可以借助视觉和触觉辅助工具与听力障碍儿童沟通;在传达信息或开始活动之前,先集中儿童的注意力,比如叫他的名字;用正常的语调与听障儿童说话;给儿童充足的时间表达。成人与儿童说话时,要面对儿童,表达清楚,不言过其实。如果儿童在使用助听器,教师要熟悉这些仪器,随时检查它们是否正常工作,知道如何将它们放到儿童的耳朵中,做好为电池充电的准备;给儿童不断地提供语言刺激;教师还需要学习一些手语,必要时让全班儿童都学会一些手语。

三、视觉障碍

(一) 主要特征

有严重视力问题的儿童分为两类:弱视或失明。视觉障碍儿童的特征是过度眨眼、揉眼睛、斜视、眯眼睛,他们看东西时离得特别近或特别远,聚焦视线时头部偏向一侧,会有晕眩或头痛的症状。

(二) 支持策略

教师要根据视觉障碍儿童的需要调整活动及活动材料,让他们能够依靠其他感觉器官参与活动。和视觉障碍的儿童共处时,要与其父母、视觉专家和其他照顾者建立专业的工作关系,了解儿童视觉损伤的程度;让儿童熟悉教室环境和材料;为儿童提供触觉、听觉操作活动;鼓励儿童自立,只在必要时给他们提供协助。还可以给儿童安排一个小伙伴,帮助儿童迅速适应环境并发展社交能力。当视觉障碍儿童需要阅读时,应给儿童提供合适的阅读材料。

四、言语障碍

(一) 主要特征

有言语障碍的儿童身上会出现很多问题。一般而言,儿童在言语方面出现的问题有语音省略、代替、变调或添加。这种构音障碍(即言语表达阶段所包括的各组织结构的损害,或生理过程的失调所造成的言语表达障碍)在儿童发展早期是常见的,但到小学二三年级之后,这些障碍通常会消失。

对点案例

口吃的威威

威威和表妹朵朵在客厅里捉迷藏,两人嘻嘻地又叫又跑,突然"咣当"一声,茶几上插满花的花瓶碰翻在地,摔碎了,看着流了一地的水和满地的花,朵朵首先尖叫喊起来:"不是我干的,不是我!"

"我,我,我……也不是!我……"威威涨红了脸,也一再表示不是他碰翻的。妈妈闻声跑过来,朵朵很快解释不是她碰翻的花瓶,可威威依然"我……我……我……"地说不清楚,急得他紧皱眉头,满脸通红。

"不要着急,慢慢说,威威,我知道不是你打翻的花瓶,也许谁不小心……"妈妈耐心地劝慰威威,他似乎得到一些解脱,使劲地点头。

威威虽然5岁了,可说话总是结结巴巴,比不上3岁半的朵朵。平静时他说话总是拖长音节,可每到紧张、激动或者害怕的情况时,就反复重复着某个词,尤其总是在说"我"这个词时受阻。因为说话不流畅,威威在幼儿园里也很少与小朋友们交流,现在妈妈有意识地训练威威改变口吃的习惯。每当威威说话结结巴巴时,妈妈总是努力让他平静下来,引导他慢慢说话。妈妈从不嘲笑威威,也不会训斥他,尽量从各方面关心他,威威不愿在人多的场合说话,妈妈也从不勉强他,而是集中精神帮助威威树立信心,耐心听他讲话,提醒他慢慢说。每当威威流利地说出一句话时,妈妈就会表扬他,这样坚持下去,威威的口吃现象一天天减轻了。

在幼儿园里,儿童会表现出各种各样的行为。他们的绝大多数行为是适宜的,但也有一些行为是有问题的,如打人、扰乱课堂秩序、说谎、与其他儿童交往困难等。这样的一些行为看似很平常,却应该引起教师和家长的关注。家长和教师不仅要及时识别这些问题,还要找到引起这些问题的原因并使用正确的干预方法。

(二) 支持策略

当教师与言语障碍儿童互动时,要做一个好的倾听者,同时给予儿童正确的语言示范;要鼓励儿童多用语言进行表达,教师还可以用短语或简短的句子给儿童明确的指令。

教师不要用居高临下的口气与儿童谈话,也不要使用婴儿语。要给儿童提供日常的语言活动经验,如唱歌、语言活动或回答问题。教师要保持倾听和回应儿童,关注他们说了什么,而不是儿童说话时出现的问题。要避免替儿童说完句子或在同伴面前纠正他们的发音问题。合作和小组学习活动能够为儿童提供在轻松的环境中练习语言技能的机会。如果语言问题在儿童身上一直出现或没有任何好转的迹象,那么就建议让孩子去医院进行专业测查。

五、心智障碍

(一) 主要特征

通常用智力测试来评定儿童心智障碍的级别。在评估一个儿童的潜力时,还需要考虑和评估其他因素,包括与儿童年龄相应的运动能力发展、语言发展、社会性发展和自理能力发展、身体问题或疾病以及儿童的注意力时间长度。教师还应该观察儿童学习和理解抽象概念的情况。

(二) 支持策略

教师如果发现某位儿童在两个或更多方面出现发展迟滞问题,那么就要建议家长带孩子去专业机构做智力测试。同时要调整教育策略。例如:更多地关注儿童各方面发展情况,尤其是与其他儿童的不同之处;分析儿童的学习优势与劣势,制定具体的有针对性的学习目标;将学习任务分解成有逻辑关系的一个个小任务,并经常重复和强化;给儿童的指令要简单明了,所用教学材料不能对儿童有侮辱性;引导儿童掌握基本的学习技巧、生活技能;创造条件,让儿童更多地体验成功的快乐。

六、学习障碍

(一) 主要特征

学习障碍是指在与任何理解或使用语言、推理或与数学相关的一个或多个基本的心理过程的紊乱。主要包括:注意转移困难,无法较快从一个任务转移到另一个任务;缺乏良好的自我概念和身体意识;对刺激信息的反应不完整;易受图形背景的干扰,混淆图形和图形背景;动作发展较差,没有固定使用左手或右手的习惯等。

(二) 支持策略

有学习障碍的儿童往往需要一对一的教学,给予他们简单的任务和指导。教学过程要缓慢并确保儿童的注意力集中,确保儿童在进行下一项任务时已掌握上一个步骤的相关技能。通常,有学习障碍的儿童似乎已掌握了教师所教授的技能,但事实上,他们需要重复学习或者额外加强练习去保持记忆,增加时长有助于儿童完成任务。可以给他们提供合作学习或小组学习、同伴互助、区域学习的机会,提供具体的教学示范。在儿童学习每个任务时,使用正强化。在与有学习障碍的儿童一起工作时,着重关注他们的长处,表扬儿童的进步和成功,并鼓励家长也这样做;对儿童的重复学习和练习要有耐心;可以给儿童提供清楚、简单的指令和过渡引导。

7岁的托德是否能排除干扰,保持目标指向性?在接下来的记录中,托德在理解分类任务时有困难,他的注意力被附近玩耍的其他儿童所分散。

班上每个儿童都分到了一包图片,上面有各种类型的建筑,孩子们需要对它们进行分类。托德的图片散放在桌子上,他很夸张地假哭起来,用拳头击打着桌子。他的脚在椅子下摆踢蹬,自娱自乐地做着鬼脸。他跳起来去看另一个男孩,那个男孩在附近的地板上进行分类。老师拍了拍托德的肩膀,他回到桌前继续研究自己的图片。老师建议他将其中教堂的图片叠放在一起,并开始帮他组织图片。他问了两次:"相同的东西放在一起吗?"后来,他来到一个小组中观看,这个小组正把图片按照教堂、民居、商务建筑等分别粘贴成表格形式。他拿起几张图片让边上的男孩看,问:"这张是吗?"每次他都被告知:"不,那是一个家。"或者"不,那是一个学校。"①

七、其他问题

(一) 主要特征

有特殊需要的儿童还包括有情绪问题、社会性发展问题或行为问题的儿童。他们可能会有两种情况:被动的或有攻击性的。被动的儿童可能会长时间呆滞;很少与他人交流,表现为退缩、害怕、敏感或害羞;避免与人眼神接触。有攻击性的儿童或多动症的儿童可多表现为好胜、叛逆、容易分心、有破坏性行为、有敌意、攻击性行为多、过度活跃、冲动、挑战权威、注意力不集中、好动等。这些儿童往往在建立积极的人际关系、坚持完成任务、集中注意力方面有困难,并会感到沮丧。自闭症儿童也属于这一类。

(二) 支持策略

根据儿童的行为问题适当调整班级环境,以保证儿童在表达内心感受时得到个别化的注意。这些儿童需要关爱、耐心和理解。其中的大多数儿童需要成人向他们提出前后一贯的期望,对他们适宜的行为进行正强化。教师需要从该领域专家那里获取建议,以便在课堂上帮助有行为问题的儿童学习。与注意力缺陷多动障碍(attention deficit hyperactivity disorder,ADHD)的儿童共处时,需要使用行为控制技巧、正强化等多种方法。

教师可能是第一个注意到儿童存在感觉缺陷的人,因为学校的要求不同于家庭的要

---

① Dorothy H. Cohen, Virginia stern, Nancy Balaban, Nancy Gropper.幼儿行为的观察与记录[M].马燕,马希武,译.北京:中国轻工业出版社,2017:228.

求。在接下来这则记录中,我们不了解伯纳德存在障碍的根源,但是我们可以看到教师做出有益回应之后的结果。

4岁的伯纳德和阿图罗,在教室的楼道里相互冲着对方喊:"闭上你的嘴!"他们抓起枕头,开始朝对方身上摔打。老师在下面语气坚定地说:"在楼里要安静地玩耍。"阿图罗放下了枕头,但伯纳德跳到阿图罗的身上,又用枕头砸了他几次。老师爬到阁楼上,将伯纳德从阿图罗身上拉下来。阿图罗爬了下去。老师坐下来,与伯纳德安静地谈了几分钟,直到伯纳重新控制好自己,安静地爬了下来。[①]

八、天才儿童

(一) 主要特征

天才儿童是有创造力和观察力的,会提许多问题,而且学习快捷、轻松。他们拥有存储大量信息的能力。他们专注,容易看出事物的联系和模式,喜欢解决问题,很早就对文字符号感兴趣,有特殊的记忆力。他们也有深入探究问题的兴趣,保持较高的活力以及良好的推理和洞察能力。他们很敏感并且有较高的期望。这些儿童通常拥有庞大而准确的词汇量,并且能使用拓展语言。

(二) 支持策略

为天才儿童提供不同难度水平的单元活动和课程。提供刺激、挑战、多样的机会让儿童增加知识,发展才能,培养良好的工作习惯。建立语言技巧,鼓励儿童使用计算机,鼓励儿童独立并学会自我指导。让儿童参与他们自己的课程方案设计。使用延迟的、内在的、社会性的、强化的方法而非即时或具体的奖励。注重问题解决、发散思维和其他更高水平的思维策略。5—8岁儿童一般需要学习上的加速和更充实的学习(扩展常规课程),3—5岁儿童则会从个性化的教学、发现学习和对自己才能的鼓励中获益。灵活的小组学习可以保证天才儿童持续不断地进步,同时小组学习可以应用到课堂组织的多种形式中。

九、为特殊需要儿童制订教育方案

(一) 全纳教育视野下的特殊需要儿童

全纳教育(inclusive education)是20世纪90年代兴起的一种国际教育思潮。1994年,在《萨拉曼卡宣言》中首次正式提出了全纳教育的五条原则:每个儿童都有受教育的权利;每个儿童都有其独特的个性、兴趣、能力和学习需要;教育要考虑到儿童的不同特性和差异;有特殊需求的学生应该有机会进入普通学校学习;全纳学校是反对歧视、创建人人受欢迎的社区、建立全纳社会和实现全民教育的最有效的途径。这五条原则体现了全纳教育应尊重儿童的独特性和差异性,反对歧视和排斥,接纳所有儿童,满足不同儿童的特

[①] Dorothy H. Cohen, Virginia stern, Nancy Balaban, Nancy Gropper.幼儿行为的观察与记录[M].马燕,马希武,译.北京:中国轻工业出版社.2017:218-219.

殊需求的精神内涵。《国家中长期教育改革和发展规划纲要(2010—2020年)》指出:要因地制宜发展残疾儿童的学前教育;《幼儿园教育指导纲要(试行)》明确规定:"幼儿园教育应尊重幼儿的人格和权利,关注个别差异,促进每个幼儿富有个性地发展","幼儿园应与家庭、社区密切合作,共同为幼儿的发展创造良好的条件。"同时,从学前儿童身心发展的状况分析,0—6岁是儿童个体身心发展的关键期,包括生理、认知、言语和思维等方面的发展。如果及时对有特殊需要的儿童施以适当的教育,将会有利于这些儿童生理机能的重新组合、各种身体功能的相互补偿以及身心潜能最大限度的发展。可见,从全球教育发展的趋势及儿童个体发展内在规律两方面看,我们都有必要关注特殊需要儿童的教育。

"学前全纳教育"是一种让有残疾的儿童在限制最小的环境(least restricted environment)里和正常儿童一起生活、游戏和学习的教育模式。"限制最小的环境"通常是指分布在城市或农村幼儿园的普通班级。学前全纳教育主张:普通幼儿园的班级要接纳所有的儿童,特别是有特殊教育和保育要求的儿童。按照学前全纳教育的原则,普通幼儿园班级应该把每个儿童看作是独特的个体,无论其残疾与否。由于每个儿童都是独特的,都有着不同的特点和需求,儿童与儿童之间就没有了特殊和普通之分,他们之间有的仅仅是个体和个体之间的差异。

(二) 关于推广学前全纳教育的思考

全纳教育的倡导者从全纳教育效果的角度阐述了全纳教育的必要性。他们相信,有残疾的儿童和正常儿童均能从全纳教育中受益。不过,从现实情况来看,全纳教育在我国幼儿园的推广还是很缓慢的。目前,我国只有少数发达城市和地区开始了学前全纳教育的试点工作。究其原因可能有四个:一是教育经费短缺;二是普通幼儿教育体制和特殊幼儿教育体制融合困难;三是幼儿园教师教育残疾儿童的能力不足;四是全纳教育的支持体系不健全。我国是一个人口大国,每年因为基因、疾病、环境等各种因素而出现的残疾儿童数以万计。关心和支持残疾儿童的成长和教育是关系到国家富强和民族繁荣的一项大事。因此,在了解推广学前全纳教育的必要性后,我们应该想办法解决学前全纳教育推广过程中所碰到的一切困难。①

从应然的角度讲,有特殊需要的儿童理应是教育的在场者。但是,这种教育的"在场"不一定表明这些儿童就能接受必要的教育。在普通幼儿园就读的特殊孩子经常处于普通教育的边缘,看似走进了幼儿园,但他们是幼儿园班级活动的游离者,既没有融入其中也没有受到特殊"礼遇"。他们在幼儿园的生存呈现以下两种状态:

1. 有特殊需要的儿童成为幼儿园中的"边缘人"

按照学前全纳教育的原则,普通幼儿园班级应该把每个儿童看作是独特的个体,无论其残疾与否。因为,每个儿童都是独特的,都有自己的特点和需求,所以,儿童之间并没有特殊和普通之分,他们之间仅有个体和个体之间的差异。事实上,有特殊需要的儿童在幼儿园于无形之中被"边缘化"了。由于他们的身份特殊,导致许多教师不能正确看待这些

---

① 严冷.关于在我国推广学前全纳教育的思考[J].学前教育研究,2007(7-8):46—47+52.

儿童。教师常会减少特殊儿童的活动量、教学活动的参与性等,使孩子成为身在其中的旁观者,成为班级活动的游离者。当然,造成这种窘境的,还有来自家长的不正确期望。许多农村家长只求孩子可以在幼儿园上学,至于幼儿园教育能否给孩子提供可能的发展和一些行为的矫正,他们也没有太大的期望和要求。因此,助长了某些幼儿园不负责任的教育态度和行为。调查显示:部分公立幼儿园设置了一些隐性条件,拒绝特殊儿童的入园。另据家长反馈,特殊儿童的入园问题已经转化为一种家、园的不平等关系,即变相为家长要为特殊孩子的入园身份而不得不屈服于幼儿园的不合理管理要求,比如特殊孩子的教育质量问题、教学服务问题,等等。诚然,这些规训的背后就必然造成幼儿园对特殊儿童教育的不作为或无作为。部分家长也无形中助推这种不平等就学现象的恶化,有家长明确拒绝自己的孩子与特殊儿童交往,认为那样会影响自己孩子认知水平的发展,影响正常的社会性交往等,这些观念、行为汇合后就必然形成教师、同伴对于特殊儿童的情感冷漠和人文远离,不仅没有做到对特殊儿童的雪中送炭,甚至还会产生负向助推的结果。

2. 儿童的特殊需要被"普通化"

虽然在普通幼儿园随班就读,但有特殊需要的儿童还需要教师给予特别关注,需要教师采用特殊的保教方式。然而,在普通幼儿园随班就读的特殊儿童并没有得到应有的教育关怀,他们常被教师人为地"普通化"了。教师采取"一刀切"的方式,按照同样的标准和要求去教育全班儿童。原因在于,很多教师没有系统学过关于特殊儿童教育的理论,教师只能凭借自己在教育普通儿童时积累的经验面对有特殊需要的儿童。现实的情况是:教师对于这些特殊孩子的教学管理、生活保健及专业服务等方面与普通儿童无异。在幼儿园的班级环境中,这些儿童的特殊需要被"普通化",这些儿童的发展诉求也被淹没在标准化、统一化的教育中。

(三) 全纳视野下保障特殊需要儿童教育的策略

要想使全纳教育的理想变为现实,成为幼儿园教师的自觉行为,就有必要加强专业组织、专业人员的协作,出台针对特殊需要儿童的纲领性政策文件。

首先,从专业支持的角度而言,目前尚不能满足每所幼儿园都配备特殊教育教师的需要。因此,就需要建立一种工作协调机制,保障在一定范围内配备专业的特殊教育教师。这些教师负责指导各片区幼儿园的特殊儿童教育,向幼儿园教师普及特殊儿童教育的方法,协助教师解决实际问题。同时,指导家长掌握正确的家庭教育方法。

对点案例

女孩童童在幼儿园从不吵闹。很长时间以后,老师才发现她存在学习障碍。于是,建议家长带她去医院检查。医生排除了童童没有学习能力的可能性,但确定她存在注意缺陷,就是无多动性的ADHD(注意力缺陷多动障碍),同时发现童童有抑郁症。

医生给她制定了一个治疗计划,提高她的注意力持续时间,培养她的社交能力。在此期间,需要父母和教师的参与。医生对她进行了心理辅导,让她认识到自己的强项,帮助她克服抑郁。①

其次,从政策保障的角度而言,需要建立健全学前特殊儿童教育的法规性文件,体现学前教育的普及性、公平性和公益性特点。使每一位儿童在法律意义上具有受教育的权利,每一所幼儿园有接纳所有学前儿童受教育的义务。同时,国家有必要采取专项政策支持,保障学前教育中"弱势群体"接受教育的权益。

全纳教育的实施以及残障儿童的早期教育理应成为全社会都关注的话题。国内外的诸多研究表明:在幼儿期实施全纳教育无论对于特殊需要儿童还是正常的普通儿童而言都具有积极的影响力,它有助于特殊儿童正常的社会化发展,也有助于和同龄期正常儿童的融合和相互之间的接纳。教育的本质在于成全人的实现和需要,一个健康的社会需要有一种全纳的理念和思想,我们不仅要培养人更需要发现人,发现差异环境下的人的发展。尊重生命,尊重孩子的需要,接纳所有特殊需要的儿童,让他们和其他同龄孩子一样成长在同一片蓝天下,共享教育的快乐。②

【项目任务】

训练目标:梳理、深化自己对全纳教育的认识。

训练内容:

1. 检查并描述一些你自己对特殊需要儿童的偏见,你打算如何具体克服这些偏见?
2. 在教师的带领下,参观特殊教育学校,小组讨论后,谈谈自己的感想。

【延伸探究】

1. 论文:易红郡,张礼华:《英国高质量的全纳教育教师培养理念与实践》,《比较教育研究》,2022年。
2. 文章:《全纳教育:教育应该有的样子》。

延伸探究

---

① 徐群.学前儿童心理健康指导[M].北京:北京师范大学出版社,2015:253.
② 陈志其.全纳教育视野下幼儿园特殊需要儿童的教育策略探究[J].西北成人教育学院学报,2015(5):83-85+92.

单元十 学前儿童发展常见问题及干预

学前儿童发展的常见问题及干预
- 学前儿童发展的常见问题
  - 身体发育的常见问题及矫治
  - 心理发展的常见问题及矫治
  - 常见的行为问题与矫治
- 学前儿童行为矫正的方法
  - 行为改变的基本方法
  - 行为演练的基本方法

➤ 了解幼儿身体发育和心理发展中容易出现的问题或障碍，如发育迟缓、肥胖、自闭倾向等。

主题一 学前儿童发展的常见问题

1. 了解学前儿童身体发育的常见问题及其表现、原因、应对方法。
2. 了解学前儿童心理发展的常见问题及其表现、原因、应对方法。

微课

学前儿童发展的
常见问题及干预

鹏鹏有胖乎乎的脸、手、脚,还有弥勒佛一样的小肚子,看起来娇憨可爱。不过,鹏鹏每天晚上十点钟准时喊饿,像定了闹钟一样。怕孩子饿着,妈妈每天都要做夜宵给他。鹏鹏的体重超过同龄儿童的50%,而且还在不断长胖。小朋友都嘲笑他是"小胖子""小肥猪"。在公共场合,甚至还有人对他指指点点。鹏鹏变得越来越不爱说话了,小朋友做游戏时,他只是一个人在很远的地方看着,上课也不积极回答问题了。

问题:鹏鹏遇到了什么问题?有什么危害?应该怎么办?

问题解析

一、身体发育的常见问题及矫治

(一)发育迟缓

发育迟缓是指在生长发育过程中出现速度放慢或是顺序异常等现象。儿童的发病率在6%—8%之间。在正常的内外环境下儿童能够正常发育,一切不利于儿童生长发育的因素均可不同程度地影响其发育,从而造成儿童的生长发育迟缓。

1. 发育迟缓的症状

(1)体格发育落后。如果身高、体重、头围的测量值全部都偏低,就表示儿童的发育出现了全面的迟缓,应该向儿科医师进行详细咨询,以确认是否需要做进一步的检查。如果只是某一项指标出现偏低,那就表示儿童可能出现了部分发育迟缓,可进一步检查脑神经或内分泌等项目,以了解儿童的生理发展是否受到了影响。

(2)运动发育落后。大运动和精细运动技能发育迟缓,如蹦跳和搭积木等水平较低。

2. 发育迟缓的原因

（1）营养不足。营养不足是指缺乏某种必需营养素。食物品种单调、食物摄入不足、肠胃消化吸收不良等都可能造成营养不足。

（2）全身疾病。慢性疾病如先天性心脏病、呼吸道疾病、贫血、肾脏病等均可引起小儿生长障碍，导致儿童矮小。

（3）家族性和体质性因素。这些与先天遗传因素或宫内发育不良有关的发育迟缓，其生长速度基本正常，也不需要特殊治疗。

（4）精神因素。不良的生活环境导致儿童得不到精神上的安慰，从而导致其消化吸收出现问题，影响发育生长。另外，生活照顾不周也会造成儿童发育迟缓。

（5）代谢性疾病。因代谢问题引起的疾病，包括代谢障碍和代谢旺盛等原因。而属于代谢性疾病的低血糖症、维生素A缺乏病、维生素C缺乏病、维生素D缺乏病、骨质疏松症等极有可能导致发育迟缓。

（6）甲状腺功能低下、垂体性侏儒、先天性卵巢发育不全等。甲状腺功能低可导致食欲减退、便秘、腹胀，甚至出现麻痹性肠梗阻等；垂体性侏儒是指垂体前叶功能障碍或下丘脑病变，使生长激素分泌不足而引起的生长发育缓慢；先天性卵巢发育不全会导致身矮、生殖器与第二性征不发育和一组躯体的发育异常。

3. 发育迟缓的预防与矫治

第一，给予儿童营养丰富、均衡的饮食，培养良好的饮食习惯，促进儿童食欲。第二，改善生活环境，使儿童得到精神上的抚慰和生活上的照顾。第三，对于家族性矮小和体质性生长发育迟缓，要精心调养，充分激发儿童的生长潜力，在医生指导下可酌情使用生长激素。第四，对于先天性遗传、特发性矮小等疾病，要及时就诊，对症治疗。

（二）肥胖症

儿童体内的脂肪积聚过多，体重超过按身高计算的平均标准体重20%，或者超过按年龄计算的平均标准体重两个标准差以上，即为肥胖症。超过标准体重20%—30%者为轻度肥胖症，超过30%—50%者为中度肥胖症，超过50%者为高度肥胖症。

1. 肥胖症的症状

食欲旺盛，食量超常，偏食；懒动、喜卧、爱睡；体格发育较正常小儿迅速；体重明显超过同龄同身高者；脂肪呈全身性分布，以腹部为主。

2. 肥胖症的原因

（1）进食过多，营养过剩。人工喂养的婴儿，容易喂哺过量，胖娃娃远比母乳喂养的多见。已进入幼儿园的儿童，一早一晚常在家里加餐。研究者发现，肥胖儿往往进食量大，进食速度快，爱吃含淀粉多的甜食，吃零食多，这使得摄入的热量高于身体需要量，这些超出部分的热量就转化为脂肪储存起来，于是逐渐肥胖起来。

（2）运动过少。大多数小胖子平时不爱运动，运动过少就更胖，形成恶性循环，饮食与运动不能达到热量的收支平衡。

（3）遗传。父母有一方肥胖的，子女肥胖的可能性有32%—34%；父母双方均为肥胖的,子女肥胖的发生率上升为50%—60%。72%的儿童,父母中至少有一人也有肥胖。目前已经找到了多种与肥胖有关的遗传基因。

（4）父母及儿童的心理因素。有研究发现,母亲的抑郁情绪使他们对儿童采取过度保护态度,她们总是怕儿童挨饿,又过分限制儿童的活动,因而导致儿童肥胖。而儿童自身的焦虑、抑郁也可引起饥饿感而多食,从而导致肥胖。对于儿童的肥胖应该从多方面找原因,有针对性地进行治疗。

在上述原因中,进食过多、运动过少和遗传是导致肥胖的三大关键因素,其中,进食过多和运动过少是主要诱因。

3. 肥胖症的危害

肥胖易导致扁平足,肥胖的小儿易感疲乏,易患高血脂,成为动脉硬化的发病基础。

体型肥胖除给儿童带来身体上的危害外,还有可能给儿童带来种种心理问题,如因肥胖遭到他人的取笑,因肥胖四肢活动不灵活等,易使儿童产生孤独、自卑等消极情绪。

4. 肥胖症的预防与矫治

循序渐进、坚持不懈的运动疗法;优化饮食结构,食物烹调以清蒸、水煮为主,少油、少盐;对儿童积极的行为予以奖励(口头或实物),对儿童消极的行为予以适当"惩罚"(批评或令其自我反省等)的行为疗法。患有严重肥胖症的儿童应及时就诊,配合医生接受科学合理的治疗。

(三) 睡眠障碍

儿童睡眠障碍表现为在临睡前不愿意上床,上床后不能入睡或浅睡、易醒,在睡眠时全身或四肢不停地翻动、讲梦话、磨牙,甚至有梦游的情况。睡眠障碍包括睡眠不安、夜惊和梦魇、梦游(睡行症)、遗尿症等。

1. 睡眠不安

睡眠不安的表现:睡眠不安多见于婴幼儿,睡眠时经常翻动,不能连续地整夜睡眠,夜醒,睡时伴有手脚或全身跳动,重复刻板地摇头、磨牙、说梦话、夜间哭闹、白天入睡等。

睡眠不安的原因:父母对儿童的抚养不当,如过分关注儿童的睡眠,儿童一醒,就马上去照护,儿童睡不着,就抱着或摇着入睡等。家庭环境中不良心理因素、儿童的身心特征和大脑发育的不成熟等均是可能病因。

睡眠不安的干预:首先,从小培养儿童独睡的习惯。要让儿童自己睡,先要在生活中建立儿童的安全感;同时父母不要过分担心,要给儿童信心,相信他能在夜里睡好。其次,养成良好的就寝习惯。父母不要躺在儿童的床上陪睡,也不要让儿童睡在大人的床上,这样可能会使儿童以为他的床有危险。儿童一旦上床,所有的请求一概"不受理"。还要注意不要让儿童受到惊吓。

2. 夜惊和梦魇

夜惊和梦魇的表现:夜惊通常发生在非快速眼动时期(NREM)或入睡后不久,儿童会突然尖叫、哭闹,表情惊恐,双眼直视或紧闭,呼吸急促,心跳加快,出汗,瞳孔散大,持续

1—10分钟,可再入睡,醒后完全遗忘,可频繁发作,一晚数次。梦魇又称梦中焦虑发作,通常发生在快速眼动时期(REM)或睡眠的后期,表现出从梦中惊醒,极度紧张焦虑,持续时间短,可回忆梦的内容,如诉说被怪兽追赶,想跑但迈不开腿,不能很快再入睡,与夜惊相比,症状表现轻。

夜惊和梦魇的原因:病因多与儿童的身心状态有关,如患病发热、过饱过饥、脑发育延迟等均为可能病因,儿童睡前看了恐怖影片,听了鬼怪故事,或受到家长与教师的严厉惩罚,家庭和学校的环境压力过大也是可能病因。

夜惊和梦魇的干预:平时应保证儿童生活有规律,白天要避免过度兴奋和劳累;临睡前不要让儿童听过分紧张的故事,或看惊险的影视片;日常生活中应注意培养和塑造儿童勇敢、沉着、顽强的性格;若夜惊发生频繁,可在医生指导下酌情服用宁心合剂和安定等药物,可能起到良好的效果。

3. 梦游(睡行症)

梦游的表现:反复多次在入睡后半小时至2小时熟睡中突然坐起来或起床,在意识朦胧下进行某些活动,如东抚西摸、徘徊走动。患儿目光呆滞、动作笨拙、无言语反应、不易唤醒。每次发作持续数分钟至半小时,又可继续入睡,事后完全遗忘。

梦游的病因:梦游的病因可能包括中枢神经系统发育不成熟、精神负担过重、养育方式不当、睡眠过深以及遗传等。

梦游的干预:合理安排幼儿生活作息,养成良好睡眠习惯,避免引起惊恐与焦虑的精神紧张因素,减轻压力负担;父母要建立正确的养育方式,对患儿加强护理,防止意外事故发生;对正在梦游的患儿应将其牵回床上或叫醒,药物使用要遵医嘱,睡眠正常后逐渐停药。

4. 遗尿症

尿床对于较小的儿童来说,是一种比较普遍的现象。如果四五岁的儿童仍然经常出现不自主的排尿现象,则应视为患有遗尿症。由于遗尿多发生于夜间,所以也叫夜尿症。在患遗尿症的儿童中,通常男童多于女童。

儿童遗尿症的预防与矫治:消除引起儿童精神紧张的各种因素,减轻儿童遗尿后产生的心理压力;安排好儿童的生活,避免白天过累,晚间适当控制饮水量;培养儿童良好的排尿习惯;对于患有躯体疾病的儿童,应及早进行治疗。

言言在一所寄宿制幼儿园上大班。他时常尿床,老师经常向他妈妈"告状",爸爸妈妈也很着急。近半个月来,言言平均每两天就尿床一次,严重时每晚要尿2—3次。经过了解得知,最近幼儿园的夜餐多以稀饭和汤类为主。每次言言尿床之后,夜班阿姨都会向第二天的值班老师报告。但由于没有避开其他幼儿,导致全班幼儿都知道言言会尿床,经常

有小朋友讥笑言言。言言变得紧张和焦虑,尿床的次数也越来越多。[1]

(四) 饮食障碍

饮食障碍是由心理情绪因素引起的一类反常摄食行为,包括神经性厌食、异食癖等。

1. 神经性厌食

神经性厌食是指由于心理因素而引起的一种饮食障碍。

神经性厌食的表现:对食物缺乏兴趣,没有食欲,进食量少,强迫进食则容易引起呕吐。

神经性厌食的原因:首先,精神紧张。儿童受到强烈的惊吓、遭受了处罚、家庭关系紧张、离开亲人、家中发生意外等情况下,由于情绪过于低沉、紧张,会出现不思饮食现象。一些儿童在入托初期或被转移至别处生活时,因一时不能适应新环境,情绪不够稳定,也可表现为吃饭不香、厌食。其次,儿童患有疾病及服用药物影响了食欲,导致厌食。大多数的疾病都可导致儿童的食欲下降,在患胃肠炎、消化性溃疡、肝炎或结核病等时,厌食表现得尤为突出。再次,饮食习惯不良或膳食配置不合理。饮食习惯不良是导致儿童厌食的一个重要因素。

神经性厌食的干预:第一,消除引起导致儿童精神紧张的因素,保持其情绪的稳定。儿童的神经系统发育不成熟,交感神经性强而副交感神经兴奋性较弱,所以胃肠消化能力极易受情绪影响。因此,要给儿童创造一种轻松、愉快的进餐环境,让他们在愉快心情下进食。第二,激发良好的食欲。儿童的饮食应多样化,避免单调,烹调食物要结合儿童的年龄特点和消化特点,做到食物色、香、味俱全。适当参加体育锻炼或户外活动,可使儿童保持较好的食欲,但饭前或饭后不宜做剧烈的运动。第三,培养良好的饮食习惯,做到不挑食、不偏食、按时进餐等。家长要以身作则,给儿童做出好榜样。事实证明,如果父母挑食或偏食,则儿童多半也是个厌食者。在儿童进食时,要对他们多诱导和鼓励。第四,提供合理的、营养平衡的膳食。儿童的膳食应多样化,做到主食与副食搭配、粗粮与细粮结合、荤食与素食相辅,保证儿童每天都能摄取较多种类的食物,以获得充足的营养。第五,针对因疾病或服用药物引起的食欲减退,家长应做到仔细观察,早发现病情,及时就诊、治疗,遵循医嘱合理服药。

2. 异食癖

异食癖又称嗜异症,是指经常吞食非食用物品。

异食癖的表现:偏嗜异物,如报纸、泥土等,甚至一见到所喜欢嗜食的异物,便不顾一切地往嘴里塞。但一见到正常的饭菜,却没有一点食欲。

异食癖的原因:肠道寄生虫或铅中毒儿童容易发生异食现象;饮食中缺乏微量元素锌、铁也是导致儿童异食癖的原因之一;模仿异食癖患儿的异食行为,偶尔的异食行为受到周围人的强化,也是儿童逐渐形成异食癖的重要因素。

---

[1] 杨凤林,秦莉,罗丽丹.学前儿童心理健康指导[M].长春:东北师范大学出版社,2014:126.

异食癖的干预:首先,对于疾病因素引起的,应及时就医诊治,按医生要求服用药物。其次,除了服药外,食疗是较好的辅助方法,适当调整儿童的饮食结构,纠正不良饮食习惯,以补充多种维生素和微量元素(硫酸锌),这对于缺锌等引起的异食癖具有较好的疗效。再次,家长和教师加强对儿童的护理与监督,教育孩子,让他明白吞食异物的危害,不模仿以及不做这种行为,这对于预防异食癖的发生有一定作用。

(五) 佝偻病

佝偻病是 3 岁以下儿童的常见疾病,因缺乏维生素 D,使得体内的钙、磷不能被正常吸收和利用,致使骨骼生长发育不良,严重者会导致骨骼畸形。因此,佝偻又称维生素 D 缺乏性佝偻病。

1. 佝偻病的病因

(1) 胎儿期储存不足。胎儿通过胎盘从母体获得维生素 D 存于体内,满足出生后一段时间的需要。孕妇孕期维生素 D 缺乏的早产儿或双胞胎婴儿出生后早期体内维生素 D 不足。

(2) 接触日光不足。人体所需维生素 D 除一小部分来自食物外,主要由皮肤接受紫外线照射后产生。而婴幼儿室外活动少,维生素 D 生成不足。

(3) 摄入不足。天然食物维生素 D 含量少,如乳类、禽蛋黄、肉类等含量较少,谷类、蔬菜、水果几乎不含维生素 D。

(4) 疾病的影响。慢性腹泻等胃肠道疾病还导致肠道对钙、磷的吸收减少;胆道疾病、脂肪代谢障碍,这些都会影响机体对维生素 D 的摄取。

2. 佝偻病的症状

(1) 多汗。缺钙引起的多汗是特指的,不是所有的多汗都是缺钙,夜间睡觉特别是睡熟以后多汗,就是典型的缺钙。白天吃奶时或活动时出汗多是正常的,不是缺钙。

(2) 夜惊。晚上睡觉突然惊醒、哭闹,甚至尖叫。

(3) 烦躁。患佝偻病的儿童易激怒、烦躁,对周围环境缺乏兴趣。

(4) 枕秃。枕秃是儿童的后脑勺有一圈光秃秃的"不毛之地"。

(5) 各种骨骼的改变。儿童存在不同程度的骨骼变形,如肋骨外翻、肋骨下缘翘起等。其他的骨骼变形有鸡胸、漏斗胸、X 型腿、O 型腿、串珠肋、"手镯"和"脚镯",这些是比较严重的佝偻病才会出现的症状。

3. 佝偻病的预防

佝偻病使儿童的抵抗力降低,容易引发肺炎及腹泻等疾病,影响其生长发育。因此,必须积极防治。预防佝偻病要从胎儿期就开始,1 岁以内的婴儿是预防的重点对象。

首先,健康教育采取积极综合措施,宣传维生素 D 缺乏的正确防治知识。其次,围产期孕妇应多户外活动,食用富含钙、磷、维生素 D 以及其他营养素的食物。妊娠后期适量补充维生素 D,有益于胎儿贮存充足的维生素 D,以满足胎儿出生后一段时间内生长发育的需要。第三,婴幼儿期预防的关键在于日光浴与适量维生素 D 的补充。出生 2—3 周后即可让婴儿坚持户外活动,冬季也要注意保证每日 1—2 小时户外活动时间。研究显示,每周户外活动 2 小时,仅暴露面部和手部,也可维持婴儿维生素 D 浓度在正常范围内。

(六)营养性贫血

营养性贫血是指因机体生血所必需的营养物质,如铁、叶酸、维生素 D 等相对或绝对地减少,使血红蛋白的形成或红细胞的生成不足,以致造血功能低下的一种疾病。多发于 6 个月至 2 岁的婴儿、妊娠期或哺乳期妇女以及胃肠道等疾病所致营养物质吸收较差的患者。

1. 病因

营养性贫血是因缺乏造血所必需的铁、维生素 B_{12}、叶酸等营养物质所致。

缺铁性贫血是在较长时间内,贮存铁逐渐耗尽,血清铁蛋白和血清铁下降而形成的。在儿童快速生长过程中,铁的需要量增加而饮食中缺少,摄入不足,或铁的吸收不良,或失血,尤其是慢性失血,均可引起缺铁性贫血。

巨幼红细胞性贫血主要是由缺乏维生素 B_{12} 和叶酸所引起的,维生素 B_{12} 和叶酸缺乏的原因主要有两个:一是维生素 B_{12}、叶酸量摄入不足,胎儿及婴儿期生长发育迅速,维生素 B_{12} 及叶酸消耗增加,若维生素 B_{12} 及叶酸先天贮存不足,后天摄入不足或出现吸收和利用障碍,影响维生素 B_{12} 与酸的代谢或利用;二是其他疾病的影响,胃肠道疾患、急性感染病等均会影响机体对维生素 B_{12} 和叶酸的吸收利用。

2. 症状

面色蜡黄,疲乏无力;注意力不集中,易激动,不安或萎靡不振;可有呼吸暂停现象,俗称"背过气",常在大哭时发生;精神神经症状,如表情呆滞、嗜睡、对外界反应迟钝等;智力发育和动作发育落后,甚至倒退,如原来已会坐、会爬、会笑等,病后又不会了。

3. 预防

虽然营养性贫血对婴幼儿的危害很大,但完全可以预防,关键是建立科学的喂养观。

需要特别注意婴幼儿的饮食搭配要合理,按时添加辅食,避免长时间单纯母乳喂养;要注意含铁食物,如动物血、肝脏、各种瘦肉等的添加,注意富含维生素 B12 和叶酸的食物以及富含维生素 C 食物的添加,如新鲜蔬菜和水果;应多食豆类、菌类、粗粮以及海带、紫菜等食品;及时治疗各种感染性疾病。

(七)弱视

弱视是眼部无明显器质性病变,视力经矫仍不能达到正常水平的眼疾。它是儿童发育过程中常见的视觉发育障碍性疾病,发病率为 2%—4%。儿童时期发生的这些眼病对儿童视力发育危害极大,许多眼部疾病如果不能在儿童时期治愈,将造成眼睛的终身残疾。

1. 表现

弱视本质是双眼视觉发育紊乱,可分为斜视屈光参差、高度屈光不正、形觉剥夺等弱视类型。具体表现:一是弱视眼患者立体视觉模糊,不能准确地判断物体的方位和远近。二是无法形成立体觉,由于大脑只能得到单侧健康眼输入的视觉信号,无法形成立体形象,将导致患者没有立体觉想象能力。三是弱视儿童常有自卑和自闭心理。因弱视还可引起斜视,如豆豆眼就是内斜视,影响美观和身心健康。

2. 影响因素

斜视性弱视。儿童弱视一般与斜视有关,两者相互影响。患有斜视的儿童为了克服斜视引起的视觉紊乱及复视,视中枢主动抑制斜视眼的视觉,久而久之形成弱视。

形觉剥夺性弱视。由于某种原因长时间盖住某只眼睛,该眼因缺少光刺激而致视觉发育停顿,形成弱视。

较高度远视、近视和散光或者双眼屈光度相差比较明显。

先天性白内障、重度眼睑下垂以及先天的视中枢及视神经发育不良等。

3. 预防

首先,幼儿入园后,至少每年普查一次视力,发现视力不正常者应及时通知家长到医院请眼科医生检查治疗。其次,注意及时纠正儿童的不良坐姿,如发现经常用歪头偏脸的姿势视物,或有斜视,应及时去医院检查诊治。

(八) 龋齿

龋齿是残留在牙齿上的食物,在口腔内细菌的作用下产生酸,使牙轴质脱钙,形成龋洞。对儿童来说,牙齿的正常结构受到破坏,不仅使牙齿的咀嚼功能无法正常发挥,影响牙周围组织,引起身体其他部位的疾病,还会造成恒牙萌出异常。

1. 病因

口腔中细菌的破坏作用;牙齿牙缝中的食物残渣;牙齿结构上的缺陷,如牙轴质发育不良、牙齿排列不齐等。

2. 预防

注意口腔保健,从小培养儿童良好的口腔卫生习惯;合理营养,促进牙齿咀嚼能力的发展;定期口腔检查,发现龋齿,及时治疗。

二、心理发展的常见问题及矫治

(一) 多动症

儿童多动症又称"轻微脑功能失调"或"注意缺陷障碍",是一种以注意障碍为最突出表现,以多动为主要特征的儿童行为问题。

1. 病因与症状

造成多动症的原因有很多,儿童先天体质缺陷、铅中毒、食物过敏、放射作用、轻度身体器官异常,还有心理的紧张刺激、感觉统合失调等诸多因素都可能导致儿童多动症。多动症有如下典型表现:

(1) 活动过多。这是多动症的主要特征,表现为多动、好哭闹、不安静。随着年龄增长,活动量增多,做事情不能专心。患有多动症的儿童与一般儿童的好动不同,他们的活动是杂乱的、无组织和无目的的。

(2) 注意力不集中。这是多动症儿童突出的、持久的临床特征。多动儿童在玩玩具时常常是一分钟热度,从来没有耐心将一个活动做完。他们不能专注于一件事,容易从一个活动转向另一个活动。

(3) 冲动性行为。他们的行为先于思维,不经过思考就行动。如乱翻东西、突然哭闹、离座奔跑、抢别人东西或攻击别人等。

（4）其他不良行为。如好打架、不顺从、恃强欺弱、好发脾气、纪律性差、情绪不稳定、爱惹是生非等。所以，老师和家长都对他们感到棘手。

（5）学习困难。多动症儿童的智力没有问题，但其智力发展不平衡，常出现某方面能力强，其他方面能力差的现象。

2. 预防和矫治

（1）药物治疗。严格遵守医生的指导进行必要的药物治疗。

（2）饮食治疗。近年来有研究发现，限制西红柿、苹果、橘子、人工调味品等含甲醛、水杨酸类食品的摄入，对儿童多动症的治疗有明显效果。

（3）心理治疗。消除各种紧张因素，严格作息制度，增加文体活动；同时可进行行为疗法，对患儿进行特殊训练，重点在于培养和发展患儿的自制力、注意力，如视觉注意力训练、听觉注意力训练、动作注意力训练等活动。

（二）自闭症

1. 病因与症状

自闭症与先天生物学因素及后天环境因素均有关。生物学因素主要指孕期和围产期对胎儿造成的脑损伤，如孕妇病毒感染、先兆流产、宫内窒息、产伤等。环境因素主要是由于成人忙于工作，使孩子的生活环境中缺乏丰富和适当的刺激，父母没有经常与孩子交流，也未及时教给其社会行为，使长期处于单调环境中的儿童易于用重复动作或其他方式进行自我刺激，而对外界环境不产生兴趣。自闭症儿童主要有如下表现：

（1）言语发育障碍。自闭症儿童往往开始讲话比别人晚，经常沉默不语。不能主动与人交谈，不会使用手势、面部表情等肢体语言来表达自己的需要和喜怒哀乐。

（2）社会交往障碍。自闭症儿童表现出与别人对视缺乏面部表情及肢体语言；对人态度冷淡，对别人的呼唤不理不睬；害怕时也不会主动寻求保护。

（3）行为异常，兴趣奇特。自闭症儿童常以奇异刻板的方式对待某些事物。如着迷于旋转锅盖，单调地摆放积木，有的甚至出现自我伤害，如反复挖鼻孔、抠嘴、咬唇、吸吮等动作。对一般儿童喜欢的玩具、游戏、衣物不感兴趣，往往对一般儿童不喜欢的玩具或物品非常感兴趣。

（4）还可能伴有感知障碍、癫痫发作等表现。

小凤是个四岁半的小男孩，在家里的行为表现与正常儿童相差不大，睡觉安稳，吃饭、喝水、上厕所都能自己解决，生活自理能力强，喜欢玩水。他从小喜欢旋转的东西，喜欢长时间盯着旋转的电风扇看，喜欢玩汽车轮子、陀螺等跟旋转有关的玩具。走路时喜欢排在小朋友的后面，只要看到有小朋友，就会飞快地跑过去，排在别人后面走路。语言发育迟缓，3岁5个月时只会讲"不要"这个词，而且是用四川话讲。他不喜欢热闹的环境,人多时会哭闹,与同龄小朋友之间互动很少,不喜欢被人抱,就是跟他最亲的家人抱也不愿意。在幼儿园集体活动时坐不住、乱跑,午休时间不休息。[①]

2. 预防与矫治

对于自闭症的治疗,至今还没有发现十分有效的方法,但是,及早发现和及时治疗还是有明显效果的。常见的治疗除了药物治疗外,主要是耐心的心理治疗。通过家庭、幼儿园和社会的共同努力,儿童能在不同程度上恢复正常的行为能力。

多关心孩子的情感需要。有的家长误认为孩子只是被动地接受成人给予的一切刺激,实际上,即使是新生儿也会对母亲和周围人的情感和态度主动做出反应。家长应该满足婴幼儿丰富的情感刺激需要,与儿童建立良好的依恋关系。

刺激和发展儿童的智力和心理活动。首先以家庭为基础,训练和教育家长,特别是母亲。家长要给儿童以丰富的情感,经常吸引他对外界刺激的注意和兴趣,安排一些能促进儿童言语和动作发展的机会和条件。其次,托儿所和幼儿园应积极创造各种条件和机会去发展儿童的智力,老师要多与儿童接触谈话,组织各种活动,如游戏、讲故事、表演歌舞、逛公园和动物园等,激发儿童对周围世界的兴趣。

(三) 情绪障碍

儿童情绪障碍的发生率在儿童精神障碍中仅次于儿童行为障碍。儿童情绪障碍是发生在儿童时期,以沮丧、抑郁、焦虑、恐惧为主要临床表现的一组疾病。随着儿童年龄的增长,儿童情绪障碍的大部分症状会自然消失,只有少数到成年期仍有神经症性障碍或抑郁表现。

1. 焦虑

焦虑是面对即将发生的事情,产生紧张、不安、焦急、忧虑等交织而成的一种情绪状态。儿童焦虑主要有以下三种形式:

(1) 分离焦虑。儿童刚上幼儿园时,可能会存在分离焦虑。主要表现是紧紧抓住父母不放,父母一离开就哭闹不停,或者在父母离开后行动迟缓,对外人感到恐惧等。分离焦虑源于依恋障碍,一般会持续几周,有些甚至长达数月之久。

分离焦虑的预防与矫治:事先为分离做好准备,告诉儿童你将离开他的时间,不要突然或偷偷离开。告诉儿童你回来后会和他做些什么,使儿童产生美好的期待,从而减轻分离焦虑。平时和儿童玩减少焦虑的游戏,如藏猫猫。

(2) 情境性焦虑。当儿童身处陌生环境或面临突发事件时会变得焦虑。脱离或适应环境后,焦虑就会消失。

(3) 特质性焦虑。患有特质性焦虑的儿童一般比较敏感,自信心不足,自尊心很强,容易紧张,多疑多虑。教师和家长要注意言传身教,不要当着儿童的面焦虑不安,以免对儿童的情绪产生负面影响。

[①] 杨凤林,秦莉,罗丽丹.学前儿童心理健康指导[M].长春:东北师范大学出版社,2014:155.

2. 沮丧

儿童的沮丧情绪常常和家庭中的人际关系不良或家庭突然变故有关。陷入沮丧中的儿童可能会不时地哭哭啼啼，也有些儿童将沮丧的情绪加以伪装，变得易怒、敏感或多动。紧张和沮丧往往同时出现，教师和家长要认真对待儿童的紧张和沮丧，分析引起儿童紧张、沮丧的原因，允许他们自由地表露自己的情感，并尽可能为儿童提供精神上的支持，用拥抱和爱抚来缓解儿童的沮丧情绪。

3. 恐惧

在学前早期，恐惧是儿童经常产生的情绪。恐惧状态下的儿童会产生一系列生理变化，如脸色苍白、四肢无力、发抖、心跳加速、呼吸短促或停顿等，这种生理功能的紊乱有损于儿童的健康。除非恐惧对儿童造成了严重的、持续性的适应困难，否则通常情况下无须给予正式的治疗。

预防儿童恐惧的关键在于教育。教师和家长不要恐吓儿童，而要鼓励孩子观察和分析各种自然现象，鼓励儿童多参加集体活动，培养勇敢、坚强的意志。

三、常见的行为问题与矫治

任性、自损和攻击性行为是儿童常见的行为问题，主要表现是：哭闹、缠人、耍赖、发脾气、咬指甲、打人、骂人、乱扔玩具等。

（一）任性

从心理学角度来看，任性是个性偏执、意志薄弱和缺乏自我约束能力的表现。任性主要表现为以下三种类型：第一，主动抗拒型。表现为儿童常以哭闹、发脾气的形式来坚持自己的立场。第二，消极对抗型。表现为拖延服从的时间，生气、闷闷不乐，或对将要做的事发牢骚等。第三，逆反型。表现为不听劝告，和教师、家长对着干。

任性的矫治：通过转移儿童的注意力、暂时回避、理解与约束并存的方式增强其自我控制能力。

（二）自损

儿童偶发的自损行为多数会随着年龄增长而自行消失，但如果经常出现就属于异常。自损行为的临床表现有：拔头发；吸吮手指，以致手指皮肤浸润肿胀；反复无意识啃咬指（趾）甲，导致指（趾）甲残缺不全和甲沟炎；个别患儿咬伤自己的口唇、手臂，或反复碰撞头部，造成头部创伤，等等。

对有自损行为的患儿，不应指责、打骂，也不宜采用强制手段加以制止，而是应该耐心地说服他，采用多种沟通方式，使他的需求能获得正确的满足，避免用自损行为来表达需求。鼓励孩子参加集体生活，多做有益的游戏。对于较严重的自损行为，可以在医生指导下采用厌恶疗法进行矫治。

（三）攻击性行为

儿童的攻击性行为可能是通过观察别人的攻击性行为而学习、模仿产生的，也就是说模仿是儿童攻击性行为产生、发展的重要原因。攻击性行为也可能是儿童对受到挫折的激烈反应,常常由于儿童没有达成期望的目标而宣泄不满情绪。攻击性行为主要表现为焦躁不安,并有打人、咬人、冲撞别人、抢夺物品等行为。

矫治儿童的攻击性行为,首先要求教师和家长以身作则,不能让儿童模仿自己的攻击性行为;其次,教师和家长不可用武力的方式来解决儿童的攻击性行为,而应该转移他的注意力,耐心安抚儿童的情绪,然后再加以引导。

小班幼儿明明,在户外活动时经常出现攻击性行为。老师根据身高给每个幼儿安排了做操时站的位置,用圆点标记。做操前,老师带幼儿绕圆圈做准备活动,他每次走到自己的圆点上就不走了,也不许别人踩他的圆点,否则就会动手推搡别人。他经常不做操,还时常推周围的幼儿。看到别人被推倒在地,他会开心地笑。玩"开火车"游戏时,老师要求幼儿拉着前面人的衣服排队走。明明经常故意紧紧拉着前面人的衣服,不让人家走;有时又不让后面的幼儿拉自己的衣服,否则便会动手打人。

明明喜欢用积木搭建手枪、大炮等玩具。只要他看中的积木就不让其他幼儿拿,他也会从别人手中抢夺自己想要的积木。当他搭好一把手枪,就会很炫耀地朝其他幼儿"砰砰"开枪,然后骄傲地说:"看,我有手枪,我是警察!"

明明并不惧怕老师,户外活动时不服从老师的安排,不准其他幼儿占领自己的领地,常常无故打人、骂人、破坏他人物品,但是,他似乎并未感觉到这样会伤害其他小朋友,而是站在一边哈哈大笑。①

【项目任务】

训练目标:尝试分析实践案例,深入了解学前儿童发展中的常见问题。

训练内容:结合所学原理分析下述案例中的桐桐,讨论其行为表现属于何种问题,这种状况正常吗?你如何看待该行为表现?

早晨入园时,桐桐还没走进教室,就哇哇大哭起来。老师从他爸爸手里接过他的小手,他没有反抗,但还是哭着。当他爸爸离开后,他赶紧跑到后窗口,一边哭一边说:"我在这里看我爸爸,爸爸从这里走过的。"

其实,那里根本看不到他爸爸。但是,孩子就这么幻想着、期待着。老师没有破灭孩

---

① 杨凤林,秦莉,罗丽丹.学前儿童心理健康指导[M].长春:东北师范大学出版社,2014:141-142.

子的希望,对他说:"你可以在这里看爸爸,但是你不能哭,你哭的话老师就不让你看。"听了老师的话,桐桐果然降低了哭声,但还会断断续续地哭:"我爸爸等会来接我吗?"老师就对着他点点头,他也能很快明白。等他情绪稍微稳定后,老师就去开导他:"现在爸爸肯定在上班了,你看不到了,我们先玩游戏吧,等爸爸下班了,老师再让你看,好吗?"他很信任老师,点点头,期待着爸爸下班的那一刻,暂时平息了他的哭闹。

【真题连接】

缺锌会导致婴幼儿(　　)。(2019年下半年)

    A. 食欲减退　　　B. 夜盲症　　　C. 佝偻病　　　D. 肌无力

答案与解析

【延伸探究】

1. 论文:尹花:《学前儿童焦虑情绪问题教育案例分析——以媛媛的焦虑情绪分析与辅导为例》,《教育观察》,2019年。

2. 论文:刘亚鹏:《早期情绪性对学前儿童问题行为和社交能力的影响》,《心理发展与教育》,2019年。

延伸探究

主题二　学前儿童行为矫正的方法

1. 了解学前儿童行为改变、行为演练的几种方法。
2. 能根据学前儿童的行为表现选择不同的矫正方法。

4岁3个月的杨杨不爱说笑。爸爸经常外出,很少照顾家里。妈妈常年病休在家,她很少有机会出去玩,经常和妈妈待在家里。在幼儿园,杨杨从不主动和小朋友说话,也不和他们一起玩。集体活动时,她不敢举手发言;老师提问时,她嗫嗫嚅嚅。户外活动时,她一个人缩在旁边不出声。杨杨的行为举止正常,但见到陌生人很害羞,不敢说话。老师曾反复鼓励她跟小伙伴一起玩,但她始终躲在一旁,不愿玩。

问题:杨杨的行为表现属于哪种问题?如果你是她的老师,该怎么帮助她?

问题解析

一、行为改变的基本方法

(一) 强化法

强化法主要用来培养新的适应行为。根据学习原理,一个行为发生后,如果紧跟着一个强化刺激,这个行为就会再次发生。强化可以分为正强化和负强化。无论是正强化还是负强化,其结果都是增加某种行为反应的概率。例如,偏食儿童只肯吃肉,不肯吃蔬菜。矫正他的这一不良行为,既要运用正强化,也要运用负强化。当儿童吃一口蔬菜后,立即予以表扬,并夹给他一块肉,这就是正强化;如果儿童坚持不吃蔬菜,就坚决不给他吃肉,这就是负强化。两种强化的目标都是为了促使儿童多吃蔬菜,克服偏食的习惯。

小班幼儿东东有个爱睡懒觉的习惯,每天总是在其他小朋友做完早操之后才入园。有一天,不知什么原因他来得很早,和小朋友一起做早操。老师为了强化他准时入园的行为,走到他的跟前,拉着他的手说:"今天你能准时到幼儿园上早操,老师非常高兴。"又说:"凡是能准时到幼儿园的小朋友将会得到一朵小红花。"每当东东准时到幼儿园时,老师都用不同的方式鼓励他。渐渐地,东东能准时入园了。[1]

(二) 代币奖励法

代币是一种象征性强化物,筹码、小红星、盖章的卡片、特制的塑料币等都可作为代币。当儿童做出符合要求的良好行为后,就发给数量相当的代币作为强化物,儿童可以拿去兑换有实际价值的奖励物或参与某活动的资格。代币奖励的优点是:第一,可在目标行为出现时立即发放,适当时间兑换,在反应与强化物间建立一个较长时间的延缓桥梁;第二,在任何场合均可根据行为表现增减代币;第三,可奖励一连串行为动作,不因给奖励而终止;第四,可选取儿童最喜欢的强化物,避免对强化物失去兴趣或引起饱厌现象;第五,对不良行为则扣回其一定数量的代币作为惩罚,此法较体罚或暂时隔离优越。

实施代币奖励法的步骤:

(1) 确认目标行为。在实际生活中,选择有价值、希望被矫正儿童所要增加的一个以上的良好行为作为目标行为。

(2) 确定代币或"标记"。如五角星、小红旗、印花、代币券、塑料筹码等可以作为标记。它们可以马上利用并具有象征性的意义,可以随时方便地发放且不易被复制,不具有其他实用功能,只能在行为矫正交换系统中使用。

(3) 选择代币兑换的强化物。所谓代币兑换的强化物就是以代币换取的物品或服务,

---

[1] 杨凤林,秦莉,罗丽丹.学前儿童心理健康指导[M].长春:东北师范大学出版社,2014:126.

如食物、娱乐权利等。选择时,既要考虑其强化价值,又要考虑经济价值。

(4) 建立兑换规则。如完成何种动作和目标行为可以得到多少代币,出现某种不良行为罚多少代币,多少代币换取某一种物品或服务等。代币兑换必须制定合理,并指定交换的时间和地点等。

(5) 及时强化。当儿童出现目标行为时,立即以代币强化,适时兑换其需要的奖赏,否则代币奖酬价值将很快失效。

(三) 行为塑造法

行为塑造指通过依次强化逐渐趋近目标的反应,来形成某种较复杂的行为。有时候成人所期望的行为在某儿童身上很少出现或很少完整地出现。此时,成人可以依次强化那些渐趋目标的行为,直到期望的行为出现。例如,有人曾用行为塑造法让一个缄默无语的孩子开口说话。

(四) 示范法

观察、模仿教师呈示的范例(榜样)是儿童社会行为学习的重要方式。示范法的原理是替代强化,即学习者因榜样受强化使自己也间接受到强化。例如:培养儿童的自理能力,解决儿童不愿洗手的坏习惯,老师可以让已养成洗手习惯的儿童做示范,展示给其他看,在这基础上教师引导儿童学会洗手,当儿童洗干净后,老师及时给予表扬和鼓励,使儿童有种荣誉感,逐渐养成饭前便后洗手的好习惯。

(五) 暂时隔离法

当儿童做出不良行为后,教师立即将他置于一个单调、乏味的地方,直到定时器响了以后方可离开。实施暂时隔离法的要点是:(1) 此法适用于纠正2—12岁儿童的冲动性、攻击性、情绪性及充满敌意的不良行为;(2) 选择一个无聊的、刺激单调而又安全的地方作为隔离地点;(3) 使用定时器,隔离时间遵循"一岁一分钟"原则;(4) 暂时隔离期间不与儿童交谈和争吵;(5) 定时器响后,立即结束隔离,并询问儿童被隔离的原因,但不要求儿童道歉与保证。

二、行为演练的基本方法

(一) 全身松弛训练

全身松弛训练是通过改变肌肉紧张,减轻肌肉紧张引起的酸痛,以应对情绪上的紧张、不安、焦虑和气愤。

全身松弛法有不同的操作方式,紧张、松弛对照训练是最常见的一种。其要点是,训练者要学会接受自身生理状态的信息,辨认肌肉紧张、放松的感觉,对肌肉做"紧张—坚持—放松"的练习,从紧张与放松的感觉对比中学会放松。训练时,应对全身多处肌肉按固定次序依次放松,每日练习,坚持不断。

(二) 系统脱敏法

当某些人对某事物、某环境产生敏感反应(害怕、焦虑、不安)时,我们可以在当事人身上发展起一种不相容的反应,使儿童对本来可引起敏感反应的事物不再发生敏感反应。

例如,阳阳非常害怕小狗,连看都不敢看一眼。这时,父母可以先陪孩子玩一只带毛的玩具狗,待孩子对玩具狗没有恐惧感后,再让孩子从远处观望真实的小狗。最后,让孩子逐渐靠近小狗并试探抚摸小狗。过不久,孩子就会高高兴兴或多少有些兴奋地把小狗抱在怀里。这就是阳阳对小狗的"过敏"行为,经过一个系统行为的治疗步骤后,怕狗的异常行为得到矫正的过程。

(三) 肯定性训练

又称自信训练、果敢训练,其目的是促进个人公开表达自己真实情感和观点,维护自己权益也尊重别人权益,发展自我肯定行为。自我肯定行为主要表现在三个方面:(1) 请求。请求他人为自己做某事,以满足自己合理的需要。(2) 拒绝。拒绝他人无理要求而又不伤害对方。(3) 真实地表达自己的意见和情感。

肯定性训练是通过角色扮演以增强自信心,然后再将学得的应对方式应用到实际生活情境中,通过训练,不仅降低了儿童的焦虑程度,而且发展了应对实际生活的能力。

实操训练

【项目任务】

训练目标:学习制定矫正儿童不良行为的教育方案。

训练内容:以小组为单位进行研讨,结合下面的案例,制定一份矫正儿童不良行为的教育方案。

小红早上吃饭太慢,至少要一个小时,导致父母送小红去幼儿园时经常迟到,家长甚至因为这个上班迟到被扣工资,家长对此非常苦恼。

【延伸探究】

1. 视频:《地球上的星星》。
2. 视频:《雨人》。

延伸探究

参考文献

1. 朱智贤.儿童心理学(第六版)[M].北京:人民教育出版社,2018.
2. 林崇德.发展心理学(第三版)[M].北京:人民教育出版社,2018.
3. 王振宇.儿童心理发展理论(第二版)[M].上海:华东师范大学出版社,2017.
4. 陈帼眉,冯晓霞,庞丽娟.学前儿童发展心理学(第 3 版)[M].北京:北京师范大学出版社,2018.
5. 李晓巍.学前儿童发展与教育[M].上海:华东师范大学出版社,2018.
6. 王烨芳.学前儿童行为观察与分析[M].南京:江苏教育出版社,2012.
7. 顾荣芳.学前儿童卫生学(第四版)[M].南京:江苏凤凰教育出版社,2018.
8. 朱家雄,汪乃铭,戈柔.学前儿童卫生学(第三版)[M].上海:华东师范大学出版社,2017.
9. 李海芸,刘恋.学前儿童卫生与保健[M].南京:南京大学出版社,2018.
10. 左明雪,人体解剖生理学(第三版)[M].北京:高等教育出版社,2015.
11. 叶奕乾,何存道,梁宁建.普通心理学(第五版)[M].上海:华东师范大学出版社,2016.
12. 张永红.学前儿童发展心理学[M].北京:高等教育出版社,2014.
13. 张丽霞.学前儿童发展心理学[M].武汉:华中师范大学出版社,2018.
14. 刘万伦.学前儿童发展心理学[M].上海:复旦大学出版社,2017.
15. 李燕,赵燕,许批.学前儿童发展[M].上海:华东师范大学出版社,2016.
16. 罗秋英.学前儿童心理学[M].上海:复旦大学出版社,2018.
17. 曹中平,邓祎.学前儿童发展心理学[M].长沙:湖南大学出版社,2015.
18. 唐凡茹.2—6 岁,有趣的幼儿心理学[M].北京:中国纺织出版社,2016.
19. 陶伯华,马禾.创新思维[M].哈尔滨:黑龙江人民出版社,2000.
20. 李之群.思维与创新[M].武汉:华中科技大学出版社,2007.
21. 傅宏.学前心理学[M].芜湖:安徽师范大学出版社,2018.
22. 王雁.学前儿童心理发展与教育[M].北京:中国传媒大学出版社,2018.
23. 刘金花.儿童发展心理学(第三版)[M].上海:华东师范大学出版社,2017.
24. Dorothy H.Cohen,等.幼儿行为的观察与记录[M].马燕,马希武,译.北京:中国轻工业出版社,2017.
25. 魏勇刚.学前儿童发展心理学[M].北京:教育科学出版社,2017.
26. Kathleen Stassen Berger.0—12 岁儿童心理学[M].陈会昌,译.北京:中国轻工业

出版社,2018.

27. 邹晓燕.学前儿童社会性发展与教育[M].北京:北京师范大学出版社,2015.

28. 张丽丽,高乐国.学前儿童发展心理学[M].上海:华东师范大学出版社,2016.

29. 陆克俭.发现与解放——中国近代进步儿童观研究[M].武汉:华中科技大学出版社,2015.

30. 黄人颂.学前教育学[M].北京:人民教育出版社,2015.

31. 唐淑.学前教育史[M].北京:人民教育出版社,2019.

32. 陈福红,李慧霞,李德菊.学前儿童发展心理学[M].长沙:湖南师范大学出版社,2017.

33. 刘云艳.给幼儿园教师的101条建议——幼儿心理健康教育[M].南京:南京师范大学出版社,2014.

34. 黄永言.朱智贤传[M].北京:人民教育出版社,2000.

35. 虞永平.学前教育学[M].苏州:苏州大学出版社,2001.

36. 王萍,万超.学前教育学[M].长春:东北师范大学出版社,2014.

37. 霍力岩.美国幼儿教育课程实践指南[M].北京:机械工业出版社,2015.

38. 傅宏.儿童心理咨询与治疗[M].南京:南京师范大学出版社,2009.

39. 杨凤林,秦莉,罗丽丹.学前儿童心理健康指导[M].长春:东北师范大学出版社,2014.

40. 张永英.学前教育见习与实习指南[M].北京:高等教育出版社,2020.

41. 教育部基础教育司.《幼儿园教育指导纲要(试行)》解读[M].南京:江苏教育出版社,2002.

42. 李季湄,冯晓霞.《3—6岁儿童学习与发展指南》解读[M].北京:人民教育出版社,2013.

43. 中国心理卫生协会,中国就业培训技术指导中心.心理咨询师[M].北京:民族出版社,2015.

44. 读懂儿童研究院.观察儿童 解读儿童[M].成都:天地出版社,2017.

45. 边玉芳.儿童能记住多少——儿童短时记忆容量发展实验[J].中小学心理健康教育,2013(14).

46. 胡连荣.1/3幼儿可能存在"胎内记忆"[J].科学(北京),2006(8).

47. 陈慧方,张岚.树叶飘落,拾起创意[J].东方宝宝(保育与教育),2017(Z1).

48. 此木.打开想象的大门[J].家庭教育(幼儿家长),2010(Z1).

49. 季云飞.幼儿心理发展现象评析(三):从"报纸发声"探孩子的发散性思维[J].家庭教育,2004(3).

50. 李书军.关注幼儿情绪变化,创设良好心理环境[J].动漫界:幼教365,2016(24).

51. 刘静.试论幼儿好奇心的培养[J].好家长,2017(6).

52. 陈志其.全纳教育视野下幼儿园特殊需要儿童的教育策略探究[J].西北成人教育学院学报,2015(5).

53. 彭云.感统失调,你了解吗——感觉统合失调诊断与矫正的个案描述[J].幼儿教育,2009(17).